离婚财产分割实战策略

Division of Property in A Divorce

PRACTICAL STRATEGY

王丽/编著

法律出版社 LAW PRESS · CHINA
北京

目·录

第一章 要离婚了，怎么办

第二章 离婚财产分割技巧与计算标准

第五章 真实案件演练

第六章 婚姻纠纷相关法律规定

第一章

要离婚了，怎么办

一、面对离婚

婚姻制度是我国自古以来就有的制度，但古代的婚姻制度与现代婚姻制度相去甚远，在“夫为妻纲”儒家传统思想的统治下，古代男女在婚姻中的地位是不平等的。中华人民共和国成立伊始，即制定了《婚姻法》，并于1950年5月1日正式实施，从而确定了“一夫一妻”“男女平等”等诸多现代婚姻法的重要原则。2001年修订的《婚姻法》和《民法典》均规定，结婚的男女双方必须亲自到婚姻登记机关进行结婚登记。结婚登记作为建立婚姻关系的必要条件，男女双方没有办理结婚登记并领取结婚证即共同生活的，仅为同居关系而非婚姻关系。据此，“婚姻”这个概念至少涵盖以下三层含义：以男女两性结合为基础；以共同生活为目的；具有夫妻身份的公示性。

也许“婚姻是爱情的坟墓”，也许婚姻中的琐事将曾经真挚的情感消磨殆尽，离婚在当今社会已不是什么稀奇的事。人们对婚姻的选择更加自由，亦更加遵从自己的情感，因为感情生活在一起又因为感情而分开，绝大多数人逐渐可以理性对待离婚，我国的离婚率亦呈现上升趋势。民政部《2018 年民政事业发展统计公报》显示：2018 年全国共有 4649 个婚姻登记机构和场所，其中婚姻登记机构 1114 个；2018 年全国共计办理结婚登记 1013.9 万对，办理离婚手续 446.1 万对，其中民政部门登记离婚 381.2 万对，法院判决、调解离婚 64.9 万对。

从法律上讲，离婚指的是夫妻双方通过协议或诉讼的方式解除婚姻关系，终止夫妻间人身、财产方面的权利和义务的法律行为。在我国，离婚有两种方式，即协议离婚和诉讼离婚。夫妻之间达成离婚协议的，只需共同到婚姻登记机关办理离婚登记手续，领取离婚证即可解除婚姻关系。协议离婚手续相对便捷，婚姻登记机关的工作人员对离婚协议进行形式审查。但如果双方无法协议离婚，就需要向法院提起诉讼，进入离婚诉讼程序，由法院判决是否准予离婚。

走到离婚这一步，还需要考虑很多问题，最重要的就是子女抚养以及财产分割问题。失去曾经幸福的婚姻生活，很多人都想要弥补损失，而夫妻共同财产分割也就成为最现实的话题。随着社会经济的发展，公民个人财产日益增多，收入来源多种多样，财产种类也呈现多样化、非现金化的特点，离婚财产分割已然成为司法实践中的难点和焦点。同时，“婚外情”“小三”“家庭暴力”等现象也是屡见不鲜，最初甜蜜的婚姻最终可能酿出反目成仇的苦果。越来越多的人在离婚时主张自己因婚姻存续期间发生的事情受到了极大伤害，从而要求各类损害赔偿。于是，《民法典》设立的离婚损害赔偿制度自然成为人们关注的焦点。

虽然离婚是件无奈的事，但为了更好地维护自身权益，掌握相关技巧对于离婚财产分割和获得损害赔偿具有很大的帮助，本书将重点介绍离婚财产分割及损害索赔的若干技巧。当然，本书的出发点并不是教导大家如何在离婚过程中实现自己利益的最大化，而仅是在面对离婚这样一个无奈的现实时，学会如何保护自己，并且将损失降到最低。因为离婚战争中从来没有胜利者,如何稳妥地善后才是理智面对现实的选择,毕竟明天太阳会照常升起,生活与希望仍在继续。

（一）离婚会给生活带来什么变化

感情即将破裂时,很多人心中都会有疑问,婚该离还是不该离?对于这个问题,谁都无法给出一个确定的答案。婚姻中掺杂了感情与理性,个案的特殊性决定了任何人在选择离婚还是不离婚的时候都需要费一番波折,需要充分衡量,别人永远都无法帮助自己来做这样一个决定。但提前了解一旦离婚将给生活带来怎样的变化,对于离婚的抉择显然有很好的辅助作用。离婚最直接的法律后果就是夫妻双方婚姻关系结束,双方因婚姻关系所产生的权利义务随之消灭。那么,具体来讲,离婚后当事人的生活会出现哪些变化?

第一,夫妻身份关系终止,由此产生的夫妻双方权利义务终结。婚姻关系存续期间,夫妻之间有互相扶养、互相照顾、互相尊重、互相忠实的义务。夫妻双方解除婚姻关系之后,一般情形下,双方不再共同居住、共同生活,即从同一屋檐下的一家人变为没有法律关系的普通人,婚姻关系中基于配偶身份的互相扶养、互相照顾的义务一般也随之结束(离婚时一方生活困难的情况另当别论。当然不排除特殊情况下,离婚后双方仍选择共同居住并相互照顾,但这有别于受法律调整和保护的婚姻关系,仅属于一种事实上的同居状态,二者之间的关系也与夫妻关系有所不同)。

第二,夫妻双方要对原本的共同财产进行分割。财产关系的变化也是离婚带来的一个重要后果。我国实行的是夫妻财产共同所有制,在婚姻关系存续期间夫或妻取得的财产,除法律有特别规定或当事人有特别约定外,都属于夫妻共同财产,由夫妻双方共同共有。但离婚时,由于共同共有的基础关系消灭,就需要对这些共有财产进行分割,归夫或妻一方单独所有。如有夫妻共同债务的,也需对共同债务进行分割,从而使二人在财产方面划清界限。总之,原本夫妻双方之间的经济关系也会随着离婚而宣告结束,那么,在离婚时就应当对财产进行清点、分割,以防后续产生纠纷。

第三,如果离婚时夫妻双方已有子女,子女未成年时,就需要对未成年子女抚养权归属进行安排。子女的生活必然会随着父母离婚而发生变化,如何很好地安排子女,维护未成年子女最佳利益的实现,更是离婚中需要重点关注的问题。需要明确的是,父母子女关系并不因离婚而消灭,即使双方约定或法院判决子女由一方抚养的,也不免除对方的抚养义务,只是履行抚养义务的方式不同。获得抚养权的一方得以和子女共同生活,同时另一方需要负担部分子女生活、教育及医疗等费用,并享有探望权。实际上,子女抚养权的问题十分复杂,国际通行的做法是,在处理子女抚养问题时,需要以子女利益最大化为考量的出发点和落脚点,实现未成年子女的最佳利益保障。实践中,子女与哪一方共同生活、另一方抚养费的数额以及探望权的行使方式等,往往都是离婚纠纷中的争议焦点。除此之外,抚养费变更、抚养权变更、隔代探望权等也是理论和实践中关注的话题,这与夫妻双方及未成年子女的切身利益息息相关。

总之,离婚将给当事人带来极大的改变,原本亲密无间的关系离婚后即终止。为了今后的生活着想,对离婚进行周全考虑,做好充分的思想准备,保持克制冷静态度,妥善处理各类善后事宜,无疑是最好的选择。

(二)离婚的心理准备

结婚常被认为是终身大事,足见其对于个人生活的影响,同样,离婚亦会对个人的生活产生极大影响。因此,打算离婚时,不能仅凭一时意气,需要做好充足的思想准备。如果自己打算提出离婚,建议应当考虑以下问题:

第一,充分回顾自己的婚姻,认真思索夫妻感情是否真的到了尽头。婚姻大事不可儿戏,婚姻都是需要精心经营的,夫妻感情不和谐,不是一朝一夕的事,而是日积月累的结果。如果出现感情裂痕,为自己、对方和子女负责应当早作修补。但真的到了无可挽救的地步,我们也要注意在这种情况下,切忌意气用事或过于情绪化,而应该从现实出发,挽救婚姻或者解除婚姻的同时保护自己的合法利益。考虑是否离婚不是法律问题,却是在准备离婚前当事人最应该思索的问题。“鞋合不合脚,只有自己知道”,那么一段婚姻值不值得继续,也要自己慎重考虑。婚姻的开始总是建立在一定的感情基础之上,结束一段婚姻需要很大的勇气以及充分的思想准备。因此,对于是否离婚的考量,无论慎重到什么程度都不为过。

第二,离婚财产的分割与谁提起离婚没有关系,因此无须过于担心“谁先起诉谁吃亏”。根据相关法律规定,如果夫妻感情确已破裂,无法再继续共同生活下去,夫或妻任何一方都有权提出离婚。离婚时,共同财产由夫妻双方协议处理;如果协议不成,可诉至法院由法院判决。法院处理离婚案件,决定是否准予离婚时,通常以感情是否破裂为标准,而不是说一方提出离婚请求,法院支持其诉讼请求,该方就应当在财产上作出让步,少判给他一些财产。

第三,认真考虑离婚时需要处理的事宜。在决定离婚时,开始阶段不妨好好商量,心平气和地谈一谈,或者先让对方就离婚的具体协议提出方案,比如,共同财产如何分割,子女如何抚养及抚养费支付的方式、探望权的约定。在对方提出具体方案后,如果认为不合理,可与其协商,提出自己的看法和要求,与对方进一步沟通。在对方提出离婚而毫无准备的情况下,自己难免会感到十分震惊和诧异,此时需要冷静地考虑夫妻关系是否还有存续的必要,同时做好上述财产分割、子女抚养等事宜的考虑。

第四,安抚子女。如果已经有子女,就需要考虑离婚对子女身心健康的影响。决定离婚后,应当尽量在不影响子女学习、生活的前提下,引导其慢慢接受这个事实。不要"一步到位"直接告诉子女离婚,可以采取委婉的方式,充分考虑到子女的个性和承受能力,给子女一个缓冲的空间。

如果真正考虑成熟决定离婚,选择离婚的方式对当事人也非常重要。选择协议离婚对于节省当事人双方的时间、精力都有很大的帮助,也可以将离婚带给双方、子女及亲友的影响降至最低。但如果实在无法达成协议,则需要进入诉讼离婚程序。

二、离婚的方式

我国有且仅有两种离婚方式:一种是协议离婚,另一种是诉讼离婚。《民法典》第 1076 条、第 1077 条、第 1078 条对协议离婚作出明确规定,即夫妻双方自愿离婚的,应当签订书面离婚协议,并亲自到婚姻登记机关申请离婚登记。自婚姻登记机关收到离婚登记申请之日起三十日内,任何一方不愿意离婚的,可以向婚姻登记机关撤回离婚登记申请。前款规定期限届满后三十日内,双方应当亲自到婚姻登记机关申请发给离婚证;未申请的,视为撤回离婚登记申请。离婚协议需双方各执一份,并在婚姻登记机关留存一份备案。婚姻登记机关查明双方确实是自愿离婚,并对子女抚养和财产分割问题已有适当处理时,发给离婚证。《民法典》第 1079 条对诉讼离婚作出明确规定,即夫妻一方要求离婚的,可直接向人民法院提出离婚诉讼。下面我们来详细解释一下这两种离婚方式。

(一)协议离婚

2021 年 1 月 1 日《民法典》生效实施后,由于新增了离婚冷静期制度，因此在办理协议离婚时，申请登记发证等程序上的具体操作细节尚需参照民政部门的最新规定。

现根据《婚姻法》《婚姻登记条例》及《婚姻登记工作规范》，离婚登记通常按照初审——受理——审查——登记（发证）的程序进行办理。

第一，夫妻双方自愿离婚的，应当携有关材料共同到一方常住户口所在地的婚姻登记机关办理离婚登记。民政部门受理离婚登记申请的条件如下：

1. 婚姻登记处具有管辖权；

2. 要求离婚的夫妻双方共同到婚姻登记处提出申请；

3. 双方均具有完全民事行为能力；

4. 当事人持有离婚协议书，协议书中载明双方自愿离婚的意思表示以及对子女抚养、财产及债务处理等事项协商一致的意见；

5. 当事人持有内地婚姻登记机关或者中国驻外使（领）馆颁发的结婚证；

6. 当事人各提交 2 张 2 寸单人近期半身免冠照片；

7. 当事人持有有效身份证件。

第二，婚姻登记机关受理离婚登记申请后，将首先分开询问当事人离婚意愿以及对离婚协议内容的意见，并作笔录，笔录由当事人阅后签名。婚姻登记机关将核对当事人提交的证件和材料。若申请办理离婚登记的当事人持有的一本结婚证丢失的，当事人应当书面声明遗失，婚姻登记机关可以根据另一本结婚证为其办理离婚登记。若申请办理离婚登记的当事人持有的两本结婚证都丢失的，当事人应当书面声明结婚证遗失并提供加盖查档专用章的结婚登记档案复印件，婚姻登记机关可根据当事人提供的上述材料为其办理离婚登记。

第三，双方自愿离婚且对子女抚养、财产及债务处理等事项协商一致的，双方填写《申请离婚登记声明书》。《申请离婚登记声明书》

中“声明人”一栏的签名必须由声明人在监誓人面前完成并按指纹，婚姻登记员作监誓人并在监誓人一栏中签名。

第四，夫妻双方应当在办理离婚登记时在离婚协议书上进行现场签名。婚姻登记员可以在离婚协议书上加盖“此件与存档件一致，涂改无效。××××婚姻登记处××××年××月××日”的长方形印章。离婚协议书由夫妻双方各持一份，并由婚姻登记处存档一份。一般情况下，当事人双方应事先准备好离婚协议书内容，打印还是手写没有统一要求，签名处最好空置，当场签署。在办理离婚登记之前，最好同所在区县的民政局婚姻登记机关联系，问清所需带的材料，准备齐全，节省时间。

第五，婚姻登记员对当事人提交的证件、《申请离婚登记声明书》、离婚协议书进行审查，符合离婚条件的，填写《离婚登记审查处理表》，并制作离婚证。婚姻登记员在完成离婚证填写后，应当进行认真核对、检查。打印或者书写错误、证件被污染或者损坏的，应当将证件报废处理，重新填写。

第六，颁发离婚证，婚姻登记员应当在当事人双方均在场的情况下，按照下列步骤进行：

1. 向当事人双方询问并核对姓名、出生日期、离婚意愿。

2. 见证当事人本人亲自在《离婚登记审查处理表》中“当事人领证签名并按指纹”一栏签名并按指纹。注意：“当事人领证签名并按指纹”一栏不得空白，不得由他人代为填写、代按指纹。

3. 在当事人的结婚证上加盖条型印章，其中注明“双方离婚，证件失效。××婚姻登记处”。注销后的结婚证复印存档，原件退还当事人。

4. 将离婚证颁发给离婚当事人。

此外，全国各地婚姻登记机关还有一些自己的做法。以北京市为例,《北京市婚姻登记工作规范》要求,离婚协议书中应当至少载明双方姓名、性别、身份证件号码(一方系外国人、香港地区居民、澳门地区居民、台湾地区居民或华侨的,还应当同时载明身份证件名称),结婚登记日期、办理结婚登记的机关、离婚原因、自愿离婚的意思表示、对子女抚养、财产及债务处理等事项协商一致的意见。同时,还可以约定探望子女方式、经济帮助、补偿及损害赔偿及违反协议的责任承担等相关内容。

（二）诉讼离婚

上文提到,协议离婚需要双方共同到婚姻登记机关,签署离婚协议并领取离婚证,但很多时候,双方无法就是否要解除婚姻关系以及财产分割、子女抚养等问题达成一致意见,也就不能通过协议离婚的方式解除婚姻关系,只能通过诉讼离婚,由法院对其无法达成一致的事项作出裁判。除此之外,根据我国法律法规的相关规定,还存在一些民政局不受理离婚登记申请的特殊情形。此时,当事人只能通过向法院提起诉讼来解除婚姻关系。具体如下:

第一,无民事行为能力人或限制民事行为能力人离婚的,只能通过诉讼方式进行。无民事行为能力人或限制民事行为能力人无法完全辨认、控制自己的行为,民政局无法确定当事人的离婚意愿,因此不会受理离婚申请。同样,法院也不会轻易接受无民事行为能力人或限制民事行为能力人的离婚请求。《最高人民法院关于适用〈中华人民共和国婚姻法〉若干问题的解释(三)》(以下简称《婚姻法解释(三)》)第8条对无民事行为能力人的离婚方式作出具体规定,如果无民事行为能力人的配偶有虐待、遗弃等严重损害无民事行为能力一方的人身权利或者财产权利的行为,其他有监护资格的人可以依照特别程序要求变更监护人;变更后的监护人代理无民事行为能力一方提起离婚诉讼的,人民法院应予受理。根据《民法典》第28条的规定,配偶是无民事行为能力成年人第一顺位的监护人,所以无民事行为能力人起诉离婚的,要首先变更监护人,再由变更后的监护人提起离婚诉讼。且无民事行为能力人提起离婚诉讼必须以配偶有虐待、遗弃等严重损害无民事行为能力一方的人身权利或财产权利的行为为前提。正是因为配偶有虐待、遗弃无民事行为能力人之行为,已经不能保护他的合法权利,才需要其他有监护资格的人请求变更监护人之后提起离婚诉讼。需要注意的是,限制民事行为能力人如果没有完全丧失对婚姻的感知能力,能够表达想法,那么还是应当依照本人的意思表示决定是否准予离婚。

第二,未办理结婚登记需要结束关系。如果当事人构成事实婚姻或同居关系,根本没有办理结婚登记,要求离婚的,民政局是不予办理离婚登记的。对此,《最高人民法院关于适用〈中华人民共和国婚姻法〉若干问题的解释(一)》(以下简称《婚姻法解释(一)》)第 5 条规定,未按《民法典》第 1049 条规定办理结婚登记而以夫妻名义共同生活的男女,起诉到人民法院要求离婚的,应当区别对待:(1)1994 年 2 月 1 日民政部《婚姻登记管理条例》公布实施以前,男女双方已经符合结婚实质要件的,按事实婚姻处理,事实婚姻不能到民政局办理离婚,只能在法院起诉离婚。(2)1994 年 2 月 1 日民政部《婚姻登记管理条例》公布实施以后,男女双方符合结婚实质要件的,人民法院应当告知其在案件受理前补办结婚登记;未补办结婚登记的,按解除同居关系处理,而不以离婚纠纷受理。对于同居关系,双方自行解除即可,如果双方有财产或子女抚养纠纷,可以向法院起诉,请求分割同居期间的财产或者确定子女抚养权归属等。

第三,境外登记结婚的离婚情形。现如今,跨国婚姻逐渐增多,越来越多的中国人和外国人结婚,选择在外国登记结婚,或是在我国港、澳、台地区登记结婚。根据《婚姻登记条例》第 12 条的规定,结婚登记不是在中国内地办理而申请离婚登记的,婚姻登记机关不予受理。那么,当事人要解除不在中国内地登记的婚姻,不管双方是否能够达成协议,只能通过法院以诉讼离婚的方式解决。就诉讼离婚中管辖问题的确定,《民事诉讼法》有明确规定,一般适用“原告就被告”的一般地域管辖原则,即由被告所在地人民法院管辖,被告住所地与经常居住地不一致的,由被告经常居住地人民法院管辖。但夫妻一方离开住所地超过1年,另一方起诉离婚的案件,可以由原告住所地人民法院管辖。对不在中华人民共和国领域内居住的人提起离婚诉讼的,适用《民事诉讼法》第22条关于对不在中华人民共和国领域内居住的人提起的有关身份关系的诉讼的管辖规定,由原告住所地人民法院管辖;原告住所地与经常居住地不一致的,由原告经常居住地人民法院管辖。

第四,外国人离婚的情形。两个外国人在中国不能通过在民政部门登记的方式直接办理离婚,只能通过诉讼解决。根据《民政部公布取消24个证明事项的公告》(民政部公告第456号,2019年3月29日发布),自2019年4月1日起,我国婚姻登记部门不再办理两个外国人结婚或离婚登记的事宜。所以,两个外国人此前在我国登记结婚或在外国登记结婚,符合我国法院管辖离婚案件相关要求的,只能通过向有管辖权的法院提起诉讼的方式解除婚姻关系。

(三)协议离婚与诉讼离婚的选择

1. 协议离婚与诉讼离婚的时间成本

协议离婚耗时较短,只要当事人带齐材料,经过离婚冷静期,在婚姻登记机关就可以领取离婚证,解除婚姻关系,而诉讼离婚则需要花费较长的时间。

根据《民法典》和《民事诉讼法》及相关司法解释的相关规定,法院审理离婚案件时,应当首先进行调解。在实践中,当事人起诉离婚的，法院往往会先进行调解，且调解的时间不计算入审限。调解不成时法院才会进行审理。审理离婚案件适用简易程序的审限是3个月，适用普通程序的审限为6个月，这一审限还可能经批准后延长。甚至在一审诉讼过程中，被告还可能提起管辖权异议以及就管辖权异议裁定提起上诉。如果需要对房屋的价值进行评估的，时间更是无法预判。即使一审判决准予离婚，也可能因财产分割或子女抚养纠纷进入二审程序，诉讼离婚的时间成本也会不断增加。

在此，还需要注意的一个问题是，若在第一次起诉时一审判决不准离婚或经过调解又和好的离婚案件，原告没有新情况、新理由在一审判决生效后6个月内又起诉的，法院将不予受理。第一次起诉法院没有判决离婚的，当事人为解除婚姻关系所付的时间成本也将再次增加。可以说，一旦进入诉讼程序，何时能够解除婚姻关系，厘清双方财产关系，对子女抚养作出安排均是一个未知数。可见，协议离婚与诉讼离婚相比，协议离婚更加节省时间成本。

2. 协议离婚与诉讼离婚的费用成本

协议离婚比诉讼离婚所需费用更低。夫妻双方去民政部门办理离婚登记手续，只需要缴纳工本费，不论夫妻之间财产有多少，都不会额外增加费用。离婚诉讼则有所不同，根据《诉讼费用交纳办法》第13条的规定，离婚案件每件需交纳诉讼费50元至300元，但这是只涉及身份关系解除以及子女抚养问题时的收费标准。如果还涉及财产分割，财产总额不超过20万元的，无须另行交纳，财产总额超过20万的，按照超过部分的0.5%交纳。所以，单就程序上的费用来说，诉讼离婚比协议离婚所需的费用更高。实践中，有些地方法院要求起诉离婚时原告需先向法院交纳50～300元诉讼费，其他费用根据法院查明的夫妻共同财产的价值，在诉讼进程中缴纳。但也有法院要求原告在起诉时即明确夫妻共同财产的大致数额，并据此缴纳全部诉讼费，待法院最终核实后多退少补。总体来说,诉讼离婚所需的费用会随着双方待分割财产的增加而增加。

有些人认为,诉讼离婚所需的费用除诉讼费外,委托律师的费用也不可小觑。律师不仅在诉讼离婚中发挥作用,也可以在协议离婚中发挥很大的作用,协议离婚所付律师费不一定比诉讼离婚少。首先,律师可以针对当事人离婚诉讼风险提出前瞻性建议。律师作为专业的法律从业者,凭借自身的专业知识和实践经验,可以在一定程度上预判当事人诉讼离婚的风险。实践中不乏当事人离婚前咨询律师,在告知律师双方主要财产及其来源后,律师会对法院可能作出的判决进行预判,同时根据当事人的需求就离婚诉讼风险出具专业的法律意见书。当事人看到专业的法律分析后,如果认为离婚诉讼风险、成本均过高的,可能会放弃离婚诉讼,改为协议离婚方式。其次,在当事人无法就离婚达成协议时,律师还可以协助当事人进行谈判。最后,律师可以在了解当事人诉求的基础上,帮助当事人起草并完善离婚协议。而由当事人自行起草的离婚协议,有可能遗漏某些共同财产或由于语言表达等问题造成离婚协议出现漏洞,从而产生一系列的后续纠纷。尤其是在当事人财产众多,权属不明确的情况下,律师更可以发挥自身的专业技能,有效促成离婚协议的达成,协助双方办理离婚手续。

不同地区以及不同律师对离婚案件的收费标准均不同。一般来说,律师会根据工作量来收取费用,如果只是简单地草拟离婚协议,费用相对较低,但如果需要由律师出具法律意见书、协助谈判的,费用相对较高。总体来说,双方争议越大,所涉的财产越多,案件也就越复杂,律师的工作量也就越大,那么律师费用也会相应提高。

3. 协议离婚和诉讼离婚需花费的精力

离婚往往要承受不小的精神压力。虽然现代社会越来越宽容,越来越自由,但离婚在大多数人看来表示一段感情的失败,不是一件好事,因此当事人还会面对社会的压力、邻里朋友同事的议论、子女分离的痛苦以及重新开始生活的迷茫,这都无时无刻不影响着当事人的心情。从情感上说,多年经营的感情化为乌有,对双方都是一个不小的打击。而在诉讼离婚过程中,当事人通常要花费几个月的时间,心理疲惫期较长,精神压力自然大得多。但协议离婚的方式却不同,不仅可以快速办结,不像诉讼离婚那样需要几个月的时间,而且程序相对隐秘,来自父母和周围朋友的压力也会相对小一些。

4. 协议离婚与诉讼离婚应如何选择

根据上述分析,若夫妻双方准备解除婚姻关系,那么协议离婚在花费的时间、费用还有精力方面无疑是最好的选择。协议离婚是一种较为理想的状态,需要夫妻双方就解除婚姻关系、子女抚养和财产分割等问题达成一致,但事实上很多夫妻走到离婚这一步,都有着不可调和的矛盾,是否可以达成离婚协议并不确定。而且,协议离婚本身亦有一定的弊端。这也是诸多夫妻选择诉讼离婚的原因。

协议离婚最大的弊端是执行力不够。主要原因如下:(1)协议离婚主要依据当事人双方的约定来实现,离婚协议书内容虽具有法律约束力,但不具备强制执行力,不像法院的判决或法院出具的调解书一样,可以直接申请法院执行;(2)如果夫妻双方达成了离婚协议,但并未办理离婚登记,一方在离婚诉讼中反悔的,人民法院应当认定该财产分割协议没有生效,并根据实际情况依法对夫妻共同财产进行分割;(3)协议离婚后,如果一方当事人不履行离婚协议中的义务,如不按期支付抚养费、不履行房屋过户手续或不支付共同财产折价款,另一方当事人还需另行提起诉讼。所以,离婚协议书并非签完了就高枕无忧,实际执行起来可能会出现很多问题,尤其是在时间方面,如果协议离婚的双方发生争议,反而无法达到协议离婚快捷的效果。此外,离婚协议更依赖双方当事人的诚信度。一旦一方反悔,则同样浪费大量人力、物力以及财力，反过来还需重新进入诉讼程序，对当事人的心理更是一个挑战。但诉讼离婚却不同，法院出具的判决书、调解书具有强制执行力，对双方亦具有一定的威慑力，因此当事人通常会选择按期执行法院判决，即使一方不执行，另一方也可以申请法院强制执行。

此外，协议离婚时，由于大多数当事人缺乏相关法律知识，在无法律专业人员或律师参与的情况下，起草或审核离婚协议书时常存在法律风险，导致后患无穷。而在无法达成一致协议的情况下，双方通过诉讼离婚时一般都会聘请律师，律师比当事人更加熟悉相关法律规定和诉讼程序，会为当事人提供更专业的服务，争取更多的权益，法官的专业知识与实务经验更是丰富，通常是站在较为中立的立场，依法处理争议，避免后患。

综上所述，如果能进行协议离婚，出于时间、费用和精力等方面的成本考虑，双方当事人应首先努力协商，达成离婚协议，避免进行诉讼。若想避免协议离婚本身的弊端，可以咨询律师，聘请律师介入协议离婚的过程，如谈判、见证、起草审核离婚协议。当然，如果确实无法达成离婚协议，则建议及时进行诉讼离婚。

第二章

离婚财产分割技巧与计算标准

技巧一　把握基本原则

财产分割的基本原则在离婚财产分割中有两个重要作用:其一是指导作用,即相关法律法规条例都不能违背原则的精神;其二是在法律适用的过程中,法条没有明确规定如何分割时,法官要根据具体原则,结合案件的实际情况,对财产进行分割。因此,基本原则在离婚财产分割中有着至关重要的作用。那么,欲了解财产分割的技巧,首先要把握财产分割的基本原则,才能把握住大方向。根据《民法典》的规定,可推出如下五个基本原则。

一、约定优先原则

《民法典》第 1065 条第 2 款规定:“夫妻对婚姻关系存续期间所得的财产以及婚前财产的约定,对双方具有约束力。”《民法典》本身属于私法,基于私法自治的精神,“约定优于法定”亦在《民法典》中成为很重要的一条原则,那么在离婚时夫妻财产分割中应当遵守“约定优先”

之原则。分割夫妻共同财产时，首先应当尊重夫妻双方的意愿，如果夫妻双方能够协商一致，则按照夫妻协商一致的方案进行分割财产。但需要注意的是，“约定优先”的前提是双方之间的协商必须是自愿的、真实的、合法的，当然如果夫妻一方强迫另一方签订协议不被追认、伪造协议或者协议内容违反了法律的效力性强制性规定，则协议无效。

此外，夫妻间订立财产分割协议非常自由，即使一方愿意放弃全部或部分财产，只要不危害国家、集体、社会或他人合法权益，该协议就应当被认为有效。换言之，对于离婚案件中夫妻共同财产的分割，应先由夫妻双方协议处理，并应以协议的效力为优先。离婚诉讼中的人民法院也应当以“协议优先”原则为依据，即如果协议系双方自愿且真实合法则应认定协议有效，而不能以各种借口否认协议的效力，优先维护和尊重夫妻双方意愿也是目前很多地方的法院鼓励支持夫妻对财产分割进行协商的原因。

当然，之所以在夫妻共同财产分割上坚持尊重当事人意愿、协议优先原则，主要是因为：

第一，根据《民法典》等法律的规定，公民可以通过意思自治处分自己所有的财产。而夫妻共同财产属于夫妻私人所有的财产，作为财产的所有权人，对于自己所有的私人财产，理所当然地有依法处分的权利。夫妻通过协议的方式分割共同财产，是对其私有财产行使处分权的重要表现形式，合情合理且合法。

第二，从最终效果来看，法院用判决的方式对夫妻共同财产进行分割过于严肃，很大程度上难以实现双方当事人均满意的状态。但与之相比，夫妻协商决定财产分割，这种较为平和的方式不仅不易伤害感情，而且在履行财产分割协议时也比较便利，有利于加速案结事了、节省司法资源。所以，法院要鼓励支持夫妻对财产分割进行协商解决,能通过协议方式分割财产的,就不轻易用裁判的方式予以解决。当然,还要注意避免走入另一个误区,即尊重当事人意愿不等于协议怎么签订均可以实现效力优先。实践中有些当事人通过签订离婚财产分割协议将财产转移,以达到转移资产或逃避债务等目的,此种协议很可能被认定为恶意串通损害第三人利益而无效。同时,在司法实践中,法院也可能出于防范虚假诉讼的目的,在审理案件时对于当事人双方的财产分割协议进行必要的审查。① 这既体现了法院对夫妻财产处分权的尊重,也维护和保障了国家、集体及他人合法权益的不受侵犯。

夫妻双方有协议约定固然好,但受当事人认知水平或表达能力的限制,抑或由于语言文字的概括性、复杂性、模糊性,可能会出现协议内容约定不明确、语句含糊不清或前后矛盾等情况。又或者夫妻双方对同一条款的理解不同,即如何理解约定以及判断约定是否明确且有效是正确分割约定夫妻财产的一个重要前提,而在约定不明的情况下如何解释内容则成了新的难点。笔者认为,有必要先行依据《民法典》第 466 条对合同条款进行解释以探明夫妻协议的真实意思,在解释后无法阐明夫妻之间真实意思的情况下,则根据《民法典》第 1065 条,以"协议约定不明确"为由适用《民法典》第 1062 条、第 1063 条的规定,即以法定财产制来认定夫妻财产分割方式。

---

① 参见重庆市沙坪坝区人民法院(2016)渝 0106 刑初 1431 号刑事判决书。在判决书中,公诉机关指控:2015 年 1 月,被告人朱某向本院起诉与前妻李某离婚。为防止离婚判决中的财产分割对己方不利,朱某的母亲即被告人谭某提议并与朱某共谋,于 2015 年 2 月至 9 月,采取由谭某提供资金交由王某等二人,二人再向朱某转账并由朱某伪造借条的方式虚构借贷关系。

二、均等分割原则

我国《民法典》第1041条规定了男女平等原则,这一原则在分割夫妻共同财产时主要体现为均等分割原则。在法理上,夫妻双方在婚姻存续期间就是一个共同体,拥有对方的家事代理权,在共同共有的情况下,夫妻双方并不区分每个人拥有多少财产,而是对家庭财产一起行使权利、承担义务,直到婚姻关系终止时才会将财产予以分割。此外,根据男女平等原则,在结婚和离婚问题上,男女双方的权利和义务是完全平等的,[①]那么对于共同财产分割时,男女之间理应获得均等的份额。均等分割方式的现实意义还包括:(1)夫妻双方对共同财产有平等分割的权利,为我国男女在其他方面的平等提供了基础。(2)坚持在分割夫妻共同财产上的均等分割原则,一定意义上保护了弱势一方的权利。事实上,家庭中夫妻双方的收入比例是存在差距的,一般因为生育、工作天花板等问题,通常男方的收入高于女方,但"夫妻共同财产制"这一原则的运用从另一程度而言则是有效地保护了弱势群体一方,如家庭妇女、全职太太。即使无工作一方没有收入来源,但法律认可其对家庭的贡献,对另一半工作的支持也是另一半取得高收入的原因之一。因此即使家庭资产完全由工作的一方所得,也是夫妻双方共同共有的,离婚时应当适用均等原则,维护无工作一方的利益。而《民法典》立法的重要理念之一就是要在维护夫妻共同财产制的前提下,对离婚当事人中弱者的利益予以救济、对其所受到的损害予以补偿,尽量实现双方利益的平衡。

---

① 参见马忆南:《婚姻家庭继承法学》,北京大学出版社2014年版,第34页。

三、保护妇女、儿童利益原则

保护妇女、儿童利益原则，是指男女双方在平等分割共同财产的基础上，应当照顾子女与女方利益。虽然在财产分割时首先必须遵循均等分割的原则，但并非不考量其他因素，保护妇女、儿童利益即是需要重点予以考量的因素之一。我国《民法典》中保护妇女儿童权益的规定，实际上是以《宪法》中的相关规定为立法依据的。

一般而言，我国大部分家庭中，夫妻双方的经济实力并非势均力敌，而是存在一定差别的，但女方通常会付出更多时间在家庭，如家务劳动、抚养子女、赡养老人，女性在社会工作的时间精力相比男性往往较少，经济能力相对男性会弱一点，并且女性本身身体上处于弱势，离婚后重新开始生活遇到的困难往往也比男性要大。因此，在财产分割时适当照顾女方是必要的。

照顾儿童利益则主要是由于父母离异后很大程度上只有一方抚养未成年人，因经济能力与时间成本会有所下降也就导致未成年人的生活水平会有较大幅度的波动，而且父母离异对未成年人的心理也会有一定不利影响。为了能保障未成年人的成长环境，夫妻在分割财产时应根据子女的学习和生活需要，给抚养子女的一方适当多分一些财产。

四、照顾无过错方原则

几乎每个文明国家都有结婚这一项社会制度，并且国家保护合法婚姻关系。在我国，对合法缔结的婚姻关系，国家不仅通过颁发结婚证书的方式予以形式上的确认，而且如《民法典》第 1043 条第 2 款“夫妻应当互相忠实，互相尊重，互相关爱；家庭成员应当敬老爱幼，互相帮助，维护平等、和睦、文明的婚姻家庭关系”的规定，国家会通过法律明确规定夫妻双方的权利义务。

对于一方对夫妻感情破裂有明显过错的离婚案件,在夫妻共同财产分割时,在保证过错方基本生活的基础上,要适当照顾无过错的一方。这是因为,夫妻两人既然登记成为夫妻,就不是简单的两人搭伙过日子,也不是谈恋爱时单纯的二人世界,而是涉及本人、子女、双方家庭和整个社会,均应承担责任。如果夫或妻一方因为自己的过错导致离婚,从契约角度而言可视为因为一方的违约导致婚姻契约的终结。所以,为了保护无过错一方的合法权利,维护社会关系的稳定健康发展,有必要让过错方对自己的行为承担相应责任。我国《民法典》第1091条就针对过错方需承担损害赔偿责任的一些情形作出明确规定,诸如一方重婚的、有配偶者与他人同居的、实施家庭暴力的以及虐待、遗弃家庭成员的、有其他重大过错,无过错方均有权请求损害赔偿。

五、有利生产、方便生活原则

离婚时对于夫妻共同财产的分割,还应本着有利于生产和生活的原则予以分割。自进入21世纪后,我国经济持续高速发展,致使家庭中财产逐渐增加,例如,当今一套房子的市价动辄上百万元,价值更高的公司股权等财产也逐步成为家庭财产的组成部分。家庭财产形式的多样化为夫妻财产分割提出了新的要求,分割既应尽量保证公平合理,又不能损害财产本身的使用价值和交换价值。

还需要注意的是,对财产进行分割还必须保证一定的效率,尽量不要因离婚而使当事人的生产生活停滞,受到不必要的影响,更不能因财产的分割损害与财产有关联的第三人的合法权利。在分割共同财产时,还要注意将财产本身分给能更好利用它发挥价值的一方。若为不可分物,则按实际需要和有利发挥效用原则归一方所有,分得方应依均等分割原则,给另一方相应的补偿。比如,对于一方正在经营中的店铺、种植业及其他产业,应尽可能地分给适合继续经营的一方;

对夫妻一方从事工作需要的生产工具，应当优先分给他们，由他们发挥更大的效用。

技巧二 分清财产边界

一、法定财产制的本质：婚后所得共有

只要夫妻双方建立婚姻关系，就必然存在夫妻间的财产法律关系。夫妻之间对财产的归属和分割事先进行了约定时，原则上应尊重夫妻的意思自治。但是，如果夫妻双方对共同财产无明确约定或约定无效的情况下，就需要依照法律规定直接适用法定财产制。① 法定财产制是法律预先设定的，是对约定财产制的补充。目前，根据不同的国情，各国采用分别财产制、共同财产制、联合财产制等不同的法定财产制。根据我国《民法典》第 1062 条之规定，我国的夫妻法定财产制为共同财产制，即夫妻在婚姻关系存续期间②取得的下列财产，在双方没有约定或者法律未进行例外规定的情况下原则上都属于夫妻共同财产，归夫妻共同所有：工资、奖金、劳务报酬；生产、经营、投资的收益；知识产权的收益；继承或者受赠的财产，但《民法典》第 1063 条第 3 项规定的除外；其他应当归共同所有的财产。可见，我国的法定财产制实际上属于婚后所得共同制。

（一）工资、奖金、劳务报酬

虽然《民法典》未直接对工资、奖金从概念上进行界定，但其内涵可以从其他法律法规的界定得以窥见。国家统计局《关于工资总额组

---

① 参见胡康生主编：《中华人民共和国婚姻法释义》，法律出版社 2001 年版，第 62 页。

② 所谓夫妻关系存续期间，是指夫妻结婚后到一方死亡或者离婚之前这段时间。

成的规定》(国家统计局令第1号)第4条对“工资”的认定作出了明确规定,即工资总额包括:计时工资、计件工资、奖金、津贴和补贴、加班加点工资、特殊情况下支付的工资。此外,国家统计局《〈关于工资总额组成的规定〉若干具体范围的解释》第2条对“奖金”的范围进行了初步界定,即奖金的范围主要包括:(1)生产(业务)奖包括超产奖、质量奖、安全(无事故)奖、考核各项经济指标的综合奖、提前竣工奖、外轮速遣奖、年终奖(劳动分红)等;(2)节约奖包括各种动力、燃料、原材料等节约奖;(3)劳动竞赛奖包括发给劳动模范、先进个人的各种奖和实物奖励;(4)其他奖金包括从兼课酬金和业余医疗卫生服务收入提成中支付的奖金等。

由上可见,相关法律法规将工资与奖金的形式规定的多种多样,那么,其中哪些属于夫妻共同财产呢?答案就是所有工资、奖金都为夫妻共同财产。因为虽然在实践中工资、奖金表现出不同的具体形式,但在法律意义上其本质并无区分。而且现代社会中个人的工资、奖金由多种具体形态构成,往往出于企业管理的需要等原因,将它们分开既不具备法律上的实益,也不利于保护夫妻另一方的权利。

工资、奖金属于夫妻婚后取得的财产,根据法律规定属于夫妻共同财产无可争议,值得注意的是,根据国家统计局《〈关于工资总额组成的规定〉若干具体范围的解释》第2条的规定,奖金也包括实物形态。那么,是否只要是夫妻在婚后取得的实物形态的奖励皆应涵盖在工资、奖金之中呢?笔者认为,并不能一概而定。例如,夫或妻一方在参加竞赛等活动所获得的奖牌是否属于夫妻共同财产就值得探讨。运动员在国内乃至国际的各种大赛中所斩获的奖牌同样具有一定的经济利益,奖牌代表了社会或某一组织对个人的一种积极的社会评价,在法律上表现为“荣誉权”。虽然奖牌本身也具有物质性,具有一定的经济价值,但它在用于奖励时,其经济价值仅是不同奖励等级在量上的区别,其财产价值属性已经弱化为零。换言之,奖牌并不是财产量的比较和区别,而是运动员竞赛成绩高低的比较和区别的替代物。所以,不能因奖牌的物质性及其经济价值就将它等同于一般财产。奖牌作为荣誉的象征的价值远远高于其财产性价值,表现出与获奖者不可分离的人身专属性,不能与他人分享或共享。因此,司法实践中一般认为,夫或妻一方获得的奖牌不属于夫妻共同财产。①

(二)生产、经营、投资的收益

《民法典》对婚姻法在这一项上有所调整,《婚姻法》仅规定生产、经营的收益是夫妻共同财产,而《民法典》第 1062 条则明确规定,婚姻关系存续期间的投资收益也属于夫妻共同财产。但并不是说在民法典生效前投资的收益就不是夫妻共同财产,实际上在司法实践中,法院早就将投资的收益纳入其他应当归共同所有的财产的范畴。夫妻中男方作为画家,创作的画作销售所得的收益即属于生产收益,应属于夫妻共有。在夫妻双方一起开一家小卖部共同经营,小卖部的利润就是经营收益,应属于夫妻共有财产。夫妻一方投资了一家公司并参与公司经营,公司每年的分红就是投资的收益,也属于夫妻共同财产。

(三)知识产权的收益

知识产权是一种比较特殊的财产权利,包含着创作者的智力成果,具有一定的人身属性②,同时,创作者又可以通过对知识产权使用和处

---

① 在司法实践中,将奖牌认定为夫妻一方财产的法律依据主要为《民法典》第 1063 条第 5 项。

② 婚姻关系中,知识产权的人身属性主要体现在婚姻关系存续期间一方取得的知识产权权利本身归一方专有,作者的配偶无权在作者自己的著作中署名,也无权决定作品是否发表。参见最高人民法院民事审判第一庭:《婚姻法司法解释(二)理解与适用》,人民法院出版社 2015 年版,第 165 页。

分获得经济利益①,因此知识产权同时兼具人身属性和财产属性。

《民法典》第 1062 条第 1 款第 3 项规定,夫妻在婚姻关系存续期间所得的“知识产权的收益”归夫妻共同所有,但对于知识产权收益的范围和取得的时间并未展开解释,导致“知识产权的收益”的内涵太宽,影响了实践中的法律适用。但《最高人民法院关于适用〈中华人民共和国婚姻法〉若干问题的解释(二)》(以下简称《婚姻法解释(二)》)第 12 条对“知识产权的收益”进行了具体界定,即婚姻关系存续期间,实际取得或者已经明确可以取得的财产性收益。显然,该条规定是将“知识产权的收益”区分为“实际取得”和“已经明确可以取得”这两部分,并视这两部分为夫妻共同财产。“实际取得的收益”较好理解,那如何界定“已经明确可以取得的收益”?

“已经明确可以取得的收益”是将来可以明确取得的收益,这里需要强调“明确”。例如,一方在婚姻关系存续期间画了一幅画,并与某出版社签订了合同约定了稿费,只是在离婚时出版社尚未支付该笔稿费,虽然实际取得稿费是在离婚后,但因该笔收益是明确的,支付只是一个时间问题,并不影响财产的性质,那么就应属于夫妻共同财产。但若一方并未将该画出卖,在离婚后许久才将该画卖出,另一方能否主张分割?不能。这是因为夫妻离婚时只能就现有财产主张分割,而该画在其经济利益未实现前作为一方智力成果根本无法估价,能否取得经济利益具有一定的不确定性,并不属于“已经明确可以取得的收益”。但根据《最高人民法院关于人民法院审理离婚案件处理财产分

① 知识产权的收益是指作品在出版、上演、播映后或允许他人使用而获得的报酬、专利权人转让专利权或许可他人使用其专利所取得的报酬、个体工商户和个人合伙的商标所有人转让商标权或许可他人使用其注册商标所取得的报酬。婚姻关系中取得的知识产权经济利益,之所以为夫妻共同财产,是因为知识产权的获得离不开配偶一方的支持和帮助。参见最高人民法院民事审判第一庭:《婚姻法司法解释(二)理解与适用》,人民法院出版社 2015 年版,第 165 页。

割问题的若干具体意见》(法发〔1993〕32 号)第 15 条的规定,针对配偶在婚姻期间付出的劳动,可根据具体情况,从对方其他财产中给予适当补偿。

(四)继承或者受赠的财产

这里继承或赠与所得的财产与《民法典》第 1063 条第 3 项规定的通过继承或赠与所得的"个人财产"的区别在于,如果被继承人和赠与人有明确的意思表示由夫妻一方继承或只赠与夫妻一方的,就应当尊重被继承人或赠与人的真实意思。这里的继承或赠与所得财产,仅为被继承人或赠与人并没有明确表示只归一方的财产。在我国特殊国情下,夫妻双方的父母往往为子女出资买房,《婚姻法解释(二)》第 22 条第 2 款就因此特别作出规定:"当事人结婚后,父母为双方购置房屋出资的,该出资应当认定为对夫妻双方的赠与,但父母明确表示赠与一方的除外。"根据此规定,如果父母仅仅为双方购房出资,但并未明确特别表示该出资属于对一方的赠与时,该出资原则上将被法院在裁判过程中解释为父母对夫妻双方的赠与,应认定为夫妻共同财产。

(五)其他应当归共同所有的财产

"其他应当归共同所有的财产"之规定系"兜底条款"。这是因为社会现象复杂万变,列举式的法律条文无法包罗万象,难免有遗漏之处。即使在立法时已经罗列完全,但随着社会发展变化,新的现象层出不穷,总会有新的问题未在立法时考虑到。因此,留出个"布袋口"供法院在实际处理案件时能够自由裁量以及在发现新问题时不至于缺乏裁判依据。但是,这样的"兜底条款"具有模糊性和不确定性,导致司法实践中法院往往很难把握。对此,《婚姻法解释(二)》第 11 条明确了"其他应当归共同所有"财产的范围。

1. 一方以个人财产投资取得的收益

这主要是指在夫妻关系存续期间,夫或妻一方以个人的财产进行投资所获取的物质利益。在此句中,“个人财产”“投资”“收益”这几个关键词仍应进行如下解释:

“个人财产”既指婚前属于夫或妻的个人财产,也指婚后夫妻约定或者法定属于夫或妻的个人财产。

“投资”,通常指的是特定经济主体为了在未来可预见的时期内获得收益或是资金增值,在一定时期内向一定领域投放足够数额的资金、实物或货币等价物的经济行为,具体可分为资本投资、实物投资和证券投资。投资行为有可能发生在婚前,也有可能发生在婚后。投资的形式、行业也多种多样,如以货币投入企业,通过生产经营活动取得一定利润,或者以货币购买企业发行的股票和公司债券,参与企业的利润分配。

何为“投资取得的收益”,现行法律并无明确规定。一般来说,可以分为两类:一类是直接投资获取收益,即将货币或实物直接投入企业的生产经营活动中,获取公司或企业生产经营产生的利润;另一类是间接投资取得收益,即将货币用于购买金融资产,如购买债券、基金的收益。在这里需要说明的是,一方以个人财产投资的收益,必须是在夫妻关系存续期间已实际取得的收益,而不包括预期收益。此外,若一方认为收益是基于个人财产与共同财产混同后进行投资行为所产生,但无证据证明具体比例的,优先保护夫妻共同的利益,推定为共同财产投资收益,归夫妻共同所有。申言之,若一方主张系其个人财产所获收益的,应当承担举证证明责任。

随着 2011 年 8 月 13 日《婚姻法解释(三)》的实施,对于后者,即间接投资取得的收益究竟属于夫妻共同财产,还是属于一方个人财产,理论界和实务界都存在很大争议。《婚姻法解释(三)》第 5 条规定:“夫妻一方个人财产在婚后产生的收益,除孳息和自然增值外,应认定为夫妻共同财产。”该条明确了夫妻一方个人财产在婚后的孳息和自然增值,属于个人财产,而不为夫妻共有。因此,在没有立法明确“投资取得的收益”“孳息”两个概念的具体含义以及两者之间关系的情况下,可谓是仁者见仁,智者见智。有观点认为,孳息分为天然孳息和法定孳息,投资产生的收益属于法定孳息,依据《民法典》应属于财产所有人。同时,根据“同一位阶的法律法规之间发生冲突的,新法优于旧法”的原则,一方以个人财产投资取得的收益不再认定为夫妻共同财产,而仅为该方的个人财产。还有观点认为,“投资取得的收益”不能被“孳息”全部包含,如炒股、炒期货所获得收益,由于该投资收益具有风险性且并未参与实际经营,因而不属于孳息,所以两个概念之间应是交叉的关系。因此,属于孳息的投资收益为个人财产,不属于孳息的投资收益为夫妻共同财产。即使《婚姻法解释(三)》第 5 条进行了相关规定,但司法裁判中这个问题还存在一定的争议,不同法院也有不同的判决,期待司法解释的进一步明确。

2. 男女双方实际取得或者应当取得的住房补贴、住房公积金、养老保险金、破产安置补偿费

对于上述内容,《婚姻法解释(二)》在第 11 条分别用两项进行了规定,分别规定了住房补贴、住房公积金、养老保险金和破产安置补偿费。其实在法律层面的意义上来说上述财产的性质是一致的,本质上属于工资性收入。住房补贴、住房公积金是我国住房制度改革的产物,住房补贴可以认为是一种建立在工资关系上的福利,住房公积金则直接与工资相关联。养老保险金、破产安置补助费两项则是我国企业劳动人事工资制度改革的产物。从我国劳动法的角度来讲,上述几项都与劳动者的劳动关系、工资密切相关。鉴于此,这四种财产都属于对劳动者工资的一种补充形式。这里的“实际取得”和“应当取得”也是有时间限定

的，必须属于在夫妻关系存续期间上述财产即已被夫妻一方“实际取得”和“应当取得”，即不管是财产已经实际取得，还是尚未实际取得但基于特定的法律关系一方将有权取得，该财产皆应属于夫妻共有。

除此之外，还有些特殊财产，也属于夫妻共同财产的范围：(1)发放到军人名下的复员费、自主择业费等一次性费用。根据《婚姻法解释(二)》第14条的规定，上述费用以夫妻婚姻关系存续年限乘以年平均值，所得数额为夫妻共同财产。[①] (2)根据《婚姻法解释(二)》第19条的规定，由一方婚前承租、婚后用共同财产购买的房屋，房屋权属证书登记在一方名下的，应当认定为夫妻共同财产。(3)婚后以夫妻共同财产缴付养老保险费，离婚时一方主张将养老金账户中婚姻关系存续期间个人实际缴付部分作为夫妻共同财产分割的，人民法院应予支持。

二、法定财产制之限制和补充：夫妻一方的个人财产

夫妻一方个人财产，是指依法规定由夫妻个人保留的财产，具体而言区分为婚前个人财产与婚后个人财产。虽然我国的法定财产制是夫妻共同财产制，将夫妻双方在婚姻存续期间视为一个共同体，在无明确法律规定的情形下，原则上婚后财产都由夫妻共同共有。但法谚有云，“有原则必有例外”。《民法典》第1063条规定的夫妻一方个人财产就是对法定共同财产制的限制和补充。“在法律上规定一方个人财产的意义在于，其弥补了法定共同财产制对个人权利和意愿关注不够的缺陷，防止共同财产范围的无限延伸，有利于保护个人财产权利”。[②] 毕竟婚姻关系是建立在夫妻各自亦是完整个体的基础上的，婚

① 年平均值，是指将发放到军人名下的上述费用总额按具体年限均分得出的数额。其具体年限为人均寿命70岁与军人入伍时实际年龄的差额。

② 胡康生主编：《中华人民共和国婚姻法释义》，法律出版社2001年版，第70页。

姻关系即使导致财产共有，但婚姻关系并不能确定不会出现变故，如果因为婚姻关系而影响个人生存和发展，那么一旦某一段婚姻关系终止，就影响到个人寻求另一段婚姻的可能，最终仍会影响社会的稳定。因此，《民法典》也必须对属于个人所有的财产范围进行规定。那么，哪些是一方个人财产呢？

（一）一方的婚前财产

根据《民法典》第 1063 条第 1 项的规定，一方的婚前财产属于夫妻一方的个人财产。这主要是因为婚前财产系个人在婚前所得，与婚姻无关，因此毫无疑问应当属于个人财产。此外，此项规定的积极意义还在于，可以防止一味通过缔结婚姻以谋求他人财产的不劳而获，鼓励自我创造财富，促进社会发展。例如，一方婚前全款购置并登记在自己名下的房屋原则上属于其个人财产，另一方不能仅根据结婚即成为该房屋的共有权人。当然，此项关于个人财产的规定并不是绝对不可动摇的，根据《民法典》第 1088 条、第 1090 条和第 1091 条，在一些特殊情形下，离婚时夫妻一方仍应用其个人财产向另一方进行补偿或赔偿。

同时，根据《婚姻法解释（一）》第 19 条的规定，《民法典》第 1063 条规定为夫妻一方所有的财产，不因婚姻关系的延续而转化为夫妻共同财产，但当事人另有约定的除外。此条强调了夫妻双方无明确约定的情况下一方的婚前财产并不会因为结婚行为而转化为夫妻共同财产，《民法典》在某种程度上起到了改变过去司法裁判的一些旧观念的作用。①

---

① 1993 年出台的《最高人民法院关于人民法院审理离婚案件处理财产分割问题的若干具体意见》第 6 条曾规定：“一方婚前个人所有的财产，婚后由双方共同使用、经营、管理的，房屋和其他价值较大的生产资料经过 8 年，贵重的生活资料经过 4 年，可视为夫妻共同财产。”

（二）一方因人身损害获得的赔偿或补偿

根据《民法典》第 1063 条第 2 项规定，一方因人身损害获得的赔偿或补偿为夫妻一方的个人财产，这主要是因为：(1)因身体伤害所获得的赔偿或补偿金是一种人身性质的财产，与身体受伤害一方的人身具有密切的联系。(2)一方因人身损害获得的赔偿或补偿非常重要，甚至赔偿数额巨大，如果因离婚分割了这部分财产，导致受伤的一方医疗费不足，会导致其难以继续治疗，将严重影响病人的生存和继续生活。

同时需要注意，不仅因身体伤害所获得的赔偿作为夫妻一方的个人财产，因治疗伤害所获得的住院、营养、护理等赔偿费用也属于夫妻一方财产，但获得赔偿系用于赡养老人和抚养子女的部分，应用于赡养老人和抚育子女，也不属于夫妻共同财产，离婚时不得分割。

（三）遗嘱或赠与合同中确定只归一方的财产

根据《民法典》第 1063 条第 3 项的规定，遗嘱或赠与合同中确定只归夫或妻一方的财产应为夫妻一方的个人财产。比如，男方父亲生前留下遗嘱，特别指明其过世后所留财产只给男方一人所有，则该部分财产不是夫妻共同财产，女方不能因此享受任何权益。赠与的情况亦同理，如果赠与人明确指明只是夫妻一方享受赠与财产的，另一方则无权在离婚时要求分割。这仍旧是因为在法律没有强制规定的情况下，应尊重当事人的意思自治，而作此规定可以有效地保护立遗嘱者和赠与人对其个人财产的处分权，尊重他们的个人意思。但若在遗嘱或者赠与合同中仅表示了将遗产或财产给一方，但没有明确只给这一方的，根据《民法典》第 1062 条第 4 项之规定，该财产应认定为夫妻双方的共同财产。可见，一字之差产生的法律效果可能是截然相反的。

（四）一方专用的生活用品

在婚姻关系存续期间，一方专用的生活用品是一方个人财产。所谓归一方专用的生活用品，是指夫妻一方在日常生活中日常使用的物品，或者一方专用但对另一方没有使用价值的物品。具体理解如下：(1)仅限于生活用品，指夫妻日常生活中所需的物品，而不是冰箱电视等大型家具，也并非首饰等贵重物品；(2)一般财产价值不大，也不属于贵重财产的日常生活用品，如鞋、帽、衣服及有些价值不大的图书、手机、专用的佩物、饰件；(3)根据便于生活原则，将一方专用的生活用品划分为个人财产，如只对丈夫有用的刮胡刀划分为丈夫个人财产更为合适。之所以将其认定为夫妻一方的个人财产，从一定程度上而言亦有助于离婚后男女双方能够尽快开始新生活。

（五）其他应当归一方的财产

关于其他应当归一方的财产，法律并无明确规定，仅在《婚姻法解释(三)》第5条作出规定："夫妻一方个人财产在婚后产生的收益，除孳息和自然增值外，应认定为夫妻共同财产。"可见立法是将夫妻一方个人财产在婚后产生的"孳息"以及"自然增值"也认定为夫妻一方的个人财产的。那应如何理解"孳息"以及"自然增值"？

孳息是指由原物所产生的收益，依其产生的根据不同可以分为天然孳息和法定孳息。天然孳息指因物的自然属性而获得的收益，与原物分离前，是原物的一部分，如果树结的果实、母牛生下的小牛。而因原物的所有权人通过租赁、投资、储蓄等民事法律关系依法产生的收益，则称为法定孳息，例如，存款获得的利息，出租房屋获得的租金，投资基金、债券等有价证券所获得收益。

在学理上，自然增值是指个人财产在不改变状态的情况下实现的增值，该增值非人为作用，而往往是由于通货膨胀、供求关系变化等市场因素造成的物或权利价格的提升。比如,男方在婚前购买一套房产用于婚后夫妻共同居住,原则上该财产应为男方个人财产,婚后因房价上涨产生的增值即属于自然增值。从目前我国司法实践来看,法院一般认为因自然增值产生的收益原则上为男方个人财产。但若将房子进行重新装修后导致房屋增值 30 万元,则增值部分就不属于自然增值,该 30 万元的收益应为夫妻共同财产。另外,在司法实践中,把房屋出租而取得的租金认定为夫妻共同财产的裁判观点[①]亦非常普遍,理由根源于房屋出租通常会包含婚后双方共同经营的因素,因此将租金认定为夫妻共同财产更为妥当。

除房产外,一人婚前股权在婚后获得的收益,是否属于自然增值呢?该问题一直是司法实践中的难点,理论界也存在较大争议,因此要认定该收益是否为自然增值还需要针对个案进行详细分析。就该问题,最高人民法院肖锋法官认为股权不同于房产,其是一种单纯的投资行为,股权本身是个人财产。对于收益,《婚姻法解释(三)》有规定是属于夫妻共同财产,但具体分割时还需要细分,即如果出资的一方参与公司运营或工作,那么另一方即使未参与经营但作为配偶承担了一定家庭事务,仍可视为对股权的收益作出了贡献,此时婚后股权的收益属于夫妻共同财产;如果出资一方并未参与公司运作,没有付出劳动,该收益归属存在争议,原则上应当认为该收益属于个人财产,因为收益的产生不需要配偶有额外的付出,就如同钱存在银行里面取得利息一样。

---

① 大多裁判观点认为,夫妻一方个人财产在婚后产生的收益,除孳息和自然增值外,应认定为夫妻共同财产,而房屋的租金不属于孳息和自然增值,应作为夫妻共同财产予以分割。参见北京市第二中级人民法院(2018)京 02 民终 5072 号民事判决书;长沙市中级人民法院(2017)湘 01 民终 6386 号民事判决书;延边朝鲜族自治州中级人民法院(2019)吉 24 民终 510 号民事判决书。

三、约定财产制：婚姻“个性化”需求之满足

（一）约定财产制的认识

约定财产制是指婚姻当事人通过协议形式，对婚前、婚后财产的占有、管理、使用、收益、处分，债务的清偿，婚姻关系终止时的财产清算等事项作出约定的一种财产制度。《民法典》第1065条第1款规定：“男女双方可以约定婚姻关系存续期间所得的财产以及婚前财产归各自所有、共同所有或者部分各自所有、部分共同所有。约定应当采用书面形式。没有约定或者约定不明确的，适用本法第一千零六十二条、第一千零六十三条的规定。”约定夫妻财产制充分体现出民事法律行为可以在合法、自愿、公平的前提下根据当事人意愿设立的特点。

相对于法定夫妻共同财产制，约定财产制具有更大的自由性。约定财产制既可以适用于婚前的个人财产，也可以适用于婚后所得的财产，且在财产的种类上也没有任何限制。除了《民法典》第1062条、第1063条所涉及的财产种类外，还包括一切可以取得收益的财产和财产权利。夫妻双方约定夫妻财产制的时间既可以在婚前，也可以在婚后，还可以对已经约定的财产制根据夫妻双方的意见重新约定，没有严格的时间规定。因此，从一定意义上讲，约定夫妻共同财产制实际上可以由当事人自由确定财产范围、种类、时间等诸多问题，在符合法律规定的情况下完全因人而异，所以无法一一枚举。随着时代的发展，在结婚时选择约定财产制的情形已经屡见不鲜，如果说法定财产制体现了一种共性，那么选择约定财产制无疑就是一种“个性化”婚姻关系的体现。

约定财产制的选择，需要通过缔约来实现。夫妻之间订立的约定，要得到法律上的支持需要满足相应条件。例如，夫妻或拟结为夫妻的当事人（婚前即可对财产归属形式进行约定），要使订立的约定产

生法律效力,必须具备一般民事法律行为成立和生效的要件,并避免该约定因违反法律的强制性规定而无效。因此,签订夫妻财产协议时必须注意以下关键点:

首先,订立夫妻财产约定的当事人必须具备相应的民事行为能力。考虑到我国法定婚龄大大高于成年年龄,且《未成年人保护法》禁止未成年人的父母或者其他监护人为未成年人订立婚约,所以,当事人无论是婚前订立夫妻财产协议还是婚后订立夫妻财产协议,都不会涉及因未成年导致夫妻财产协议效力欠缺的问题。但是,当事人在订立夫妻财产协议时依法应当是有完全民事行为能力的成年人,即必须年满18周岁,但不必达到"男性不得早于22周岁、女性不得早于20周岁"的法定婚龄。这是因为,缔结夫妻财产协议并非缔结婚姻关系,未到婚龄缔结的夫妻财产协议仍具有法律效力,只是结婚之前无法履行而已。

其次,当事人在约定时应意思表示真实。意思表示真实是指当事人在意志自由并能确认自己意思表示法律效果的前提下,内心意志与表示行为相一致的状态。如果当事人的内心意志与表示于外的行为不一致,则意思表示不真实。欺诈、胁迫、乘人之危等行为不正当地干涉了当事人的意思表示,严重破坏了意思自治原则,极大地损害了当事人的利益。只有意思表示真实的情形下订立的夫妻财产协议,才能对当事人产生法律效力。因此,一方以欺诈、胁迫的手段或者乘人之危,使对方在违背真实意思的情况下订立的夫妻财产协议可能属于我国《民法典》第148条、第150条、第151条规定的可撤销合同的情形。

再次,订立夫妻财产约定不得由他人代理。订立夫妻财产约定是一种与当事人身份有密切关系的法律行为,关系到当事人双方一生或重大的个人财产利益,涉及夫妻双方相互扶养的义务、对未成年子女抚养教育的义务以及对长辈的赡养义务。所以,当事人应当亲自实施,一般不得代理。有时候,双方父母出于种种考虑会为已婚子女拟订并代签财产协议,这是无效的。此外,协议约定的财产必须是属于夫妻双方或个人的,不能对其他共同生活的家庭成员的财产进行约定,如父母的财产、子女的财产。前者较好理解,对于后者,因我国父母习惯将子女的财产视为自己的所有物,也就会有“孩子都是我的,财产自然也是我的”的错误想法。如果子女有自己的财产如发明所得、他人赠与所得,应归子女所有,父母仅是代为保管。因此,父母不能对这些财产进行约定,即使约定也是无效的。

最后,订立夫妻财产约定不得违反法律的强制性规定、不得违背公序良俗。这里的强制性规定,不仅仅包括婚姻法中的强制性规定,还包括其他法律、行政法规中的强制性规定。[①] 此外,夫妻财产约定属于双方法律行为,必须遵循《民法典》对法律行为的规制。《民法典》第 8 条规定民事主体从事民事活动,不得违背公序良俗,并且在第 143 条中明确规定,民事法律行为不违背公序良俗的方有效。在日常生活中,夫妻财产协议可能约定无收入的一方赡养老人,而有收入的一方不需要承担赡养义务;或者说约定生男孩房产归女方,生女孩女方就不能得到财产。上述这些约定都是无效的。当然,如果夫妻财产约定仅仅是部分内容无效,不影响其他条款的效力的,则其他条款仍是有效的。

约定财产制对于离婚时的财产分割较为方便,仅依据当事人意思即可处理。而且,随着社会的发展和人们思想的解放,约定夫妻财产,包括为此而进行的婚前财产公证正逐渐被接受。大家如果仔细审视很多公众人物的离婚新闻,可以发现旷日持久的离婚财产争夺战已经

---

① 此处的强制性规定,是指《最高人民法院关于适用〈中华人民共和国合同法〉若干问题的解释(二)》(以下简称《合同法解释二》)第 14 条规定的效力性强制性规定。

越来越少了,这正是因为很多公众人物在结婚时已经进行了财产协议公证,对于哪些财产属于各自所有、哪些财产属于共同所有、哪些财产专门用以保障子女生活成长、离婚后财产如何分配等作了详尽的约定。因此,即使遇到离婚,其对于财产的争议并不大。但在日常生活中,大部分人保有传统观念,觉得为财产签协议或公证比较伤感情,而且中国人一贯注重感情和"面子",所以,约定财产制尚未成为中国家庭的主流财产制形式,这也导致在司法实践中大部分离婚案件最后还是按照法定夫妻共同财产来进行分割。

(二)约定财产制的具体操作方式

1. 订立婚前财产协议

婚前财产协议的依据是《民法典》第1065条第1款:"男女双方可以约定婚姻关系存续期间所得的财产以及婚前财产归各自所有、共同所有或者部分各自所有、部分共同所有。约定应当采用书面形式。没有约定或者约定不明确的,适用本法第一千零六十二条、第一千零六十三条的规定。"因此,婚前财产协议主要是指男女双方在结婚登记之前就双方各自婚前所得财产的归属所作的约定。受中国的传统观念和文化的影响,人们一般认为婚前财产协议是"没有面子""不讲感情"的做法。但从另一个角度来说,现代社会人们的个人财富量迅速增长,内容形式也变得更加复杂,签订婚前财产协议是避免离婚出现财产纠纷的可行之法,可以很大程度上保护双方的财产,避免纠纷。很多西方国家签订婚前财产协议的情况已经十分普遍。

签订婚前财产协议还需要注意明确婚前财产的范围。虽然我国《婚姻法解释(一)》第19条已经规定婚前财产不因结婚而转化为夫妻共同财产,但是在司法实践中,诸如贵重物品的购买时间没有充分证据证明是婚前还是婚后,法院依旧会按照夫妻共同财产予以认定。因此,在婚前财产协议中明确哪些财产是婚前财产,可以起到保障自身权益和减少纠纷的作用。

2. 约定夫妻婚后财产制

根据《民法典》第 1065 条的规定，夫妻双方既可以在结婚之前订立婚前财产协议对婚后财产的归属进行确定，也可以在结婚之后订立协议对婚姻关系存续期间所得的财产进行约定，以确定夫妻双方的权利义务。

上述财产协议的签订应采取书面的方式。因为口头方式可能会出现一方反悔的情况，且法律已经明确规定夫妻财产协议应采取书面形式，仅有口头约定，一方面难以证明，另一方面其效力也可能不会得到法律的认可。需要注意的是，是否需要将财产协议进行公证？因为财产协议是双方签署的一个协议，故只要双方都满足签订的条件，协商一致签订即有法律效力。而公证的优势是公证过的财产协议可信度更高，可以防止后来的篡改，故当事人可针对自身情况自由选择。

四、家庭共同财产

现在夫妻二人的小家庭越来越多，开明的父母一般也愿意和子女分开居住，但还有很大一部分家庭是二世同堂、三世同堂乃至更多，家庭成员越多，家庭成员之间的经济关系也就越复杂，家庭财富的组成也会比较丰富。在这样的情况下，如果夫妻二人离婚，是不能把家庭中所有的财产都作为夫妻共同财产来进行分割的，因为夫妻共同财产与家庭共同财产并不等同，法律既要保护婚姻关系中夫妻双方的利益，也要保护家庭关系中其他当事人的合法权益。所以，进行离婚财产分割时需要先把家庭共有财产中属于夫妻共同所有的财产从家庭共有财产中分离出来。申言之，应先进行分家析产再确定夫妻共同财产如何分割。

那么，什么是家庭共同财产？家庭共同财产往往又被称为家庭共有财产，主要是指全体家庭成员共同生活期间所创造的，供全体家庭成员生活、生产的财产。该财产在法律上是如何产生的？

（一）家庭共同财产的形成

家庭共同财产关系并非因存在家庭共同生活关系而必然发生，即共居并不必然同财。在现实中，家庭财产存在同居共财、同财不共居、共居不共财等多种形式。[①] 很多父母与子女居住在一起但彼此经济独立，就可能不存在家庭共同财产。但是，在我国部分地区，也确实存在祖父母、父母、子女共同生活且共同共有财产的情况。

从法律关系的视角来看，家庭共同财产源于全体家庭成员的共同所得和家庭成员订立的共有协议。首先，家庭成员共同所得可以是共同原始取得，如共同劳动创造的成果，也可以是共同继受取得，如共同继承的财产、共同接受的赠与。其次，家庭成员各自拥有的财产亦可以通过订立共有协议的方式纳入共同财产的范围中。如子女与父母约定子女的收入由父母管理，家庭需要使用时从父母处支出，即可视为子女就其收入与父母订立了共有的协议。

（二）家庭共同财产的分割

对家庭共同财产进行分割，通常被简称为分家析产。[②] 对家庭共同财产进行分割时，通常应遵循以下流程：

首先，划分家庭共同财产与家庭成员个人财产的边界。如果家庭成员要求对某一财产进行分割时，首先应确定该财产是否属于家庭共有财产。必须避免将个人财产混入共有财产而损害其他成员的合法

---

① 参见杨立新：《论家庭共同财产》，载《政法学报》1994 年第 4 期。

② 亦有观点认为，广义的分家析产既包括对共同财产的分割，还包括家庭共同生活关系的终止。本书仅从狭义的角度将分家析产的内涵确定为对家庭共同财产的分割。

权益。

其次,核实家庭共同财产的主体。家庭成员并不一定是家庭共同财产的权利主体,家庭共同财产的权利主体可以是家庭全体成员,也可以是家庭部分成员。例如,子女与父母虽然共同居住,但只是每月交纳生活费,此时就不能认为子女在共同居所的其余财产属于共同财产。又如,传统观念中幼年子女和父母共享所有权的观点就不一定正确,因为幼年子女也可以从其他亲属那里通过继承或受赠获得单独所有的财产。

最后,确定家庭成员各自的份额。在理论上,有着均等份额说或贡献决定份额说两种不同的观点。笔者认为,首先应当确认该家庭财产属于按份共有还是共同共有。如果属于按份共有,则需要按各自约定的份额或贡献确定份额,如果属于共同共有,如共同继承的财产,则需要按法律的规定确定份额。

当然,司法实践中还可能面临其他复杂的情况。例如,一家四口父母、儿子、媳妇一起建了栋房子,现在媳妇和儿子离婚,这栋房子作为家庭共同财产在离婚纠纷里不处理的话,媳妇的利益应如何保护?这时候,可以通过分家析产来进行分割,即离婚时夫妻共同财产若未从家庭共同财产中析出,一方要求析产的,可先就离婚和已查清的财产问题进行处理,对一时确实难以查清的财产之分割问题可告知当事人另案处理,或者中止离婚诉讼,待析产案件审结后再恢复离婚诉讼。

技巧三　掌握具体财产的分割方法与计算标准

一、彩礼是否需要返还

(一)彩礼的性质

彩礼主要是指男方为达成结婚的目的,在订立婚约时给付女方的金钱或者财物。在生活中,通常是由男方父母以结婚为目的给予女方一笔价值不菲的财产,双方成功缔结了婚姻关系,彩礼就归女方所有。虽然社会各界对彩礼批判的声音很大,但是给付彩礼在我国是一种很普遍的现象,近年来也有愈演愈烈的趋势。在某些地区,基于当地的习俗和文化,当事人对彩礼的数额还会选取“长长久久”(9999 元)、“万里挑一”(10,001 元)或者“十万里挑一”(100,001 元)等有代表意义的数额。如果一方索求的彩礼数额较大,另一方家庭往往倾尽积蓄甚至负债为孩子准备彩礼,这也就导致夫妻双方一旦离婚,一定比例的男方会提出返还彩礼的请求。

(二)司法实践中对彩礼的认定

彩礼与赠与存在一定的相似性,在司法实践中,法院认定彩礼并无一个统一的标准,但认定标准在以下几个方面亦存在共性:

1. 彩礼既可以是货币也可以是实物

因此,是否属于彩礼,法院往往根据当地风俗习惯判断,彩礼通常具有非常浓厚的地方风俗特色,独特的数额和独特的给付形式都可能被认定为彩礼,如在某些地区,订婚宴席就可能被认定为彩礼。

2. 以结婚为目的,给付彩礼的前提是要有“婚约”

男女双方在恋爱期间,赠予对方财物,或者双方父母赠予对方的财物,应当认定为一般赠予,不能认定为彩礼。

3. 彩礼数额一般较大

彩礼数额与当地生活水平相比属于大额支出,除了大额金钱,房子、车子、金银首饰等较为贵重的物品通常也被视为彩礼,如果只是烟酒零食等低廉小物品不应视为彩礼。但是,在司法实践中,订婚仪式上男方给付的“改口钱”“压鞋钱”也有被法院认定为彩礼的情形。

(三)离婚时彩礼的返还

《婚姻法解释(二)》第 10 条第 1 款规定:“当事人请求返还按照习

俗给付的彩礼的,如果查明属于以下情形,人民法院应当予以支持:(一)双方未办理结婚登记手续的;(二)双方办理结婚登记手续但确未共同生活的;(三)婚前给付并导致给付人生活困难的。”可见离婚时请求返还彩礼主要有以下三种情况:

1. 双方未办理结婚登记手续的

给付彩礼的目的是结婚,若双方根本未办理结婚登记手续,则可以认为给付彩礼在法律上的根本目的未实现,因此,根据司法解释之规定要求返还彩礼亦在情理之中。

2. 双方办理了结婚手续,但是确实没有共同生活

虽然婚姻登记之后双方已经在法律层面成为真正意义上的夫妻,但是在我国一些地方,习俗是举行结婚仪式之后才被当地人视为成立真正的夫妻关系。因此,未共同生活在实质上将导致支付彩礼在习惯层面的目的是不能实现的,男方通过诉请法院的方法要求返还彩礼,从尊重风俗习惯、保持社会稳定的角度来说有一定的合理性。马忆南教授也因此认为,“共同生活”是结婚的实质内容,只有“共同生活”成为事实,彩礼给付的目的才能真正实现。① 在司法实践层面尚未对何谓“共同生活”形成普遍性的共识。但有法院对何为“共同生活”从主客观两个方面进行的如下界定可供借鉴:“主观上,男女双方具有长期共同生活的愿望,并基于配偶身份能够相互理解和慰藉;客观上,男女双方能互相扶持,共同履行夫妻义务和家庭义务,共同承担生活的压力和风险,共同创造并享受美好生活。”②

3. 婚前给付并导致给付人生活困难的

申言之,彩礼已经在结婚之前予以交付,彩礼的给付与给付人其

① 参见马忆南、庄双澧:《彩礼返还的司法实践研究》,载《中华女子学院学报》2019 年第 4 期。

② 河北省徐水县人民法院(2017)冀 0609 民初 1769 号民事判决书。

后的生活困难之间存在因果关系。早在1951年10月8日颁布的《最高人民法院、司法部关于婚姻案件中聘金或聘礼处理原则的指示》中就有"生活困难"可以退还聘礼的明确表述。在理论上,生活困难分为绝对困难和相对困难。所谓绝对困难是无法维持当地的基本生活水平,相对困难是给付彩礼之后生活比之前困难。《婚姻法解释(一)》第27条对"生活困难"作出了具体解释,即《婚姻法》第42条(现《民法典》第1090条)所称"一方生活困难",是指依靠个人财产和离婚时分得的财产无法维持当地基本生活水平。从整体解释的角度来说,《婚姻法解释(二)》第10条中的"生活困难"不应与《婚姻法解释(二)》第27条解释的"生活困难"在含义上存在差别。此外,给付了彩礼当然会导致生活水平相对下降,故在对"生活困难"的认定上,采绝对困难说更为合理。当然,给付人需要证明其给付了彩礼,且证明因为彩礼给付而造成生活困难。在司法实践中,很多案件因为返还请求人达不到这样的证明标准导致诉请得不到支持。

(四)适格的诉讼当事人

什么人可以请求返还彩礼,即如何确定因解除婚约引起的财产纠纷案件的当事人?有人认为,订立婚约的男女双方及其父母都可以请求返还,亦有人认为,只应将订婚男女双方列为诉讼当事人,其他人不应作为当事人参加诉讼。在离婚案件中除了夫妻双方,其他人不能成为适格的被告,故彩礼返还的权利人和义务人也是男女双方,这是由此类案件的特殊性质决定的。当然,在男方父母主张该部分彩礼构成家庭共同财产,要求先分家析产或主张解除赠与而加入纠纷解决程序的情况下,情况则又有所不同。

在不涉及离婚的婚约纠纷案件中,有些男方往往将订立婚约的女方及其父母、亲属列为共同被告,男方的父母、近亲属成为共同原告。当然,根据《民事诉讼法》的相关规定,只需要有明确的被告就可以立案,法院并不需要在立案时考虑被告是否适格,只需在实体审理的过程中裁判被告是否需要承担相应的返还责任即可。

二、夫妻共同财产的分割

(一)夫妻共同债权的分割

1. 夫妻共同债权的认定

现行《民法典》第 1062 条并未明确规定婚姻关系存续期间夫妻一方或双方取得的债权是否属于夫妻共同财产。但是,早在 1993 年,《最高人民法院关于人民法院审理离婚案件处理财产分割问题的若干具体意见》(法发〔1993〕32 号)第 2 条就把在婚姻关系存续期间一方或双方取得的债权视为夫妻共同财产。不过,该条属于对 1980 年颁布的《婚姻法》第 13 条"夫妻在婚姻关系存续期间所得的财产,归夫妻共同所有,双方另有约定的除外"规定的解释。根据此条规定,夫妻共同债权形成的时间点是在婚姻关系存续期间。

《民法典》与 2001 年 4 月 28 日修订的《婚姻法》就这一问题的规定是一致的,但是依据现行《民法典》能否得出同样的解释结论仍需要具体考量。笔者认为,由于现行《民法典》第 1062 条相对于《婚姻法》第 13 条进行了调整,但仅仅是将第 13 条中的"财产"分列为数项,并不代表对《婚姻法》立法精神的全盘否定,且《最高人民法院关于人民法院审理离婚案件处理财产分割问题的若干具体意见》并未废止,在最高人民法院并未就相关事项另行出具不同司法解释的情况下,该意见中关于将一方或双方取得的债权视为共同财产的认定标准,仍应得到遵循。

不过,为了在离婚时可以实现对夫妻共同债权的分割,首先需要确定债的存在,举证责任在此时也就显得极为重要。对于举证责任的分配而言,《最高人民法院关于人民法院审理离婚案件处理财产分割问题的若干具体意见》第 7 条规定对个人财产还是夫妻共同财产难以确定的,主张权利的一方有责任举证。当事人举不出有力证据,人民法院又无法查实的,按夫妻共同财产处理。该条属于对夫妻财产是否属于共同财产的推定规则,根据该条规定,如果当事人无法举证证明婚姻关系存续期间取得的财产属于个人财产时,法院应首先推定为共同财产。由于该意见第 2 条明确将夫妻共同债权纳入夫妻婚姻期间所取得财产的一种,因此,第 7 条关于举证责任分配的规定同样适用于夫妻共同债权的认定。

2. 夫妻共同债权的分割

《民法典》第 1087 条第 1 款规定:"离婚时,夫妻的共同财产由双方协议处理;协议不成的,由人民法院根据财产的具体情况,按照照顾子女、女方和无过错方权益的原则判决。"由于夫妻共同债权属于夫妻共同财产,因此,《民法典》第 1087 条第 1 款的规定就得以适用。当然,《最高人民法院关于人民法院审理离婚案件处理财产分割问题的若干具体意见》与现行《民法典》不相抵触的内容,法院也应当遵循。

就具体的分割方式而言,由于《民法典》第 1087 条第 1 款和《最高人民法院关于人民法院审理离婚案件处理财产分割问题的若干具体意见》并未规定具体的分割方式,其原因在于物权编已经规定了共有财产分割的具体方式,分割的具体方式也不是婚姻家庭编立法要予以关注的重点,故可以物权编的相关规定为依据,对夫妻共同债权进行实物分割、变价分割或拍卖分割。虽然物权编规定的是动产与不动产的分割,但在具体的法律适用路径上,采取类推适用的方法亦是可行的。当然,在夫妻共同债权为不可分债权的时候,就只能对该债权采取变价或拍卖的分割方式,而不能采取实物分割的方式,该债权进行实物分割之后要求债务人分别向夫妻一方履行一定的份额。①

（二）夫妻共同债务

夫妻共同债务是指婚姻关系存续期间,具有夫妻身份的一方或者双方与第三人之间形成的债务。那应如何具体界定是否为夫妻共同债务？又应如何分割与清偿债务？

1. 夫妻共同债务的界定

夫妻共同债务的认定与处理,一直是司法实务中的疑难问题,最高人民法院的态度也是几经反复。1980年《婚姻法》首次以立法形式将“用于夫妻共同生活”作为夫妻共同债务的认定标准。2001年《婚姻法》虽然对1980年《婚姻法》进行了修订,但对共同债务的认定标准上仍与1980年《婚姻法》并无二致。但是,《婚姻法解释(二)》第24条则对夫妻共同债务的认定标准进行了创新,规定夫妻一方如不能证明相关债务属于个人债务,则该债务应认定为共同债务。这一转变,在学术界被称为“用途论”到“推定论”的转变。② 2018年1月17日最高人民法院公布并于1月18日开始实施的《最高人民法院关于审理涉及夫妻债务纠纷案件适用法律有关问题的解释》又回到了“用途论”的立场上来。除了回归“用途论”的立场之外,该解释正式确立了“共债共签”的原则,即只要夫妻双方均共同签字或未签字一方事后追认的举债,不论举债后所得利益用途如何,均应当认为是夫妻共同债务。

此外,《最高人民法院关于审理涉及夫妻债务纠纷案件适用法律有关问题的解释》实际上对何为“用于夫妻共同生活”进行了具体规

---

① 不可分债权,主要是指多数人有权对不可分给付为标的进行请求的债权。参见齐云:《论我国多数人之债的完善——以不可分之债与连带之债的区别为中心》,载《河北法学》2012年第3期。

② 参见张弛、翟冠慧:《我国夫妻共同债务的界定与清偿论》,载《政治与法律》2012年第6期。

定。根据该解释第2条的规定,即使夫妻并无共同举债的意思,只要举债所得利益实际上由夫妻二人共同享有的,也应当认定为夫妻共同债务,为家庭日常生活需要的,应当认为举债的利益为夫妻共同享有。就此,时任最高人民法院民一庭庭长程新文答记者问时明确,"家庭日常生活"在学理上称为"日常家事",可以适用日常家事代理制度。根据国家统计局的相关资料,家庭日常生活的范围可以参考八大类家庭消费,并根据夫妻双方的职业、身份、资产状况、收入、兴趣等夫妻共同生活的状态以及当地一般的社会生活习惯进行确认。换言之,司法实践中认定"家庭日常生活"并无统一的标准,相反,其参考因素十分复杂。但一般来说,正常的衣食消费、日用品购买、子女抚养教育、老人赡养等维系一个家庭所必要的各项消费,原则上属于家庭日常生活消费的范围。①

《最高人民法院关于审理涉及夫妻债务纠纷案件适用法律有关问题的解释》第3条明确把夫妻关系存续期间以个人名义超出家庭日常生活需要所负的"大额举债"属于夫妻共同债务的举证责任分配给了债权人,即债权人此时需要举证证明该"大额举债"用于夫妻共同生活、共同生产经营或者是夫妻双方的合意举债,否则债权人将承担不利的后果。认定夫妻共同生活、共同生产经营的情况比较复杂。就夫妻共同生活而言,随着社会经济发展水平的提高,家庭消费水平也逐渐增加,且家庭消费呈现多元化的趋势,有大量消费超出家庭日常生活支出的范围,但只要这些支出系夫妻共同消费支出,或者用于形成夫妻共同财产,或者为夫妻共同利益、管理共同财产产生的支出,就属

① 参见《最高人民法院妥善审理涉及夫妻债务纠纷案件依法平等保护各方当事人合法权益——最高人民法院民一庭负责人就〈最高人民法院关于审理涉及夫妻债务纠纷案件适用法律有关问题的解释〉答记者问》,载最高人民法院官网:http://www.court.gov.cn/zixun-xiangqing-77362.html,最后访问时间:2019年8月21日。

于为夫妻共同生活的支出。[①] 夫妻共同生产经营在司法实践中也没有统一的认定标准,除明确由夫妻双方共同实施的生产经营活动,要确定夫妻共同生产经营,需要根据经营活动的性质以及夫妻双方在其中的地位作用等综合认定。本次编纂《民法典》的过程中,立法者吸纳了《最高人民法院关于审理涉及夫妻债务纠纷案件适用法律有关问题的解释》的相关规定,与其采用了相同的夫妻共同债务认定标准。

2. 夫妻共同债务的清偿

《民法典》第 1089 条规定:"离婚时,夫妻共同债务应当共同偿还。共同财产不足清偿或者财产归各自所有的,由双方协议清偿;协议不成的,由人民法院判决。"此条并未明确规定夫妻究竟是应当用共同财产清偿共同债务,还是用个人所有的财产清偿共同债务。当然,从立法者的立法意图来看,是应当以共同财产清偿共同债务的——"婚姻关系终结时,夫妻债务清偿应遵循的原则是共同债务以共同财产清偿,个人债务以个人财产清偿"。[②]《婚姻法解释(二)》第 25 条第 2 款则规定了夫妻任何一方都应该就共同债务承担连带清偿责任,由此,债权人可要求夫妻任何一方以其全部财产清偿共同债务。虽然《婚姻法解释(二)》这一规定引起了学界的批判,但是在司法实践中,法院基本按照这一规定的精神进行案件的裁判。

按照《婚姻法解释(二)》第 25 条的规定,夫妻共同债务的清偿需要区分内部和外部不同的关系。在夫妻对外关系上,夫妻债务对外不是"一人一半",而是承担连带清偿责任,债权人可以基于连带债务主

---

① 参见《最高人民法院妥善审理涉及夫妻债务纠纷案件依法平等保护各方当事人合法权益——最高人民法院民一庭负责人就〈最高人民法院关于审理涉及夫妻债务纠纷案件适用法律有关问题的解释〉答记者问》,载最高人民法院官网:http://www.court.gov.cn/zixun-xiangqing-77362.html,最后访问时间:2019 年 8 月 21 日。

② 胡康生主编:《中华人民共和国婚姻法释义》,法律出版社 2001 年版,第 169 页。

张夫妻任何一方清偿共同债务。在夫妻内部关系上，夫妻之间可以对各自就共同债务的偿还份额进行内部约定，但该约定不能对抗债权人，一方清偿了全部连带共同债务的，可以基于内部约定向另一方进行追偿。这主要是因为，根据债的相对性原理，夫妻双方的约定效力原则上仅可约束夫妻双方，不能约束债权人。同时，基于共同债务形成的外部关系，不因双方是否已经离婚而改变，当事人的离婚协议或者人民法院的判决书、裁定书、调解书已经对夫妻财产分割问题作出处理的，债权人仍有权就夫妻共同债务向男女双方主张权利。

（三）特殊夫妻共同债务的偿还

1. 婚前一方债务

《婚姻法解释（二）》第 23 条规定："债权人就一方婚前所负个人债务向债务人的配偶主张权利的，人民法院不予支持。但债权人能够证明所负债务用于婚后家庭共同生活的除外。"可见，原则上一方婚前债务主要是夫或妻个人的债务，由个人偿还，但债权人能够证明该债务是用于婚后家庭共同生活的除外。这主要是因为，法律对夫妻共同债务的认定，属于基于"谁获利，谁担责"的法理和婚姻关系形成的基础上对债之关系的特殊规定。[①] 如果一方婚前因自己原因形成的债务一概认定为夫妻共同债务，对另一方显然并不公平，亦不利于婚姻家庭的稳定。

2. 赌博等个人挥霍债务

《婚姻法解释（二）》第 24 条第 3 款规定："夫妻一方在从事赌博、吸毒等违法犯罪活动中所负债务，第三人主张权利的，人民法院不予支持。"夫妻承担共同债务的前提，是该债务本身在法律上具备法律效

---

① 参见蔡立东、刘国栋：《关于夫妻共同债务认定的立法建议——以相关案件裁判逻辑的实证分析为基础》，载《中国应用法学》2019 年第 2 期。

力。赌债、毒债等基于违法犯罪活动形成的债务，本身就不具有法律效力，不受法律保护，对“债务人”个人尚不具备约束力，当然也不能因此使配偶承担共同偿还的责任。

3. 夫妻间借款

《婚姻法解释(三)》第16条规定：“夫妻之间订立借款协议，以夫妻共同财产出借给一方从事个人经营活动或用于其他个人事务的，应视为双方约定处分夫妻共同财产的行为，离婚时可按照借款协议的约定处理。”该条规定刚出台时在社会上亦引起了一些争议和误解，人们下意识的认为夫妻在婚内签署借款协议有伤夫妻感情，不利于婚姻稳定。但最高人民法院对此条的阐明也颇有一定道理：如果夫妻之间可以不加限制的用共同财产处理个人事务，反倒不利于家庭的稳定和夫妻感情的和谐，而通过借款的方式，则可以使一方满足其事业、爱好和其他追求的同时，避免或缓解因双方对财产的处分不一致对夫妻关系产生不利影响。①

这一条的适用可以从以下几个方面进行理解：(1)夫妻双方在婚姻存续期间订立了夫妻之间的借款协议，而不是在夫妻双方的婚姻存续期之外订立借款协议。(2)借款的用途是处理如求学、捐赠、帮助亲友等个人事务，这部分个人事务与夫妻共同生活并无直接关系。(3)借款的来源是夫妻共同财产而非一方的个人财产。在法理上，夫妻之间从共同财产中借款与个人借款之间除了借款来源不同外，借贷关系的法律性质其实并无区别。(4)夫妻在婚内订立的此种协议，是有法律效力的，在离婚时法院可以根据该协议对夫妻共有财产的份额进行调整。(5)在婚姻关系存续期间，借款方并未全部偿还借款。依

---

① 参见最高人民法院民事审判第一庭：《婚姻法司法解释(三)理解与适用》，人民法院出版社2015年版，第230页。

据最高人民法院的裁判观点,在双方未对已还款金额进行约定时,离婚时借款方应给付出借方未偿还借款的一半。①

三、住房公积金、住房补贴的分割

住房公积金是指国家机关、国有企业、城镇集体企业、外商投资企业、城镇私营企业及其他城镇企业、事业单位、民办非企业单位、社会团体为其在职职工缴存的长期住房储金。住房补贴则主要指企业、事业单位向无住房职工或住房面积未达到规定标准的职工发放的现金补贴。《婚姻法解释(二)》第 11 条规定,婚姻关系存续期间,男女双方实际取得或者应当取得的住房补贴、住房公积金属于《婚姻法》第 17 条(《民法典》第 1062 条)规定的"其他应当归共同所有的财产",也就是说,在婚姻关系存续期间双方取得的住房公积金属于夫妻共同财产,在离婚时应当予以分割。在性质上,最高人民法院认为住房公积金和住房补贴皆属于工资的一部分,只是"扩大了工资的外延,改变了工资的形式而已"。②

适用这一条需要注意以下两方面的问题:首先,只有婚姻关系存续期间夫妻取得的住房补贴或住房公积金,在离婚时才能作为共同财产予以分割。因此,必须以夫妻结婚年限为基准来确定应成为共同财产的住房补贴和住房公积金。其次,由于离婚并不是提取住房补贴或住房公积金的法定事由,故分割的具体方式,并非必须让一方提取住房补贴或住房公积金支付给另一方,而是应先计算出夫妻在婚姻存续期所取得的住房补贴、住房公积金的数额,在夫妻之间进行折抵之后,

① 参见最高人民法院民事审判第一庭:《婚姻法司法解释(三)理解与适用》,人民法院出版社 2015 年版,第 234 页。

② 参见最高人民法院民事审判第一庭:《婚姻法司法解释(二)理解与适用》,人民法院出版社 2015 年版,第 154 ~ 155 页。

由一方支付给另一方现金。

四、人身损害赔偿金的分割

在离婚财产分割时,人身损害赔偿金的分割也是一个比较有争议的问题。争议点主要在于,是否所有类型的人身损害赔偿金都不能进行分割?

《民法典》第1063条第2项规定,一方因受到人身损害获得的赔偿或者补偿属于夫妻一方的个人财产,立法者出台这一规定的原因主要有两点:(1)由于上述财产与生命健康关系密切,且对于保护个人权利具有重要意义,因此专属于个人所有,而不能成为共同财产;(2)有利于维护受害人的合法权益,能够为受害人得到有效治疗,能够为残疾人正常生活提供法律保障。[①] 因此,因身体受到伤害而产生的赔偿,原则上应属于一方个人财产。但是,在司法实践中,与人身相关联的赔偿项目并不仅限于医疗费与残疾人生活补助,还包括营养费、残疾赔偿金、残疾辅助器具费、误工费、护理费、交通费、住宿费、伙食费、精神损害抚慰金等。其中误工费是指当事人被侵权之后因为治疗恢复延误工作或者无法正常劳动所造成损失的赔偿费用。因误工费的作用是补偿工资,工资属于夫妻共同财产,故误工费应归入夫妻共同财产的范畴,可依法予以分割。当然,在分割时,法院认为夫妻一方人身损害后确实存在生活困难,仍可适用《民法典》第1090条来进行平衡。

五、养老保险金的分割

养老保险金,通常指职工因在一个企业工作到一定年限,不愿继

---

① 参见胡康生主编:《中华人民共和国婚姻法释义》,法律出版社2001年版,第72~73页。

续任职或因年老体衰、工残事故导致永久丧失劳动能力时，企业为保证其老有所养而付给的年金或一次付清所得金。养老保险金不等于养老保险费，养老保险费主要指单位在职工退休前从职工工资中扣缴和统筹的资金，是职工退休后领取保险金的依据。

按照《婚姻法解释(二)》第11条第3项的规定，婚姻关系存续期间，夫妻实际取得或者应当取得的养老保险金属于《民法典》第1062条规定的“其他应当归共同所有的财产”。最高人民法院在《婚姻法解释(二)》出台后并未直接阐明将养老保险金认定为夫妻共同财产的理论依据，在《婚姻法解释(三)》出台后，最高人民法院顺便阐明了第11条第3项将养老保险金认定为共同财产的主要理论依据：(1)从养老保险金的来源看，与夫妻一方的工资收入密切相关；(2)从养老保险金的本质来看，其本质是职工在退休后领取的工资，只不过根据国家政策在形式上进行了转化。①

根据《婚姻法解释(二)》第11条第3项的规定，不仅是婚姻存续期间已经取得的养老保险金应作为共同财产在离婚时予以分割，“应当取得的”养老保险金，亦应作为共同财产在离婚时予以分割。因此，就双方已经实际取得养老保险金而言，一般是一方已经退休，或者离婚时夫妻一方或双方已退休。这个分割就比较容易，按照一般的夫妻共同财产分割原则、方法处理即可。问题在于，“应当取得的”养老保险金该如何理解？根据最高人民法院的说明，“应当取得”指当事人已经退休，具有享受养老保险金的基本条件，但由于某种原因尚未实际领取的情形。例如，按照政策已一次性结算保险金的，虽然结算手续已经办妥，但相关部门尚未将资金支付到账，离婚时仍处于等待发放

① 参见最高人民法院民事审判第一庭：《婚姻法司法解释(三)理解与适用》，人民法院出版社2015年版，第202页。

的状态。此时养老金数额无争议,领取也只是时间问题。相反,如果离婚时夫妻一方或双方并未退休,按照目前养老保险金管理制度的规定,退休前将来取得养老保险金的具体数额无法预先测算,此时,就不属于“应当取得”的情形。①

需要注意的是,根据《婚姻法解释(三)》第 13 条的规定,并非任何形式的养老保险金都可以作为共同财产进行分割。不符合我国相关法律法规规定的养老保险金领取条件时,既然不能领取养老金,此时就更谈不上对保险金进行分割了。此外,还要注意区分养老保险金属于个人账户中的保险金还是统筹账户中的保险金。例如,个人缴纳养老费未连续缴纳满 15 年的,就不能享有其统筹账户中的保险利益,该部分保险利益,就不能作为夫妻共同财产;但是个人账户中已经缴纳的部分,是个人工资的一部分,应作为夫妻共同财产。基于这样的法理,第 13 条又规定:“……婚后以夫妻共同财产缴付养老保险费,离婚时一方主张将养老金账户中婚姻关系存续期间个人实际缴付部分作为夫妻共同财产分割的,人民法院应予支持”。

由上可见,就养老保险费利益分割的具体方式而言,由于我国现行的养老保险管理制度所限,并不能直接在当事人未退休之前对养老保险金进行分割,但法院可以依据《婚姻法解释(三)》第 13 条之规定将婚姻存续期间个人实际缴付部分的养老保险费作为夫妻共同财产予以分割。通常,法院先行按照以下两种方式确定养老保险费属于共同财产的具体金额:(1)按照夫妻关系确定之月起至法院判决之月止养老保险金账户下的养老保险费数额确定;(2)按照庭审中夫妻双方一致认可的数额确定,然后以现有价格补偿为手段,将其与离婚双方

① 参见最高人民法院民事审判第一庭:《婚姻法司法解释(三)理解与适用》,人民法院出版社 2015 年版,第 205 页。

其他可分实物、价金等共同财产在分割时进行利益调剂、补偿和衡平，找齐离婚双方的利益落差，从而达到分割相关保险金的目的。①

六、房产的分割

离婚房产的分割一直是离婚财产分割重要的一环。基于较高的房价，大部分人不能一次性付清全部房款，从而选择按揭付款。且从开始按揭到最终按揭完毕的时间跨度非常大，十几年甚至到几十年，那么在夫妻双方离婚时尚未取得按揭房屋所有权的情况时有发生。现阶段房价上涨迅速，购买时房屋的价格和离婚时房屋的价格相去甚远，且夫妻双方都希望自己的利益最大化，这也就会产生纠纷。

同时，我国房产种类复杂多样，按照不同的标准房产种类有不同的划分：例如按购置形式不同，可以划分为房改房、商品房、自建房；按照主体不同，可以划分为公房、私房、不完全产权房；按照不同的经济形式划分，又可以分为计划经济主导下的政策性住房和市场经济主导下的商品房，其中政策性住房包括公房和房改房。诸多因素叠加起来就使离婚时的房产分割问题更为复杂。因为房屋种类颇多，我们需要具体问题具体分析，下面将离婚时遇到的常见住房分割问题进行详细解读。

（一）一方婚前全款购置的房屋

《民法典》第1063条规定，一方的婚前财产为夫妻一方的个人财产。同时，《婚姻法解释（一）》第19条规定："婚姻法第十八条规定为夫妻一方所有的财产，不因婚姻关系的延续而转化为夫妻共同财产，但当事人另有约定的除外。"根据上述规定，一方婚前购置的房产，在婚前付清全部款项且登记在个人名下的，为夫妻一方个人财产，并不

① 参见最高人民法院民事审判第一庭：《婚姻法司法解释（三）理解与适用》，人民法院出版社2015年版，第209页。

因结婚而转变成夫妻共同财产。

若婚前一方将房屋款项付清,即使婚后才取得房产证的,原则上也为夫妻一方的个人财产。这是因为夫妻一方取得房产证的条件在婚前都已经达成,取得房产证只是一个时间问题,另一方没有对此作出任何贡献,所以应认定该房屋为一方的个人财产。

(二)夫妻双方出资购买的房屋

根据《民法典》第 1062 条之规定,夫妻在婚姻关系存续期间取得的财产,原则上应为夫妻共同财产。因此,夫妻双方婚后出资(包括贷款)取得房屋产权的,该房屋原则上应为夫妻共同财产。此时要注意一个问题,即不论房产证上登记的是一方的名字还是双方的名字,均为夫妻共同财产。但是,若夫妻双方在婚内对该房产进行了约定,比如双方约定该房产归妻子一方所有的,该房屋的所有权应按照协议约定归妻子一方所有,在离婚纠纷时男方无权请求主张分割。

(三)一方婚前签订购房合同婚后用共同财产还贷的房屋

《婚姻法解释(三)》第 10 条规定:"夫妻一方婚前签订不动产买卖合同,以个人财产支付首付款并在银行贷款,婚后用夫妻共同财产还贷,不动产登记于首付款支付方名下的,离婚时该不动产由双方协议处理。依前款规定不能达成协议的,人民法院可以判决该不动产归产权登记一方,尚未归还的贷款为产权登记一方的个人债务。双方婚后共同还贷支付的款项及其相对应财产增值部分,离婚时应根据婚姻法第三十九条第一款规定的原则,由产权登记一方对另一方进行补偿。"此情形下,需要注意以下几点:

第一,情形的设定为婚前一方购房并支付首付款,签订按揭合同,产权登记在首付款支付方名下,婚后由夫妻共同财产还贷。

第二,分割的是两个对象,即一个是双方婚后共同还贷支付的款项,另一个是支付款项相对应房产增值的部分。也就是说,在不考虑夫妻一方过错的情况下,主要是这两个对象决定了最终的补偿款数额。

第三,约定优先。如果没有约定,房屋归属产权证上的一方所有。这样分割公平合理并且更加符合效率,一方不用再一次过户,另一方取得相应的补偿款。

(四)离婚时未取得所有权的房屋

《婚姻法解释(二)》第21条规定:"离婚时双方对尚未取得所有权或者尚未取得完全所有权的房屋有争议且协商不成的,人民法院不宜判决房屋所有权的归属,应当根据实际情况判决由当事人使用。当事人就前款规定的房屋取得完全所有权后,有争议的,可以另行向人民法院提起诉讼。"

此条的适用主要涉及两种形态的房屋:第一种是夫妻离婚时诉争的房屋尚未取得所有权。在房屋并非夫妻自建的情况下,尚未取得所有权主要表现为尚未取得房屋所有权证。第二种情况是仅取得了部分所有权,但不是完全所有权。所谓的"部分所有权",实际上主要针对夫妻双方根据福利政策以标准价购买的公有房屋。[①] 根据国务院住房改革的相关政策,以标准价购买的房屋,只有将标准价与成本价(或市场价)之间差价补齐交清后,房屋方可归个人所有。在此之前,个人对此类房屋并不具有完全意义上的所有权。

司法实践中,法院在处理此类夫妻诉争房屋的纠纷通常先由双方协商,尊重双方的意思自治。如果协商达成一致,按约定处理即可。但是,如果房屋所有权确实暂时不能确定或个人暂时无法取得,但当事人诉争的对象又是房屋所有权,此时,法院确实不宜直接判决房屋

---

① 参见最高人民法院民事审判第一庭:《婚姻法司法解释(二)理解与适用》,人民法院出版社2015年版,第230页。

所有权归哪一方所有,而只能退而求其次先判决房屋归哪一方使用。也正是基于此原因,《婚姻法解释(二)》第21条第2款才规定了当事人取得房屋所有权之后,可以向人民法院另行起诉。申言之,当事人取得了房屋所有权或完全的所有权的情况下,夫妻一方还是可以重新单独就所有权问题向法院另行起诉的,另行起诉并不受前一诉讼是否终结的影响,法院也不能以一事不再理为由不予受理。

(五)一方婚前所有,婚后拆迁获得的房屋

一方婚前所有的房屋因政府政策被拆迁,以产权调换方式取得拆迁安置房的,原则上该拆迁安置房应认定为原产权人的个人财产,但进行利益分割时还须考量补偿方式及出资情况等因素。不同情形下的拆迁安置房产权归属状态分割方式主要如下:

1. 产权调换以被拆迁房的面积作为拆迁安置补偿标准且未进行添附、扩建的

拆迁安置房的取得来源是夫妻一方原有的婚前个人房产,且根据《婚姻法解释(一)》第19条规定,夫妻一方所有的财产并不因婚姻关系的延续而转化为夫妻共同财产,因此,该类房产应认定为原产权人的个人财产。[①] 当然,双方另有约定的,应当按照约定。

2. 产权调换是以户主家庭人口的多少作为拆迁安置补偿标准且未进行添附、扩建的

该类补偿标准所安置的人口不仅包括夫妻双方,还包括父母、子女等家庭成员,但在拆迁利益分割时并非采用利益均分的方式,而应考量安置房的取得来源及家庭人口因素。具体如下:(1)被拆迁房按面积转换的安置房产,应为原产权人的个人财产;(2)人身因素起到绝

---

① 参见四川省自贡市中级人民法院(2017)川03民终1163号民事判决书;新疆乌鲁木齐市米东区人民法院(2018)新0109民初274号民事判决书。

对贡献作用的拆迁利益，应先拆解出其他家庭成员所占比例，而夫妻中不享有原产权的一方所占比例部分为夫妻一方财产。[①]

3. 产权调换涉及补差价的

进行产权调换涉及补差价的，实务中通常包括两种情形：(1)以夫妻共同财产出资补差价的，该安置房产权仍属于原产权人的个人财产，但补差价的数额及对应的房屋增值部分应为夫妻共同财产；[②](2)以原产权人的个人财产出资补差价的，若原产权人有充分证据证明的，该拆迁安置房应为原产权人的个人财产，他人不得请求分割。

4. 一方婚前房产，婚后对房屋进行扩建后又拆迁的

实务中，婚后对房屋进行扩建的，通常包括两种情形：(1)以夫妻共同财产对房屋进行合法扩建的，房屋未扩建前面积转换的安置房产仍认定为原产权人的个人财产，而房屋扩建面积所获得的拆迁利益应认定为夫妻共同财产；[③](2)以原产权人的个人财产对房屋进行合法扩建的，若原产权人有充分证据证明的，拆迁安置房应认定为原产权人的个人财产。

5. 一方婚前房产，婚后对房屋进行添附后又拆迁的

实务中，婚后对一方婚前房产进行装修等添附的，通常也包括两种情形：(1)以夫妻共同财产对房屋进行装修等添附而产生附加值的，该行为并不改变拆迁安置房的属性，仍应认定为原产权人的个人财产；但该装修等添附的部分被作为辅助设施评估且获得相应拆迁利益的，该拆迁利益应认定为夫妻共同财产。[④] (2)以原产权人的个人财

---

① 参见合肥市包河区人民法院(2014)包民一初字第02402号民事判决书；合肥市包河区人民法院(2014)包民一初字第01252号民事判决书。

② 参见淮安市淮阴区人民法院(2016)苏0804民初3520号民事判决书。

③ 参见宁波市江北区人民法院(2016)浙0205民初4257号民事判决书；南京市中级人民法院(2015)宁民终字第5075号民事判决书。

④ 参见江西省宜丰县人民法院(2014)宜民一初字第9号民事判决书。

产对房屋进行装修的,若原产权人有充分证据证明添附款系个人财产的,拆迁安置房应认定为原产权人的个人财产。

(六)婚内一方赠与另一方的房屋

婚姻关系存续期间,夫妻一方将房屋赠与另一方的,本质上属于赠与合同的范畴。因此,《婚姻法解释(三)》第6条规定:"婚前或者婚姻关系存续期间,当事人约定将一方所有的房产赠与另一方,赠与方在赠与房产变更登记之前撤销赠与,另一方请求判令继续履行的,人民法院可以按照合同法第一百八十六条的规定处理。""按照合同法第一百八十六条的规定处理"意味着赠与人在赠与财产的权利转移之前可以撤销赠与,但履行社会公益、道德义务的赠与公证的赠与不能撤销。由于夫妻在婚姻关系存续期间的赠与并不涉及社会公益和道德义务,除了公证赠与的房屋之外,夫妻一方若将房产赠与另一方的,在过户之前赠与一方可以行使任意的撤销权。

(七)父母出资购买的房屋①

在司法实践中,所谓"父母出资购买的房屋"可分为两种情形,一种是父母以自己的名义购买不动产,将产权登记到子女名下;另一种是子女以自己名义签订房屋买卖合同,由父母缴付购房款。上述两种情形中,后一种在现实中较多,但前一种情形也不少见,父母有可能因担心将购房款直接交给子女后,子女将购房款另作他用,又或者担心子女购置的房产不合自己心意,进而采取这种方式为子女购置房产。无论哪一种情形购买的房屋,在离婚分割时都对司法实践造成了很大的困扰。因此,按照上述两种不同的情形予以详细探讨:

---

① 此部分是对房屋的分割进行讨论,并非因父母出资所形成的"夫妻债务"的分割,因此,《婚姻法解释(二)》第22条的规定在此部分不予探讨。

1. 父母名义买房,产权登记到子女一方或夫妻双方名下

按照最高人民法院的观点,这一种情形属于典型的赠与,“父母在签订完不动产买卖合同后,如果想将取得的不动产赠与给子女夫妻双方,完全可以将不动产登记在子女及其配偶两人名下。而如果将产权登记在其子女名下后,即便其无明确的意思表示,也可视为对其子女的赠与”。① 最高人民法院就第一种情形是根据产权登记来直接推定父母的赠与意思,但其实也不乏其他的解释路径。依据《民法典》第595条,买卖合同属于“出卖人转移标的物的所有权于买受人,买受人支付价款的合同”,转移标的物的所有权本身就是出卖人的义务。如果出卖人根据父母的指示,将产权登记在子女名下,只能说明父母在买卖合同的基础上,与卖房人就另行向子女交付达成了新的合意。基于对当事人意思自治的尊重,产权登记到子女名下时,仍旧能导致物权变动。但父母与子女之间并非不能就购房款形成借贷关系,而只存在房屋赠与的意思。例如,父母完全可以与子女另行约定:“鉴于你目前购房资金不足,我可以为你先行垫付房款并将房屋登记到你名下,未来某日你应向我返还我垫付的房款。”同时需要注意的是,产权登记到子女一方名下时,并不代表该房屋就一定不会被认定为夫妻共同财产。这是因为,子女取得房屋产权是一种取得财产的行为,可能因符合《民法典》第1062条的规定而形成共同财产。即使产权登记在夫妻一方名下,也不影响房屋的共有性质。② 因此,就此种情形下的房屋分割,我们仍需要分以下类型进行讨论:

---

① 最高人民法院民事审判第一庭:《婚姻法司法解释(三)理解与适用》,人民法院出版社2015年版,第122页。

② 有学者也据此将夫妻财产的共有称之为“潜在的共有”,参见龙俊:《夫妻共同财产的潜在共有》,载《法学研究》2017年第4期。

（1）一方父母婚前购买房并登记在其一方子女名下。此时，该房屋属于其子女的个人财产，得出此结论的依据就是《民法典》第1063条第1项。由于子女获得该房屋的产权时，尚不存在婚姻关系，因此，子女此时取得房屋不能因适用《民法典》第1062条第4项即因“继承或赠与所得”而形成夫妻共同财产。

（2）一方父母在子女婚后购房并登记在其子女一方名下。依据《婚姻法解释（三）》第7条第1款的规定，此种情形下该房屋应按照《民法典》第1063条而视为父母对其子女的赠与，应属于子女的个人财产。《婚姻法解释（三）》的此款规定在学理上受到了批判，[①]但在司法实践中，通常法院还是遵照这一规定进行裁判。当然，由于此款中的“视为”是一种事实的推定，而不是法律规定，所以允许当事人提供证据推翻。例如，当事人有证据证明一方父母出资的意图并非赠与，而是借贷时，就不能适用此款推定为子女的个人财产，而应当按父母和其子女之间存在借贷关系来处理。[②] 又或者夫妻另一方有明确的证据表明该房屋为对双方的赠与时，也不能适用《婚姻法解释（三）》第7条第1款。

（3）一方父母在子女婚前购房，登记在夫妻双方名下。对于此种

---

① 《婚姻法解释（三）》第7条将父母为小夫妻购买不动产，在没有明确表明赠与给自己子女的情况下，推定为对自己子女的赠与，否定了夫妻的一体性，忽略了夫妻共有财产的共同生活的目的性。《民法典》已经明确规定在夫妻关系存续期间取得的财产为共同财产，除非赠与人有明确的赠与夫或妻的意思表示，赠与的财产才能认定为个人财产，而第7条的规定否定了一直以来法律坚持的婚后所得共同制原则。参见郭辉：《司法解释法律目标之同质性探讨——兼评〈最高人民法院关于适用《中华人民共和国婚姻法》若干问题的解释（三）〉》，载《宁夏社会科学》2013年第1期。此外，第7条通过物权变动的结果推定意思表示的具体内容，是有违物权法的法理的，参见王丽：《婚后父母为子女出资购房的夫妻财产性质认定——兼评〈婚姻法司法解释二〉第22条与〈婚姻法司法解释三〉第7条之适用》，载《中国律师》2019年第3期。

② 参见杨立新：《最高人民法院婚姻法司法解释（三）理解与适用》，中国法制出版社2011年版，第175页。

情形,最高人民法院的司法解释并未明确规定。但是,现实中不乏一方父母为夫妻在结婚前出资购买房屋,登记在夫妻双方名下的情形。此时,根据合同的相对性和不动产登记的效力,即使父母和夫妻之间另外存在借贷或赠与法律关系,该房屋也属于夫妻双方按份共有的婚前财产,在离婚分割时,应按照夫妻婚前约定的份额进行分割,如不能证明份额的,应等额分割。

(4)一方父母在子女婚后购房,登记在夫妻双方名下。虽然法律和最高人民法院的司法解释亦未对此种情形进行规定,但是依据《民法典》第1062条第4项的规定,婚姻存续期间,无论哪一方继承或赠与所得的财产都归夫妻双方共有,除非有明确的证据适用《民法典》第1063条第3项“遗嘱或赠与合同中确定只归夫或妻一方的财产”。因此,在父母为子女婚后购房,且产权已经登记在夫妻双方名下时,除非能够同时证明登记错误,否则,即使父母事后拿出相关证据证明仅赠与子女一方,也不能依据《民法典》第1063条第3项得出该房屋属于子女个人财产的结论。

(5)双方父母在婚前出资购房,登记在一方子女名下。这种情形在生活中并不少见,一方父母为了体现结婚的“诚意”,愿意掏钱和另一方共同购房却登记在对方子女名下。虽然《婚姻法解释(三)》第7条第2款规定“由双方父母出资购买的不动产,产权登记在一方子女名下的,该不动产可认定为双方按照各自父母的出资份额按份共有,但当事人另有约定的除外”,但该条并未直接表明是婚后还是婚前买房。根据最高人民法院的释明,第2款适用的条件是“婚后”。[①] 因此,该款并不能适用这种双方父母婚前购房登记在一方子女名下的情形。

① 参见最高人民法院民事审判第一庭:《婚姻法司法解释(三)理解与适用》,人民法院出版社2015年版,第118页。

笔者认为，依据《民法典》的相关法理，在婚前双方父母出资购房，却登记在一方子女名下时，应该认定双方父母与卖方共同订立了以一方子女为受领房屋的第三人的利他合同，一方子女依据该合同取得了所有权。因为是婚前购房，彼时《民法典》第1062条第4项尚不能对该购房的事实产生法律效力，因此，此时房屋应依据《民法典》第1063条第3项属于一方子女的个人财产。

(6)双方父母在子女婚后出资购房，登记在一方子女名下。此时，按照《婚姻法解释(三)》第7条第2款，该房屋应认定为“按照各自父母的出资份额按份共有，但当事人另有约定的除外”。这一款与其上一款一样，在学界也遭到了批判。因为按照《婚姻法》，即使是双方父母婚后以父母的名义出资购房，登记在一方子女名下，在不能证明属于《民法典》第1063条第3项“遗嘱或赠与合同中确定只归夫妻一方的财产”时，应适用《民法典》第1062条第4项，将该房屋认定为夫妻共同共有的财产。此外，即使最高人民法院的本意是在离婚财产分割时按照父母的出资份额进行分割，也并不一定公平合理。因为，很可能双方父母虽然签署了购房合同，但其出资只是首付款，银行亦可与夫妻约定大部分贷款由夫妻二人偿还。此时若按照父母出资的份额对房屋进行分割，就完全不符合《民法典》对离婚财产法定分割的相关规定。即使双方父母在共同筹款购房时内部对房屋的份额达成了一致约定，在夫妻双方并未对父母的约定表示认可的情况下，该父母的内部约定不能约束夫妻双方，也不能对抗《民法典》第1062条第4项这一强制性规定。

所以，目前在司法实践中，多数法院遵从的是在双方父母支付全款的情况下，按照《婚姻法解释(三)》第7条第2款的规定进行裁判，但亦应当注意，若当事人一方能够举证证明，由双方父母出资购买的房屋，即使产权登记在一方子女的名下，但能证明该房屋是双方父母对一方的赠与，或证明父母出资是对双方的共同借贷，则不能按照这一款的规定处理，而只能依据当时的证据加以判断。[①]

2. 子女以自己名义签订房屋买卖合同，由父母缴付购房款

最高人民法院认为，较父母以自己名义签订房屋买卖合同而登记在子女名下而言，此种情形下，“不排除父母将出资借贷给子女买房的可能。而一旦父母将出资借贷给子女一方的主张成立，则父母与子女之间就是借贷而非赠与关系。相应地，该房屋就应为夫妻婚后共同所有。因此，应注意考量主张借贷一方提供的证据是否充分，而不宜简单根据本条规定，一概认定该出资为对自己子女一方的赠与，进而认定该不动产为夫妻一方的个人财产”。[②] 最高人民法院的裁判逻辑，可以描述为：即使在房屋买卖合同是婚后子女与卖方签署的情况下，如果能够证明父母和子女的借贷关系，则房屋属于夫妻的共同财产；如果不能证明借贷关系，则房屋就是父母赠与子女的财产。

(1)婚前由一方父母出资，登记在其子女名下。由于房屋买卖合同是子女直接与卖方签署，基于合同的相对性和不动产登记的效力，不管父母与子女之间另外就购房款是存在借贷关系或赠与关系，该房屋应属于子女个人所有。在离婚时该房屋属于夫妻一方的个人财产，不能作为共同财产分割。但是，如果另一方参与还贷的，则应适用《婚姻法解释(三)》第10条，由产权登记一方对另一方进行补偿。

(2)婚前由一方父母出资购房，登记在夫妻双方名下。婚前由双

---

① 参见杨立新：《最高人民法院婚姻法司法解释(三)理解与适用》，中国法制出版社2011年版，第175页。

② 最高人民法院民事审判第一庭：《婚姻法司法解释(三)理解与适用》，人民法院出版社2015年版，第123页。

方父母出资,夫妻作为共同购买方,房屋登记在夫妻双方名下的情形在实践中也不少见,法律和司法解释也并未进行明确规定。此种情形仍应根据合同的相对性和不动产登记效力,认定房屋属于夫妻双方婚前共有的财产。此时,双方父母之间,对于出资的份额都会有一定的约定。双方父母与夫妻之间,可能存在借贷关系,也可能存在赠与关系。如能证明属于借贷关系的情况下,双方父母对夫妻双方形成共同债权人。无论如何,此时房屋应作为夫妻婚前的共同财产,在离婚分割时,按照夫妻婚前约定的份额进行分割,如果夫妻之间并无约定份额的,则应等额分割。

(3)婚前由双方父母出资购房,登记在夫妻一方名下。此种情形下,又可区分为签订购房合同时是夫妻一方与卖方签订还是夫妻双方与卖方签订。在购房合同为夫妻双方与卖方签订,产权却登记在一方名下时,该合同可能属于利他合同,此时产权登记载明的夫妻一方拥有对房屋的所有权。当然,夫妻内部可能会另行约定,对外登记在夫妻一方名下,内部形成按份共有关系,但该夫妻内部的按份共有约定不能对抗善意第三人。例如,产权登记的夫妻一方未经另一方同意将该房屋售于善意第三人并完成了变更登记的,该房屋所有权即归第三人所有,夫妻另一方仅能向私下出售房屋的一方请求赔偿,但不能请求第三人返还房屋。①

① 司法实践中一般将按份共有人未经其他共有人同意处分房屋的,视为无权处分的一种类型,原则上应适用《最高人民法院关于审理买卖合同纠纷案件适用法律问题的解释》第 3 条的规定,即当事人一方以出卖人在缔约时对标的物没有所有权或者处分权为由主张合同无效的,人民法院不予支持。参见陈文文:《无权处分共有物之合同及处分行为的效力判定》,载《人民司法(案例)》2015 年第 22 期。《民法典》第 1062 条规定,夫妻对共同所有的财产,有平等的处理权。《婚姻法解释(一)》第 17 条第 2 项对"平等的处理权"作出进一步解释:"夫或妻非因日常生活需要对夫妻共同财产做重要处理决定,夫妻双方应当平等协商,取得一致意见。他人有理由相信其为夫妻双方共同意思表示的,另一方不得以不同意或不知道为由对抗善意第三人。"

虽然购房款由双方父母出资，但仅为夫妻一方与卖方订立合同，且产权登记在合同签署的夫妻一方时，该房屋所有权应属于签署合同的夫妻一方所有。如果夫妻一方与卖方订立合同，产权登记在另一方名下时，基于利他合同的履行，房屋产权应归另一方所有。当然，上述情形下夫妻之间也可能另行订立按份共有合同。但与上文所述的法理相同，该约定不能对抗善意第三人。

无论如何，婚前由双方父母出资购房，登记在夫妻一方名下时，除夫妻内部另有按份共有的约定外，房屋产权应为登记人所有。在夫妻内部存在按份共有的约定时，该房屋应属于夫妻共同的婚前财产，在离婚分割时，按照夫妻婚前约定的份额进行分割，如果夫妻之间并无约定份额的，则应等额分割。不管夫妻之间有无按份共有的约定，父母双方的出资可能出于借贷，也可能出于赠与，但另属不同的法律关系。父母请求返还出资的，应适用合同编的相关规定且符合《民事诉讼法》的证据要求。

（4）婚后由双方父母出资购房，登记在夫妻一方或双方名下。购房合同虽为夫妻双方婚后与卖方签订，但产权登记在夫妻一方名下时，根据《婚姻法解释（三）》第 7 条第 2 款的规定，房屋应“可认定为双方按照各自父母的出资份额按份共有，但当事人另有约定的除外”。最高人民法院此款规定所值得商榷之处已经在上文中讨论，在此不予赘述。虽然夫妻婚后购买房屋，因并不属于《民法典》第 1062 条第 4 项继承或受赠的财产，故无法直接得出房屋是否属于共同财产的结论。但从《民法典》第 1063 条来看，夫妻婚后购买房屋的情形，显然也不属于第 18 条所列的各种应属于夫妻个人财产的情形。[①] 此时,可根据立法者对《民法典》第1062条的解释来判断夫妻婚后所购房屋的性质。在立法者看来,基于婚后所得共同制,“在婚姻关系存续期间,除个人特有财产和夫妻另有约定外,夫妻双方或一方所得的财产,均归夫妻共同所有”。[②] 因此,虽然父母婚后为夫妻购房出资,但显然这一事实不属于“个人特有财产”和“夫妻另有约定”,故房屋应归夫妻共同所有,离婚时应作为共同财产进行分割。至于双方父母的出资,可能会在父母与子女之间形成借贷或赠与关系,但都需要当事人通过举证证明。基于同样的理由,即使存在父母出资的情形,但购房合同为夫妻双方婚后与卖方签订,产权登记在夫妻双方名下的,房屋当然亦属于共同财产。

由于《婚姻法解释(三)》第7条第2款规定的是“可”认定为双方按照各自父母的出资份额按份共有,而不规定“应”认定为双方按照各自父母的出资份额按份共有,因此,在司法实践中,法院将房屋认定为共同财产的裁判空间还是较大的。

(八)一方婚前承租的公房,离婚后另一方是否享有承租权

公房也称公产房,是相对于所有权属于个人的私有住房而言的,是指国家(中央政府或地方政府、城市政府)以及国有企业、事业单位

---

① 实际上,1984年颁布《最高人民法院关于贯彻执行民事政策法律若干问题的意见》第12条中曾明确定,在婚姻关系存续期间,夫妻各自或共同劳动所得的收入和购置的财产,各自或共同继承、受赠的财产,都是夫妻共同财产。虽然《最高人民法院关于贯彻执行民事政策法律若干问题的意见》已经被废止,且第12条中涉及夫妻个人财产经过一段时间后应变成共同财产的规定是值得商榷的,但笔者认为,2001年对《婚姻法》的修改并不涉及对婚后所得共同制的修改,《最高人民法院关于贯彻执行民事政策法律若干问题的意见》第12条中对婚姻关系存续期间,夫妻各自或共同劳动所得的收入和购置的财产认定为夫妻共同财产的做法是符合我国婚后所得共同制的立法精神的。

② 胡康生主编:《中华人民共和国婚姻法释义》,法律出版社2001年版,第63页。

投资兴建、销售的住宅，在住宅未出售之前，住宅的产权归国家或企业所有。一般个人只有承租权而没有所有权。

公房的承租人原则上限于本单位职工，有正当理由与承租人同居的人，如配偶因长期居住对该房屋也享有权利。因此离婚时另一方在特定情形下有居住权。1996 年 2 月 5 日发布的《最高人民法院关于审理离婚案件中公房使用、承租若干问题的解答》即专门对法院在审理离婚案件时，分割承租公房使用权的问题作了相关详细规定。其中第 2 条明确，夫妻共同居住的公房，具有下列情形之一的，离婚后，双方均可承租：(1)婚前由一方承租的公房，婚姻关系存续 5 年以上的；(2)婚前一方承租的本单位的房屋，离婚时，双方均为本单位职工的；(3)一方婚前借款投资建房取得的公房承租权，婚后夫妻共同偿还借款的；(4)婚后一方或双方申请取得公房承租权的；(5)婚前一方承租的公房，婚后因该承租房拆迁而获得房屋承租权的；(6)夫妻双方单位投资联建或联合购置的共有房屋的；(7)一方将其承租的本单位的房屋，交回本单位或交给另一方单位后，另一方单位另给调换房屋的；(8)婚前双方均租有公房，婚后合并调换房屋的；(9)其他应当认定为夫妻双方均可承租的情形。且第 3 条明确对夫妻双方均可承租的公房，应依照下列原则予以处理：(1)照顾抚养子女的一方；(2)男女双方在同等条件下，照顾女方；(3)照顾残疾或生活困难的一方；(4)照顾无过错一方。

鉴于上述法律规定，对夫妻双方均可承租的公房而由一方承租的，承租方对另一方可给予适当的经济补偿。分割之后，因为公房往往涉及单位等管理部门，所以人民法院在调整和变更单位自管房屋(包括单位委托房地产管理部门代管的房屋)的租赁关系时，一般应征求自管房单位的意见。经调解或判决变更房屋租赁关系的，承租人应依照有关规定办理房屋变更登记手续。

（九）夫妻出资购买的房改房

房改房又称已购公有住房。在审判实践中，房改房主要指职工单位或房管部门依房改政策向单位职工或城镇居民出售公房，购房职工或居民依其工龄、级别或是否已婚等因素享受国家提供的优惠条件，以成本价、标准价或成本价购买，享有部分或全部产权的住房。[①] 房改房本质上属于单位根据国家的房改政策将原公有住房通过优惠形式出售给单位职工的居住用房，具有较强的人身属性。在离婚时面对房改房的分割时，夫妻出资购买房改房也涉及多种不同的情形：

1. 婚姻关系存续期间，双方用夫妻共同财产出资购买以一方父母名义参加房改的房屋，产权登记在一方父母名下的。根据《婚姻法解释(三)》第 12 条规定可知，离婚时另一方主张按照夫妻共同财产对该房屋进行分割的，人民法院通常不予支持。但夫妻购买该房屋时的出资，可以作为债权处理，即夫妻双方为债权人，父母为债务人，子女可以向父母请求偿还该债权。

2. 婚后夫妻双方用共同财产出资购买房改房，产权登记在夫妻双方或一方名下的。虽然最高人民法院并未对此进行明确规定，但部分地方法院就此进行了阐明。例如，上海市高级人民法院 1996 年出台的《处理公有住房出售后纠纷的若干意见》（沪高法〔1996〕250 号）第 9 条就规定："按'九四'方案购买的房屋，产权证登记为一人的，在诉讼时效内，购房时的购房人、工龄人、职级人、原公房的同住人及具有购房资格的出资人主张房屋产权的，可确认房屋产权共有。"实际上，即使不通过司法解释明确规定，这种情形下的房改房亦应依《民法典》第 1062 条的规定认定为婚后夫妻共同财产，离婚时按共同财产进行

---

① 参见赵军蒙、夏珍：《离婚诉讼中房屋分割问题探析》，载《山东审判》2010 年第 5 期。

分割。

3. 婚前由夫妻一方承租或父母承租，婚后以夫妻共同财产购买的有产权公房。根据《婚姻法解释(二)》第19条规定，由一方婚前承租、婚后用共同财产购买的房屋，房屋权属证书登记在一方名下的，应当认定为夫妻共同财产。离婚时，可按照夫妻共同财产予以分割。第19条并未就适用条件针对房改房或其他房屋设置例外规定，因此，此种情形可直接适用，将房改房认定为夫妻共同财产。虽然第19条只规定了登记在一方名下时应认定为共同财产，但根据“举重以明轻”的法律适用方法，登记在夫妻双方名下时认定为共同财产更属于不言而喻之事。

（十）小产权房

小产权房是指未缴纳土地出让金等费用，在农村集体土地上建设的房屋，其产权证不是由国家房管部门颁发，而是由乡政府或村政府颁发，亦称“乡产权房”。小产权房的类型有多样性，广义上而言主要区分为：(1)农村私有自建房屋；(2)在农村集体土地上建设的“商业小产权房”。第一种类型的房屋有些虽无房产证，但作为村集体一员是经过村集体合法审批后在宅基地上建设的房屋，该类房屋产权通常是合法有效的，在离婚财产分割时可参照上市交易的商品房分割原则。[①]

第二种类型的房屋，通常有开发商介入，目的在于销售，且销售模式类似于商品房，但价格相对较低。与商品房的区别主要在于小产权房的购买者不能取得合法有效的产权证。在实践中，因开发商未能取得合法的审批手续，擅自建造小产权房，则该类房产通常被认定为违法建筑。在司法实践中，面临离婚纠纷时，一方请求分割违法建筑的，

① 宅基地不能通过离婚分割，但宅基地上的房屋可以分割。

法官一般以该类房产不具备合法性而不予支持。例如,2011 年《山东高院审判工作会议纪要》指出,违法建筑是夫妻共同财产的,离婚时,婚姻当事人请求分割违法建筑的,原则上不予支持。① 但对于违法建筑已经通过行政程序合法化的,可以对其所有权归属作出处理,其分割原则可参考其他合法化房产。

(十一)军产房

《军队现有住房出售管理办法》第 4 条规定:"出售军队现有住房,必须经军区级单位审查并报总后勤部批准,由售房单位组织实施。"可见,军产房的转让非常严格,军产权房的转让必须取得产权单位,即总后勤部的审批。因军产房性质的特殊性,即在未参加房改前,夫妻双方仅对该房屋享有使用权,并不享有所有权。那么,该类房屋在离婚时应如何分割呢?

如果该类房屋尚未参加房改,未办理房屋所有权证,如果是属于夫妻双方在婚内取得的,应属于夫妻双方的婚内共同财产,原则上可以分割。但是,由于房屋所有权证尚未办理,则法院往往搁置对房屋所有权的分割,待涉案房屋取得房屋产权证后再处理。② 此时,法院通常的分割方式,或者是判决房屋归军人一方所有,单独所有房屋的一方给予另一方相应的补偿。或者是裁判房屋先行由一方居住使用。③ 如果军产房参与房改并获得了房屋所有权证的,是否可以直接对房屋所有权进行分割呢?根据《军队现有住房出售管理办法》第 30 条的规定,按经济适用住房价格或者房改成本价购买的现有住房,购房者拥

① 亦有学者认为,违法建筑在行政机关依法作出处理之前,其所有权仍属于民事主体,如违法建筑属于夫妻共有的,应当允许分割。参见王洪平:《违法建筑的私法问题研究》,法律出版社 2014 年版,第 124 页。

② 参见海淀区人民法院(2014)海民初字第 01988 号民事判决书。

③ 参见海淀区人民法院(2019)京 0108 民初 41329 号民事判决书。

有全部产权;需要上市交易的,实行准入制度,在同等条件下,原售房单位有优先购买权;所得售房款,在补交土地使用权出让金或所含土地收益,以及按照国家和地方人民政府规定交纳有关税费和收益分成后,其余收入归个人所有。可见,军产房在出让给军人时,部队的相关规定就对军产房的再次转让进行了限制。但是,由于《军队现有住房出售管理办法》的性质属于部门规章,并非法律,从法理上来说,军人持法院离婚判决对房屋所有权进行分割的,应优先于原售房单位的优先购买权。

七、土地承包经营权的分割

土地承包经营权,是指农业生产经营者(以户为单位)为种植、养殖、畜牧等农业目的,对其依法承包的农民集体所有和国家所有归农民集体使用的土地享有的占有、使用、收益的权利。需要特别指出,我国土地承包经营权是以家庭为单位,不是属于夫妻婚后取得的共同财产,而是夫妻、父母、子女等所有家庭成员共同拥有的家庭共同财产。既然是家庭取得的共同财产,那么土地承包经营权中也包含了夫妻任何一方应该享有的权益,在离婚时应该予以分割。

《民法典》第1087条第2款规定:“对夫或妻在家庭土地承包经营中享有的权益等,应当依法予以保护。”但这只是一个比较笼统的法条,请求分割的具体依据在《民法典》第303条的规定,即共同共有人在共有的基础丧失或者有重大理由时可以请求分割。农地承包经营权作为用益物权的一种,对其分割适用于此条规定。因此大致的分割方式可由法院按照对家庭的贡献、家庭人口、老人的赡养、未成年子女的抚养等具体情况进行判决。实践中,法院对其进行分割的方式主要有以下三种:第一种是一方取得土地承包经营权,给另一方补偿;第二种是分割因土地承包经营权而产生的收益;第三种是判决一方对家庭承包的土地中的一定亩数享有权利。①

八、企业份额的分割

（一）有限责任公司的股权

需要对属于夫妻共同财产的有限责任公司的股权进行分割时，②由于有限责任公司具有人合性与资合性相结合的特点，股东的情况对公司的经营发展有重大影响，因此，在适用《民法典》对有限公司的股权进行分割时，必须注意与《公司法》关于股权转让限制等强制性规定的衔接。

1. 夫妻双方均为有限责任公司股东的情况

根据《公司法》第 72 条的规定，有限责任公司的股东之间可以相互转让其全部或者部分股权，所以如果夫妻双方都想继续担任股东，则在分割财产时由法院判决持股数额即可。

如果夫妻一方不愿意成为股东，则可将股权转让给另一方，由另一方对其进行经济补偿。

如果夫妻双方均不愿意成为股东，则可优先将股权向公司的其他股东出售，其他股东放弃优先购买权或者在同等条件下其他股东不予购买的，可按《公司法》规定可将股权转让给股东之外的第三人，就转让取得的价款进行分割。

2. 夫妻一方为有限责任公司股东的情况

《婚姻法解释（二）》第 16 条规定人民法院审理离婚案件，涉及分

---

① 参见江苏省金坛市人民法院（2014）坛水民初字第 0498 号民事判决书。

② 从股权成为夫妻共同财产的法律路径来看，婚后以夫妻共同财产投资或买卖取得的股权和夫妻婚姻关系存续期间因继承或接受赠与而获得的共有股权，皆属于夫妻的共同财产。参见王彬、周海博：《夫妻共有股权分割制度探析》，载《社会科学研究》2013 年第 1 期。

割夫妻共同财产中以一方名义在有限责任公司的出资额(股权),另一方不是该公司股东的,按以下情形分别处理:(1)夫妻双方协商一致将出资额部分或者全部转让给该股东的配偶,过半数股东同意、其他股东明确表示放弃优先购买权的,该股东的配偶可以成为该公司股东;(2)夫妻双方就出资额转让份额和转让价格等事项协商一致后,过半数股东不同意转让,但愿意以同等价格购买该出资额的,人民法院可以对转让出资所得财产进行分割。过半数股东不同意转让,也不愿意以同等价格购买该出资额的,视为其同意转让,该股东的配偶可以成为该公司股东。用于证明上述过半数股东同意的证据,可以是股东会决议,也可以是当事人通过其他合法途径取得的股东的书面声明材料。

依据《婚姻法解释(二)》第16条的规定,在对作为夫妻共同财产的股权进行分割的同时,也能保护其他股东的权利,包括表决权与优先购买权。要注意的是,如果公司章程本身就排除了股东优先购买权的,又或者对股权在夫妻之间的分割另有约定的,则应当尊重公司章程的规定。

(二)股份有限公司的股权

股份有限公司是将公司股权分为等额股份,股东以其认购的股份为限对公司承担责任的企业法人。相比较有限责任公司来说,股份有限公司的组成和信用基础是公司的资本,与股东的个人人身性(信誉、地位、声望)没有紧密联系,因此股份有限公司是典型的资合性公司。股份有限公司的股权应如何分割?《婚姻法解释(二)》第15条规定:"夫妻双方分割共同财产中的股票、债券、投资基金份额等有价证券以及未上市股份有限公司股份时,协商不成或者按市价分配有困难的,人民法院可以根据数量按比例分配。"

因法律对股份有限公司的股票可否流通的限制,分割财产的方式也略有不同，具体如下：如果股票属于自由流通股的，夫妻双方可以作出以下分割方式，(1)协议一致后将股票归一方所有；(2)一方给予另一方相当于股票价值一半的补偿；(3)双方订立协议共享股票；(4)在双方都不想持股时，可以先对股票进行抛售，然后分割抛售后的价金。如果股票属于限制流通股的，由于《证券法》第38条规定了依法发行的股票，法律对其转让期限有限制性规定的，在限定的期限内不得买卖。因此，限制流通股的分割则又分为不同的情况：(1)限售期内的股票。例如，《公司法》第141条或《定向募集股份有限公司内部职工持股管理规定》第22条规定了限售期的股票，在限售期内不能转让。故夫妻双方在法定期限内分割这种股票时，只能采取维持原状的分割方法，对没有持股或持股少的另一方应给予相应的补偿。(2)被质押的股票。如股票被设定质权而不能转让，则相关股票的分割只能通过夫妻一方给予没有持股或少持股一方以相应的折价补偿的方式实现。(3)特殊主体股。特殊主体股因主体特殊而禁止转让，对于该部分股票也只能由原持股人持股，并给予另一方相应的补偿。此外，对于某些依法不能持股的主体，则只能由持股方给予相应的价金补偿。①

（三）个人独资企业的股权

个人独资企业，是指依照《个人独资企业法》在中国境内设立，由一个自然人投资，财产为投资人个人所有，投资人以其个人财产对企业债务承担无限责任的经营实体。因此，夫妻投资的个人独资企业只能以一人名义设立。个人独资企业的股权应当如何分割？

依据《个人独资企业法》第17条的规定，个人独资企业投资人对本企业的财产依法享有所有权，其有关权利可以依法进行转让或继

① 参见陈苇、谢京杰：《论离婚案件中的共同股权分割》，载《广东社会科学》2004年第6期。

承。这也是个人独资企业和公司的主要区别之一。依《个人独资企业法》第18条的规定,投资人也可以用家庭共有财产投资设立独资企业,并以家庭共有财产对独资企业的债务承担无限连带责任。鉴于离婚主张财产分割的第一要务是确定该企业财产的性质,即应首先确定个人独资企业的财产是否为夫妻共同财产。在司法实践中,一般将夫妻一方以个人财产设立的独资企业的财产视为一方的个人财产,将夫妻共同财产投资设立的独资企业财产视为共同财产。在离婚分割时,司法实践中主要因当事人的个人愿望不同,存在各种不同的情况。例如,夫妻一方可能并非都想经营企业,也可能都希望经营企业,针对此种情况,《婚姻法解释(二)》第18条对分割方式作了规定:(1)一方主张经营该企业的,对企业资产进行评估后,由取得企业一方给予另一方相应的补偿;(2)双方均主张经营该企业的,在双方竞价基础上,由取得企业的一方给予另一方相应的补偿;(3)双方均不愿意经营该企业的,按照《个人独资企业法》等有关规定办理。一般应中止离婚案件的审理,告之双方清算注销该企业,如果尚有财产,按共同共有分割。

《婚姻法解释(二)》第18条主要针对的是个人独资企业财产的分割,但如果是独资企业收益的分割,则可以直接适用《民法典》第1062条第2项,如果该收益是在婚内产生的,则属于夫妻共同财产,在离婚时应进行分割。

(四)合伙企业的份额

合伙企业,是指自然人、法人和其他组织依照《合伙企业法》在中国境内设立的普通合伙企业和有限合伙企业。由于合伙企业有很强的人合性,因此法律对合伙企业中合伙人的入伙、退伙都有严格的规定,以防止合伙人的变动给企业带来的负面影响。如果合伙企业的份额属于夫妻共同财产,在夫妻离婚请求分割合伙企业份额时,可按照一方为合伙企业的合伙人或双方都为合伙企业合伙人情况分别处理。

1. 一方为合伙企业的合伙人

此种情况下，仅有夫妻一方为合伙企业的合伙人，如果将其合伙企业份额通过离婚分割给另一方，则另一方事实上就“入伙”成为合伙企业的合伙人。不过，根据《合伙企业法》第21条和第22条，合伙人向外转让合伙企业份额时，须经其他合伙人一致同意；在同等条件下，其他合伙人有优先购买权。根据第23条，新合伙人入伙需要其他合伙人全体一致同意。由于夫妻的离婚并不属于《合伙企业法》中入伙和退伙的法定事由，因此，即使是离婚财产分割也不能违背《合伙企业法》的相关规定。

为避免夫妻财产分割违背《合伙企业法》的强制性规定，《婚姻法解释(二)》第17条规定，人民法院审理离婚案件，涉及分割夫妻共同财产中以一方名义在合伙企业中的出资，另一方不是该企业合伙人的，当夫妻双方协商一致，将其合伙企业中的财产份额全部或者部分转让给对方时，按以下情形分别处理：(1)其他合伙人一致同意的，该配偶依法取得合伙人地位；(2)其他合伙人不同意转让，在同等条件下行使优先受让权的，可以对转让所得的财产进行分割；(3)其他合伙人不同意转让，也不行使优先受让权，但同意该合伙人退伙或者退还部分财产份额的，可以对退还的财产进行分割；(4)其他合伙人既不同意转让，也不行使优先受让权，又不同意该合伙人退伙或者退还部分财产份额的，视为全体合伙人同意转让，该配偶依法取得合伙人地位。

2. 双方都为合伙人的合伙企业

根据《合伙企业法》第22条第2款之规定，合伙财产份额分割相当于合伙人之间转让份额，不需要征得其他合伙人同意，在通知其他合伙人的情况下由夫妻双方协商一致或者法院判决分割即可。若一方不愿意继续担任合伙人，即一方将自己的合伙财产份额全部转让给另一方,相当于退伙,按照规定的退伙手续办理即可,继续担任合伙人的一方应给另一方相应的经济补偿。

九、尚未继承遗产的分割

根据《民法典》的规定,婚姻关系存续期间,夫妻一方继承的财产在被继承人遗嘱未表明只属于一方所有时,为夫妻共同财产。但该共有财产在离婚时还未进行遗产分割的应怎么办? 对此,《婚姻法解释(三)》第 15 条规定,婚姻关系存续期间,夫妻一方作为继承人依法可以继承的遗产,在继承人之间尚未实际分割,起诉离婚时另一方请求分割的,人民法院应当告知当事人在继承人之间实际分割遗产后另行起诉。如此规定的原因在于,因为遗产还未分割,夫或妻事实上可获得遗产的数量仍处在一个不确定的状态,因此暂不宜对该财产进行分割。

《最高人民法院关于人民法院审理离婚案件处理财产分割问题的若干具体意见》第 20 条也规定:"离婚时夫妻共同财产未从家庭共同财产中析出,一方要求析产的,可先就离婚和已查清的财产问题进行处理,对一时确实难以查清的财产的分割问题可告知当事人另案处理;或者中止离婚诉讼,待析产案件审结后再恢复离婚诉讼。"因此,当事人可以选择遗产分割后另案起诉、中止离婚诉讼这两种方式。

十、登记在子女名下房产的分割

婚姻关系存续期间,夫妻双方基于多种因素考量,诸如限购政策、减少后期过户的税费、规避债务,在购房时通常会选择以未成年子女的名义购房并登记在其名下。如上述情况,购房款是夫妻双方出资,但房子却登记在子女名下,房子的权属应归谁? 在离婚纠纷中是否应当予以分割?

我国《民法典》第217条规定:"不动产权属证书是权利人享有该不动产物权的证明。不动产权属证书记载的事项,应当与不动产登记簿一致;记载不一致的,除有证据证明不动产登记簿确有错误外,以不动产登记簿为准。"可见,原则上应通过不动产权属证书的内容推定不动产权利人。但是,夫妻双方将共同出资购买的房产登记在子女名下的行为仅是为了规避债务等原因而"赠与"未成年子女的,则此类隐匿财产、逃避债务的"赠与"合同在形式上是合法的,但因被掩盖的目的非法,故该类合同应当无效。[①] 此时,涉案房产应作为夫妻共同财产予以分割。若真实意思确实是将购买的房屋赠与未成年子女,离婚时应将该房屋认定为未成年子女的个人财产,由直接抚养未成年子女的一方暂时管理。《江苏省高级人民法院民事审判第一庭关于印发〈家事纠纷案件审理指南(婚姻家庭部分)〉的通知》第35条对涉案问题作出了明确规定,即婚姻关系存续期间夫妻购置房产的所有权登记在子女名下的,一般应当认定为子女的财产。若有证据证明将房产所有权登记在子女名下的真实意思表示并非赠与的,则应当认定为夫妻共同财产。

事实上,将房产登记在子女名下的行为是否成立赠与关系很大程度上取决于夫妻双方将房产登记在子女名下时的意思表示。但实务中的离婚纠纷往往出现夫妻一方认可赠与,另一方并不认可的情形。而是否具有赠与的意思表示通常又很难取证证明,这也因此导致了诸多财产分割纠纷。同样地,若夫妻双方在离婚纠纷中亦否认赠与的事实,并主张了财产分割,此时原则上首先应根据不动产登记的情况来

---

① 参见胡康生主编:《中华人民共和国合同法释义》,法律出版社1999年版,第92页。

认定房产归属，但是，如果债权人有证据证明夫妻的“赠与”属于隐匿财产、逃避债务的，债权人也可以依《民法典》第538条行使撤销权来撤销该“赠与”。[①]

十一、股票之外有价证券的分割

《婚姻法解释(二)》第15条规定：“夫妻双方分割共同财产中的股票、债券、投资基金份额等有价证券以及未上市股份有限公司股份时，协商不成或者按市价分配有困难的，人民法院可以根据数量按比例分配。”根据该规定，股票之外的有价证券的分割应注意以下两点：

1. 关于有价证券是否为夫妻共同财产

司法实践中，一般认为如果有价证券是夫妻关系存续期间以夫妻共同财产购买的，则离婚时有价证券应当被认定为夫妻共同财产进行分割。如果夫妻一方或各方的有价证券是婚前已投资获得则应当认为是夫妻个人财产，不能分割，但根据《婚姻法解释(二)》第11条之规定，一方以个人财产婚前进行有价证券投资，在婚后取得的收益应为夫妻共同财产。

2. 有价证券的分割

有价证券存在三种分割途径：一是协商；二是按市价分配；三是按数量比例分配。

因为有价证券变动频繁，折合市价难度大，夫妻双方协商是解决有价证券分割问题最好的途径，司法实践中一般也会鼓励夫妻双方协

---

① 以隐匿财产、逃避债务为目的的合同，可能在构成以合法形式掩盖非法目的之同时，亦会产生与债权人撤销权之竞合。参见韩世远：《合同法总论》，法律出版社2018年版，第226页。

商解决。如果协商不成,则由法官参照分割时交易市场上的股价、购买价以及在分割前后合理时期内股价涨落幅度等相关因素,裁量确定一个公平合理的股价,并据此折算出全部股票的价值。① 如果折算市价存在困难的,则按照数量比例予以分配。

十二、信托财产的分割

信托是一种理财方式,是指由委托人依照契约或遗嘱的规定,将财产上的权利转给受托人,受托人按规定条件和范围,占有、管理、使用信托财产,最终收益归属委托人指定的受益人。信托的特点就是在信托合同生效后,原则上委托人财产的所有权就转移给受托人。因此如果夫或妻一方是委托人,离婚时另一方暂时不能请求实物分割相关信托财产。这主要是因为财产此时已经不属于夫或妻的财产,无法进行实物分割。只有信托约定时间结束之后按合同约定或者法律规定,夫妻一方获得了信托财产,才可以请求实物分割。但是,此时另一方可以请求另一方就信托产品的价值进行折价补偿。② 不过,司法实践中一般认为,即使是折价补偿,亦应当以信托收益能够提前确定为前提。③

如果夫或妻是信托财产的受益人,离婚时也不能请求分割信托财产。因为受益人也不享有信托财产的所有权,信托财产不属于夫妻共同财产,不能请求分割,但在无特殊约定的情况下一方可就受益人在婚后取得的信托收益请求分割。

---

① 参见蒋月:《改革开放三十年中国离婚法研究、回顾与展望》,载《法学家》2009年第1期。

② 参见成都市金牛区人民法院(2018)川0106民初7283号民事判决书。

③ 参见北京市昌平区人(2014)昌民初字第01640号民事判决书。

十三、退伍军人复员费或自主择业费的分割

军人退伍分为转业和复员两种途径,自主择业是转业退伍的一种类型。根据《婚姻法解释(二)》第14条的规定,人民法院审理离婚案件,涉及分割发放到军人名下的复员费、自主择业费等一次性费用的,以夫妻婚姻关系存续年限乘以年平均值,所得数额为夫妻共同财产。前款所称年平均值,是指将发放到军人名下的上述费用总额按具体年限均分得出的数额。其具体年限为人均寿命七十岁与军人入伍时实际年龄的差额。因此,退伍军人的复员费和自主择业费在离婚时并不是全部进行分割,而是以夫妻婚姻关系的年限乘以年平均值计算所得的数额进行分割。

这是因为,根据《民法典》第1062条的规定,只有在婚姻存续期内取得的收入才属于夫妻共同财产。例如,倘若军人的婚姻存续期仅为二年,但却对服役十年的复员费或自主择业费进行分割,就既不符合《民法典》的精神,也对军人不公平。相反,综合考量婚姻存续期和复员费、自主择业费的年平均值的情况下进行分割,则既体现了对军人另一半在家庭中贡献的肯定(军功章有你的一半,也有我的一半),也可以一定程度上保护军人的利益。需要注意的是,如果离婚时军人复员或自主择业的事实没有发生,则复员费、自主择业费无法确定具体数额,只有军人复员或自主择业后,夫妻另一方才能请求分割复员费或自主择业费。

十四、商业保险的分割

商业保险作为一种理财方式,已经被越来越多的家庭所接受,然而在面临离婚纠纷时,商业保险是否应当予以分割以及应当如何分割也是诸多夫妻争议的焦点。按照商业保险的方式不同,主要区分为人

身保险合同与财产保险合同,那在离婚时应如何分割,目前并无明确的法律规定,但最高人民法院有明确的指导思想,即《第八次全国法院民事商事审判工作会议(民事部分)纪要》中第 2 条已作出明确规定。根据该指导思想,离婚时,商业保险分割的要点如下:

(一)人身保险合同

根据保险责任以及给付保险金性质的不同,人身保险通常分为意外伤害保险、健康保险和人寿保险。其中,因上述三种保险给付保险金的目的主要是弥补被保险人的人身权益,具有较强的人身性质,因此,该类保险通常被认定为一方个人财产,当然双方另有约定的除外。如果在离婚前或者离婚诉讼中,夫妻双方达成协议并由投保人作了退保处理,那么退保获得保险费或者现金价值,按夫妻共同财产分割处理即可。倘若在离婚时如果没有发生理赔,就需要对保险单的现金价值进行分割。[①] 不过,仍需要具体区分保险费缴纳的时间与方式。

1. 夫妻一方在婚前购买的保险

若夫妻一方在婚前已完成投保并缴纳全部保费的,除非双方另有约定外,原则上该保险价值应视为夫妻一方的个人财产,并不会因婚姻关系的缔结而转化为夫妻共同财产。

但若夫妻一方在婚前购买保险并缴纳部分保费,婚后仍以夫妻共同财产继续缴纳保费的,则婚后缴纳保费的现金价值应为夫妻共同财产,另一方有权请求分割。在司法实践中,法院通常会结合缴纳保费

---

① 在司法实践中,通常是根据保单的现金价值来确定人寿保险的价值。这是因为,现金价值作为保险公司在扣除退保手续费之后退还给投保人的部分责任准备金,属于可以结合保险费缴纳情况、保险期限等因素而计算出确定数额的一种价值,与保险合同继续履行所享有的包括保险金在内的各种预期利益无关。因此以现金价值作为衡量保险合同价值的标准,最为科学。参见王飞、于凯:《离婚诉讼之人寿保险分割问题探讨》,载《人民司法》2010 年第 15 期。

的时间、保单的现金价值以及缴纳保费的情况等多种因素进行具体分割,通常是将保险合同利益判归投保人所有,由投保人给付另一方一定的现金价值作为补偿。

2. 婚后夫妻一方使用共同财产购买的保险

婚后夫妻一方使用共同财产购买的保险,需要具体区分受益人,即受益人是夫妻一方或双方,还是属于子女或其他第三人。

若夫妻一方以共同财产为自己、另一方或夫妻双方投保的保险,原则上应为夫妻双方的共同财产,应当予以分割。如果投保人与受益人不是同一人的情况下,夫妻双方可通过合意对投保人的变更(又称合同权利义务的概括承受)来实现对保险合同利益的分割。当然,对离婚的夫妻双方来说,通过变更投保人成为保险合同主体地位的一方,理应按照双方均认可的价格,支付相应的折价给对方。如果夫妻一方决定继续投保而另一方不同意的,法院也可以在夫妻间裁判变更投保人,获得保险合同利益的一方,支付相应现金价值的一半数额给另一方。① 如夫妻双方决定退保的,应当以退保后的现金价值作为夫妻共同财产予以分割,因此造成的预期利益损失,由当事人自行承担。

若夫妻一方以共同财产为子女购买保险的,在司法实践中,法院原则上将此种情形视为夫妻对子女的赠与,离婚时一般不予分割。②

若夫妻一方以共同财产为其他第三人如父母购买保险的,在夫妻双方均合意的前提下,该保险视为夫妻双方对第三人的赠与,离婚时一般不予分割。但若另一方并未同意或未事后追认,因购买保险的一方在超出日常生活需要下并无代理的权限,其购买保险的行为属于擅

---

① 参见王飞、于凯:《离婚诉讼之人寿保险分割问题探讨》,载《人民司法》2010年第15期。

② 参见北京市房山区人民法院(2015)房民初字第07752号民事判决书;上海市长宁区人民法院(2014)长民四(民)初字第1960号民事判决书。

自处分夫妻共同财产之行为,系对另一方财产权益的侵害。因此,购买保险的一方应以个人财产对另一方进行补偿。

(二)财产保险合同

通常,因财产保险与人身关系相互分离,并且保险利益与被保险的财物关联,因此,在离婚时其分割方式较为简单。具体如下:

1. 以夫妻共同财产为保险标的购买的财产保险

在婚姻关系存续期间,夫妻以双方或一方名义投保的,因保险标的系夫妻共同财产,夫妻对保险利益是相同的,故该保险金应认定为夫妻共同财产。

2. 以一方个人财产为保险标的购买的财产保险

若一方为个人财产进行投保的,无论是在婚姻关系存续期间还是在婚前投保,在婚后获得的保险金均属于一方个人财产。这主要是因为一方婚前个人财产并不会因婚姻关系的延续而转化为夫妻共同财产,且因个人财产的损坏或灭失而获得的保险金仅代表了一方的利益,故该保险金应认定为夫妻一方个人财产,在离婚时不进行分割。

3. 离婚时,财产保险利益尚未实现时的分割

若进行投保时缴纳的保险费系夫妻共同财产的,该保险合同的利益应属于夫妻共同财产,离婚时已经获得赔付的保险金,夫妻应平均分割,如果离婚时并未获得赔付,夫妻双方协商同意继续履行财产保险合同的,可由继续投保的一方向另一方作价补偿,即可以夫妻共同缴纳的保险费的一半补偿给另一方。若双方决定不再继续承保的,考虑到财产保险具有一定的特殊性,即一般属于消费型保险,大部分财产保险不予以退保,如果保险公司同意退保,保险公司扣除已发生的保险费后剩余的保险价值应当作为夫妻共同财产予以分割,在离婚时应当将缴纳保险费的一半价值补偿给另一方。离婚时,如果夫妻一方决定继续履行财产保险合同,但另一方不同意继续履行的,可协商变

更保险合同的主体,获得保险合同利益的一方,支付相应现金价值的一半数额给另一方。

十五、虚拟财产的分割

虚拟财产是近些年来因网络高速发展而产生的一个新生事物。随着人们虚拟财产数量的不断增加,请求分割虚拟财产的案件也越来越多。我国《民法典》对虚拟财产是否构成夫妻共同财产并没有具体的规定,但是,虚拟财产作为财产的一种,只要符合《民法典》第1062条的规定,就应当能够成为夫妻共同财产。当然,虚拟财产有不同于一般财产的虚拟性、非物化性等特征。因此,在司法实践中,对于虚拟财产的分割,必须根据虚拟财产的性质、特征进行分类处理。

虚拟财产的类型多种多样,有的虚拟财产具有可分性,有的虚拟财产不具有可分性。如果离婚时要分割的虚拟财产具有人身依附性,如微信号、QQ号,就属于不可分的虚拟财产。对于有些可分的虚拟财产,司法实践中法院通常的分割方式是按均等比例按份分割。

对于不可分的虚拟财产,夫妻双方可以先通过协商进行分割。例如,可以协商约定由一方给予另一方一定补偿的方式进行分割。但如果协商不成的,则可以由法院裁判通过作价补偿或竞拍的方式进行分割。此时,需要区分几种不同的情形。

1. 夫妻对于虚拟财产的分割不能达成一致意见,但均同意由一方取得虚拟财产的。此时,法院可以在评估虚拟财产资产价值的基础上,裁判虚拟财产归一方所有,所有者向另一方进行一定的补偿。①

2. 当夫妻双方均主张虚拟财产时,法院可以作出以下裁判:(1)综

① 参见刘婷:《互联网时代背景下关于离婚案件中网店分割的法律问题研究——以C2C交易模式下的淘宝网店为视角》,载《法律适用》2016年第1期。

合考量各方面因素后,判归一方所有,由所有者向另一方作价补偿。此时,要考虑的因素包括虚拟财产事先是以哪一方个人名义实名注册设立、哪一方对虚拟财产使用较多等。(2)竞价。当双方均要求获得虚拟财产的所有权时,可允许双方通过竞价的方式角逐虚拟财产的所有权。(3)对虚拟财产的收益进行分割。法院亦可判决夫妻双方对虚拟财产构成按份共有关系,由一方对虚拟财产进行管理,双方按照共有份额对虚拟财产的收益进行再分配。

技巧四　抓住财产分割的时间

一、共有财产分割以"离婚时"为原则

我国《民法典》第 303 条规定,共同共有人在共有基础丧失后或者有重大理由需要分割共有财产时方可请求分割。夫妻双方共有财产是基于夫妻关系,不分份额地共享共有物所有权。一旦对财产的共同共有关系成立,夫妻双方均负有维持共有关系的义务,而不得出于个人利益的考虑而随意终止共有关系。这一点,《婚姻法解释(三)》第 4 条也作出了明确规定。因此,在夫妻关系存续期间,除了《婚姻法解释(三)》第 4 条规定的两种特殊情形外,夫妻一方不得要求分割夫妻共同财产。

鉴于该共有以夫妻关系为基础,以夫妻关系的存在为前提,而离婚就是夫妻关系的消灭,那么对于财产的共同共有基础也将随之消灭。因此,离婚时夫妻共同财产也应当同时得到分割。实践中,如果协议离婚的夫妻双方仅就是否离婚达成一致意见,而对财产分割、子女抚养问题未能协商一致的,民政部门通常不予以发放离婚证。而可能直接告知当事人向法院起诉,由法院判决离婚,并由法院在离婚判决中对其夫妻共同财产进行分割,并对子女抚养作出裁判。当然,夫

妻共同财产中暂时存在客观不宜分割的情况或当事人一方隐匿财产导致无法分割等情况的除外。

二、婚姻关系存续期间请求分割共有财产的情形

对于《民法典》第303条中的“重大理由”,《婚姻法解释(三)》第4条作了明确规定,即婚姻关系存续期间,夫妻一方请求分割共同财产的,人民法院不予支持,但有下列重大理由且不损害债权人利益的除外:(1)一方有隐藏、转移、变卖、毁损、挥霍夫妻共同财产或者伪造夫妻共同债务等严重损害夫妻共同财产利益行为的;(2)一方负有法定扶养义务的人患重大疾病需要医治,另一方不同意支付相关医疗费用的。出台该条解释的合理性在于:在第一种情形下,如果法院还不允许对共同财产进行分割,只会导致共同财产不断减少,最终在婚姻关系结束时给另一方的财产造成不可挽回的损失;在第二种情形下,如果不允许分割共同财产,对于负有法定扶养义务的当事人的情感将造成重大损害,亦不利于婚姻关系的维持。当然,即使基于上述两种情形允许夫妻在婚内对共同财产进行分割,其重要的前提是“不损害债权人利益”。所谓“不损害债权人利益”,可以理解为对于共同财产分割后,剩余的共同财产仍可以清偿债务,或夫妻双方对于共同债务仍然负担连带责任。①

除此之外,还存在一些特殊的夫妻共同财产,没能在离婚时进行分割。如婚姻关系存续期间,夫妻一方作为继承人依法继承的遗产,在继承人之间尚未实际分割,起诉离婚时另一方请求分割的,人民法院通常告知当事人在继承人之间实际分割遗产后另行起诉。应当指

① 参见杨立新主编:《最高人民法院婚姻法司法解释(三)理解与适用》,中国法制出版社2011年版,第154页。

出的是，首先，该继承的财产不是《民法典》第 1063 条规定的“遗嘱或者赠与合同中确定只归夫或妻一方的财产”。根据我国《民法典》第 1063 条第 3 项的规定，遗嘱或者赠与合同中确定只归一方的财产为夫或妻的个人财产，不存在分割的问题。其次，根据《最高人民法院第八次全国法院民事商事审判工作会议纪要（民事部分）》，遗产在继承人之间尚未实际分割的，应视为所有继承人共同共有，各继承人不分份额地对共有物享有所有权。只有对遗产进行分割，各个继承人对于分割给自己的部分独占性地享有所有权时，这部分财产才成为夫妻共同财产，可以请求分割。

三、离婚后请求分割财产

实践中，常常遇到离婚时部分夫妻共同财产没有进行分割的情形。比较常见的情形有：(1)一方隐藏、转移夫妻共同财产，使本属于夫妻共同所有的财产在离婚时没有被发现；(2)一方伪造债务，使实际分割的财产少于应当分割的夫妻共同财产。对于这些情形，即使已经离婚，另一方仍可以起诉请求再次分割夫妻共同财产。《婚姻法解释（三）》第 18 条规定：“离婚后，一方以尚有夫妻共同财产未处理为由向人民法院起诉请求分割的，经审查该财产确属离婚时未涉及的夫妻共同财产，人民法院应当依法予以分割。”所以，离婚并不意味着财产分割的终结，只要属于应当分割的夫妻共同财产，一旦被发现，一方即可提起诉讼，法院同样会依法给予保护。

四、协议离婚后就财产分割约定反悔

实践中，可能会遇到因感情用事或者其他原因签订了离婚财产分割协议之后当事人一方又反悔，并希望重新进行财产分割的情况。我国《婚姻法解释(二)》第9条规定,男女双方协议离婚后1年内就财产分割问题反悔,请求变更或者撤销财产分割协议的,人民法院应当受理。人民法院审理后,未发现订立财产分割协议时存在欺诈、胁迫等情形的,应当依法驳回当事人的诉讼请求。

根据上述法律规定,需要注意以下几点:(1)可以提起诉讼的前提是协议离婚而不是诉讼离婚;(2)提出的时间是协议离婚后1年内,并不适用3年的诉讼时效;(3)无论当事人出于何种原因提起诉讼,只要在协议离婚1年以内向法院申请变更、撤销财产分割协议的,法院应当受理;(4)当事人只能在因欺诈、胁迫等情形下签订离婚财产分割协议而重新分割财产的诉讼请求才会得到法院的支持,否则法院会依法判决驳回变更、撤销财产分割协议的诉讼请求。这也提示我们,在签订离婚财产分割协议的时候要足够审慎理智,离婚财产分割协议一旦生效,即使反悔也无法得到法院支持。

技巧五　了解财产分割时的经济补偿与经济帮助

在《民法典》婚姻家庭编的法域内,经济补偿与经济帮助在概念上是有区别的。经济补偿的对象是对家庭贡献大的,如抚育子女、照顾老人、协助另一方工作等付出较多的一方。经济帮助的对象是生活困难的一方。两者除了对象不同、前提情形也有诸多不同,下面分别具体说明。

一、经济补偿

《民法典》第1088条规定,夫妻一方因抚育子女、照料老人、协助另一方工作等负担较多义务的,离婚时有权向另一方请求补偿,另一方应当给予以补偿。根据这一规定,我国《民法典》修改了离婚经济补偿制度,赋予对家庭付出较多义务而在经济上处于劣势的一方独立的诉讼请求权,使其在婚姻关系终结时可向对方提出经济上的补偿。①

离婚时请求经济补偿需要特别注意以下要点:(1)不再以夫妻约定财产制为适用的前提。夫妻双方不必再以书面形式约定婚姻关系存续期间所得的财产归各自所有,这已不是一方给予另一方补偿的前提条件。夫妻没有实行约定财产制,也能适用离婚经济补偿制度。(2)夫妻必须有一方在共同生活中对家庭付出了更多的义务。这是适用离婚经济补偿制度的原因条件,是离婚经济补偿制度的核心。一方付出较多的义务,包括抚养教育子女,照料、赡养老人,支持协助另一方工作等各个方面。这些方面的付出既可以是付出了更多的钱财,亦可以是付出了更多的劳动或精力。如一方协助另一方工作而承担所有的家务,也应认定为付出了较多的义务,不能仅仅将付出较多的钱财理解为多付出义务。(3)提出的时间是离婚时,必须是离婚时由多付出义务的一方向另一方提出补偿请求。即使一方向另一方付出了更多的义务,没到离婚时也不能请求补偿。因为婚姻关系存续期间,夫妻双方的付出都属于相互扶养的性质。当然,如果一方主动补偿给对方无疑是受法律支持的,但性质上不属于离婚经济补偿。(4)离婚经济补偿数额的确定应当在查明夫妻双方各自财产状况以及一方多付出义务情况的基础上,按照权利与义务对等的原则进行确定。一般来说,付出的义务越多,所获得的补偿就越多,但同时也要根据双方的财产状况、经济能力加以修正。(5)提出的主体必须是婚姻中的一方当事人,给付的主体是婚姻中的另一方当事人,与第三人无关。

---

① 参见胡康生主编:《中华人民共和国婚姻法释义》,法律出版社 2001 年版,第 169 页。

二、经济帮助

《民法典》第1090条规定:“离婚时,如一方生活困难,有负担能力的另一方应当给予适当帮助。具体办法由双方协议;协议不成时,由人民法院判决。”《民法典》通过此条修订了离婚时的经济帮助制度。经济帮助,是指夫妻离婚后,一方对生活困难的另一方给予物质或金钱上的帮助。在法律上就建立了一种相互信赖、相互扶助的特殊社会关系。“婚姻关系终结后,仍要求一方对生活困难的另一方从其个人财产中给予适当的帮助,实质是夫妻间扶养义务的延续”。① 分割夫妻财产实质上是通过对共同财产的分割使之成为个人财产,而经济帮助是离婚时一方用个人财产对生活困难的另一方给予的适当帮助。两者处分的财产明显不同,一个是夫妻共同财产,另一个是个人财产。

需要注意的是,提出离婚经济帮助的只能是离婚时生活困难的一方。因此,分割共同财产与给予经济帮助有先后顺序,即先分割财产,一方分得财产后仍然困难的,方可判决对方用分得的财产或婚前个人财产给予困难一方适当的经济帮助。

经济帮助的适用条件有:(1)一方生活困难。按照《婚姻法解释(一)》第27条的规定,“一方生活困难”是指依靠个人财产和离婚时分得的财产无法维持当地基本生活水平,一方离婚后没有住处的,也属于生活困难。(2)提出的时间必须是离婚时,离婚时一方困难的可以请求帮助,离婚后发生困难的不可以请求经济帮助。(3)提供帮助的一方有相应的负担能力,需要在有余力的前提下帮助另一方。经济帮助的方式主要是:对无住处的,可以用房屋所有权或居住权进行帮助。以其他个人财产进行帮助的,一般应以离婚时分得的个人财产为限,不得超越这一范围。

---

① 胡康生主编:《中华人民共和国婚姻法释义》,法律出版社2001年版,第172页。

第三章

离婚损害赔偿请求技巧

我国《民法典》第 1091 条规定:“有下列情形之一,导致离婚的,无过错方有权请求损害赔偿:(一)重婚;(二)与他人同居;(三)实施家庭暴力;(四)虐待、遗弃家庭成员;(五)有其他重大过错。”该条是我国法律关于离婚损害赔偿的具体规定。《婚姻法解释(一)》《婚姻法解释(二)》以及《婚姻法解释(三)》就离婚损害赔偿的法律适用问题亦作出了细化规定。上述法律和司法解释共同构建了我国目前的离婚损害赔偿制度。

所谓离婚损害赔偿,顾名思义,是指在离婚时或离婚之后,无过错方在法律规定的范围内有权向导致离婚的过错方请求损害赔偿。但是无过错方主张损害赔偿的时间是有一定的限制的,根据无过错方作为原告还是被告的不同,其主张损害赔偿的时间也不同。《婚姻法解释(一)》第 30 条对此作出了具体的划分:(1)符合《婚姻法》第 46 条规定的无过错方作为原告基于该条规定向人民法院提起损害赔偿请求的,必须在离婚诉讼的同时提出;(2)符合《婚姻法》第 46 条规定的无过错方作为被告的离婚诉讼案件,如果被告不同意离婚也不基于该条规定提起损害赔偿请求的,可以在离婚后 1 年内就此单独提起诉讼;(3)无过错方作为被告的离婚诉讼案件,一审时被告未基于《婚姻法》第46条规定提出损害赔偿请求,二审期间提出的,人民法院应当进行调解,调解不成的,告知当事人在离婚后1年内另行起诉。

离婚损害赔偿制度可以制裁有过错方,保护无过错方,维护婚姻当事人的合法人身、财产权利。这项制度的确立有两个目的:一是惩罚。重婚、虐待、家暴都是违法行为,甚至可能构成犯罪,其本身就是法律所禁止的。行为人因违法行为对受害人进行了侵害,其就应受到相应的惩罚,为自己的行为承担责任,才符合公平正义的理念。二是救济。受害人因另一方的行为受到了身体上或者精神上的伤害,得到相应的赔偿有利于身体的恢复和精神的安慰,是法律给弱势一方的保护。此外,离婚损害赔偿制度亦反映了婚姻义务的本质要求,明确了婚姻当事人所承担的婚姻义务和道义责任,为婚姻无过错方的合法权益提供了法律保障,有效地抑制了重婚、姘居等违法行为,进而达到维护婚姻家庭稳定和社会稳定的目的。

技巧一　确定损害赔偿的事由

夫妻离婚时,可能会有一方实施的行为对另一方造成精神或身体上的伤害,那么,是否所有的伤害都可以得到损害赔偿?并非如此。我国《民法典》第1091条规定了5种离婚损害赔偿情形“第5种是兜底条款”,即其他可以获得损害赔偿的情形的规定。这表明之前适用《婚姻法》第46条,只有该条规定的4种情形下无过错方才可以获得损害赔偿。现在,在司法实践中,对于一些不符合原4种情形的其他违反夫妻忠实义务的行为,例如,一方在婚内与其他方通奸生育子女的,另一方也有请求离婚损害赔偿的可能性。

一、重婚

重婚是指有配偶又与他人结婚或者明知他人有配偶而与之结婚的行为。离婚时当事人构成重婚,往往是前者。某人已经有了一个婚姻关系,后又与他人缔结了第二个婚姻关系。前者叫前婚,后者叫后婚。重婚有两种形式:一是法律上的重婚。前婚未解除,又与他人办理了结婚登记手续而构成的重婚。只要双方办理了结婚登记手续,不论双方是否同居,是否举行婚礼,重婚即已形成。二是事实上的重婚。前婚未解除,又与他人以夫妻名义同居生活。虽然未办理结婚登记手续,但事实上已构成重婚。这种情况在司法实践中比较难认定,单纯的同居不构成重婚,需要其他辅助证据,如日常以夫妻名义相称、在医院的家属栏签字。

《最高人民法院关于如何认定重婚行为问题的批复》已失效,但可以为我们提供一个参考,即重婚是有配偶的人再与第三者建立夫妻关系。有配偶的人和第三者如已举行结婚仪式,这固然足以构成重婚,即使没有举行结婚仪式,而两人确是以夫妻关系同居的,符合事实婚姻的,也足以构成重婚。如果有配偶的人娶"妾"的话,当然也应认为是重婚。反之,如两人虽然同居,但只是临时姘居关系,彼此以"姘头"相对待,随时可以自由拆散,或者在约定时期届满后即结束姘居关系的,则只能认为是单纯同居,不能认为是重婚。例如,有配偶的男方到外地处理事务,与原来相识的女方相遇,在逗留该地的短期内,以通奸关系同居,离开该地后,就彼此不相问闻,在同居期间亦彼此清楚只是临时姘居,这种同居就只能认为是临时同居,不能认为是重婚。至于某一具体案件是否构成重婚,抑或仅是单纯同居,要根据具体案情进行认定。

二、有配偶者与他人同居

有配偶者与他人同居,根据《婚姻法解释(一)》第 2 条之规定,其是指有配偶者与婚外异性,不以夫妻名义,持续、稳定地共同居住。一般而言,姘居不构成犯罪(和现役军人的配偶姘居或长期通奸或造成严重后果的除外)。但近几年来,“包二奶”“养情人”的现象呈增多趋势,已严重破坏了一夫一妻的婚姻制度,严重违背社会主义的道德风尚,甚至导致家庭破裂,发生情杀、仇杀、自杀的悲剧,严重影响了社会的安定团结,影响恶劣。因此在《婚姻法》及《民法典》中对这种情况进行了调整,其中,《婚姻法》第 3 条、《民法典》第 1042 条中明确规定“禁止有配偶者与他人同居”,《婚姻法》第 46 条及《民法典》第 1091 条还规定了有配偶者与他人同居要承担离婚损害赔偿责任。

关于有配偶者与他人同居,对于当事人来说举证难度较大。证明长期同居,需要证人、视听资料等充分证据,对当事人的举证要求过高,而降低要求又会使赔偿的情况过多,因此需要法官在审理每一起案件时具体情况具体分析。一般情况下,有配偶者与他人同居要满足如下几个条件:(1)双方比较稳定地生活在一起;(2)在一起时间比较长;(3)双方有固定的同居住所;(4)同居的一方本身已有配偶。但对于多长时间构成同居关系,目前尚无法律明文规定,有部分法院认为需要达到 3 个月以上。在司法实践中,在认定构成同居关系时,法官往往从双方共同生活的时间长短、双方关系的稳定程度等方面进行把握。

三、家庭暴力

何为家庭暴力?对此,《婚姻法解释(一)》第 1 条作出了明确规定,“家庭暴力”,是指行为人以殴打、捆绑、残害、强行限制人身自由或者其他手段,给其家庭成员的身体、精神等方面造成一定伤害后果的行为。持续性、经常性的家庭暴力,构成虐待。这里需要提示的是,“家庭暴力”并不单指夫妻之间实施暴力,还包括对子女等其他家庭成员实施暴力的行为。

家庭暴力与一般婚姻纠纷的区别在于,一般婚姻纠纷中也可能会存在轻微暴力,如你推我搡、谩骂,甚至失手而造成对方较为严重的身体伤害,但其与家庭暴力有着本质的区别。家庭暴力的核心是权力和控制。施暴人通过实施暴力行为以达到控制受害人的目的,其发生与发展呈现周期性,通常会导致受害人身体或精神损害。一般婚姻纠纷并不具有上述特征。婚姻纠纷在一定程度上亦可能发展为“互殴”的境地,但司法实践中,一般不将“互殴”认定为家庭暴力。原因在于:“互殴”属于双方均动手且均受到伤害的情况,而家庭暴力中的受害人通常无力反抗,且精神易遭受折磨。法院在审理类似案件时亦不会将其认定为家庭暴力,但有可能认定为夫妻双方感情破裂的依据。

根据《民法典》第1079条第3款第2项,实施家庭暴力或虐待、遗弃家庭成员的,经调解无效的,应准予离婚,那么,实践中实施家庭暴力可准予离婚的情形是否包括除身体暴力以外的其他暴力行为,如性暴力、精神暴力和经济控制?《婚姻法解释(一)》第1条对其作出明确规定,即界定家庭暴力通常为实施暴力行为,如殴打、捆绑、限制人身自由等方式造成的身体或精神侵害,而非纯粹意义上的精神暴力或控制。在司法实践中,认定家庭暴力的成立亦需要充分证据,而性暴力、精神暴力或经济控制从一定程度而言很难取证证明,因此,遭受家庭暴力的一方是否可以及时保留证据对于法院是否认定家庭暴力和准予离婚起到关键性的作用。①

四、虐待、遗弃家庭成员

《民法典》婚姻家庭编中所谓的虐待是指以作为或不作为的形式，歧视、折磨、摧残家庭成员，使其在精神上、肉体上蒙受损害的行为。作为表现在打骂、恐吓、限制人身自由等，即《婚姻法解释(一)》第1条明确规定“持续性、经常性的家庭暴力，构成虐待”。不作为表现在不给衣食、患病不提供治疗等。

遗弃是指家庭成员中负有赡养、抚养、扶养义务的一方，对需要赡养、抚养或扶养的另一方，不履行其应尽义务的违法行为。例如，父母不抚养子女，成年子女不赡养父母，夫妻之间不扶养对方等。在上述情况下，无过错方亦有权请求损害赔偿。

五、依“忠诚协议”可否主张损害赔偿

上述4种情形均在《民法典》第1091条有明确规定，即在夫妻一方出现上述任一情形时，无过错方均有权请求损害赔偿。但鉴于现如今离婚率的飙升，为了让自己的婚姻更稳固或者说为避免自己在失败的婚姻中难堪，很多夫妻选择签订“忠诚协议”的方式捆绑对方，约定某种情形下的损害赔偿。如有夫妻明确约定“若一方出现婚外情行为，则应向另一方赔偿金额50万元”，该协议是否有效？也是实践中争议的焦点。

---

① 相关法官对司法数据进行调查发现，以家庭暴力为由提起离婚诉讼的案件中，女方以存在家庭暴力为由提起离婚诉讼的案件占98.9%，其中，能提供家庭暴力证据的有36件，占14.5%，认定实施了家庭暴力并准予离婚的案件仅占9.2%。参见赵大杰、李玉兰：《离婚诉讼中家暴证据之认定与处断——基于249份离婚判决书的实证分析》，载夏吟兰、龙翼飞主编：《家事法实务》，法律出版社2018年版，第326页。

关于“忠诚协议”的效力认定，当前并无明确的立法规定，司法实践中各地法院的审判标准亦不统一，认定“忠诚协议”有效和无效的法院判决基本各占一半。即使是在学理讨论上，“忠诚协议”是否具有法律效力，也争议颇多。

第一种观点：“忠诚协议”属于当事人的真实意思表示，内容在不违反法律、行政法规的强制性规定的时候应当有效。[①] 但是，即使法院裁判支持“忠诚协议”的效力，是否按照协议约定判决损害赔偿金？通常情况下，为了体现出“忠诚协议”的惩罚性，损害赔偿金多约定为一个“天文数字”，如果法院全部支持则显然会影响另一方的实际生活，如不支持则与法院认定“忠诚协议”的履行力存在冲突。但根据《民法典》第1043条第2款“夫妻应当相互忠实”以及第1091条“重婚、有配偶者与他人同居的，无过错方有权请求损害赔偿”的规定，夫妻一方存在婚外情，违反夫妻忠实义务，情节达到“重婚”和“与他人同居”等严重程度导致离婚的，无过错方才享有损害赔偿请求权。同时，关于精神损害赔偿的数额，根据《婚姻法解释(一)》第28条的规定予以认定，即需要结合过错方的过错程度、其过错行为造成的后果、过错方承担责任的经济能力以及当地平均生活水平等进行认定。根据上述规定，有些法院在处理“忠诚协议”这一类案件时亦可能综合考虑以上因素进一步调整双方协议约定的损害赔偿金数额。当然，也并不排除有些法官以尊重当事人意思自治为由全部支持损害赔偿金的可能。

即使法院裁判认定“忠诚协议”为有效的，主张按照“忠诚协议”赔偿的一方当事人也须承担举证责任，即提供充分证据证明对方具有违反“忠诚协议”的行为。若其提供的证据无法认定对方的行为违反

---

① 参见吴晓芳主编：《婚姻家庭继承案件裁判要点与观点》，法律出版社2016年版，第199页。

"忠诚协议",则法院对该证据不予采信的可能性比较大,也就无法按照"忠诚协议"约定裁定赔偿损失。

第二种观点:"忠诚协议"无效。认为"忠诚协议"无效的主要理由在于:(1)夫妻双方签订的忠诚协议违反了《民法典》婚姻家庭编的基本原则,违反了婚姻当事人婚姻自主的权利,因此,"忠诚协议"并没有法律效力。即使《婚姻法》第4条及《民法典》第1043条明确规定了夫妻双方有相互忠实的义务,但其只是原则性且宣示性的规定,并非强制性规定。《婚姻法解释(一)》第3条"当事人仅以婚姻法第4条为依据提起诉讼的,人民法院不予受理;已经受理的,裁定驳回起诉"亦更进一步明确了这一点。(2)"忠诚协议"的缔约双方欠缺缔约意图,即使双方签订了协议也只是道德、情感上的约束,属于道德义务,并不应赋予法律效力。换言之,夫妻之间的忠实感情问题适合交由婚姻自治和婚姻家庭道德来解决,除非违反忠实义务的行为已经严重到属于我国《婚姻法》第46条所规定的情形。①

还有裁判观点虽然否定了"忠诚协议"的效力,但其适用的法律依据存在差异性。例如,夫妻双方签订的"忠诚协议"涉及以离婚为条件的财产分割,则应适用《婚姻法解释(三)》第14条之规定予以认定,即如果双方协议离婚未成,一方当事人在离婚诉讼中反悔的,法院应当认定该财产分割协议并未生效,应根据实际情况依法对夫妻共同财产进行分割。

总而言之,夫妻之间签订"忠诚协议"的法律效力问题无论在理论界还是司法实践中,一直以来都具有很大的争议性。即便如此,实践中依旧有很多夫妻未雨绸缪,居安思危,双双签订"忠诚协议"以表决心。就另一角度而言,即使"忠诚协议"无法律效力,但该协议的签订

---

① 参见王雷:《论身份情谊行为》,载《北方法学》2014年第4期。

从一定程度上可以起到稳定婚姻关系的效果。当然,亦有夫妻认为该协议可能导致双方之间的不信任,反而会适得其反。这就需要夫妻双方根据家庭情况进行衡量作出决策,以实现最终的家庭和谐。

技巧二 明确提出离婚损害赔偿的主体和时间

一、有权获得离婚损害赔偿的主体

根据《民法典》第 1091 条的规定,有权请求离婚损害赔偿的,应该是婚姻关系中的无过错方。那么,究竟不存在何种错误才能被视为无过错方?对此不能作望文生义的理解,将婚姻生活中的些许错误都视为“过错”。原则上夫妻一方只要不具备《民法典》第 1091 条规定的明确过错,都应被视为无过错方。《婚姻法解释(一)》第 29 条规定,承担损害赔偿的主体为离婚诉讼中无过错方的配偶。《婚姻法解释(三)》第 17 条进一步明确,如果夫妻双方均存在《婚姻法》第 46 条规定的过错情形,一方或双方向对方提出离婚损害赔偿请求的,人民法院不予支持。因此,根据我国现行规定,离婚损害赔偿法律关系的主体仅限于婚姻关系中无过错方和其配偶。双方的其他亲属或家庭成员,以及与有配偶一方同居或重婚的第三人等,均不构成权利人或义务人。[①]如此一来,可以主张离婚损害赔偿的,仅能为夫妻中的无过错方。但如果配偶一方实施了《民法典》第 1091 条的过错行为,配偶对方也实施了上述过错行为的,双方皆不得请求对方承担损害赔偿责任。还需要注意的是,不是只有原告才可以请求离婚损害赔偿。比如,过错方

---

① 参见李明舜、林建军:《中华人民共和国婚姻法评注:救助措施与法律责任》,厦门大学出版社 2016 年版,第 119 页。

作为原告提出离婚，无过错方作为被告，但无过错方可以在同意离婚的同时提出离婚损害赔偿请求。

二、请求离婚损害赔偿的时间限制

根据《婚姻法解释（一）》第30条和《婚姻法解释（二）》第27条的规定，基于无过错方诉讼地位的不同和离婚途径的不同，离婚赔偿请求权的行使时间亦不同：（1）原则上无过错方作为原告时，必须在离婚诉讼的同时提出损害赔偿的请求。也就是说，如果无过错方在离婚诉讼中未提出损害赔偿请求，离婚后再行提出的，法院将不予支持。（2）无过错方作为被告的离婚案件，如无过错方既不同意离婚，也不提出损害赔偿请求的，可以在离婚后1年内单独提出损害赔偿的请求。（3）无过错方作为被告的离婚案件，一审时无过错方未提出损害赔偿请求，二审时又提出的，法院应当先行调解，调解不成的，告知无过错方在离婚后1年内另行起诉。（4）当事人已经协议离婚，并办完离婚登记后，又向法院提出损害赔偿请求的，法院会先行受理，但假如当事人已经在协议离婚时放弃了该项请求，又或者损害赔偿的请求属于在离婚登记1年后提出的，法院通常不会支持该请求。

技巧三　掌握离婚损害赔偿的数额

《婚姻法解释（一）》第28条规定，离婚损害赔偿包括物质损害赔偿和精神损害赔偿，涉及精神损害赔偿的，适用《最高人民法院关于确定民事侵权精神损害赔偿责任若干问题的解释》的规定。那么，这两种损害赔偿方式应如何理解？

一、物质损害赔偿

离婚损害的物质赔偿主要是在家庭暴力、虐待、遗弃、重婚、有配偶者与他人同居的情况下对受害人的物质造成的损害,以及医药费、住院费、护理费等实际损失的赔偿。需要受害人提供相应的证据,如票据等向对方索赔。

二、精神损害赔偿

《最高人民法院关于确定民事侵权精神损害赔偿责任若干问题的解释》第10条对影响精神损害赔偿数额的因素作出了规定:(1)侵权人的过错程度,法律另有规定的除外;(2)侵害的手段、场合、行为方式等具体情节;(3)侵权行为所造成的后果;(4)侵权人的获利情况;(5)侵权人承担责任的经济能力;(6)受诉法院所在地平均生活水平。

侵权人的过错是根据侵权人的动机、侵权持续的时间、对社会的危害程度等来判断。侵权人的过错、侵权行为造成的后果是确定赔偿数额的重要因素,如果因为侵权行为导致受害人身体出现永久的伤害,尤其是精神出现问题,导致离婚后获得收入难度加大,甚至是再婚困难的,都将会增加精神损害赔偿数额。此外,侵权人承担责任的经济能力与受诉法院所在地的平均生活水平,同样可以作为赔偿数额的参考。这主要是因为根据当地生活水平确定赔偿数额比较合理,当事人更容易接受。而侵权人承担责任的经济能力,直接决定判决的执行程度,如果损害赔偿数额过高,侵权人无力支付,则会加大执行的难度。当然,关于精神损害赔偿的案件,不同地区的法院判决差别比较大,法官需要根据以上6项因素,充分考虑对侵权人的惩罚与被侵权人的救济,确定合适的赔偿数额。

第四章

离婚诉讼技巧

技巧一　离婚诉讼证据的收集与运用

一、离婚诉讼中的证据概述

诉讼中,双方各有各的主张,“公说公有理、婆说婆有理”,这个时候口说无凭,证据则显得至关重要。这就需要诉讼中的当事人能够提供足够的证据让法官相信自己所陈述的事实是真实的,从而让法官支持自己的诉讼请求。

在离婚案件中,当事人因为对诉讼和法律较为陌生,很少有收集证据的意识与习惯,也往往不会收集、保存、固定证据,更不知道什么样的证据更容易被法官采信。与一般案件不同,离婚案件涉及的多为自家“家务事”,且大多涉及离婚双方的个人隐私,法官对案件事实根本无从知晓,审理案件只能围绕“证据”进行,因此在离婚案件中当事人对双方感情以及较为私密事情的举证就显得极其重要。民事诉讼一般秉持“谁主张,谁举证”的原则,即当事人一方要提供证据来支持自己所主张的观点,若当事人一方不能在举证期限内提供相应的证据，往往要承担举证不能的责任，自己的诉讼请求也就无法得到法院的支持。在诉讼中没有证据，往往导致“有道理”的一方因为无法证明自己的主张而成为“没有道理”的一方，因此，当事人应当重视证据的收集。

离婚案件既涉及人身关系，也包含财产关系，证据在财产分割和损害赔偿方面是极其重要的，但举证通常十分困难、复杂。例如，离婚损害赔偿制度中，特别是无过错方以过错方重婚、与他人同居等事由请求赔偿时，当事人举证更为困难。由于过错方与他人重婚、与他人同居基本上都是隐秘的，无过错方既无从知晓也无从发现，有的只是捕风捉影的情况或听到的风言风语，很难取得有效的证据。即使通过跟踪、拍照、录音、捉奸等方法掌握一些证据和线索，也往往因其合法性、关联性等原因而难以被法庭认定和采纳，无过错方的合法权益也就无法得到有效的保护。又如，在财产分割中，若一方将财产进行秘密转移和隐匿，如果另一方不及时核实夫妻双方的共同财产，不注意收集相关证据，则可能在离婚诉讼遭遇对自己不利的后果。下面就详细介绍一下目前我国有关证据的相关规定，以及在离婚案件中如何对各种类型的证据进行收集和运用。

（一）离婚诉讼中的证据

根据《民事诉讼法》第 63 条的规定，民事诉讼证据有以下几种：(1)当事人的陈述；(2)书证；(3)物证；(4)视听资料；(5)电子数据；(6)证人证言；(7)鉴定意见；(8)勘验笔录。在离婚案件中，大部分证据类型都会被频繁使用，故对各类型证据进行简要介绍。

1. 当事人的陈述

当事人是事件的亲历者，更是离婚案件的主体，对自身的婚姻状况以及离婚缘由比任何人都清楚。当事人的陈述是查明离婚案件事实的重要证据之一，因为它往往能反应案件最真实的情况，但是当事人不能仅仅寄希望于自己简单的陈述就能让法官相信自己所述为案件事实。

鉴于当事人是案件最直接的利益相关人，当事人陈述往往会有选择的陈述，仅陈述对自己有利的事实，可能存在夸张的成分，甚至有些当事人还会进行虚假陈述，歪曲案件事实，所以当事人陈述的真实性和全面性都有待考量。因此，当事人需要收集并提供其他证据，来佐证自己陈述的事实。

2. 书证

书证是指以文字、符号、图画所记载或表现的内容、含义来证明案件事实真相的书面材料。在离婚案件中，书证经常作为证据被提供，使用频次十分高。常见的书证有：结婚证、出生证明、“忠诚协议”、公证书、保证书、遗嘱、借条、情书等，但是很多情况下书证会存在瑕疵，从而影响其作为证据的可采性以及证明力。因此，当事人在制作书证的时候要严格谨慎，使用书证时要事前审查书证是否存在瑕疵，如有瑕疵，会导致其在诉讼中无法证明欲证明的事实。比如当事人结婚证是花钱买回来的，该情形下的结婚证因来源不合法而无法作为书证。还有当事人不注意书证的内容，会出现日期写错或者没有当事人签名、捺手印等瑕疵，这也会使书证的证明力大打折扣，甚至起不到证明案件事实的作用。

另外，书证的内容也可能存在瑕疵或重大缺陷，在离婚纠纷中争议最多的就是离婚协议书中财产分割条款。离婚协议的核心是解决欲离婚双方之间的情感以及财产纠葛，需要将约定的内容尽量明确具体，具有可操作性。离婚协议一般包括三项内容：第一，夫妻离婚的合意；第二，财产分割的合意；第三，子女抚养问题的合意。但有的当事人订立的离婚协议内容过于笼统，直接在财产分割条款上写“夫妻共同财产一人一半”。看似已经具体明确，但其实存在很多问题，比如夫妻共同财产有哪些？存款、债券各有多少？房子、车子、家具、电器怎么分？如果只是这样简单笼统地写一句，一来不具有可操作性，怎么才算一人一半？二来财产不明容易导致后续纠纷的产生，如一方故意遗漏、隐匿、转移财产，另一方在离婚之后发现对方上述行为还须重新诉请法院要求对未分割的财产进行分割。

3. 物证

物证是指能够证明案件真实情况的物品和痕迹。物证因不受主观因素以及诉讼环境的影响，具有较强的客观性和真实性，从而具有较强的证明力，因此，在诉讼中，物证证实的内容也更易被法官采信。但是，在离婚诉讼中能够留存并使用的物证较少，常见的物证有毛发、照片等，这些物证在证明夫妻感情破裂或在损害赔偿请求中运用较多。

4. 视听资料

视听资料是指利用录音、录像、光盘、电影胶片等反映的图像和声音以及电脑储存的资料来证明案件真实情况的证据。随着录像机等电子设备的普及以及当事人保留证据意识的提高，离婚案件中越来越多的视听资料证据，如 MP3 录音、录音笔录音、相机录像被当事人作为证据提交法庭。

视听资料证据相比传统证据有较为鲜明的特色：(1)形象性与直观性。不论是录像还是录音，都可以图像或声音的形式直观反映当时真实的情况或者当事人的真实意思表示。特别是离婚案件中当事人的自述，往往可以定性为自认，即对案件事实的承认。一旦当事人对案件某一事实的自述或承认出现在视听资料中，证明力和可信度是很高的，当事人若想推翻在视听资料里的自认，须另行举出反证，证明难度较大。(2)取证手段的秘密性。在离婚案件中，绝大多数视听材料的证据都是围绕着对方当事人收集，当事人获取视听资料证据往往不能使对方所察觉和知晓,只能采取秘密手段。一旦对方当事人有警惕心时,获得此类证据就具有一定的难度。(3)取证时间的阶段性。当事人一般只有在提起诉讼或与对方谈判离婚之前或之时,才能取得此类证据。(4)合法性要求程度高。《最高人民法院关于适用〈中华人民共和国民事诉讼法〉的解释》(以下简称《民事诉讼法解释》)第106条规定:“对以严重侵害他人合法权益、违反法律禁止性规定或者严重违背公序良俗的方法形成或者获取的证据,不得作为认定案件事实的根据。”视听资料收集的内容大多涉及当事人的隐私,因此证据收集是否合法的问题也就成为关注的焦点。

证据收集是否合法,核心在于是否侵犯了他人合法权益或者违反了法律的禁止性规定,这就需要进行法益的比较与衡量。比如,当事人安装摄像头或者录音、录像设备在自己家里从而获得的证据,不构成对他人合法权益的侵犯,证据即是合法的。但如果将各类电子设备安装在第三人家里或者办公室,则侵害了第三人的隐私权,因此取得的证据是无效的,无法作为证据使用,更无法证明案件事实。又如,通过非法手段获取的在第三人居室内的对方当事人与第三人亲昵的照片也不具备合法性,但在公共场合获取的两人亲昵的照片,是具有合法性的。再如,通过法律禁止出售的窃听设备获得的证据也不具备合法性,这是因为收集证据的手段本身就不合法。诸如此类的还有很多,不同的取证手段会影响证据的证明效力,故当事人在获取视听资料证据时要注意合理、合法。

5. 电子数据

电子数据即电子证据,由电子手段、光学手段或类似手段生成的传送、接收或储存的信息,是2017年修正的《民事诉讼法》新增加的证据类型。作为证据类型的电子数据,是以电子、电磁、光学等形式或类似形式储存在计算机中的信息作为证明案件事实的证据资料,既包括计算机程序及其所处理的信息,也包括其他应用专门技术设备检测得到的信息资料。目前,常见的电子数据有电子邮件、短信、微信等软件的聊天记录等,在实践中电子证据的保存和认定都比较严格,因为容易出现虚假证据,需要慎重对待。

6. 证人证言

证人证言是指证人就自己所了解的案件事实向法院和当事人所作的陈述,证人证言可以第三人的视角多维度的、较客观地还原当时的情形。我国现阶段诉讼中证人证言主要存在两个问题:一个是证人作证积极性不高且出庭率较低;另一个是证人证言的证明力不高。我国老百姓人情观念较重,不愿意作证并认为出庭作证会得罪人,也就导致很多目击者或者知道事情经过的证人不愿意做证人。

证人证言证明力不高是因为证人带有的主观性,其证言存在一定的倾向性,大多时候难以站在客观的角度叙述事实。在离婚案件中,这一特性表现得更为突出。因为夫妻生活具有私密性,只有平时较为亲近的亲戚朋友才可能了解,这样的证人作证时个人感情色彩大部分会强于和当事人没有身份关系的证人,导致其证言的客观性不足。此外,夫妻生活具有私密排外性,在很多情况下,证人了解的事实来源是一方当事人的分享或抱怨,容易形成“传闻证据”,当事人对证人的转述具有强烈的情感色彩,很大程度会影响证人证言的客观性和真实性,因此部分证人证言的证明力不高,还需要其他证据予以佐证。

7. 鉴定意见

鉴定意见是指具备鉴定资格的鉴定人运用自己的专业知识,根据当事人提交的证据材料,针对专门问题进行分析、鉴定后得出的结论。鉴定意见由与双方当事人没有利害关系的专业人士作出,因此客观性较强、证明力较强,法院的采信度较高。

离婚案件中，常见的鉴定意见有伤残证明、诊断证明、精神状况证明、亲子鉴定结论、房屋价格评估报告等。对于伤残证明及医院的诊断证明，主要运用于一方当事人有家庭暴力、虐待家庭成员行为的案件中。精神状况鉴定证明，主要出现在一方不具备完全民事行为能力的情况。而亲子鉴定，主要出现在一方对子女与自己的血缘关系产生怀疑的情况。房屋价格评估报告等财产类评估报告则是离婚中双方对财产分割中的房产价值无法达成一致，争议较大时可选择专业的评估机构进行价格评估。鉴定机构一般由双方协商选择，或由律师申请鉴定或者由法院委托鉴定，不同的鉴定项目价格不同。

8. 勘验笔录

勘验是办案人员对与事故有关的现场、物品、人身或尸体等内容进行实地勘查与检验的行为，勘验笔录是对勘验行为的书面记载。离婚案件涉及的事实基本为夫妻双方的家务事，勘验笔录这一证据形式使用情况较少。但一方当事人存在有家庭暴力或虐待家庭成员的行为，而另一方在受到家庭暴力或虐待时报警的，通常会有办案民警进行现场记录，从而产生勘验笔录证据。

（二）什么样的证据是有效证据

一般而言，证据只有在法庭上经过控辩双方的质证才能成为有效证据。法律上对证据的形式和要求比较严格，很多我们现实生活中认为可以作为证据的文件、材料，法院可能并不认可。比如，当事人的协议丢失，无法提供原件拿到法庭上接受质证，这样的证据是没有效力的。再如，当事人请案外人作为证人写的一份证明，如果证人无法定可以不出庭的理由而不到法庭接受质证，这份证明也是不被法庭认可的。那一份有效的，并能证明案件事实的证据应该具备哪些条件？通说认为证据应当具有“三性”，即合法性、客观性和关联性。

1. 合法性

证据的合法性,是指证据必须按照法定程序收集和提供,必须符合法律规定的条件。证据的合法性判断标准有如下几点:(1)证据的主体合法,即要求提供证据的主体符合法律的要求。比如,生理上、精神上有缺陷或者年幼,不能辨别是非、不能正确表达的人不能作为证人。证人必须是自然人,法人及非法人团体不能作为证人。(2)取得证据的程序、方式合法。合法性证据的取得必须遵循法定的程序和方式。以违反法律禁止性规定或者侵犯他人合法权益的方法取得的证据,不能作为认定案件事实的依据。(3)证据的形式符合法律规定,也就是证据的有形载体必须符合法定的要求。比如,书证遵循法定的格式,需有当事人的签名;鉴定结论要求写明鉴定人的姓名、职业、所依据的材料、分析的过程,参加鉴定的鉴定人签名并加盖鉴定机关印章。(4)证据属于法定的种类,上文简述的8个种类就是证据的法定形式。(5)证据必须经过质证。除了法律规定免证的内容和证据,没有经过质证的证据不能作为定案依据。比如,物证必须当庭出示,证人无法定理由须到庭接受询问。

2. 客观性

客观性是指证据必须是客观存在的事实。法庭一般根据案件的具体情况,从以下几个方面审查证据的客观性:(1)证据形成的原因;(2)发现证据时的客观环境;(3)证据是否为原件、原物,复制件、复制品与原件、原物是否相符;(4)提供证据的人或者证人与当事人是否具有利害关系;(5)影响证据真实性的其他因素。

3. 关联性

证据的关联性,又称证据的相关性,是指作为证据内容的事实与案件事实之间存在的客观联系。关联性的意义在于证明力,一个证据能否证明案件事实,要判断该项证据是否具有关联性,主要需结合当事人提出该证据的证明目的,考察该证明目的是否有助于证明本案中的争议事实,并考察当事人提出的证据能否证明待证事实。如果特定证据的证明目的并非指向本案的待证事实,则该证据不具有关联性。没有关联性的证据就是与本案无关的证据,哪怕其真实、合法、客观,也不会被法庭采纳。

当事人在收集提交证据的时候要注意证据的合法性、客观性和关联性,从而增加证据的证明力,以利于法庭支持自己的诉讼请求。

二、财产证据的收集

离婚案件中,最重要的部分就是夫妻共同财产的分割。因此,当事人在明确自己确定要离婚并且采取诉讼离婚的手段时,就要特别注意对与认定夫妻共同财产相关的证据的收集和留存。当事人在生活或者诉讼中自己可以调查证据,在诉讼中亦可以请求法院调取证据。很多财产证据材料因为涉及对方当事人或者第三人的个人隐私及信息,有关机构不会直接提供给当事人,但是具有公权力的法院调取证据时,有关机构会予以配合。因此,当事人收集证据时要灵活掌握自己收集、律师收集、法院调查等多种手段,从而最大限度地保护自己的利益。

(一)房产证据

房产分割时,当事人通常需要提交《商品房买卖合同》《房屋按揭贷款合同》《销售不动产统一发票》《房屋所有权证》《契税发票》等证据。如果是宅基地,还需要提供《土地使用权证》《房屋所有权证》等证据。因为房产价值比较大,而现在全国房产还没有做到完全联网,所以如果婚姻中的一方不知另一方在全国其他地方有多少房产,通过法院也很难询到,而法院只能根据当事人提供的财产线索查出限定地域范围内的全部房产，故建议在婚姻关系存续期间一定要注意保管各类证件，也要多关注对方名下财产的变化情况。

（二）存款

存款证据需要提交银行卡、存折或者存取款明细，但是银行为保护客户的隐私，会拒绝为户主以外的人提供上述信息。在案件审理过程中，当事人可以请求人民法院调取银行信息，但是人民法院调取银行信息的前提是需要当事人提供一定的财产线索，如银行卡号、开户行等有效信息。

（三）公司股权

当事人持身份证、法院相关证明或者律师持介绍信、律师证、授权委托书、案件受理通知书及工商行政管理部门要求的证件，可以向公司所在的工商行政管理部门调取涉案公司的工商信息。如果公司财务不规范，存在账目不实的情况，当事人可以申请人民法院委托专门机构对公司财产进行审计和评估。

（四）保险

与保险相关的证据通常为保险费收据、保险单、保险合同、保险凭证等。当事人可以请求人民法院向保险公司调取，申请时需提供保险公司名称、地址、保险单号等有效信息。

（五）车辆

当事人需要提供《机动车统一销售发票》《机动车行驶证》等证据，车辆证据的调取与股权类似，当事人持身份证，法院相关证明或者律师持介绍信、律师证、授权委托书、案件受理通知书及车辆管理部门要求的证件，可以向当地车辆管理部门调取车辆有关信息。

（六）工资

能证明工资的证据可以为工资条、工资单、工资银行卡明细、工资收入证明、《劳动合同》等。当事人可以申请法院向对方工作单位调取工资信息,也可以由律师持《律师事务所调查专用介绍信》或者法院的《调查令》调取证据。

(七)贵重物品、首饰、家具等

该类财产的证明需要当事人出示购买发票、收据或凭证。但婚姻关系存续期间可能少有人能够将此类证据保存完整,如无此证据,可以提供录音录像或者证人证言予以证明。《最高人民法院关于人民法院审理离婚案件处理财产分割问题的若干具体意见》第 7 条规定:"对个人财产还是夫妻共同财产难以确定的,主张权利的一方有责任举证。当事人举不出有力证据,人民法院又无法查实的,按夫妻共同财产处理。"因此,在一般情况下此类物品为夫妻共同财产,而主张物品为一方个人财产的当事人需要承担举证责任。

(八)股票等有价证券

与股票相关最直接的证据是《股票账户对账单》与《股票交易对账单》。如果无法提交上述证据,可以请求法院调取并提供股票开户机构、对方身份证号码、股票账户号等信息。但如果对上述信息不知情,则可申请法院向中国证券登记结算有限公司查询当事人的股票交易明细和开户证券公司,再进一步调查当事人的具体对账单,最终可以查出对方账户的账户余额。其他有价证券也可以请求法院向相关管理机构查询,但需提供必要的财产线索。

三、损害赔偿证据的取证

根据《民法典》第 1091 条的规定,无过错方在离婚时有权请求过错方支付离婚损害赔偿的情形有以下 5 种:重婚;与他人同居;实施家庭暴力;虐待、遗弃家庭成员的;有其他重大过错。无过错一方如果想请求过错方支付离婚损害赔偿,需要提交相应证据证明过错方存在上述情形之一。在婚姻生活中一旦发现对方出现了类似行为就需要注意收集相关证据,才能有在离婚时获得损害赔偿的可能。

(一)关于“婚外情”的取证

需要明确离婚损害赔偿中的“重婚”“有配偶者与他人同居”与我们日常说的“婚外情”“出轨”并不是一个概念。《婚姻法解释(一)》第2条:“有配偶者与他人同居,是指有配偶者与婚外异性,不以夫妻名义,持续、稳定地共同居住。”同居要求有配偶者与婚外异性在一定期限内有连续、稳定共同生活的事实,而“婚外情”可以发生在很短的时间内,即使能够证明配偶与第三者有子女,也不能必然证明二人有同居的关系。

如果没有其他证据予以佐证,法官认定对方当事人存在法定离婚损害赔偿事由的可能性将大大降低。换言之,若离婚中过错方不存在重婚或与婚外异性同居的行为,而仅是有“出轨”等类似行为的,当事人花过多的精力和金钱去调查另一方是否存在“婚外情”是没有必要的,但如果取证方便,即能够获取证明对方明显存在“出轨”“婚外情”等行为的证据时,建议当事人收集较多的有利证据。

通过“偷拍”或“偷录”等方式取得的证据,是否具有法律效力?《民事诉讼法解释》第104条第2款规定:“能够反映案件真实情况、与待证事实相关联、来源和形式符合法律规定的证据,应当作为认定案件事实的根据。”第106条规定:“对以严重侵害他人合法权益、违反法律禁止性规定或者严重违背公序良俗的方法形成或者获取的证据,不得作为认定案件事实的根据。”可见,证据的收集是否合法,主要看是否侵犯了他人的合法权利。如果在自己家里安装摄像头、窃听器,获得的“婚外情”证据是合法的,但是如果在第三人家里安装摄像头、窃听器取得的证据,会因为侵犯他人的合法住宅权利、隐私权等而被认定为不具有合法性及证据效力。

同理,如果是“捉奸”证据,从司法实践来看,在自己家拍摄的照片,只要不传播、不涉及侵犯第三人的合法权利,被法院认可的可能性较大。但是如果闯进别人家或者酒店,就是通过非法方式收集证据,该证据将不会被采纳。又如果在公共场合“偷拍”“偷录”,一般而言会认为行为人已经放弃了一部分隐私权,故由此获得的证据一定程度上可能会被法院所认可并采纳。

“偷拍”、“偷录”与“捉奸”证据的采集对专业要求高,取证难度大,存在较大的风险,因此不建议准备此类证据。在准备取得此类证据之前,建议最好咨询专业人士,保护好自己的人身安全。

(二)关于“家庭暴力与虐待家庭成员”行为的取证

家庭暴力、虐待行为通常是在比较私密的空间中发生的,仅凭伤情或者医院开具的验伤报告不足以让法官认定是否遭受到了家庭暴力或虐待,是否遭受到了对方的家庭暴力或虐待,这就需要有其他证据予以佐证。遭受家庭暴力或虐待的当事人报警之后,公安机关出警予以调解并且会出具《警署接报回执单》《报警备案申请》等材料,还会进行询问并制作询问笔录,从而佐证当事人的确受到了家庭暴力或者虐待。鉴于此,当事人在法庭上可以将上述公安机关出具的材料以及医院出具的治疗单据、验伤报告等证据同时举证,法官认定对方存在家庭暴力或虐待行为的可能性就会大大增强。

(三)关于“遗弃家庭成员”行为的取证

遗弃家庭成员,是指家庭成员中负有抚养、赡养或扶养义务的一方,对年老、年幼、患病或其他没有独立生活能力,且需要被抚养、赡养或扶养的家庭成员,故意不履行抚养、赡养或扶养义务的行为。日常生活中,受害人在发现有履行义务的一方有不愿意履行义务的想法时，应首先及时和对方进行沟通，动之以情。一旦对方不再履行义务，受害人向其催促的同时，可以寻求其他近亲属、朋友以及居委会、村委会等的关注与帮助，及时解决生活所需。当自己掌握对方不履行义务的证据后，如当事人一方无正当理由但长期不回家，就可以向法院提起诉讼，要求对方履行义务。

但当事人一方未履行相应抚养、赡养或扶养义务的“遗弃”行为，造成家庭成员较为恶劣的结果，如死亡、严重残疾时，当事人的行为可能会构成《刑法》第261条规定的“遗弃罪”，即对于年老、年幼、患病或者其他没有独立生活能力的人，负有扶养义务而拒绝扶养，情节恶劣的，处5年以下有期徒刑、拘役或者管制。在生活中，被遗弃的一方通常是患病的新生儿、无民事行为能力或者限制民事行为能力的幼童、智力残疾的成年人或老人，这类家庭成员往往也没有能力去收集证据，并且当他们被遗弃后极易出现人身健康和生命安全问题，当事人一方的“遗弃”行为涉嫌构成“遗弃罪”时，公安机关会介入进行侦查，并移送公诉部门进行公诉，因此，收集证据的责任主要由公权力机关承担。

四、转移、隐匿夫妻共同财产的应对方式

（一）不动产转移、隐匿的常见手段及应对

不动产是指土地、建筑物及其他附着于土地上的定着物。不动产一般价值较大，购买、过户等手续所耗时间较长，本身不能轻易转移，但也正是因为不动产的价值过大，在夫妻双方离婚过程中还是会存在一方转移、隐匿不动产的行为。实践中，转移、隐匿不动产的方式主要存在以下几种情况：

1. 将产权过户给第三人

如果该房产系夫妻双方共有且产权证上登记两人姓名的，原则上一方是不能擅自过户房产给第三人的。房地产交易中心通常不会在只有一方同意的情况下为其办理过户手续，只有不动产权所有人均到场或者一方持有另一方的授权委托书才可以给第三方办理过户手续。因为夫妻的身份证件往往放置在一起，另一方可能会偷偷拿双方的证件，或者伪造授权委托书进行过户登记。但如果夫妻共有的房产只在一方名下，那么一方将房产过户给第三人就更加容易。然而这种方式并不高明，因为交易过程及交易对象在房地产交易中心都有记录，在房地产交易中心一查便知。但是一方可以将房产过户之后取得的现金进行消费、转移，即使查出过户，另一方也很难追回现金。

此时，就需要夫妻另一方及时反应，因为现金转移之后很难追回，因此，一旦在离婚时发现一方存在擅自过户房产的事实，建议到房地产交易中心查询交易的时间以及交易的对象。确定交易时间的原因在于如果时间短暂，另一方可能没有时间将金钱及时转移或挥霍，还有追回的可能。确定交易对象，是要看交易的另一方是否具有恶意，是否知道或应当知道交易的产权为夫妻共同财产的事实。如果交易的另一方是善意的，那么他可能会因善意取得而获得房产，被隐瞒的一方只能请求擅自过户的一方给予金钱赔偿；如果交易的另一方是恶意的，那么可以请求法院判决合同无效，追回房产；如果交易的另一方是其父母，则法院根据案件情况有可能会判决交易行为无效，当然具体的裁判结果需要由法官根据案件事实进行裁量。

2. 以他人名义购房

在夫妻关系存续期间，一方以第三人的名义购买房产，但其却是实际房产的拥有者，等到离婚之后，其再将该房产过户到自己名下的情况，建议当事人查询一方银行账户中的资金流向，回忆一方在此期间财务上有无重大支出或异常,在确有把握且有条件的情况下,可查询打入房地产公司购房款的银行账户信息。此外,调查的重点建议放在当事人与房产名义产权人的关系上。因为房产价值巨大,对方当事人一般不会以朋友的名义购买,最常见的是以父母或兄妹的名义购买。因此,如果其并不宽裕的父母或兄妹突然拥有较大价值的房产,就有可能存在上述情况。

综上,对于房产这样价值较大的不动产而言,其隐匿、转移的时间往往较长,过程中动静也会比较大,想偷偷隐藏尚需借助外力,所以不容易无声无息,也很有可能会露出蛛丝马迹。因此,建议当事人平时要细心观察,遇到另一方转移财产时要积极应对,总能找到突破口。

(二)动产转移、隐匿的常见手段及应对

动产,是指能够移动而不损害其经济用途和经济价值的物。动产形式多种多样而且便于转移,因此建议在平时多留意。

隐匿、转移银行存款的方式,往往是将自己名下银行卡内的钱转移到第三人人名下,或者直接取出现金交给第三人保管,然后在离婚过程中声称钱已经全部用于家庭生活消费。

对于这种情况,我们要如何应对?因为涉及个人隐私,法律规定只有特定的机构在特定情形下才有权查询银行账户信息。例如,公安部门、检察机关、税务部门、国家安全部门、人民法院等在办案或执行职务需要时可查询银行账户信息,而当事人以及律师都无权查询银行存款。因此,建议在平时注意收集对方取款的凭条,注意掌握对方储蓄的信息,特别是开户银行以及资金账号。这主要是因为在案件审理中一方向法院申请调查取证,法院一般会有以下几种处理情况:(1)一方在明确知道另一方银行开户行以及银行账号时向法院申请查询,法院一般都会准许。(2)一方仅知道开户行,不知道账号,理论上也是可以查询的,但法院是否接受申请以及查询与否并无统一定论。(3)当

事人既不知道银行账号也不知道开户行,法院一般是无法调查的。此外,如果存款已经转入第三人账户,法院通常不会直接接受调查的申请,需要通过现有的证据来审查是否需要进一步的调查。在第2种和第3种情况下,要说服法院接受自己的申请是有难度的,需要有足够的理由和证据让法官相信对方当事人有转移财产的嫌疑,必须调查对方当事人的银行账户才能查清事实。

(三)股市资金的隐匿转移及应对

由于炒股必须借助银行开户,故股票资金转移隐匿与银行存款的转移隐匿有相通之处。当事人会通过隐匿炒股信息,不透露给另一方炒股的股东代码、资金号或证券公司来隐匿财产,也有可能将股票抛售后套取现金,然后进行转移、隐匿。与银行存款的取证相比,股市信息的查询相对宽松。一般而言,凭法院调查令可到相关证券管理、经营机构查询。届时,只要持有资金对账单,便可获知一方资金数额及流量,对于转移的取证也相对便利。

(四)股权的隐瞒及应对

目前,夫妻共同投资经营公司的情形也十分常见,由于公司股权的市场价值往往较高,且增值潜力大,也因此成为离婚诉讼中争议的焦点。股权转移或隐瞒的情况,相较其他财产查询较为便利,比如,可通过工商行政管理局进行查询,甚至通过国家企业信用信息公示系统、大眼查、企查查等网站亦可以查询,但需要注意的是隐名股东转让股权的情形可能无从下手。

(五)贵重物品的转移及应对

离婚时双方往往矛盾集中,长期处于"冷战"状态,当矛盾激化到一定程度,一方可能会趁另一方不备,将家里的金条、贵重首饰、家具、奢侈品等贵重物品转移到别处,另一方也很难证明存在这些夫妻共同财产。

此时应做到:第一,注意收集和保管家具、电器、奢侈品的购买发票;第二,如果预感另一方在离婚过程中可能存在转移、隐匿财产的可能时,请几位朋友到家里,用摄像机将家电等物品拍摄后,请朋友作证词,在家庭财产清单上签字;第三,发现财产被转移后,立即报警,获得报警回执,加大法院采信力度。

五、转移、隐匿夫妻共同财产的救济方式

(一)平时注意收集保存证据

平时生活中应当注意收集相关证据:(1)对房屋等不动产或其他需要进行所有权登记的财产,建议将自己的名字写入产权证书。若无法在产权证上加名的,建议双方达成财产协议。(2)注意掌握对方开户银行以及资金账号,收集对方的大额储蓄信息、取款的凭条或信用卡刷卡记录。既把握动向,又可以证明其间接置业的出资事实。(3)掌握家庭平时正常的生活开支及另一方资金的流向情况,以便进行必要的抗辩。(4)注意收集和保管购买财产的发票。预感到一方可能转移、隐匿财产时,建议请第三方来家进行核查并列出财产清单,请第三方签字确认或请公证机关进行公证。一旦发现家中财产被转移,也可立即报警,以便固定证据。

(二)申请法院调查取证

及时申请法院调查取证是解决举证难的一个重要手段。《民事诉讼法》第64条第2款规定:“当事人及其诉讼代理人因客观原因不能自行收集的证据,或者人民法院认为审理案件需要的证据,人民法院应当调查收集。”《民事诉讼法解释》第94条规定:“民事诉讼法第六十四条第二款规定的当事人及其诉讼代理人因客观原因不能自行收集的证据包括:(一)证据由国家有关部门保存,当事人及其诉讼代理人

无权查阅调取的;(二)涉及国家秘密、商业秘密或者个人隐私的;(三)当事人及其诉讼代理人因客观原因不能自行收集的其他证据。当事人及其诉讼代理人因客观原因不能自行收集的证据,可以在举证期限届满前书面申请人民法院调查收集。”由于银行存款、股票、证券、基金、股权等都属于个人隐私的范围,当事人、代理人无法通过自身获取;房屋产权证信息、汽车登记信息、股权变更登记信息等也为国家相关部门所保存,因此,离婚案件的当事人若认为对方存在此方面转移、隐匿财产的行为,可以申请法院调查取证。

(三)随意处分夫妻共同财产的效力

因为夫妻共同财产属于夫妻共同共有,一方在未经另一方同意或事后追认的情况下随意处置,属于无权处分,合同是否能够产生法律效力存疑,建议可以诉请法院确认相关转让行为无效。《婚姻法解释(一)》第17条规定:“婚姻法第十七条关于‘夫或妻对夫妻共同所有的财产,有平等的处理权’的规定,应当理解为:(一)夫或妻在处理夫妻共同财产上的权利是平等的。因日常生活需要而处理夫妻共同财产的,任何一方均有权决定。(二)夫或妻非因日常生活需要对夫妻共同财产做重要处理决定,夫妻双方应当平等协商,取得一致意见……”如果夫妻一方不是因为彼此的日常生活需要,未经另一方许可擅自处理大额财产,不仅侵犯了对方的共有权,而且由于一方存在欺诈、恶意串通等违法行为,根据《民法典》总则编和合同编的相关规定,对方有权请求法院确认该转让行为无效。

但是,法律同时作出了例外的规定。《婚姻法解释(三)》第11条第1款规定:“一方未经另一方同意出售夫妻共同共有的房屋,第三人善意购买、支付合理对价并办理产权登记手续,另一方主张追回该房屋的,人民法院不予支持。”可见,当买房者并不知道卖房者对所出售的房屋没有事实上的处分权,买卖双方之间不存在恶意串通,而是基于合理的信赖购买房屋并办理了产权登记手续的,买方有权取得该房屋的所有权。这是因为法律为了保护交易安全,作出了有利于买方的规定,而房屋的共有人不得主张追回该房屋,但可以向另一方主张分割卖房款。这在法律上被称为“善意取得”制度。

一般来说,善意取得制度需要同时具备三个要件:(1)交易第三人(买方)必须是善意的,即不知道且不应当知道卖方对交易标的(如房屋)没有所有权或处分权。(2)第三人支付了合理的对价。善意取得制度中,原所有权人与第三人都是没有过错的,法律之所以选择优先保护第三人的利益,是因为法律认为第三人的利益重于原所有权人的权利。如果第三人是通过赠与或者以明显低于市场价格的方式取得交易标的的,则法律对其保护就让位于对原所有权人的保护。(3)完成了权利的转移公示,即办理了产权过户登记手续。如果尚未办理房屋过户登记手续,在法律上认为房屋的所有权并没有转移,即房屋仍归原产权登记人所有。目前,《婚姻法解释(三)》只对“一方未经另一方同意出售夫妻共同共有的房屋”的情形适用善意取得作出了规定,对于一方未经另一方同意处分夫妻共同共有的其他财产是否可参照适用该制度有待商榷。

那么,是不是说只要一方未经另一方同意出售夫妻共同共有的房屋,第三人是善意的,那么另一方的合法权益法律就不再保护了?当然不是。出售房屋所获得的价款,作为夫妻共有房屋的替代物,属于夫妻的共同财产,在离婚时应当进行分割。

(四)离婚后仍可取证,保留分割财产权利

离婚后也可以起诉请求再次分割夫妻共同财产。《民法典》第1092条规定:“夫妻一方隐藏、转移、变卖、毁损、挥霍夫妻共同财产,或伪造夫妻共同债务企图侵占另一方财产的,在离婚分割夫妻共同财产时,对该方可以少分或不分。离婚后,另一方发现有上述行为的,可以

向人民法院提起诉讼,请求再次分割夫妻共同财产。"《婚姻法解释(一)》第31条规定:"当事人依据婚姻法第四十七条的规定向人民法院提起诉讼,请求再次分割夫妻共同财产的诉讼时效为两年,从当事人发现之次日起计算。"根据上述规定,可知离婚并不意味着"一了百了",当事人仍然可以留意对方在离婚前以及离婚时是否隐匿转移财产的取证权。一旦发现证据,即可以自发现之次日起2年内提起诉讼,法院同样会依法给予保护。但需要注意的是,若一方并非基于《婚姻法解释(一)》第31条的规定提起诉讼,而是依据《婚姻法解释(三)》第18条之规定请求分割离婚时未涉及的夫妻共同财产时,原则上不受诉讼时效的限制,但共有物已由善意第三人取得或已被侵权行为改变共有权属状态时,适用3年诉讼时效。

技巧二　掌握法律文书的写作格式

一、婚前财产协议书

婚前财产协议是男女双方对结婚前各自所有的财产进行所有权约定的协议。男女双方对各自婚前财产所有权进行明确的约定,是不受结婚与否的限制,在婚前、婚后均可办理,也不受财产登记与否的限制。婚前财产协议公证则是公证机构依法对夫妻或未婚男女双方就各自婚前财产和债务的范围与权利归属问题所达成协议的真实性、合法性予以证明的行为。通过公证机构对上述婚前财产协议进行证明,以增强婚前财产协议以及协议约定夫妻或者未婚男女对双方婚前个人财产或债务等内容的公信力。那么,如何办理婚前财产协议公证?

第一步,当事人要准备好以下几种材料:

(1)个人的身份证明:身份证、户口簿、未婚申请人的未婚证明(该证明由申请人单位人事部门或户籍所在地街道办事处出具)、已婚申请人的结婚证。

(2)与约定内容有关的个人财产所有权证明:以房产为例,有产权证的带房产证,未拿到产权证的可以带购房合同和付款发票。

(3)双方协商一致达成的婚前财产协议书。协议书的内容一般包括:当事人的姓名、性别、职业、住址等个人基本情况,财产的名称、数量、价值、状况、归属,上述婚前财产的使用、维修、处分的原则等。

第二步,当事人准备好上述材料后,必须共同亲自到公证处提出婚前财产协议公证申请,填写公证申请表格。委托他人代理或是独自一人来办理婚前财产协议公证,公证机构将不予受理。

婚前财产协议书是公证的核心,下面是两份婚前财产协议书的范本(仅供参考):

婚前财产协议书(一)

甲方:(写明个人身份情况,包括姓名、性别、民族、出生年月、籍贯、住址、身份证号码、联系方式等)

乙方:(同上)

鉴于:

1. 甲、乙双方自愿相识相恋,并打算根据《中华人民共和国民法典》等相关法律规定登记成为合法夫妻。

2. 双方已经充分知晓对方的婚前财产(男方、女方婚前财产详见本协议附件)。

3. 订立本协议时,双方根据意思自治,已充分了解各自权利及订立本协议的后果。

4. 双方知晓且明确知道本协议内容,签署本协议未受到任何胁迫和欺诈。本协议是基于公平、自愿的原则,按照双方的意志对双方的婚前财产和债务进行明确。

双方在此订立协议如下：

一、关于婚前财产的约定

详细描述婚前财产的范围和形式以及其归属的约定（具体略）。

二、债务

夫妻双方现有的债务以及约定为个人承担还是共同承担（具体略）。

三、其他

1. 在履行本协议过程中出现的纠纷，双方应协商解决。协商不成，任何一方可向×××人民法院起诉。

2. 本协议及其附件一式三份，甲、乙双方各执一份，公证机关留存一份，三份具有同等法律效力。

3. 本协议自双方签字后生效。

甲方：　　　　　　　　　　　　乙方：

　年　月　日　　　　　　　　　　年　月　日

附件：男方/女方婚前财产清单

一、不动产：（略）

二、投资其他公司的股权：（略）

三、基金：（略）

四、股票：（略）

五、期货：（略）

六、存款：（略）

七、车辆：（略）

以上财产合计约××元（暂估）。

婚前及婚后财产协议书（二）

协议人（男方）：（写明个人身份情况，包括姓名、性别、民族、出生年月、籍贯、住址、身份证号码、联系方式等)。

协议人(女方):(同上)。

为明确婚前双方财产所有权、债权债务承担及其他与财产权益相关的法律事宜,经双方平等自愿协商,特作如下协议:

一、双方婚前各自名下的财产,不论双方在订立本协议后是否结婚,均归各自所有,另一方无论在任何条件下,均无权主张分割。

截至协议签订时,男方名下已有的婚前财产,包括但不限于以下财产:

(一)不动产:(略)

(二)动产:(略)

截至协议签订时,女方名下已有的婚前财产,包括但不限于以下财产:

(一)不动产:(略)

(二)动产:(略)

二、协议人双方婚后实行财产分别制,即婚后各自的财产收入所得、购置的动产不动产、婚前财产婚后所得收益等均归各自所有,包括但不限于以下婚后所得:(略)

以上一方财产所得,另一方无权以"夫妻共同财产"为由主张分割,完全由取得一方占有、使用、收益和处分,行使完全的财产所有权。基于一方名义购得的财产所附权利义务完全由一方享有和承担,与另外一方无关。如在以一方名义购置不动产时,可由一方以自己名义签订买卖合同及贷款协议,该不动产所有权利义务以及产权完全由一方享有和承担,与另一方无关;若有必要,另一方有义务协助购买方办理抵押贷款手续。一方婚前婚后的房屋贷款还贷部分,另一方不得再作为共同财产予以分割。

三、婚前婚后,双方各自的债权债务由各自享有和承担。若在婚后借债,任何一方在形成债务时,有向债权人告知“夫妻婚内财产分别制”的义务。即明确告知债权人,所借财物还债责任仅由借款借物人一人承担,与配偶无关,配偶不承担连带责任。并保证债权人在知悉此事实前提下出借财物。否则,若由于保护善意第三人利益原因,致使非借款借物一方承担连带责任时,出借方应按另一方承担和履行连带义务的双倍向另一方支付补偿金。

四、为保证双方婚后共同生活所需经济支持,双方婚后可就夫妻共同财产的范围、用于存放共同财产的银行账户等事项进行书面约定。该书面约定作为本协议的附件,同本协议具有同等效力。

五、双方所生子女的开支由双方承担,具体承担的数额和比例可由双方在子女出生后另行书面约定。该书面约定作为本协议的附件,同本协议具有同等效力。

六、在履行本协议的过程中若发生争议,双方应协商解决。协商不成,任何一方有权向本协议签订地的法院起诉。

七、本协议一式三份,双方各执一份,公证处存档一份,自双方签字后生效,三份具有同等法律效力。

八、本协议于××××年××月××日签订于××公证处。该公证处地址为:

协议人(男方): 协议人(女方):

年 月 日 年 月 日

二、离婚协议书

协议离婚必须办理离婚登记,办理离婚登记时需要带一份《离婚协议书》,以表示夫妻双方已对夫妻共同财产、债务以及子女抚养等相关事项进行了约定。《离婚协议书》中除了写明双方的基本情况,如姓名、性别、年龄、住所和双方结婚证的号码外,还应当写明:(1)双方当事人自愿离婚的意思表示;(2)子女抚养即离婚后子女抚养权归属以及抚养费的负担与给付方式;(3)共同财产分割,包括住房、家中物品、金钱、债权等财产的分割;(4)夫妻共同债务的负担;(5)其他事宜如夫妻一方生活困难的经济帮助或者其他双方认为有必要在协议书上明确的内容。

下面是一份《离婚协议书》的范本(仅供参考):

离婚协议书

男方:×××,男,____族,××××年××月××日生,住________________,身份证号码:________________。

女方:×××,女,____族,××××年××月××日生,住________________,身份证号码:________________。

男方×××与女方×××于××××年××月认识,于××××年××月××日登记结婚,婚后于××××年××月××日生育一儿子(女儿),名×××。双方感情完全破裂,没有和好可能,现经夫妻双方自愿协商达成一致意见,订立离婚协议如下:

一、男女双方同意离婚

二、子女抚养、抚养费及探望权

儿子(女儿)×××由×方抚养,随×方生活,×方(另一方)承担抚养费(含生活费、教育费),并承担其医疗费用的一半。前述各项费用承担至儿子(女儿)年满18周岁止。×方应于××××年××月××日前一次性支付×元给×方作为儿子(女儿)的抚养费[或者可以写作:×方每月支付抚养费×元,×方应于每月的1~5日将儿子(女儿)的抚养费交到×方手中或指定的××银行,账号:××××××]。其他费用包括学费、特殊培训等费用待发生时由双方协商,及时支付。

在不影响子女学习、生活的情况下,×方可随时探望×方抚养的子女(或者可以写作:×方每星期休息日可探望子女一次或带子女外出游玩,但应提前通知×方;×方应保证方每周探望的时间不少于1天)。

三、夫妻共同财产的处理

(1)存款:双方名下现有银行存款共×元,双方各分一半,为×元。分配方式:各自名下的存款保持不变,但男方/女方应于××××年××月××日前一次性支付×元给女方/男方。

(2)房屋:夫妻共同所有的位于×××的房地产所有权归男方/女方所有,房地产权证的业主姓名变更的手续自离婚后1个月内办理,女方/男方必须协助男方/女方办理变更的一切手续,过户费用由男方/女方负责。男方/女方应于××××年××月××日前一次性补偿房屋差价×元给女方/男方。

(3)其他财产:婚前双方各自的财产归各自所有,男女双方各自的私人生活用品及首饰归各自所有(附清单)。

四、债权和债务的处理

双方确认在婚姻关系存续期间没有发生任何共同债务,任何一方如对外负有债务的,由负债方自行承担(或者具体罗列:男/女方于××××年××月××日向×××所借债务由×方自行承担……)。

五、一方隐瞒或转移夫妻共同财产的责任

双方确认夫妻共同财产在上述第三条已作出明确列明。除上述房屋、家具、家电及银行存款外,并无其他财产。任何一方应保证以上所列婚内全部共同财产的真实性。

本协议书财产分割以上述财产为基础。任何一方不得隐瞒、虚报、转移婚内共同财产或婚前财产。如任何一方有隐瞒、虚报除上述所列财产外的财产,或在签订本协议之前2年内有转移、抽逃财产的,另一方发现后有权取得对方所隐瞒、虚报、转移财产的全部份额,并追究其隐瞒、虚报、转移财产的法律责任,虚报、转移、隐瞒方无权分割该财产。

六、经济帮助及精神赔偿

因×方生活困难,×方同意一次性支付补偿经济帮助金×元给×方。鉴于×方要求离婚的原因,×方应一次性补偿×方精神损害费×元。上述×方应支付的款项,均应于××××年××月××日前支付完毕。

七、违约责任

任何一方不按本协议约定期限履行支付款项义务的,应付违约金×元给对方(按×方式支付违约金)。

八、协议生效

本协议一式三份,男、女双方各执一份,婚姻登记机关存档一份,自婚姻登记机关颁发离婚证之日起生效。

男方:(签名)　　　　女方:(签名)

年　月　日　　　　年　月　日

三、离婚起诉状

若夫妻双方无法协议离婚,那么其中一方就需要向法院提起离婚诉讼,第一步需要向法院提交起诉状,起诉状在离婚诉讼中十分重要,是离婚诉讼的"敲门砖",下面是一份离婚起诉状的范本(仅供参考):

起　诉　状

原告:(姓名,性别,年龄,民族,职业,工作单位,联系方式和住址等)

被告:(姓名,性别,年龄,民族,职业,工作单位,联系方式和住址等)

案由:离婚纠纷

诉讼请求:

(书写自己要求通过诉讼达到的目的,一般包括:请求判决离婚,子女的抚养、抚养费的承担，对方抚养孩子时自己对孩子探望权的请求，财产的分割，对方有法律明确规定的与他人重婚、与他人同居的、实施家庭暴力或虐待、遗弃家庭成员等离婚损害赔偿行为的请求损害赔偿的数额等。）

一、判决原告与被告离婚；

二、婚生儿子/女儿××由原告抚养，被告一次性支付抚养费×元给原告（被告每月支付抚养费至儿子/女儿年满18周岁止）；

三、夫妻共同财产依法平均分割（判归原告所有）；

四、被告一次性支付精神损害赔偿金×××元给原告。

事实和理由：

陈述原被告结婚、子女出生的具体时间，写明诉讼请求的依据，包括离婚的理由、依据，子女由谁抚养、抚养费如何承担、探望方式的理由和依据，财产情况、分割理由及依据。

离婚理由：应详细叙述夫妻感情确已破裂并无和好可能的事实和依据。主要从婚姻基础、婚后感情、离婚原因、夫妻关系的现状来说明没有和好可能、夫妻感情破裂的事实。如有法定离婚情形时（重婚或与他人同居的，实施家庭暴力或虐待、遗弃家庭成员的，有赌博、吸毒等恶习屡教不改的，因感情不和分居满2年的经人民法院判决不准离婚的，双方又分居满一年的）应特别指出（注意：字数根据具体情况酌定，并无限定，但不宜过于冗长）。为此，原告特依法提起诉讼，请贵院判如所请。

此致

×××人民法院

具状人：×××

年　　月　　日

附：1. 起诉状副本×份；

2. 证据清单×份;

3. 财产清单×份。

【技巧与提示】

1. 夫妻在婚姻关系存续期间所得的工资、奖金,生产、经营、投资的收益,知识产权的收益,共同继承或接受赠与所得的财产等,均为夫妻共同财产。

2. 一方的婚前财产,一方因受到人身损害获得的赔偿或补偿,遗嘱或赠与合同中确定只归夫或妻一方的财产,一方专用的生活用品,均为夫妻一方的个人财产。

3. 夫妻可以约定婚姻关系存续期间所得的财产以及婚前财产归各自所有、共同所有或部分各自所有、部分共同所有。约定应当采用书面形式,没有约定或者约定不明确的,按法律规定处理,即"有约定按约定,无约定按法定"。

4. 财产约定归各自所有的,一方对外所负的债务,第三人知道该约定的,以一方所有的财产清偿,第三人不知道该约定的以共同财产清偿。其中"第三人知道该约定的",需要由夫妻一方对此承担举证责任。

四、离婚撤诉申请书

在离婚诉讼中,可能会出现夫妻双方感情和好,不再离婚的。那申请离婚的原告需要申请撤诉,下面是一份撤诉申请书的范本(仅供参考):

撤诉申请书

申请人:(姓名,性别,年龄,民族,职业,工作单位,联系方式和住址等)

被申请人:(姓名,性别,年龄,民族,职业,工作单位,联系方式和住址等)

案由:离婚纠纷

申请人于××××年××月××日向贵院起诉×××离婚纠纷一案,贵院已受理。因(写明原因),现决定撤回起诉。

望批准。

此致

×××人民法院

申请人:×××

年 月 日

五、缓交、减交、免交诉讼费申请书

在离婚诉讼中,当事人可能因为没有可以支配的财产,会遇到申请缓交诉讼费的情况,下面是一份缓交诉讼费申请书的范本(仅供参考):

缓交诉讼费申请书

××人民法院

申请人:(姓名、性别、出生日期、住址等)

本人于××××年××月××日收到限期交费通知书,应当预交诉讼费×元。由于(不能缴纳的原因),无力按时缴纳诉讼费,特申请缓交诉讼费×元×天,请予批准。上述情况如有不实,本人愿承担全部法律责任。

申请人:×××

年 月 日

附:(证明文件)

六、离婚上诉状

当事人对一审裁判准予双方离婚或不离婚,再或者是对夫妻共同财产分配结果等不服的,可以提起上诉,下面是一份民事上诉状的范本(仅供参考):

民事上诉状

上诉人:(姓名,性别,年龄,民族,职业,工作单位,联系方式和住址等)

被上诉人:(姓名,性别,年龄,民族,职业,工作单位,联系方式和住址等)

上诉人因与被上诉人离婚纠纷一案,不服人民法院(201×)×民初字第×××号的民事判决,提出上诉。

上诉请求:

书写自己要求达到的目的,包括:请求判决离婚,子女的抚养、抚养费的承担、对方抚养时探望权的请求,财产的分割,本人生活困难时请求对方给予经济帮助的方式或数额,对方有重婚、与他人同居的、实施家庭暴力或虐待、遗弃家庭成员时请求损害赔偿的数额等。例如:

1. 撤销人民法院(201×)×民初字第×××号民事判决;

2. 请求改判上诉人家庭财产及债务的归属;

3. 请求改判婚生子/女××由上诉人抚养,被上诉人每月支付××元抚养费至××18周岁为止。

事实和理由:

上诉人与被上诉人离婚纠纷一案已经由××人民法院作出一审判决。该判决认定事实不清,适用法律不当,依法应予撤销,事实及理由如下:

陈述一审中认定事实及适用法律中的错误等。

综上所述,原判适用法律不当,认定事实不清,请求二审法院依法撤销一审判决,予以改判。

此致

××人民法院

上诉人:

年 月 日

附:1. 本诉状副本×份;

2. 证据清单×份。

【提示】

婚前财产在婚后的形式转化,不影响该财产的性质。夫妻一方用婚前存款在婚后购置的房屋,仍然属于购置方的个人财产。如果对方没有出资,则不能主张享有房屋的份额。

七、离婚再审申请书

民事再审申请书,是指当事人及其法定代理人认为已经发生法律效力的裁判、调解书有错误,向人民法院提交的请求变更或者撤销原裁判、调解书,请求对案件进行重新审理的法律文书。根据《民事诉讼法》第199条、第201条和第203条的规定,当事人对已经发生法律效力的判决、裁定,认为有错误的,可以申请再审。当事人对已经发生法律效力的调解书,提出证据证明调解违反自愿原则或者调解协议的内容违反法律的,可以申请再审。当事人申请再审的,应当提交再审申请书等材料。

当事人提交民事再审申请书,首先必须符合法律规定的条件。这些条件主要包括主体、对象及法定事由等。并不是对所有的判决均可以提起再审,具体来看,申请再审需要符合以下条件:

(1)提出再审申请的主体是依法享有申请再审权利的公民、法人和其他组织,如民事诉讼当事人、法定代表人、法定代理人依法均享有再审申请权。

(2)申请再审的对象必须是生效判决、裁定和调解书。对适用第一审、第二审程序作出的生效判决,调解书及对不予受理、管辖权异议、驳回起诉的裁定可以申请再审。对依法律规定不准上诉的判决、裁定,不准申请再审,主要是指按照督促程序、公示催告程序、企业法人破产还债程序审理的案件以及依照审判监督程序审理后维持原判的案件,已发生法律效力的解除婚姻关系的案件。

(3)申请再审必须具有法定事由。当事人认为生效裁判、调解书有错误的,可以申请再审。根据法律规定,当事人的申请符合下列情形之一的,人民法院应当再审:①有新的证据,足以推翻原判决、裁定的;②原判决、裁定认定的基本事实缺乏证据证明的;③原判决、裁定认定事实的主要证据是伪造的;④原判决、裁定认定事实的主要证据未经质证的;⑤对审理案件需要的主要证据,当事人因客观原因不能自行收集,书面申请人民法院调查收集,人民法院未调查收集的;⑥原判决、裁定适用法律确有错误的;⑦审判组织的组成不合法或者依法应当回避的审判人员没有回避的;⑧无诉讼行为能力人未经法定代理人代为诉讼或者应当参加诉讼的当事人,因不能归责于本人或者其诉讼代理人的事由,未参加诉讼的;⑨违反法律规定,剥夺当事人辩论权利的;⑩未经传票传唤,缺席判决的;⑪原判决、裁定遗漏或者超出诉讼请求的;⑫据以作出原判决、裁定的法律文书被撤销或者变更的;⑬审判人员审理该案件时有贪污受贿,徇私舞弊,枉法裁判行为的。

(4)再审申请必须在法定期限内提出。根据《民事诉讼法》第205条,“当事人申请再审,应当在判决、裁定发生法律效力后六个月内提出;有本法第二百条第一项、第三项、第十二项、第十三项规定情形的,自知道或者应当知道之日起六个月内提出”。

(5)申请人必须向有管辖权的人民法院提交再审申请书。当事人对已经发生法律效力的判决、裁定,认为有错误的,可以向上一级人民法院申请再审。当事人一方人数众多或者当事人双方为公民的案件,也可以向原审人民法院申请再审。

当事人及其法定代表人、法定代理人向人民法院提交民事再审申请书,导致当事人申请再审的诉讼时效中断。人民法院对再审申请书审查期间,原生效判决、裁定和调解书不停止执行。经人民法院审查,认为再审申请符合法定条件的,予以立案,作出再审裁定,中止原裁判和调解书的执行。

下面是一份民事再审申请书的范本(仅供参考):

民事再审申请书

申请人:(姓名,性别,年龄,民族,职业,工作单位,联系方式和住址等)

被申请人:(姓名,性别,年龄,民族,职业,工作单位,联系方式和住址等)

申请人对×××人民法院于××××年××月××日作出的×××号民事判决书不服,申请再审。(应注意:原裁判的编号、案由等情况要写清楚、准确,以便于人民法院查找原案卷并核查案情。)

请求事项:

要明确具体、合理合法,是由事实和法律推导出的结果。简要明确地提出请求人民法院对本案进行再审,变更或撤销原裁判。

事实与理由:

首先,明确而具体地写明原裁判的错误,包括全局性错误或局部性错误,事实认定错误或适用法律错误或程序性错误。其次,全面、客观、准确地陈述案件的有关事实。再次,针对原审中在认定事实方面的错误,列出具体的人证、物证、书证及其他证据材料,予以澄清。说明原裁判或调解书存在的法律错误,并引用相应法律规定加以证明。最后,基于所述事实和证据,根据法律有关规定,归结原裁判错误所在,进而提出申请再审的具体请求。

此致

××人民法院

申请人:

××××年××月××日

附:1. 原审裁判书或调解书。

2. 证明原裁判有错误的相应证据。

八、财产保全申请书

离婚诉讼涉及的财产保全是指依据《民事诉讼法》的有关规定,夫妻双方、利害关系人因情况紧急,不立即申请财产保全将会使当事人合法权益受到难以弥补的损害的,当事人可以在诉讼前或诉讼中向人民法院申请采取财产保全措施。申请财产保全既有利于防止夫妻共同财产被隐匿、转移,也利于解除判决后执行的后顾之忧。下面是一份财产保全申请书的范本(仅供参考):

财产保全申请书

申请人:(姓名,性别,年龄,民族,职业,工作单位,联系方式和住址等)

被申请人:(姓名,性别,年龄,民族,职业,工作单位,联系方式和住址等)

申请事项:

请求法院依法查封、扣押、冻结被申请人×××财产。

事实与理由：

现申请人与被申请人离婚纠纷一案已被贵院依法受理，为防止被申请人恶意转移财产、逃避债务，保证申请人利益不受损害，便于和保证日后裁判文书的顺利执行，申请人依据我国《民事诉讼法》第一百条及《最高人民法院关于人民法院民事执行中查封、扣押、冻结财产的规定》第十四条之规定向贵院提出财产保全申请，请求查封、扣押、冻结被申请人价值×××元人民币的财产。申请人根据《民事诉讼法》及贵院的要求，向贵院提供了财产保全担保。

上述请求，请贵院予以支持为盼！

此致

××人民法院

申请人：

××××年××月××日

附：被申请人的财产线索

九、调查取证申请书

在离婚诉讼中，当事人可以申请法院调取证据，下面是一份申请法院调查取证申请书范本（仅供参考）：

申请法院调查取证申请书

申请人：（姓名，性别，年龄，民族，籍贯，工作单位，现在住址，联系方式等）

请求事项：

列举申请人希望法院帮助调查的证据，如：请求人民法院依职权查询本案被告在××银行，账号为××的银行存款数额。

事实和理由：

详细陈述调取证据的理由，尤其是与本案诉讼的关系及申请人无法调取的原因，例如：申请人与×××离婚纠纷一案已诉至人民法院，现正在审理过程中。申请人与×××共同生活期间，经济上完全由×××管理。现×××声称，共同生活期间，没有留下任何存款，而事实上，申请人的工资、奖金等全都交给×××，申请人在家中曾见过××银行的存折，但并未看到过具体内容。基于所述事实，根据《中华人民共和国民法典》和《中华人民共和国民事诉讼法》之规定，为维护申请人的合法权益，特向人民法院申请查询×××在××银行的存款情况。

此致

××××人民法院

申请人：

××××年××月××日

附：申请调查的证据的地址。

十、强制执行申请书

强制执行，是指人民法院按照执行根据，运用国家司法执行权，依据执行程序，强制义务人履行义务，以实现生效法律文书的诉讼活动。通常，案件进行到最后，对于当事人而言，最希望的是依照判决或者调解协议等拿到自己应得的赔偿额。从这个意义上讲，裁判结果能否顺利执行是案件能否最终结束的标志。现实中，由于对方当事人对判决不予履行，导致案件不得不进入强制执行程序。此时，就需要当事人向法院提交强制执行申请书以申请强制执行，实现自身的合法权益。

执行程序中，实体权利人称为执行权利人，实体义务人称为被执行人。执行权利人提交强制执行申请书，必须符合法律规定的条件：(1)申请人必须是生效法律文书中确定的实体权利享有人或者是其权利承受人,如已死亡的实体权利人的继承人。(2)必须以具有给付内容的生效法律文书作为执行根据。我国法律规定,可以作为执行根据的有人民法院制作的生效判决书、裁定书、调解书、支付令、罚款决定书,确认和执行外国法院判决、外国仲裁机关裁决的裁定,仲裁机构制作的裁决书、调解书,仲裁机构提交人民法院作出的财产保全裁定书,公证机关依法赋予强制执行效力的债权文书,行政机关制作的依法由人民法院执行的行政处罚决定书和行政处理决定书。(3)执行义务人拖延或者拒绝完成其应履行的义务。(4)执行权利人必须在法定执行时效内提出申请书,申请强制执行的期间为2年。(5)强制执行申请书必须向有管辖权的法院提交,即被执行人住所地或者被执行财产所在地人民法院。

下面是一份强制执行申请书的范本(仅供参考):

强制执行申请书

申请人:(姓名,性别,年龄,民族,职业,工作单位,联系方式和住址等)

被申请人:(姓名,性别,年龄,民族,职业,工作单位,联系方式和住址等)

请求执行事项:

请求贵院依据(××)字第×号民事判决(或裁决、调解),采取相应执行措施,要求被申请执行人:

写明申请人要求被申请人给付的种类、范围、数量等。

事实与理由:

首先,写明作为执行根据的生效法律文书的基本内容,阐述清楚法律文书中所确认的申请人应享有的权益,被申请人应履行的义务。其次,阐明申请人提出强制执行申请的事实原因和法律根据,应着重写明被申请人拒不履行法律文书所确认的义务的具体情况。如知道被申请人可供强制执行的财产状况,则应写明其经济收入、现有财产状况。

此致

××××人民法院

申请人:

××××年××月××日

附:1. 生效判决(裁定、调解)书×份。

2. 其他相关证据材料如被申请人财产状况证明、被申请人未履行义务的证明材料。

技巧三　明确离婚诉讼的程序

一、立案

(一)立案的条件

根据我国《民事诉讼法》第119条的规定,起诉必须符合下列条件:(1)原告是与本案有直接利害关系的公民、法人和其他组织;(2)有明确的被告;(3)有具体的诉讼请求和事实、理由;(4)属于人民法院受理民事诉讼的范围和受诉人民法院管辖。对于离婚诉讼而言,原、被告是婚姻关系的双方,一般不会在离婚诉讼中涉及第三人。离婚诉讼最基础的诉请为请求判决离婚,除此之外一般还涉及子女抚养、夫妻共同财产的分割。

即使当事人请求离婚符合上述起诉条件,但存在《民法典》及司法解释规定的特殊情况时,法院也会裁定不予受理:(1)《民法典》第1082条规定的女方在怀孕期间、分娩后1年内或者终止妊娠6个月内,男方不得提出离婚;但是,女方提出离婚或者人民法院认为确有必要受理男方离婚请求的除外。人民法院认为有必受理男方离婚请求的通常是指女方怀孕、分娩的为非与男方婚生子女。(2)《民事诉讼法》第 124 条规定:“……(七)判决不准离婚和调解和好的离婚案件,判决、调解维持收养关系的案件,没有新情况、新理由,原告在六个月内又起诉的,不予受理。”原告第二次起诉离婚必须经过 6 个月的时间,这是法院给夫妻双方的冷静期,希望夫妻双方可以在这 6 个月内解决家庭矛盾。(3)《婚姻法解释(一)》第 29 条第 3 款规定:在婚姻关系存续期间,当事人不起诉离婚而单独依据《婚姻法》第 46 条的规定提起损害赔偿请求的,人民法院不予受理。

(二)确定管辖法院

当事人去法院提起离婚诉讼首先需要确定哪个法院有管辖权,法院的管辖权分为级别管辖、地域管辖、集中管辖和特殊管辖。离婚诉讼作为普通民事纠纷一般只需考虑地域管辖。

(1)地域管辖

民事诉讼案件地域管辖一般秉持“原告就被告”原则,即对公民提起的诉讼,由被告住所地人民法院管辖。被告住所地与经常居住地不一致的,由经常居住地人民法院管辖。其中,公民住所地是指公民的户籍所在地。公民的经常居住地是指公民离开住所地至起诉时已连续居住 1 年以上的地方,住院就医的除外。若夫妻双方离开住所地超过 1 年,一方起诉离婚的案件,由被告经常居住地人民法院管辖。没有经常居住地的,由原告起诉时被告居住地人民法院管辖。但需要注意的是,根据《民事诉讼法解释》第 12 条第 1 款“夫妻一方离开住所地超过一年,另一方起诉离婚的案件,可以由原告住所地人民法院管辖”的规定,在上述情况发生时,可以适用“被告就原告”的特殊地域管辖,向原告住所地人民法院提起诉讼。

此外,如果夫妻一方或双方身份比较特殊,为了方便诉讼,法律也作了特殊规定:①双方当事人均为军人的,由军事法院管辖。②在国内结婚并定居国外的华侨,如定居国法院以离婚诉讼须由婚姻缔结地法院管辖为由不予受理,当事人向人民法院提出离婚诉讼的,由婚姻缔结地或一方在国内的最后居住地人民法院管辖。③在国外结婚并定居国外的华侨,如定居国法院以离婚诉讼须由国籍国法院管辖为由不予受理,当事人向人民法院提出离婚诉讼的,由一方原住所地或在国内的最后居住地人民法院管辖。④中国公民一方居住在国外,一方居住在国内,不论哪一方向人民法院提起离婚诉讼,国内一方住所地的人民法院都有权管辖。如国外一方在居住国法院起诉,国内一方向人民法院起诉的,受诉人民法院有权管辖。⑤中国公民双方在国外但未定居,一方向人民法院起诉离婚的,应由原告或者被告原住所地人民法院管辖。⑥双方当事人都被监禁或者被采取强制性教育措施的,由被告原住所地人民法院管辖。被告被监禁或者被采取强制性教育措施1年以上的,由被告被监禁地或者被采取强制性教育措施地人民法院管辖。

(2)级别管辖

我国为四级二审制,由上而下有四个层级的法院:最高人民法院、高级人民法院、中级人民法院、基层人民法院。《最高人民法院关于调整高级人民法院和中级人民法院管辖第一审民商事案件标准的通知》第4条规定:"婚姻、继承、家庭、物业服务、人身损害赔偿、名誉权、交通事故、劳动争议等案件,以及群体性纠纷案件,一般由基层人民法院管辖。"第5条规定:"对重大疑难、新类型和在适用法律上有普遍意义的案件,可以依照民事诉讼法第三十八条的规定,由上级人民法院自行决定由其审理,或者根据下级人民法院报请决定由其审理。"由此可见,我国离婚纠纷案件主要由基层法院管辖,对于复杂疑难案件,可能由上级人民法院审理。

（三）注意立案时要提交的诉讼材料

确定管辖法院后，当事人去法院立案应当准备好相关的材料，当事人提起离婚诉讼应该提交法院的材料有以下几种：

第一，起诉状，这是最基本的法律文书。起诉状主要包括的内容有：原、被告的基本情况，诉讼请求和所依据的事实与理由等。具体要求有以下几点：(1)当事人本人及对方的情况要尽量准确、具体，姓名一定书写正确，有些情况不提供对方身份证号码也可以，住址和联系方式一定要书写正确，否则相关诉讼文书可能无法送达。(2)在起诉状中要根据案件情况列明案由，即离婚纠纷、离婚后财产纠纷或探望权纠纷等。(3)在诉讼请求部分，要写明请求法院解决什么问题，如请求法院判决离婚、分割夫妻共同财产。如果财产部分没有争议，可以写明不需要法院处理，如果有离婚损害赔偿请求或者经济帮助请求的，要写明具体要求的金额。(4)在事实部分，要明确写清双方纠纷的原因、经过、现状等；在理由部分，要针对事实，引用相关法条加以阐述，形式上尽量简单明了。(5)要注明“此致”以及致送法院的名称。(6)在起诉状的末尾，还要写明具状人以及提交时间。

第二，结婚证书，用以证明原被告之间存在合法婚姻关系。

第三，当事人身份证。

第四，证据清单。主要包含：双方具备婚姻关系的证明，如结婚证、子女出生证明。

第五，委托手续，如当事人委托诉讼代理人，需要提交委托人签字或者盖章的授权委托书，授权书需写明委托人、受托人、授权范围及授权时间。

第六，材料要准备原件与复印件，法院会核对原复印件一致。

（四）立案时间

立案的时间并没有特殊限制,但要注意所要去立案法院的工作时间。现实中,有些法院周一到周五每天都可以立案,有些法院出于工作安排考虑在有些特定的时段(如周五上午或下午)是不立案的。因此,最好安排在周一到周四去法院立案,而且最好在 16 时之前,否则立案排队人数过多,法院可能不受理。

（五）立案后的准备

人民法院收到起诉状会现场登记立案,但有些情况较为复杂的需要进行审查,审查后认为符合起诉条件的,会在 7 日内立案并通知当事人。如果认为不符合起诉条件的,会在 7 日内裁定不予受理,原告对裁定不服的,可以提起上诉。离婚诉讼审查后不予受理的可能性较小。法院决定立案之后,会为当事人开具《受理通知书》《诉讼费交纳通知书》,原告当事人自接到交款通知次日起 7 日内持该通知书到指定银行预交诉讼费用,银行收费后会出具《回执单》,当事人将《回执单》交法院财务室换取《人民法院诉讼收费专用票据》。目前,北京市的各个基层法院开具在《诉讼费交纳通知书》上直接附有交款二维码,当事人通过扫描二维码可即时交纳诉讼费,非常便捷。但若当事人逾期不交纳诉讼费用,又不申请缓交诉讼费或申请司法救助,则按自动撤诉处理。案件审理后法院会判决诉讼费用由原、被告双方承担的份额。

完成一系列立案手续后,当事人要牢记自己的案号,并询问立案人员案件何时可以转至具体法庭,之后及时与法庭审判人员联系案件进度事宜。一般来说,立案后 7 天内可以转至法庭。但北京市由于案件数量较多,分配法官时间会较久。因此,当事人可以不定期拨打 12368 诉讼服务电话查询案件进展。北京市各法院会出具《诉讼服务告知书》,当事人亦可以通过北京法院审判信息网、北京法院 APP 或微信公众号等平台查询案件进展情况。

二、调解

(一)多元化调解

法院受理案件后,可以由当事人申请或是由法院依职权启动调解程序。但是离婚纠纷案件与其他财产纠纷案件不同,因涉及人身关系以及家庭、社会的稳定性等,故《民法典》第 1079 条第 2 款规定:"人民法院审理离婚案件,应当进行调解;如感情确已破裂,调解无效的,应当准予离婚。"可见调解是人民法院处理离婚案件的必经程序,人民法院应依职权组织离婚双方进行调解。此外,《民事诉讼法》第 94 条规定:"人民法院进行调解,可以由审判员一人主持,也可以由合议庭主持,并尽可能就地进行。人民法院进行调解,可以用简便方式通知当事人、证人到庭。"说明人民法院在案件调解中秉持便捷当事人的原则。

此外,当事人还可以申请当地的人民调解委员会进行调解,经过人民调解委员会调解达成调解协议之后,双方当事人认为有必要的,可以自调解协议生效之日起 30 日内共同向人民法院申请司法确认,人民法院应当及时对调解协议进行审查,依法确认调解协议的效力。经人民法院确认的调解协议与人民法院出具的调解书具有同等法律效力。

通过自行调解、法院调解等多元化调解方式解决离婚纠纷,既可以节省当事人以及法院的时间、精力等成本,并且将离婚产生的影响限缩到最小,对当事人来说是方便且快捷的选择。

(二)调解的原则

调解最主要的原则就是自愿、合法,《民事诉讼法》第 96 条规定的:“调解达成协议,必须双方自愿,不得强迫。调解协议的内容不得违反法律规定。”自愿是指当事人接受调解且签订的调解协议内容是自愿的、可接受的,不能存在被欺诈、胁迫等情形;合法是指当事人签订调解协议的形式及内容不能违反法律法规,不能恶意串通侵害国家、集体、第三人的合法权利。违反自愿、合法原则的调解协议,人民法院将不予认可其效力。

(三)调解的生效

《民事诉讼法》第97条规定:“调解达成协议,人民法院应当制作调解书。调解书应当写明诉讼请求、案件的事实和调解结果。调解书由审判人员、书记员署名,加盖人民法院印章,送达双方当事人。调解书经双方当事人签收后,即具有法律效力。”《民事诉讼法》第98条规定:“下列案件调解达成协议,人民法院可以不制作调解书:(一)调解和好的离婚案件;(二)调解维持收养关系的案件;(三)能够即时履行的案件;(四)其他不需要制作调解书的案件。对不需要制作调解书的协议,应当记入笔录,由双方当事人、审判人员、书记员签名或者盖章后,即具有法律效力”。由上述规定可知,调解书经双方签收后具有法律效力。调解书有强制执行力,如果一方不履行调解书中的义务,另一方可以请求法院强制执行调解书确认的调解协议的内容。

在离婚纠纷中,当事人对已经发生法律效力的解除婚姻关系的调解书不得申请再审,因为在调解书生效之时双方当事人之间的婚姻关系已解除,如果调解协议中涉及财产分割的问题,则人民法院应当进行审查,符合再审条件的,应当立案审理。

三、一审

(一)一审程序

根据《民事诉讼法》的规定,人民法院开庭审理包括开庭准备、法庭调查、法庭辩论、合议庭评议以及宣告判决五个阶段。在各个阶段法院会予以说明和引导案件的推进,人民法院在审理案件中可能会出现当事人申请延期开庭或者中止、终止诉讼的情况,最后法院审理案件结束后做出一审判决。

《民事诉讼法》第 152 条规定:“判决书应当写明判决结果和作出该判决的理由。判决书内容包括:(一)案由、诉讼请求、争议的事实和理由;(二)判决认定的事实和理由、适用的法律和理由;(三)判决结果和诉讼费用的负担;(四)上诉期间和上诉的法院。判决书由审判人员、书记员署名,加盖人民法院印章。”

当事人在收到一审判决后需要注意:判决书中是否将诉讼请求完整地记录,并且要根据诉讼请求进行判决,每一项请求都要涉及,不能有遗漏;法官在判决中的说理部分是否条理清晰、有理有据;判决结果是否明确具体。当事人在收到一审判决后不服判决结果的,可以在法定期限内提起上诉,进入二审程序。

(二)审理期限

离婚诉讼案件作为一审普通民事案件,双方的权利义务关系相较其他案件简单。《民事诉讼法》第 157 条规定:基层人民法院和它派出的法庭审理事实清楚、权利义务关系明确、争议不大的简单的民事案件,适用简易程序。适用简易程序的离婚案件,法院可以用简便方式传唤当事人和证人、送达诉讼文书、审理案件,但要保障当事人陈述意见的权利。因此,适用简易程序审理的案件,审理期限相对会短一些,法律规定人民法院适用简易程序审理案件,应当在立案之日起 3 个月内审结。

离婚诉讼案件,若在诉讼中同时解决夫妻共同财产的分割问题,那么双方的权利义务关系就会较为复杂,这时法院一般会适用普通程序来审理案件。根据《民事诉讼法》第 149 条的规定,法院应当在立案之日起6个月内审结。但出现特殊情况需要延长审理期限的,由本院院长批准,可以延长6个月;还需要延长的,报请上级人民法院批准。

然而,根据《最高人民法院关于严格执行案件审理期限制度的若干规定》第9条规定:“下列期间不计入审理、执行期限……(五)因当事人、诉讼代理人、辩护人申请通知新的证人到庭、调取新的证据、申请重新鉴定或者勘验,法院决定延期审理一个月之内的期间;(六)民事、行政案件公告、鉴定的期间;(七)审理当事人提出的管辖权异议和处理法院之间的管辖争议的期间;(八)民事、行政、执行案件由有关专业机构进行审计、评估、资产清理的期间……”可见,离婚案件一审的审理期限及结束时间也会因案件进程中的各类事件而发生变化,并非是确定的。

四、二审

(一)上诉

当事人对一审判决结果不服的,可以通过上诉进入二审程序。《民事诉讼法》第164条规定:“当事人不服地方人民法院第一审判决的,有权在判决书送达之日起十五日内向上一级人民法院提起上诉。当事人不服地方人民法院第一审裁定的,有权在裁定书送达之日起十日内向上一级人民法院提起上诉。”因此,若当事人不服一审判决的可以在上诉期内进行上诉,案件可以进入二审程序,由上级法院进行审理。

《民事诉讼法》第166条规定:“上诉状应当通过原审人民法院提出,并按照对方当事人或者代表人的人数提出副本。当事人直接向二审法院上诉的,第二审人民法院应当在五日内将上诉状移交原审人民法院”。因此,当事人的上诉状(《民事诉讼法》第165条规定,上诉状应当包括当事人的姓名,法人的名称及其法定代表人的姓名或者其他组织的名称及其主要负责人的姓名;原审人民法院名称、案件的编号和案由;上诉的请求和理由)可以向原审人民法院提交,也可以直接交给第二审人民法院。

(二)二审的审理

人民法院对第二审案件有开庭审理和不开庭审理两种方式。《民事诉讼法》第169条规定:"第二审人民法院对上诉案件,应当组成合议庭,开庭审理。经过阅卷、调查和询问当事人,对没有提出新的事实、证据或者理由,合议庭认为不需要开庭审理的,可以不开庭审理……"由此可知,人民法院对二审案件的审理以开庭审理为原则,不开庭审理为例外。

根据《民事诉讼法》第170条的规定,第二审的审理结果具体有以下几种情况:(1)原判决、裁定认定事实清楚,适用法律正确的,以判决、裁定方式驳回上诉,维持原判决、裁定;(2)原判决、裁定认定事实错误或者适用法律错误的,以判决、裁定方式依法改判、撤销或者变更;(3)原审判决认定事实不清的,裁定撤销原判决,发回原审人民法院重审,或者查清事实后改判;(4)原判决遗漏当事人或者违法缺席判决等严重违反法定程序的,裁定撤销原判决,发回原审人民法院重审;(5)原审人民法院对发回重审的案件作出判决后,当事人提起上诉的,第二审人民法院不得再次发回重审。

二审的审理期限通常要比一审期限短。《民事诉讼法》第176条规定:"人民法院审理对判决的上诉案件,应当在第二审立案之日起三个月内审结。有特殊情况需要延长的,由本院院长批准。人民法院审理对裁定的上诉案件,应当在第二审立案之日起三十日内作出终审裁定。"司法实践中,我国一审、二审民事案件数量与日俱增,所以法官在超负荷的工作下,超期审理的情况也时有发生。对于这种情况,我们在理解和接受的基础上也要行使监督权,维护自己的权利。

技巧四　寻求专业法律服务

一、委托律师

当事人面临离婚诉讼,自己既要学习法律和诉讼程序,又要收集证据、准备诉讼材料,还要承受情感上的折磨,这对于有正常工作的当事人来说,是一个较大的挑战。面对离婚诉讼中的诸多问题,尤其是财产分割和损害赔偿等问题,当事人一般缺少必要的法律知识和诉讼技巧,有时候会“赔了夫人又折兵”,损耗了自己的时间和精力,但结果却不尽如人意。因此,建议当事人寻求并委托一位专业律师处理离婚诉讼案件,不仅可以节省时间和精力,也可以最大限度地取得诉讼利益。

离婚诉讼,对于法官而言,可能是最普通的民事案件,但对于当事人而言则却是人生大事。所以,选择一个专业律师帮助自己处理离婚诉讼的相关事宜是一个明智之举。

但是需要说明的是,虽然很多律师都能代理婚姻家庭案件,但并不意味着他们对此业务都很精通、很专业。这主要是因为调整婚姻家庭关系的法律规定有《民法典》及其相关司法解释,还有一系列条例、指导性文件,相较调整其他法律关系的法律规定而言条文虽少,但其涉及的内容十分丰富。且夫妻共同财产形式日益多样化,在财产分割时,除了要精通婚姻领域法律法规外,《公司法》《合伙企业法》《合同法》等都要融会贯通,尤其对《民事诉讼法》等程序法要烂熟于心。而选择一名专业的婚姻家事领域律师,不仅可以精准地把握案件情况及走向,而且通常心理成熟,具备处乱不惊的良好心理素质,可以从容地面对当事人的各类纠纷情况并提出最佳解决方案。

那么，如何选择一个专业的婚姻家事律师呢？

第一，看律师以往的办案经验，但不等于单纯考察律师的胜诉率。律师代理的案件数量多，一方面，实践经验也就会更为丰富，处理案件时就会更为轻车熟路；另一方面，容易抓住案件争议焦点，更清楚如何取证可以让法院采信，处理事情事半功倍。综合起来就是能较为有效、及时、全面地处理当事人委托的事务。一般而言，执业 3 年以上、代理百起以上诉讼案件的律师是较优的选择。

第二，看律师的态度及言谈举止。虽然说有经验的律师对案件的把控能力强，但通常会有较多的案件需要处理，难免精力分配不匀。很多新律师虽然经验不是特别丰富，但认真负责，也有扎实的理论功底，接到案件会全力去完成。所以无论经验是否丰富，在和律师接触的时候，要体会他是不是一个认真负责的人。

第三，看律师的生活阅历。因为律师所要处理的案件为离婚纠纷案件，理解婚姻需要有一定的阅历，没有家庭生活经历的律师一般难以体会婚姻生活中夫妻双方感情的微妙变化，无法感受婚姻生活的种种酸甜苦辣，以至于不理解当事人双方的生活状态，无法直切案件的要害。但是当事人诉到法院的离婚纠纷案件，法院和律师处理的也都夫妻双方之间的法律关系，律师处理案件中的法律问题和有无婚姻经历没有必然的联系。因此，建议当事人根据自身需求来选择律师，可选择有阅历的律师进行代理。

二、请求法律援助

（一）离婚能否请求法律援助

法律援助是现代法治国家对其公民承担的一项基本义务，是指由政府拨付一定的资金，设立法律援助机构、组织法律援助人员和法律援助志愿者,为某些经济困难的公民或特殊案件的当事人提供免费的法律帮助,以保障其合法权益得以实现的一项法律保障制度。通俗来讲就是,当事人因为经济困难无法聘请律师来解决法律纠纷时,可以向法律援助机构申请法律援助。经审查确认当事人满足一定的条件之后,法律援助机构将为当事人提供免费的法律服务,包括法律咨询、委托代理、刑事辩护等。

我国《法律援助条例》第 10 条详细规定了当事人可申请法律援助的民事案件范围:(1)依法请求国家赔偿的;(2)请求给予社会保险待遇或者最低生活保障待遇的;(3)请求发给抚恤金、救济金的;(4)请求给付赡养费、抚养费、扶养费的;(5)请求支付劳动报酬的;(6)主张因见义勇为行为产生的民事权益的。除此之外,各省、自治区、直辖市人民政府可以对前述规定以外的法律援助事项作出补充规定。这一条款虽然没有直接将离婚诉讼案件纳入法律援助的范畴,但有些省、自治区、直辖市人民政府在对法律援助事项作补充规定时,会增加这部分的内容。例如,上海市人民代表大会常务委员会发布的《上海市法律援助若干规定》第 5 条规定:"除《法律援助条例》第十条第一款规定的法律援助事项外,经济困难的公民还可以对下列事项申请法律援助……(三)因遭受家庭暴力、虐待、遗弃,合法权益受到损害,主张权利的……"地方人大制定行政法规的行为实质上扩大了法律援助的范围,更具有实际操作性,但是存在一定的地域差异。

当事人如果单纯地以提起离婚诉讼为由申请法律援助,法律援助机构不予受理的话,可以考虑以争取子女抚养权及抚养费为由申请法律援助,法律援助机构受理的可能性会大一些。法律援助衡量的标准实质是经济是否困难,如果当事人的确经济困难,法律援助机构一般都会对当事人的申请进行受理并予以帮助。

上述申请法律援助的条件并非是"一刀切"的,毕竟法律援助的目的在于使经济、生活困难的当事人享受“法律面前人人平等”的权利。所以,即使部分条件不完全符合的当事人也可以通过自己的努力争取相应的法律援助,或者通过法律援助机构的介绍寻找到相应的机构寻求帮助。

(二)法律援助提供的服务

法律援助机构提供的援助项目和律所提供的专业服务项目基本相似,包括:(1)咨询服务。通过电话、邮件或当面交流,就咨询者提出的法律问题提供专业解答。(2)代写文书。主要是起草、修改诉讼或非诉讼案件中所需的法律文书。法律文书一般都有比较严格的格式和内容要求,对于缺乏法律知识的当事人而言,其制作相对困难。(3)非诉讼法律援助,代理当事人参加和解、调解、仲裁等。(4)诉讼法律援助,代理当事人参加民事诉讼、行政诉讼,或在刑事诉讼中担任被告人(犯罪嫌疑人)的辩护人或公诉案件被害人、自诉人的代理人。

由于人员限制以及专业水平等问题,一家法律援助机构所能提供的服务往往会有限制,并不是全部类型的案件都能得到较专业的处理,法律援助机构会有针对性地帮助经济困难的当事人解决所涉法律纠纷,比如有的法律援助机构专门帮助农民工或未成年人维权。在这种情况下,当事人应该了解自己所在城市、市区的法律援助机构的专业方向,这样有利于寻求恰当的法律援助机构来帮助自己解决纠纷,实现自己利益的最大化。

(三)法律援助的申请

1. 法律咨询

如果当事人仅就相关问题进行法律咨询,可以通过登门、电话、书信、邮件等方式向法律援助机构提出,而无须提出专门的申请。

各地在工、青、妇、老、残等社会组织和监狱设立了法律援助工作站，或依托司法所设立了法律援助工作站，部分法律院校也设置了法律诊所等法律援助构，法律援助机构一般都设有专人接待公民的法律咨询。此外，全国大部分地区开通了12348法律咨询电话，当事人可以在工作日的工作时间拨打电话进行法律咨询。随着网络的发展，电子邮件、社交软件咨询也正在逐步获得支持。除此之外，当事人也可以使用传统的书信方式提出法律问题，法律援助机构也将以书信方式为当事人提供专业解答。

2. 法律援助

当事人如果想获得咨询以外更进一步的法律援助服务，就必须向法律援助机构提出申请。法律援助机构审查认为当事人的申请符合法定要件后，会作出提供法律援助的决定并进行法律援助。

(1)向谁申请法律援助

一般情况下，当事人申请民事、行政法律援助，应当向具有履行义务的义务机关或义务人所在地的法律援助机构提出。申请人可以向区、县或市司法局递交法律援助申请。

(2)申请法律援助需要准备什么材料

书面材料是确保法律援助机构了解案件情况和当事人情况的基础材料。需要提交的书面材料包括：

第一，法律援助申请表。在法律援助机构可获取格式文本，填写即可。其中记载申请人的基本情况、申请法律援助的事实和理由、申请人经济状况、申请人提供的证明、证据材料清单以及申请人保证提交的证明和证据材料属实的声明。

第二，申请人应提交居民身份证明、户籍证明或其他有效身份证明。代理他人申请法律援助的，应当提交有代理权的证明，代理人应当按要求如实填写申请法律援助委托书，由委托人和受托人共同签字或盖章；未成年人的法定代理人为未成年人申请法律援助，应当出具自己具有法定代理资格的证明。

第三,申请人住所地或户籍所在地的乡镇政府、街道办事处或申请人所在单位劳资、人事部门出具的申请人及家庭成员经济状况证明。这是对申请人经济情况的核实,从而判断是否符合法律援助的核心条件。

第四,如果当事人已经获取一些证据,可以在申请时提交与所申请法律援助事项相关的证明及证据材料,如证明就医的基本病历资料、患者目前的情况证明(如死亡证明),以帮助法律援助机构了解到案件基本情况。

第五,法律援助机构认为需要提供的其他材料。

需要注意的是,上述材料是一般情况下申请法律援助必须提供的材料。法律援助机构如果认为申请人提交的证件、证明材料不齐全,可以要求申请人作出必要的补充或者说明。如果申请人未按要求作出补充或者说明,申请将被视为撤销。除经济困难证明外,上述材料原件经审核与复印件无误,会归还申请人。

(3)法律援助机构的审查程序及标准

申请人向区、县或市司法局递交法律援助申请的,司法局在收到申请材料10个工作日内作出是否给予法律援助的书面决定。司法部门同意向申请人给予法律援助的,指派承办法律援助事务的法律服务机构并通知受援人,由法律援助机构与受援人签订法律援助协议。司法部门作出不予以法律援助决定的,申请人可以向作出该决定的司法部门提出异议,司法部门于5个工作日内进行审查并以书面形式作出决定。

法律援助机构在收到法律援助申请后,会尽快对申请进行审查。审查的内容主要有:申请的事项是否属于法律援助范围,当事人是否符合经济困难标准以及申请是否具有合理的根据。

第一,事项范围审查即确认申请人申请的事项是否属于法律援助事项范围。

第二,经济困难条件审查即确认申请人的经济状况是否符合当地的法律援助经济困难标准。申请人的经济困难标准依申请人是否享受城市居民最低生活保障待遇或农村居民最低生活保障待遇来确定。具体标准以申请人住所地的区(县)人民政府当年公布的标准额度为准。申请人住所地的经济困难标准与受理申请的法律援助机构所在地的经济困难标准不一致的,按照受理申请的法律援助机构所在地的经济困难标准执行。区(县)级以上民政部门出具的最低生活保障证明为法律援助申请人证明其经济困难的书面凭证。尚未办理最低生活保障证明或自然灾害期间正在接受国家救济的灾民申请法律援助的,由申请人住所地的区(县)级以上民政部门或街道办事处(乡、镇人民政府)出具申请人经济困难的证明。该证明必须如实载明申请人家庭人口状况、就业状况、家庭人均收入等情况。对于因见义勇为行为产生的民事权益的申请人,无须进行经济状况的审查;对于民政部门出具的社会救济证明等,法律援助机构一般只审查这些证明文件的真伪;对于法律援助申请人经济状况证明表,法律援助机构将在出具证明的有关部门审查的基础上,进一步展开形式和实质审查。

第三,申请合理性审查。一般情况下,为了防止某些人滥用获得国家法律帮助的权利,浪费国家资源,法律援助机构会根据申请人提供的与案情有关的材料进行判断。

(4)申请法律援助被拒绝后的补救途径

申请法律援助被拒绝后,申请人可以要求受理申请的法律援助机构书面告知拒绝援助的原因。如果申请人对法律援助机构作出的不符合法律援助条件的通知有异议的,可以向确定该法律援助机构的司法行政部门提出。司法行政部门应当在收到异议之日起5个工作日内进行审查。经审查认为申请人符合法律援助条件的,将会以书面形式责令法律援助机构及时提供法律援助;如果司法行政机关仍然认为申请人不符合法律援助条件的,申请人也可以要求其用书面形式告知理由。

第五章

真实案件演练

一、彩礼返还

（一）婚前彩礼返还

1. 案情概要

2015 年 12 月 12 日，高某 1 与鞠某 2 按照民族习俗举行了结婚仪式，因鞠某 2 系未成年人，双方未领取结婚证。2016 年春节期间，因家庭琐事双方发生矛盾后，二人开始分居生活。另外，高某 2、鞠某 1 系鞠某 2 父母，高某 1 给付鞠某 2 结婚彩礼现金 110,000 元及黄金首饰 90 克，鞠某 2 按照习俗返还现金 15,000 元。

2016 年 8 月，高某 1 曾向法院起诉，请求判令鞠某 2 及其父母返还彩礼，经法庭调解后撤诉。后又再次起诉，要求判令鞠某 2 及其父母返还彩礼及“三金”。高某 1 认为，给付彩礼的行为是鞠某 2 以结婚为由索取财物的结果，且彩礼及礼金的给付是以双方同居为前提，现鞠某 2 回娘家不愿与高某 1 共同生活，故请求全额返还；另外，给付彩礼及 90 克黄金首饰不属于赠与行为。

高某 2、鞠某 1、鞠某 2 辩称：彩礼现金与黄金首饰均系高某 1 赠与鞠某2,所送的彩礼已经全部用于购买结婚用品、操办酒席,且高某1没有与鞠某2共同生活的诚意,故不能返还。

本案的争议焦点为:办理结婚登记前,根据民间习俗给付彩礼及首饰,是否属于赠与行为,在男女双方感情破裂时,给付方能否要求返还及返还的数额为多少。

一审法院认为,双方为结婚而做积极准备,高某1给付彩礼及首饰,应视为高某1的赠与,本应不予返还,但考虑到双方未正式登记结婚,共同生活时间较短,鞠某2、鞠某1、高某2应适当返还部分彩礼。依照《婚姻法解释(二)》第10条的规定,判决如下:高某2、鞠某1、鞠某2于判决生效后30日内返还高某1彩礼30,000元。

二审法院认为:决定彩礼是否返还,应以双方是否缔结婚姻为主要依据,同时结合双方当事人共同生活时间的长短、过错责任程度、经济状况等因素决定是否返还及返还的额度。结合本案,高某1与鞠某2双方并未办理结婚登记,且双方同居时间仅有11个月,高某1主张返还彩礼于法有据,应予支持。从本案当事人的经济状况分析,高某1系农民,经济上不富裕,在此种情形下,高某1完全出于自愿赠与高某2、鞠某1、鞠某2大笔数额的现金即95,000元及90克黄金首饰的可能性不大。本案当事人高某1、鞠某2均为回族,生活习俗接近,均有送彩礼的婚俗,高某2、鞠某1、鞠某2亦主张是按习俗收取的彩礼,若一概不予返还,则明显违背民法基本原则,显失公平。原审判决根据公平原则考虑本案件实际情况酌情返还并无不当,应予维持。

2. 律师点评

本案的争议焦点为办理结婚登记前,根据民间习俗给付彩礼及首饰的行为是否属于赠与行为?在男女双方感情破裂时,给付方能否要求返还以及返还的数额为多少?我们知道,给付彩礼是我国的传统习俗，特别是在一些不发达的地区依然盛行，多发生在男女双方结婚前，给付的彩礼多为金钱和一些贵重的物品，且数额往往较大。

实践中，很容易将彩礼的给付与普通的赠与行为以及以结婚为由索取财产的行为相混淆。彩礼的给付，可以类似一种附条件的赠与，条件为男女双方办理结婚登记。但它又不同于赠与，即使男女双方结婚，条件成就，若二人共同居住的时间较短或者双方并未共同生活，或者婚前给付彩礼导致给付人生活困难的，给付彩礼的一方仍有权请求返还全部或部分彩礼。而以结婚为由索取财产的行为是《民法典》第 1042 条规定的禁止性行为，给付方往往基于胁迫，并非出于自愿。

彩礼返还数额的认定问题，在实践中往往根据双方当事人共同生活时间的长短、过错责任程度、经济状况以及地方民俗等因素确定，并根据公平原则判决接受彩礼的一方予以部分或全部返还。本案中，当事人虽然没有结婚，但双方已举办婚礼且共同生活了 11 个月，法官结合当事人的经济情况等因素，考虑到男方经济上不富裕，完全自愿赠与女方大笔数额的现金及首饰的可能性不大，并结合当地的彩礼习俗，判决女方返还男方部分彩礼并无不当。

在此还需注意一个问题，彩礼是按当地的民风、习俗形成的惯例。若本地区无婚前给付彩礼的习俗，则给付方依据《婚姻法解释（二）》第 10 条要求婚前返还彩礼就失去的基础。对于婚前给付财物不属于彩礼范畴的问题，一般按男女交往期间给付财物处理，若双方婚前同居，则根据同居期间的相关规定作出处理。下文将对同居期间的财产分割进行分析，此处不再赘述。

3. 裁判文书

青海省西宁市中级人民法院

民 事 判 决 书

(2017)青01民终4号

上诉人(原审原告):高某1,公民身份号码:×××,男,回族,青海省民和县巴州村民。

委托代理人:王海云,青海省民和县诚信法律服务所法律工作者。

被上诉人(原审被告):高某2,公民身份号码:×××,女,回族,无固定职业,住青海省西宁市。

被上诉人(原审被告):鞠某1,公民身份号码:×××,男,汉族,无固定职业,住青海省西宁市。

被上诉人(原审被告):鞠某2,公民身份号码:×××,女,回族,无固定职业,住青海省西宁市。

法定代理人:高某2,公民身份号码:×××,女,回族,无固定职业,住青海省西宁市。系鞠某2母亲。

法定代理人:鞠某1,男,汉族,身份证号码:×××,无固定职业,住青海省西宁市。系鞠某2父亲。

上诉人高某1因与被上诉人高某2、鞠某1、鞠某2婚约财产纠纷一案,不服青海省西宁市城东区人民法院(2016)青0102民初2606号民事判决,向本院提起上诉。本院于2017年1月4日立案后,依法组成合议庭进行了审理,上诉人高某1及其委托代理人王海云、被上诉人高某2、鞠某1、鞠某2及鞠某2的法定代理人高某2、鞠某1到庭参加诉讼。本案现已审理终结。高某1上诉请求:原判决高某2、鞠某1、鞠某2返还彩礼现金30,000元过低,请求二审法院改判高某2、鞠某1、鞠某2返还彩礼现金95,000元及价值35,000元的90克黄金首饰。

事实和理由:1. 2015年12月中旬,我与鞠某2以夫妻名义同居生活,同居生活前高某2、鞠某2向我索要彩礼110,000元及黄金戒指、黄金手镯、黄金项链共90克价值35,000元,高某2当场返还彩礼15,000元。彩礼及三金的给付是以双方同居生活为前提,现鞠某2回娘家不愿与我共同生活,故请求全额返还。2.一审认定彩礼及90克黄金首饰系高某1赠与行为错误。对于一个身处山沟以农业收入为主的农民家庭来说绝对没有赠送能力,彩礼现金95,000元和90克黄金首饰是被上诉人索要后给付,是高某1一家人靠多年的辛勤积攒和向亲朋好友借款筹集,故请求全额返还。

被上诉人高某2、鞠某1、鞠某2辩称,高某1给付彩礼现金110,000元,其当场返还了20,000元,所送彩礼现金为90,000元,彩礼现金与黄金首饰均系高某1赠与鞠某2,所送的彩礼已经全部用于购买结婚用品、操办酒席,且高某1没有与鞠某2共同生活的诚意,故不能返还。高某1向一审法院起诉请求高某2、鞠某1、鞠某2共同返还其彩礼100,000元及价值35,000元的黄金首饰。

一审法院认定事实:高某1与鞠某2经人介绍认识一个多月后由父母做主,于2015年12月12日按照民族习俗举行了结婚仪式,因鞠某2系未成年人,双方未领取结婚证。在以夫妻名义同居生活期间,鞠某2即随高某1及其家人去外地开饭馆,因双方缺乏了解,感情基础薄弱,平时缺乏沟通交流,遇事不能冷静处理。2016年春节期间,因家庭琐事双方发生矛盾后,鞠某2回娘家居住至今,高某1亦未主动联系鞠某2及其父母。2016年8月,高某1曾向法院起诉,请求法院判令鞠某2及父母返还彩礼,经法庭调解后撤诉。现再次起诉要求:判令鞠某2及父母返还彩礼及“三金”(黄金戒指一枚、黄金项链一条、黄金手镯一只),鞠某2及父母表示不予返还。另查明,高某1、鞠某2订婚时,高某1家给高某2、鞠某1、鞠某2送彩礼100,000元及黄金戒指一枚、黄金项链一条、黄金手镯一只,后高某2返还高某1 20,000元彩礼。

一审法院认为,高某1与鞠某2由父母包办按照民族习俗举行了结婚仪式,因鞠某2系未成年人,双方未领取结婚证。在以夫妻名义同居生活期间,双方发生矛盾,2016年春节期间鞠某2回娘家居住,高某1及其家人未主动与鞠某2及父母联系。双方为结婚共同生活而做积极准备,高某1给付彩礼及首饰,应视为高某1的赠与,本应不予返还,但考虑到双方未正式登记结婚,共同生活时间较短,鞠某2、鞠某1、高某2应适当返还部分彩礼。依照《最高人民法院关于适用〈中华人民共和国婚姻法〉若干问题的解释(二)》第十条之规定,判决如下:高某2、鞠某1、鞠某2于判决生效后三十日内返还高某1彩礼30,000元。案件受理费人民币1500元,双方各负担750元。

本院二审期间,双方当事人没有提交新证据。对一审认定的事实,高某1对高某2返还彩礼现金20,000元存有异议,对其他事实无异议;高某2、鞠某1、鞠某2对彩礼现金100,000元存有异议,对其他事实无异议。双方当事人对原审判决认定的事实无异议部分予以确认。另查,高某2、鞠某1系鞠某2父母,高某1给付高某2结婚彩礼现金110,000元及黄金戒指、黄金手镯、黄金项链共90克,高某2按照习俗返还现金15,000元。

本院认为,依照《最高人民法院关于适用〈中华人民共和国婚姻法〉若干问题的解释(二)》第10条的规定,“当事人请求返还按照习俗给付的彩礼的,如果查明属于以下情形,人民法院应当予以支持:(一)双方未办理结婚登记手续的;(二)双方办理结婚登记手续但确未共同生活的;(三)婚前给付并导致给付人生活困难的。适用前款第(二)、(三)项的规定,应当以双方离婚为条件”。对“双方未办理结婚登记手续”,根据该条的立法本意,应理解为是指一方按照习俗收受了彩礼,而双方并没有去办理结婚登记手续,也没有在一起共同生活的情形。决定彩礼是否返还,应以双方是否缔结婚姻为主要依据,同时结合双方当事人共同生活时间的长短、过错责任程度、经济状况等因素决定是否返还及返还的额度。结合本案,高某1与鞠某2虽举行了结婚仪式,但鞠某2并未达到法定婚龄,双方并未办理结婚登记,且双方同居时间仅11个月,高某1主张返还彩礼于法有据,应予支持。高某1主张的彩礼现金95,000元,与高某2的陈述相矛盾,高某1仅认可高某2按照习俗返还彩礼现金15,000元,高某2未提交其他证据予以证明,故本院认为应确认的彩礼现金为95,000元。二审诉讼中,高某1要求高某2、鞠某1、鞠某2返还彩礼的理由是:(1)对方以结婚为由索取财物;(2)双方无法共同生活责任在对方;(3)因给付彩礼导致其及家人生活困难。对于上述理由高某2、鞠某1、鞠某2不予认可,称收取彩礼是婚俗,其方没有索要,无法共同生活主要责任在高某1。对于高某1所持高某2、鞠某1、鞠某2以结婚为由索取财物的主张,高某2、鞠某1、鞠某2予以否认,高某1又不能提交任何证据证实高某2、鞠某1、鞠某2存在借婚姻索取财物的事实。高某1对其因给付彩礼而导致其及家人生活困难的主张,高某2、鞠某1、鞠某2对高某1所送彩礼现金全部用于购买被子、毛毯、衣物及酒席的陈述,双方当事人均未提交相关证据予以证明,无法认定。故高某1据以上理由主张高某2、鞠某1、鞠某2全额返还彩礼及黄金首饰的请求不能成立。从本案当事人的经济状况分析,高某1系农民,经济上不富裕,在此种情形下,高某1出于完全自愿赠与高某2、鞠某1、鞠某2大笔数额的现金即95,000元及90克黄金首饰的可能性不大,本案当事人高某1、鞠某2均为回族,生活习俗接近,均有送彩礼的婚俗,高某2、鞠某1、鞠某2亦主张是按习俗收取的彩礼,若一概不予返还,则明显违背民法基本原则,显失公平。原审判决根据公平原则考虑本案实际情况酌情返还并无不当,应予维持。综上,高某1的上诉请求不能成立,应予驳回。一审判决认定事实清楚,适用法律正确,应予维持。依照《中华人民共和国民事诉讼法》第一百七十条第一款第一项之规定,判决如下:驳回上诉,维持原判。二审案件受理费3000元,由上诉人高某1负担。

本判决为终审判决。

（二）离婚时彩礼的返还

1. 案情概要

男方蔡某亮与女方白某于2016年9月26日登记结婚,2016年10月3日举行结婚仪式,婚后无子女,因夫妻感情不和,自2017年6月开始分居生活。在婚前蔡某亮向白某给付彩礼共计9.6万元。现夫妻感情破裂,蔡某亮向法院提起诉讼要求与白某离婚,并要求白某返还彩礼9.6万元。

一审法院认为:结合双方感情基础、离婚原因、有无和好可能等因素综合分析,应认定夫妻双方感情确已破裂,故对蔡某亮要求离婚的诉讼请求依法予以准许。关于彩礼,双方均认可被告方收取原告方彩礼8.6万元、"离娘钱"1万元,对于该1万元"离娘钱",因无法律依据,亦应认定为彩礼,故彩礼数额应认定为9.6万元。一审法院结合双方婚后共同生活的时间长短、给付彩礼的数额、给付彩礼对给付方的生活造成的影响以及当地生活水平等因素综合考虑,判决对彩礼数额较大的应酌情予以返还。

二审法院认为:本案的争议焦点为彩礼数额的认定以及返还彩礼的数额。因双方当事人婚后共同生活时间较短,加之婚前收取蔡某亮彩礼数额较大,给蔡某亮生活造成一定困难,原审判决依据当地生活水平,结合本案实际,酌情判决上诉人返还被上诉人彩礼48,000元并无不当;上诉人主张"离娘钱"1万元不属于彩礼的理由,因无法律明确规定,故不予采信。二审判决维持一审判决。

2. 律师点评

在目前高离婚率的背景下,闪婚闪离的现象屡见不鲜。本案中男女双方在结婚后不到1年便开始分居生活,现男方提起诉讼,要求离婚并返还婚前给付的彩礼。通常,在离婚纠纷中主张彩礼返还的请求一般不予支持,除非出现《婚姻法解释(二)》第10条第1款第2项、第

3 项的情形,即双方办理结婚登记手续但确未共同生活的,或婚前给付并导致给付人生活困难的。在离婚纠纷中,主张彩礼返还的一方需要对上述两种情形承担举证责任。结合本案,双方虽已结婚,但由于婚后共同生活的时间较短,男方给付彩礼的数额较大,且给付彩礼给男方生活造成一定困难,因此,法官结合双方共同居住的时间、男方的经济情况,以及当地生活水平及善良风俗等因素综合考量酌定返还部分彩礼。

法律对离婚时请求彩礼返还的特定情形予以支持,主要是为了防止假借结婚的名义骗取财产,同时也为了保护男方的家庭财产,防止男方因离婚而陷入“人财两空”的境况。

3. 裁判文书

陕西省渭南市中级人民法院

民 事 判 决 书

(2019)陕 05 民终 845 号

上诉人(原审被告):白某,女,1992 年×月×日出生,汉族。

委托诉讼代理人:白某广,男,汉族,1979 年×月×日出生,系白某之兄。

被上诉人(原审原告):蔡某亮,男,1993 年×月×日出生,汉族。

委托诉讼代理人:李耀军,渭南市经济开发区法律服务所法律工作者。

上诉人白某因与被上诉人蔡某亮离婚纠纷一案,不服陕西省蒲城县人民法院(2018)陕 0526 民初 2184 号民事判决,向本院提出上诉。本院受理后,依法组成合议庭,公开开庭进行了审理。上诉人白某的委托诉讼代理人白某广,被上诉人蔡某亮及其委托诉讼代理人李耀军均到庭参加了诉讼。本案现已审理终结。

白某上诉请求:依法撤销陕西省蒲城县人民法院(2018)陕 0526 民初

2184 号民事判决第二项，改判驳回被上诉人要求上诉人返还彩礼的诉讼请求；一、二审诉讼费由被上诉人负担。事实与理由：1. 原审判决认定事实不清。原审判决将 1 万元“离娘钱”认定为彩礼与当地习俗不符；原审判决对彩礼数额较大的认定与事实不符；原审法院在认定彩礼时没有考虑上诉人老家的具体情况；原审法院认定上诉人与被上诉人婚后共同生活时间较短与事实不符。2. 原审判决适用法律错误。被上诉人的情形不符合《最高人民法院关于适用〈中华人民共和国婚姻法〉若干问题的解释（二）》的规定，原审法院适用该条款判决彩礼返还错误。

蔡某亮向原审法院提出的诉讼请求：1. 依法判令原、被告离婚；2. 被告白某返还原告蔡某亮彩礼钱 9.6 万元；3. 诉讼费由被告白某负担。

原审法院认定事实：原、被告 2016 年 3 月经人介绍认识，2016 年 9 月 26 日办理结婚登记手续，同年 10 月 3 日按照当地习俗举行结婚仪式。婚后无子女。因夫妻感情不睦，原、被告自 2017 年 6 月分居生活至今。原告曾于 2017 年 9 月提起离婚诉讼，后撤诉，现原告再次起诉要求与被告离婚。另查明，婚前原告方曾以向被告之兄白某广、之父白某玉银行账户汇款的方式给付被告方彩礼共计 9.6 万元。

原审法院认为，原、被告结婚时间较短，经常因家庭琐事发生矛盾，致使夫妻感情不睦并分居生活。原告曾起诉要求与被告离婚，后撤诉，但撤诉后双方夫妻感情并无改善，现原告再次起诉要求与被告离婚且离婚态度坚决。结合原被告感情基础、离婚原因、有无和好可能等因素综合分析，应认定双方夫妻感情确已破裂，故对原告要求离婚的诉讼请求依法予以准许。关于彩礼，双方均认可被告方收取原告方彩礼 8.6 万元、“离娘钱”1 万元，对于该 1 万元“离娘钱”，因无法律依据，亦应认定为彩礼，故彩礼数额应认定为 9.6 万元。关于该彩礼是否应当返还，首先，原、被告虽然办理了结婚登记，但婚后共同生活时间较短，未生育子女，且给付的彩礼数额较大，对给付人即原告的生活造成了一定的影响。其次，给付彩礼作为一种习俗，在涉及返还问题时，应当根据当地的生活水平，在尊重习俗的基础上倡导善良风俗,对彩礼数额较大的情形应考虑酌情予以返还。根据当地的生活水平及善良风俗,结合本案实际情况,对收取的9.6万元彩礼,被告应酌情向原告予以返还。依照《中华人民共和国婚姻法》第三十二条第三款第(五)项、《最高人民法院关于适用〈中华人民共和国婚姻法〉若干问题的解释(二)》第十条之规定,判决如下:一、准予原告蔡某亮与被告白某离婚。二、由被告白某于本判决生效后十五日内返还原告蔡某亮彩礼48,000元。三、驳回原告蔡某亮的其他诉讼请求。案件受理费300元,由原告蔡某亮与被告白某各负担150元。

二审审理查明的事实与原审判决认定事实一致。依法予以确认。

本院认为,本案双方当事人对离婚均无异议,原审判决双方离婚符合法律规定,依法应予维持;因双方当事人婚后共同生活时间较短,加之上诉人婚前收取被上诉人彩礼数额较大,给被上诉人生活造成一定困难,原审判决依据当地水平,结合本案实际,酌情判决上诉人返还被上诉人彩礼48,000元并无不当;上诉人主张"离娘钱"1万元不属于彩礼的理由,因无法律明确规定,故不予采信;至于上诉人主张原审法院认定彩礼数额时未考虑上诉人老家风俗及上诉人收取彩礼数额不大,不应返还的理由,因与《中华人民共和国婚姻法》的相关规定不符,故其理由不能成立,其请求依法不予支持。

综上所述,上诉人上诉请求不能成立,应予驳回;原审判决认定事实清楚,适用法律正确。依照《中华人民共和国民事诉讼法》第一百七十条第一款第一项规定,判决如下:驳回上诉,维持原判。二审案件受理费300元,由上诉人白某负担。

本判决为终审判决。

二、同居关系析产

1. 案情概要

张某与郝某均丧偶,二人于 2013 年开始同居,同居期间,二人的财产主要有以郝某名义购买的汽车一辆(经双方协商认可现车辆价值 85,000 元)、以郝某名义购买的股票(投入 22 万元投资股票,至 2018 年 6 月 15 日,扣除郝某于 2017 年 4 月 27 日投入的 20,000 元,股票市值为 73,754.69 元)、张某的退休金加兼职月平均收入 13,000 元左右、郝某的退休金月平均收入 4400 元左右。在同居期间郝某从存款中提取 20 万元给其儿子使用。张某从同居前的个人股票账户中抽出现金 20 万元支付给其女儿。2017 年 3 月,二人因财产问题发生争议,结束同居生活。现张某以郝某为被告向法院提起诉讼,请求郝某返还同居期间的财产。

一审法院认为,男女双方未办理结婚登记以夫妻名义同居生活,同居关系解除后要求分割同居期间共同劳动、经营或管理所得财产的,双方有约定从约定;无约定且上述同居期间财产混同的,推定为共同共有,但根据同居时间、各自贡献、生活习惯等因素能认定为按份共有财产的除外。本案双方是否有财产约定无法查明,但从双方的收入比例明确能够分出财产份额,故一审法院将二人同居期间混同财产中的剩余财产部分按按份共有的原则分配,没有混同的财产仍归各自所有。

二审法院认为一审判决认定事实清楚,适用法律正确,维持一审判决。

2. 律师点评

主张同居生活期间的财产分割,首先要明确双方是否存在同居关系。关于双方是否成立同居关系,当事人对自己提出的诉讼请求所依据的事实或反驳对方诉讼请求所依据的事实有责任提供证据加以证明。若无证据或者证据不足以证明该事实主张的,法院极可能不会认定双方存在同居关系。但若双方均认可同居关系,法院通常会予以确认。本案中双方均认可存在同居关系,也就不存在同居关系的认定问题。

法院认定双方存在同居关系时,同居生活期间双方共同所得的收入和购置的财产原则上是依据“双方有约定的按照约定,无约定的应按照一般共有财产”处理。《民法典》第 308 条规定:“共有人对共有的不动产或者动产没有约定为按份共有或者共同共有,或者约定不明确的,除共有人具有家庭关系等外,视为按份共有。”第 309 条规定:“按份共有人对共有的不动产或者动产享有的份额,没有约定或者约定不明确的,按照出资额确定;不能确定出资额的,视为等额享有。”由上述规定可知,法院认定同居期间的财产为按份共有的可能性比较大,当然在出资额不能明确的情况下可以视为等额享有。在本案中,当事人双方未办理结婚登记以夫妻名义同居生活,在同居关系解除时,双方对同居关系存续期间的财产分割没有达成协议,当事人没有约定财产的共有方式,并且从当事人的收入来看,能够明确分出财产份额,所以法院没有认定为共同共有,否定了财产混同的说法。

当然,鉴于不同地区的法律规定不同,则认定同居析产的方式也就存在差异性,例如,根据《北京市高级人民法院民一庭关于审理婚姻纠纷案件若干疑难问题的参考意见》(该意见仅为法院审理案件时的参考,仅具有实务参考意义,并不具有普遍的法律约束力)第 44 条[1]的

---

① 《北京市高级人民法院民一庭关于审理婚姻纠纷案件若干疑难问题的参考意见》第 44 条规定:“男女双方未办理结婚登记手续以夫妻名义同居生活的,同居关系解除后要求分割同居期间共同劳动、经营或管理所得财产的,有约定从约定;无约定且上述同居期间财产混同的,推定为共同共有,但根据同居时间、各自贡献、生活习惯等因素能认定为按份共有财产的除外。男女双方未办理结婚登记手续亦不以夫妻名义同居生活的,同居关系解除后要求分割同居期间共同劳动、经营或管理所得财产的,有约定从约定;无约定且财产混同的,推定为按份共有,具体份额比例可依据同居时间、各自贡献、生活习惯确定。”

规定,双方同居生活期间以夫妻名义同居生活的,财产分割无约定且财产混同的,法院裁判认定双方财产为共同共有的可能性比较大。

抛开本案而言,若法院认定双方不存在同居关系,那么财产分割也就不存在法律依据。即使存在出资事实,其也因双方未形成事实上的共有关系而无权主张分割,因此对其要求按照出资比例分割财产的诉讼请求,法院通常不予支持,但对于出资情况可另行主张。

3. 裁判文书

北京市第一中级人民法院

民 事 判 决 书

(2019)京01民终2825号

上诉人(原审被告):郝某,男,1952年×月×日出生,汉族,首钢矿业公司退休工人,住北京市昌平区。

委托诉讼代理人:梁开贵,北京文启律师事务所律师。

委托诉讼代理人:徐小刚,北京文启律师事务所律师。

被上诉人(原审原告):张某,女,1954年×月×日出生,住北京市昌平区。

委托诉讼代理人:王某(系张某之女),1981年7月25日出生,北京紫光存储有限公司职员,住北京市朝阳区。

上诉人郝某与被上诉人张某因同居关系析产纠纷一案,不服北京市昌平区人民法院(2017)京0114民初8864号民事判决,向本院提起上诉。本院于2019年2月27日立案后,依法组成合议庭,依据《中华人民共和国民事诉讼法》第一百六十九条之规定,合议庭经过阅卷、调查和询问当事人后,不开庭审理了本案。本案现已审理终结。

郝某上诉请求:1. 撤销北京市昌平区人民法院(2017)京0114民初8864号民事判决。2. 改判驳回张某的一审诉讼请求。事实及理由:第一,依据我国《婚姻法》的相关规定,非法同居不受法律保护,对于非法同居期间的财产分割，不能适用《婚姻法》规定的财产分割原则。非法同居期间所得的财产，原则上应当归本人所有，除非有确凿证据证明该财产是由双方共同出资购置或共同经营所得收入。本案中，汽车及股票均登记在郝某名下，而双方又是非法同居，对该部分财产原则上应当推定为郝某个人财产，除非有相反且确凿的证据证明该汽车或股票是由二人共同出资购买或投资的，原审法院在无确凿证据支持的情况下将登记在郝某名下的财产认定为混同财产予以分割无法律依据。第二，虽然张某的月平均收入高于郝某，但并不代表张某的全部收入都用于双方共同生活。原审法院以张某的月平均收入高于郝某为由认定张某应得2/4的比例无法律依据。非法同居期间，张某居住在郝某家中，日常的生活开支主要是由郝某支出的。郝某为此付出了大量的财力精力，却只按1/4的比例分割明显不公平，更何况分割的还是郝某的个人财产。第三，原审法院仅将登记在郝某名下的财产认定为混同部分予以分割，但对于张某名下财产多少的事实未予以查清，在一审举证过程中，郝某提供录音证据证明张某离开时带走了80余万元的财产，张某在开庭笔录中对此事实予以了认可，但认为该财产属于张某个人财产。按照原审法院的逻辑，既然郝某的汽车及股票能认定为混同财产，那么张某带走的80余万元财产亦应当认定为混同财产予以分割，原审法院对此部分财产未予以认定处理不合法。综上，原审判决错误，郝某特提起上诉，望法院依法支持郝某上诉请求。

张某辩称，同意一审判决，不同意郝某的上诉请求及理由。首先郝某名下的车和股票，购买时使用的都是张某账户里的钱。邮政返聘其的工资卡每个月都有3000元，足够他们生活了。张某决定辞职的原因是其外孙女患了重度自闭症，需要进行康复，需要有人照顾。从那时候开始郝某就刺激张某，80万元财产都是张某的个人财产，从来没有混淆过，这些财产和郝某完全没有关系。

张某向一审法院起诉请求：1. 判决郝某返还张某同居期间财产，价值336,600元；2. 诉讼费由郝某负担。事实和理由：2013年9月底，张某与郝某开始以夫妻名义同居生活。同居期间,张某的退休金账户余额和返聘工资属于其个人财产,现被郝某占有不予退还,故起诉。

郝某在一审法院辩称,不同意张某的诉讼请求。张某是诬告。同居期间,双方已经达成共识,即双方的财产是共同财产,郝某的退休金和张某的钱都放在一个抽屉里,谁用谁拿。郝某天天侍候张某,做饭、洗碗、上下班接送等,张某离开时,拿走80多万元财产,张某应该退还郝某30万元。

一审法院认定事实:张某与郝某是老乡,二人均丧偶。自2013年9月始二人同居。二人对"同居后的财产分配问题是否有约定"各执一词,法院也无法查明。2017年3月,张某因财产问题离开郝某家,回自己家居住。张某与郝某同居期间,二人以郝某的名义花费14万元购买东风风神S7汽车一辆,经双方协商认可现车辆价值85,000元;二人在同居期间还以郝某名义在中信建投证券有限公司开立股票账户,投入22万元投资股票,至2018年6月15日,扣除郝某于2017年4月27日投入的20,000元,股票市值为73,754.69元。在二人同居期间,郝某因儿子买房,从存款中提取20万元给其儿子使用,张某知晓此事。同居期间,张某也从其同居前的个人股票账户中抽出现金20万元支付给其女儿王某。二人在同居期间的其他财产,法院无法查明。同居期间,张某的退休金加兼职月平均收入13,000元左右,郝某的退休金4400元左右。

一审法院认为,男女双方未办理结婚登记以夫妻名义同居生活的,同居关系解除后要求分割同居期间共同劳动、经营或管理所得财产的,有约定从约定;无约定且上述同居期间财产混同的,推定为共同共有,但根据同居时间、各自贡献、生活习惯等因素能认定为按份共有财产的除外。

本案中,张某与郝某是否有财产约定,二人各执一词,法院也无法查明,故法院按二人无财产约定的原则处理同居期间的财产关系。从本案来看,双方的收入比例明确,能够分出财产份额,故法院将二人同居期间混同财产中的剩余财产部分按按份共有的原则分配,没有混同的财产仍归各自所有。法院根据相关证据认定,张某与郝某同居期间混同财产部分(以郝某名义购买的汽车一辆加郝某股票市值)剩余价值为158,754.69元,按郝某得1/4,张某得3/4的比例进行分割。关于张某主张郝某支付其儿子的20万元应予分割,因涉及案外人利益,本案不做评价,张某如仍坚持其对该20万元存在权利,可另行起诉。

综上所述,一审法院依照《最高人民法院关于适用〈中华人民共和国婚姻法〉若干问题的解释(二)》第一条第二款,《中华人民共和国物权法》第九十九条、第一百条的规定,判决:张某与郝某同居期间购买的×××汽车一辆及中信建投证券有限公司郝某名下股票归郝某所有,郝某支付张某同居期间财产折款119,066元(判决生效后10日内支付)。

二审中当事人均未提交新证据。

经审查,一审法院查明的事实正确,本院予以确认。

本院认为,《最高人民法院关于适用〈中华人民共和国民事诉讼法〉的解释》第九十条规定,当事人对自己提出的诉讼请求所依据的事实或者反驳对方诉讼请求所依据的事实,应当提供证据加以证明,但法律另有规定的除外。在作出判决前,当事人未能提供证据或者证据不足以证明其事实主张的,由负有举证证明责任的当事人承担不利的后果。

本案中,张某与郝某自2013年9月始二人同居,在二人是否有财产约定各执一词的情形下,一审法院按二人无财产约定的原则处理同居期间的财产关系,进而根据双方收入情况,将张某与郝某同居期间混同财产部分(以郝某名义购买的汽车一辆加郝某股票市值)剩余价值为158,754.69元,按郝某得1/4,张某得3/4的比例进行分割,没有混同的财产仍归各自所有并无不当,本院予以确认。另,郝某主张张某拿走80多万元财产,但未提交证据予以佐证,本院不予支持。

综上所述,郝某的上诉请求不能成立,应予驳回;一审判决认定事实清楚,适用法律正确,应予维持。依照《中华人民共和国民事诉讼法》第一百七十条第一款第(一)项,判决如下:

驳回上诉,维持原判。

二审案件受理费6737元,由郝某负担(已交纳)。

本判决为终审判决。

三、夫妻共同财产的分割

(一)房产分割

1. 案情概要

杨某甲与张某是夫妻,在婚前杨某甲购买总价为68.3万元的房屋一套,并支付首付款39万元,2013年12月18日杨某甲以住房公积金贷款29.3万元。截至2015年4月1日,已偿还住房公积金本息为45,549.08元,未还本金为263,156.60元。该房屋在双方结婚后办理的房产证,并登记在杨某甲名下,2014年5月起双方因生活琐事发生争吵并开始分居。杨某甲曾在2014年7月28日向法院提起离婚,法院判决不准离婚,现杨某甲以夫妻感情完全破裂,再无和好希望为由,向法院再次提起诉讼要求与张某离婚。本案中争议焦点之一是房屋的归属问题。张某主张该房屋登记的时间是在婚姻关系存续期间,故该房屋属于夫妻共同财产,应对该房屋进行分割。

法院认为,对于一方婚前支付首付款并在银行贷款、婚后夫妻共同还贷的房产,实际是婚前个人财产和婚后共同财产的混合体,如果仅以房屋产权登记划分按揭房屋属于婚前个人财产或婚后共同财产,则对一方显失公平,因房屋产权证书的取得与房屋实际交付的时间往往不同步,不动产物权登记的立法目的在于维护交易安全、保护善意第三人的利益,而离婚诉讼中按揭房屋的分割只在夫妻之间进行,并不存在与善意第三人的利益冲突。本案中因该房产信息登记在杨某甲名下,杨某甲用个人财产支付房屋首付款,且尚有贷款未偿还,故该房产应认定归杨某甲所有,该房屋项下的贷款由杨某甲继续偿还。对于双方婚后共同还贷支付的款项及其相对应财产增值部分,应由原告向被告进行补偿,现双方对该房产价值协商一致为100万元,故杨某甲应补偿被告张某32,595.3元[45,549.08元÷(390,000元+45,549.08元+263,156.60元)×1,000,000元÷2]。

2. 律师点评

在房价居高不下的情况下,很多百姓无法全额一次性支付购房款,对于购买房屋作为婚房的夫妻而言,一方在婚前支付首付款,婚后双方共同还贷已成为目前大部分新婚夫妻的共识。一方婚前支付首付款,婚后共同还贷,在离婚时,该房屋归属于谁?是否属于夫妻共同财产?本案的争议焦点之一是就是此种情况下,即房屋的归属问题。

通过本案例可知,该争议房屋是男方杨某甲在婚前支付首付款,婚后双方共同还贷购买,且该房屋在婚后办理了房产证并登记在男方名下。夫妻双方在离婚时对房屋的分割无法达成合意的,法院则根据《婚姻法解释(三)》第10条的规定作出了裁判,即将房屋判归杨某甲(房产证记载的权利人)所有,并就双方婚后共同还贷支付的款项及其相对应财产增值部分,由杨某甲向张某进行补偿。可见,婚前一方支付首付款,婚后共同还贷,产权登记在支付首付款方名下的,离婚时双方若无法达成协议时,无论产权证是在婚前取得,还是婚后取得,该房屋归属于支付首付款的一方。

对于双方婚后共同还贷的款项及其对应的房屋增值收益,按照照顾妇女及儿童利益的原则,由产权登记方向另一方进行补偿。司法实践中,对于该部分房屋增值收益的补偿,一般采取:补偿金=离婚时房屋市场价×(共同还贷金额/购房总款项)×50%公式进行计算。在此需提醒一点,在离婚诉讼中,对于房屋是否为夫妻共同财产,能否主张分割的问题,不能仅仅依房屋产权证书取得的时间是在婚前还是婚后进行判断,而是主要以购买房屋时的实际出资人为判断标准,尤其在婚前一方支付首付款,婚后双方共同还贷的情形下,如离婚时双方未达成协议,则该房屋往往归婚前支付首付款的一方所有。

3. 裁判文书

安徽省合肥市包河区人民法院

民 事 判 决 书

(2015)包民一初字第01464号

原告:杨某甲,男,1977年×月×日生,汉族,住安徽省合肥市包河区。

委托代理人:甘怀锋,北京盈科(合肥)律师事务所律师。

被告:张某,女,1982年×月×日生,汉族,现暂住安徽省合肥市包河区。

委托代理人:俞金华,安徽徽达律师事务所律师。

委托代理人:高国冬,安徽徽达律师事务所实习律师。

原告杨某甲诉被告张某离婚纠纷一案,本院于2015年3月18日立案受理后,依法由审判员孙艳适用简易程序公开开庭进行了审理,原告杨某甲及委托代理人甘怀锋,被告张某及委托代理人俞金华、高国冬均到庭参加了诉讼。本案现已审理终结。

原告杨某甲诉称:原、被告于××××年××月××日领取结婚证,2013年6月11日原、被告婚生女杨某乙出生。原告因与被告夫妻感情已破裂,曾在2014年7月28日向法院起诉离婚。贵院(2014)包民一初字第02541号民事判决书判决不准予原告与被告离婚,从判决至今的6个多月时间里,被告没有与原告沟通交流,不让原告亲近孩子,没有一点挽回夫妻感情、拯救婚姻的行动。原、被告自2014年5月2日起分居至今,夫妻感情已完全破裂,再无和好希望,现原告再次提起诉讼,要求:1. 原告与被告离婚;2. 婚生女杨某乙由原告抚养,被告支付抚养费500元/月;3. 要求被告偿还助学贷款3万元(当庭增加诉请);4. 要求分割共同财产(当庭增加诉请)。

被告张某辩称:1. 同意与原告离婚;2. 原告所述与事实不符;3. 被告父母在经济上给原、被告提供支持,并帮助抚育孩子,而原告父母重男轻女,提出将孩子送人;4. 原告对被告有家庭暴力行为,对孩子不履行抚养义务;5. 判决不准离婚后,被告有表示和好的意思,但是找不到原告;6. 婚生女杨某乙由被告抚养,要求原告每月支付孩子1500元抚养费,并承担50%的教育费和医疗费;7. 被告名下的房产购买合同是在婚后签订的,且被告父母出资十几万元,故房产和车位应当是夫妻共同财产,依法分割;8. 分居期间,原告未承担孩子的抚养义务,也未到被告处探望被告和孩子,被告要求原告承担2014年5月至2015年4月分居期间的子女抚养费。

法院经审理查明:2012年2月27日原被告通过世纪佳缘交友网络相识,××××年××月××日结婚,婚后感情尚可。2013年6月11日婚生女杨某乙出生。2014年7月28日原告以双方常为生活琐事发生争吵,导致夫妻感情破裂为由,要求与被告离婚,本院(2014)包民一初字第02541号民事判决书判决不准予原、被告离婚。现原告再次以夫妻感情已完全破裂为由,要求与被告离婚。原、被告从2014年5月分居生活至今,分居期间,婚生女杨某乙一直跟随被告张某生活。另查明,原告杨某甲分别于2010年2月5日、2010年10月26日、2012年2月24日预交房款18万元、16万元、13万元,共交纳47万元,购买总价为68.3万元的位于合肥市包河区广视花园西区A-1西区7#2904室房屋一套。2013年5月3日广视花园小区项目部出具补充通知一份,主要内容为"应部分单位、住户要求,考虑到部分购房户一时筹集现金购买车位较为困难,项目部经研究并报领同意,具备冲抵条件的购房户可从已交房款中冲抵或部分冲抵车位款购买车位。其中已按要求预交房款且车位款未交的住户,经本人申请,可从房款中冲抵或部分冲抵车位款",该份补充通知还对具体冲抵额度和选择车位时间等其他事项进行了明确。原告据该补充通知将47万元购房款中的8万元用于购买位于该区地下室车C-2070号车位一个。2013年12月18日原告以住房公积金贷款29.3万元,截至2015年4月1日,已偿还住房公积金本息为45,549.08元,未还本金为263,156.60元。该房屋和车库的产权备案分别在2013年8月19日和2013年11月27日。审理中,原、被告均认可原告杨某甲月收入为4472元、被告张某每月收入2500~3000元;对原告杨某甲名下位于合肥市包河区广视花园西区A-1西区7#2904室房屋一套,原、被告当庭一致确认价值为100万元,对于该房屋项下的贷款原、被告均认可从2013年12月18日至2015年4月1日已偿还住房贷款本息45,549.08元,未还本金263,156.06元。原、被告当庭确认车C-2070号的车位价值为8万元。

另查明:原告杨某甲名下属于婚后部分的公积金账户余额为9151元,被告张某公积金账户婚后部分的余额为4561.68元,原告杨某甲名下存款为404.66元,被告张某名下存款为142.77元。审理中,原告杨某甲放弃要求被告张某偿还3万元助学贷款的诉求。被告张某申请证人王某出庭作证,证人王某到庭接受了本院及原、被告的询问,该证人系被告张某的母亲,其到庭证明原、被告的婚生女杨某乙一直由被告张某和被告父母抚养、照顾,原、被告在分居期间,原告未支付抚养费,也未看望过婚生女杨某乙,并提出其能够帮助被告照顾孩子。以上事实,有原、被告的当庭陈述和原告提供的婚姻登记记录证明、安徽省广播电影电视局的局机关选房方案、省广电职工住宅小区统建商品房(第二轮)切块配售计划通知单、补充通知、购房款的结算票据、贷款情况说明、被告张某书写的欠条、公积金个人账目、商品房备案信息、牡丹灵通卡账目历史明细清单、交通银行零售客户交易明细清单及证人王某的证言等证据予以证明,本院予以确认。

本院认为:合法的婚姻关系受法律保护,婚姻是双方自愿的结合,婚姻自由不仅包括结婚自由也包括离婚自由,原告现以与被告感情已破裂为由再次诉至本院要求离婚,被告表示同意离婚,故本院对原告要求与被告离婚的诉请予以准许。

针对原告诉请及被告的答辩意见,本院认为本案争议的焦点有三:一是婚生女杨某乙应由谁抚养更有利于子女的健康成长及子女抚育费的数额。对于原告要求抚养婚生女杨某乙的诉请，被告表示不同意，并提出女儿一直跟随其共同生活，由其抚养孩子更有利于孩子的健康成长为由要求抚养婚生女杨某乙，本院认为关于子女抚养的问题，应从有利于子女身心健康，保障子女的合法权益出发，并结合父母双方的抚养能力和抚养条件等具体情况妥善解决。婚生女杨某乙未满2周岁，且在原、被告分居期间一直随被告生活，根据《最高人民法院关于人民法院审理离婚案件处理子女抚养问题的若干具体意见》的规定，2周岁以下的子女，一般随母方生活，故本院认为婚生女杨某乙尚幼，应由被告抚养更有利于子女的身心健康。对于被告要求原告每月支付子女抚养费1500元的主张，本院认为根据《最高人民法院关于人民法院审理离婚案件处理子女抚养问题的若干具体意见》中对子女抚养费数额的规定，可根据子女的实际需要、父母双方的负担能力和当地的实际生活水平确定。有固定收入的，抚育费一般可按其月总收入的20%～30%的比例给付。结合被告认可的原告杨某甲月收入4472元，本院认为原告应自2015年6月起，于每月15日前支付被告子女抚育费1200元至婚生女杨某乙满18周岁止。离婚后，不直接抚养子女的父或母，有探望子女的权利，另一方有协助的义务。根据有利于子女生活稳定、学习成长等因素确定原告每月享有对婚生女两次的探望权，被告应予以协助、配合。二是“原告是否应在离婚时承担分居期间子女的抚育费”。针于被告提出原告应支付2014年5月至2015年4月夫妻分居期间计16,500元（每月1500元）的子女抚养费的辩解意见，本院认为被告要求原告支付分居期间子女的抚养费缺乏法律依据的支持。因为夫妻双方在分居期间，婚姻关系并未解除，父母双方对子女仍有法定的抚养义务，这种义务，在很大程度上是靠血脉亲情来完成的。抚养费的功能在于保障子女现阶段及今后一段时间内的正常生活，《婚姻法》第21条规定的子女要求父母给付抚养的权利，是一种“实时”的权利，既只能要求父母在其成长过程中即时或预先给付，而不能要求对其前段生活进行补偿。而且，这一要求也只能由未成年或不能独立生活的子女主张。根据我国法律规定，在婚姻关系存续期间,夫妻任何一方取得的财产,都被认定为夫妻共同财产,所以,在分居期间夫妻一方用自己的收入独自抚养子女,其性质仍是在用夫妻共同财产抚养子女,所以被告在离婚时不能要求原告补偿分居期间子女的抚育费。三是原告名下位于包河区广视花园西区 A-1 西区 7#2904 室房屋一套和位于该区地下室车 C-2070 的车位,是否属夫妻共同财产应共同分割。涉案房屋系原告所在的工作单位原安徽省广播电影电视局向职工提供的集资建房,原告在婚前已用其个人财产支付购房款 39 万元和车位款 8 万元,购房余款 29.3 万元原告在婚后用住房公积金办理按揭贷款,被告虽提出其父母出资十几万元购房,但未有证据证明,故本院不予采信。本院认为,对于一方婚前支付首付款并在银行贷款、婚后夫妻共同还贷的房产,实际是婚前个人财产和婚后共同财产的混合体,如果仅以房屋产权登记划分按揭房屋属于婚前个人财产或婚后共同财产,对一方显失公平,因房屋产权证书的取得与房屋实际交付的时间往往不同步,不动产物权登记的立法目的在于维护交易安全、保护善意第三人的利益,而离婚诉讼中按揭房屋的分割只在夫妻之间进行,并不存在与善意第三人的利益冲突。本案中因该房产信息登记在原告名下,原告用个人财产支付的房屋首付款,且尚有贷款未偿还,故该房产应认定归原告所有,该房屋项下的贷款由原告继续偿还。对于原、被告婚后共同还贷支付的款项及其相对应财产增值部分,应由原告向被告进行补偿。由于原、被告对该房项下公积金贷款已偿还 45,549.08 元和尚余贷款 263,156.60 元均无异议,且对该房产价值协商一致为 100 万元,故原告杨某甲应补偿被告张某32,595.3元[45,549.08 元÷(390,000 元+45,549.08 元+263,156.60 元)×1,000,000 元÷2]。另因原告名下的车 C-2070 号车位系婚前用其个人财产所购,故系原告个人财产,归原告所有。原、被告名下的婚后部分的公积金账户均有余额、均有存款,双方对此均予以认可,应系夫妻共同财产,平均分割。原告名下的公积金余额为 9151 元、存款为 404.66 元,原告应给付被告 4777.83 元[(9151 元+404.66元)÷2]。因原告明确表示放弃分割被告名下的公积金余额、存款及放弃要求被告返还贷款3万元，属自愿原则，本院予以确认。据此，依据《中华人民共和国婚姻法》第三十二条、第三十六条、第三十七条、第三十八条、第三十九条，《最高人民法院关于适用〈中华人民共和国婚姻法〉若干问题的解释（三）》第十条，《最高人民法院关于人民法院审理离婚案件处理子女抚养问题的若干具体意见》第一条、第七条及《最高人民法院关于民事诉讼证据的若干规定》第二条之规定，判决如下：一、准予原告杨某甲与被告张某离婚。二、婚生女杨某乙（2013年6月11日出生）由被告张某抚养，原告杨某甲于2015年6月起于每月20日前支付被告张某当月抚养费1200元至婚生女杨某乙十八周岁时止。三、原告杨某甲对婚生女杨某乙享有每月两次的探望权，被告张某应予以配合、协助。四、原告杨某甲名下的地下室车C－2070号车位归原告杨某甲所有；原告杨某甲名下位于包河区广视花园西区A－1西区7#2904室房屋一套归原告杨某甲所有，该房屋项下的贷款由原告杨某甲继续偿还。原告杨某甲给予被告张某房屋增值补偿款32,595.3元；原告杨某甲给付被告张某住房公积金、存款的50%计4777.83元，上述款项合计为37,373.1元，原告杨某甲于本判决生效后十五日内履行完毕。五、驳回原告杨某甲其他诉讼请求。如果原告杨某甲未按本判决指定的期间履行给付金钱义务，应当依照《中华人民共和国民事诉讼法》第二百五十三条之规定，加倍支付迟延履行期间的债务利息。案件受理费4748元，减半收取2374元，由原告杨某甲负担。如不服本判决，可在判决书送达之日起十五日内，向本院递交上诉状，并按对方当事人的人数提出副本，上诉于安徽省合肥市中级人民法院。

（二）股权分割

1.案情概要

张某1于2006年9月22日出资2,900,000元与张某2、张某3、张某4投资设立海宁人民机械有限公司，并享有公司50%的股权。2006

年10月8日，张某1与姚某结婚。2009年6月15日，海宁人民机械有限公司全体股东一致决议，增加公司注册资本5,000,000元，并约定各自认缴的增资金额，其中，张某1增资2,500,000元，增资后各股东享有的股权比例不变。2013年9月13日，姚某向法院提起诉讼，请求与张某1离婚并分割夫妻共同财产。2015年浙江省嘉兴市中级人民法院作出(2014)浙嘉民终字第776号判决书，准予张某1与姚某离婚，并对夫妻共同财产进行了分割，且对婚姻关系存续期间张某1增资产生的股权分割比例进行了确认，但未对张某1婚前取得的股权在婚后产生的增值收益进行分割。而后，姚某再次向法院提起离婚后财产纠纷，请求：(1)对张某1于2009年6月对海宁人民机械有限公司出资2,500,000元获得的相应股权的价值进行分割；(2)对张某1于2006年9月对海宁人民机械有限公司出资2,900,000元获得的股权在婚后产生的增值进行分割。本案的争议焦点在于：一是张某1在婚后出资获得的对应股权应如何分割；二是张某1婚前出资获得的对应股权婚后增值额是否属于夫妻共同财产，如何分割。

一审法院认为，关于焦点一，张某1在婚后出资获得的对应股权的分割问题，双方对具体的分割方法产生争议，姚某要求获得前述股权对应的货币补偿，但张某1要求按比例分割相应的股权，且公司其余股东均同意张某1将相应的股权分割给姚某。一审法院认为，考虑到姚某、张某1婚姻关系存续期间的出资已转化为公司相应的股权，且公司其他股东同意张某1分割股权给姚某，故将该出资对应股权的50%分割给姚某，既满足了姚某要求分割该部分股权权益的诉求，亦不损害公司其他股东的利益，同时有益于公司经营的稳定，故对于张某1的分割方法，予以采纳。

关于焦点二，张某1婚前出资获得的对应股权婚后增值额的分割问题。《婚姻法解释(三)》第5条规定："夫妻一方个人财产在婚后产生的收益,除孳息和自然增值外,应认定为夫妻共同财产。”张某1婚前投入公司的2,900,000元出资对应股权系其婚前个人财产,该股权在其与姚某婚姻关系存续期间产生了增值,而张某1作为公司的实际管理人员,投入了个人的劳动(体力或脑力劳动的付出),故该增值不属于孳息和自然增值范畴,对于该部分增值,应认定为夫妻共同财产,并依法予以分割。就股权增值分割的具体方法,姚某主张获得相应货币补偿,而张某1主张其无能力支付货币补偿,要求将相应货币补偿折算成公司股权,张某1用个人股权折抵应支付给姚某的货币补偿。公司其他股东均认为增值是公司资产、负债的账面统计数字,不是实际获取的资金和收入,故同意张某1提出的分割方案。一审法院采取了张某1的分割方案,理由在于:(1)股权价值评估的结果是对公司资产、负债情况的会计反映,股权的增值不能直接等同于持股方直接的收益,该种收益的实现,实际需要通过股权转让才能获取股权增值额的收益,但股权转让存在诸多不确定性,直接按照评估价值判令由张某1给付姚某相应的货币补偿,而让张某1单独承担股权转让的风险,与民事活动的公平原则不符。(2)股权增值额的分割并非只有“一方获取该增值收益,并给付另一方相应货币补偿”这一种分割方法,应当根据财产的具体情况综合考量。张某1提出用相应比例的股权抵扣应给付的货币补偿的方案,在公司及其他股东同意的前提下,既不损害公司及其他股东的权益,也实现了对公司股权增值收益的分割目的,且姚某、张某1共同分担了股权转让的风险,同时有效维护了有限责任公司“人合性”的基本准则,有益于公司经营的稳定性。故对张某1提出的分割方案予以采信。

二审法院认为,对于争议焦点一,2015年1月16日作出的(2014)浙嘉民终字第776号民事判决已经生效,该判决对此已经作出处理,即对婚后出资对应的股权双方各占50%,该判决对姚某和张某1均具有拘束力;对于争议焦点二,在张某1和姚某对于该部分财产如何分割意见不一的情况下,不宜将该部分财产全部转化为股权,并将非持股的配偶一方直接确认为公司股东,而应判决由持股一方支付另一方相应折价款更为合适。

2. 律师点评

本案是因婚姻关系存续期间,一方婚前持有的股权婚后产生的收益,以及婚后因增资产生的股权,在离婚时因分割问题无法达成合意而引发的纠纷。股权的取得时间,对于夫妻双方的财产利益具有决定意义。

本案的争议焦点一是在婚姻关系存续期间取得的股权分割问题,以夫妻共同财产出资而取得的股权,该股权无论是夫妻一方持有或是夫妻双方持有,还是由第三人代持,均为夫妻共有股权(此处需注意夫妻双方共同共有股权的财产价值),离婚时,应对该股权予以分割。根据《婚姻法解释(二)》第16条之规定,对于以夫妻共同财产投资取得的股权,属于夫妻共有股权,在离婚时双方可对其进行分割,分割的方式为:(1)在其他股东不同意或公司章程禁止股东以外的人取得股权的,非股东配偶只能采取股权作价的方式分割财产。(2)根据《公司法》及《婚姻法解释(二)》第16条的规定,如夫妻双方协商一致将出资额对应股权部分或者全部转让给股东的配偶,过半数股东同意、其他股东明确表示放弃优先购买权的,该股东的配偶可以成为该公司股东;如夫妻双方就出资额对应股权转让份额和转让价格等事项协商一致后,过半数股东不同意转让,但愿意以同等价格购买该出资额的,法院可以对转让出资所得财产进行分割。过半数股东不同意转让,也不愿意以同等价格购买该出资额的,视为其同意转让,该股东的配偶可以成为公司股东。在本案中,由于生效判决已对双方婚后取得的股权份额进行了确认,且经公司全体股东同意,故二审法院判决将婚后取得的股权一半分给女方,使其取得股东资格并无不妥。

本案中的争议焦点二是男方婚前持有的股权婚后产生的收益的具体分割方法。对于一方婚前持有的股权在婚后产生的增值收益离婚时能否进行分割，主要看该增值收益是如何产生的。根据《婚姻法解释（三）》第5条“夫妻一方个人财产在婚后产生的收益，除孳息和自然增值外，应认定为夫妻共同财产”的规定，若该增值收益是因一方经营管理、付出脑力或体力劳动的结果，则该增值收益属于夫妻共同财产。若该增值收益是由于通货膨胀或市场行情的变化而取得，则其属于自然增值，不能归入夫妻共同财产之列。因此，并不是一方婚前持股产生的增值收益，另一方都可以主张分割。本案中男方作为公司的管理人员，投入了个人的劳动（体力或脑力劳动的付出），故该增值不属于孳息和自然增值范畴，应认定为夫妻共同财产，并依法予以分割。实践中的分割方式有价格补偿和股权抵扣货补等，但以股权抵扣货币的则需要公司其他股东过半数同意或者章程规定的股东人数同意。本案中，双方对该股权增值收益的具体分割方式无法达成协议，考虑到非持股配偶并无持股意愿，结合有限责任公司人合性的特点，故不宜将该部分财产全部转化为股权，并将非持股的配偶一方强制确认为公司股东，因此，二审法院判决由持股一方支付另一方相应折价款更为合适。对于此类案件需提示一点，若一方婚前持有的股权，为避免离婚时对方对该股权产生的增值收益进行分割，持股方可采用股权信托、婚前协议等形式，将个人财产与夫妻共同财产隔离。

3. 裁判文书

浙江省嘉兴市中级人民法院

民 事 判 决 书

（2016）浙04民终2001号

上诉人（原审原告）：姚某，女，1975年×月×日出生，汉族，住海宁市。

被上诉人(原审被告):张某1,男,1974年×月×日出生,汉族,住嘉兴市南湖区,现住海宁市。

委托诉讼代理人:朱英,浙江潮乡律师事务所律师。

原审第三人:张某2,男,1943年×月×日出生,汉族,住海宁市海洲街道张店村。

原审第三人:张某3,女,1967年×月×日出生,汉族,住海宁市。

原审第三人:张某4,女,1969年×月×日出生,汉族,住海宁市。

原审第三人:海宁人民机械有限公司。住所地:海宁市海宁经济开发区硖仲路×号。

法定代表人:张某2,总经理。

上述原审第三人共同委托诉讼代理人:俞永乐,浙江潮乡律师事务所律师。

上诉人姚某与被上诉人张某1,原审第三人张某2、张某3、张某4、海宁人民机械有限公司离婚后财产纠纷一案,不服浙江省海宁市人民法院(2015)嘉海民初字第814号民事判决,向本院提起上诉。本院于2016年10月24日立案后,依法组成合议庭,公开开庭进行审理。上诉人姚某到庭参加诉讼。被上诉人张某1以及原审第三人张某2、张某3、张某4、海宁人民机械有限公司经本院传票传唤未到庭参加诉讼。本案现已审理终结。姚某上诉请求:一、撤销一审判决;二、改判海宁人民机械有限公司登记于张某1名下的2,500,000元股份归张某1所有,张某1按该股权价值16,451,802.54元的60%补偿姚某9,871,081元;三、海宁人民机械有限公司登记于张某1名下2,900,000元股份婚后增值部分11,346,438.38元归张某1所有,张某1折价补偿姚某5,673,219.19元;四、张某1婚后出资2,500,000元对应股权比例的审计鉴定费用8000元由张某1负担。事实和理由:第一,一审对张某1以个人名义在婚后出资股份的分割违反公司人合性原则,使张某1的父亲、姐妹完全拥有公司的全部股份,严重侵害姚某的合法权益。姚某并不愿意成为新股东,姚某和张某1及其亲属因为之前的离婚诉讼几乎反目成仇,双方不可能和睦相处、共同经营管理公司。在处理夫妻离婚的分割财产问题时,应当充分听取双方意见,一审法院站在了张某1及其亲属的立场上,没有考虑姚某的意见。第二,海宁人民机械有限公司是张某2实际控制的家族企业。一审法院将公司19.56%的股份分割给姚某,而张家持有的公司股份为80%以上,将姚某和张某1共同财产分割的矛盾转化为今后股东之间就公司管理和股东权利之间产生的矛盾,并没有从根本上解决双方纠纷。姚某要求货币补偿,不仅没有改变公司的股份结构,也不影响公司的生产经营。且张某1名下拥有大量房产,完全可以通过处置这些房产给予姚某货币补偿。张某1在第一次庭审中也表示愿意货币补偿。第三,一审将婚前出资婚后增值部分换算成股份也违反公司股份的性质,混淆了股份和股份增值,将可分的婚后增值换算成不可分割的婚前股份,其效果是彻底变更财产结构。张某1及家人炮制股东会议,妄图减少婚后出资的股份比例,其行为无异于转移、隐匿夫妻共同财产,因此应当对股份按照姚某60%,张某1 40%进行分割。第四,一审法院审理程序严重拖拉。送达评估报告以及延长审限后均无任何动作,直至2016年9月14日突然宣判。关于婚后投资2,500,000元所占股份比例问题,属于法律问题,不需要评估。一审法院不仅准许张某1的评估申请,而且要求姚某承担一半的评估费用。而最终的评估结果与姚某主张的23.15%的比例一致,该评估费用应当由张某1承担。张某1辩称,评估报告的增值数额是公司资产、负债的账面统计,不是实际取得的资金和收入,有很多不确定因素。比如,公司的应收账款不一定都能收回,股权转让的价格和评估价格也有一定差距。另外,张某1也确实没有能力支付股权折价款。姚某和张某1之前因离婚诉讼,张某1已经陆续履行了生效判决确定的400多万元,仍有100多万元没有履行,执行法院采取强制措施后,张某1曾无法出差与客户洽谈生意。因此,一审判决根据审计报告对涉案股权进行分割符合法律规定。公司其他股东均同意姚某取得公司股权。这种分割既实现了分割夫妻共同财产的目的,也照顾了女方利益,也有利于公司的稳定经营和长期发展。原审第三人同意张某1的答辩意见。姚某向一审法院起诉请求:一、对张某1于2009年6月对海宁人民机械有限公司出资2,500,000元获得的相应股权的价值进行分割;二、对张某1 2006年9月对海宁人民机械有限公司出资2,900,000元获得的股权在婚后产生的增值进行分割。

一审法院认定事实:姚某与张某1于××××年××月××日登记结婚,后因感情不和,姚某于2013年9月13日起诉至一审法院,要求与张某1离婚,依法分割夫妻共同财产。2014年9月28日,该院作出(2013)嘉海民初字第4252号民事判决,准予姚某、张某1离婚,并依法分割部分夫妻共同财产,其中,张某1于2009年6月22日在海宁人民机械有限公司追加的2,500,000元出资对应股权的份额,由姚某、张某1各享有50%。2014年11月4日,张某1不服前述判决,向本院提起上诉,2015年1月16日,本院判决驳回张某1的上诉,维持原判。张某2系张某1、张某3、张某4的父亲,2006年9月22日,张某1与张某2、张某3、张某4分别出资2,900,000元、1,160,000元、870,000元、870,000元,投资设立海宁人民机械有限公司,并分别享有公司50%、20%、15%、15%的股权。2009年6月15日,海宁人民机械有限公司全体股东一致决议,增加公司注册资本5,000,000元,并约定各自认缴的增资金额,其中,张某1增资2,500,000元,张某2、张某3、张某4分别增资1,000,000元、750,000元、750,000元,增资后,张某1及张某2、张某3、张某4享有的股权比例不变。根据求真专审〔2015〕379号审计报告,张某1 2009年6月在海宁人民机械有限公司增加的2,500,000元出资对应股权比例为23.15%。根据新求是评估〔2015〕886号评估报告书,张某1 2009年6月在海宁人民机械有限公司增加2,500,000元出资对应股权的价值(评估基准日2014年12月31日、2006年9月30日)为16,451,802.54元,张某1 2006年对海宁人民机械有限公司2,900,000元出资对应股权自××××年××月××日至2015年1月27日期间的增值额为11,346,438.38元(评估基准日2014年12月31

日、2006年9月30日)。海宁人民机械有限公司截至2014年12月31日全部股东权益价值为71,066,101.70元。张某1及原审第三人均同意将相应的股权分给姚某,且张某2、张某3、张某4均明确表示不行使优先购买权。

一审法院认为,本案的争议焦点在于:一、张某1 2009年6月在海宁人民机械有限公司增加的2,500,000元出资对应股权应如何分割;二、张某1婚前投入公司的2,900,000元出资对应股权的婚后增值额是否属于夫妻共同财产,如何分割。

关于焦点一。姚某要求获得前述股权对应的货币补偿,但张某1要求按比例分割相应的股权,且原审第三人均同意张某1将相应的股权分割给姚某,一审法院认为,考虑到姚某、张某1 2009年6月2,500,000元的出资已转化为公司相应的股权,且公司其他股东同意张某1分割股权给姚某,故将前述23.15%的股权的50%分割给姚某,既满足了姚某要求分割该部分股权权益的诉求,亦不损害公司其他股东的利益,同时有益于公司经营的稳定,故对于张某1的分割方法,予以采纳,即前述股权由姚某、张某1各享有11.575%(对应股权比例23.15% ÷2)。姚某虽主张张某1与原审第三人之间存在恶意串通隐匿夫妻共同财产的行为,并要求多分得夫妻共同财产,但其未提供证据予以证明,故对其该主张不予采信。

关于焦点二。根据《最高人民法院关于适用〈中华人民共和国婚姻法〉若干问题的解释(三)》第5条的规定,夫妻一方个人财产在婚后产生的收益,除孳息和自然增值外,应认定为夫妻共同财产。张某1婚前投入公司的2,900,000元出资对应股权系其婚前个人财产,该股权在其与姚某婚姻关系存续期间产生了增值,而张某1作为公司的实际管理人员,投入了个人的劳动(体力或脑力劳动的付出),故该增值不属于孳息和自然增值范畴,对于该部分增值,应认定为夫妻共同财产,并依法予以分割。就股权增值分割的具体方法,姚某、张某1提出了不同的方案,姚某主张获得相应货币补偿,张某1主张其无能力支付货币补偿,要求将相应货币补偿折算成公司股权，张某1用个人股权折抵应支付给姚某的货币补偿。原审第三人均认为股权增值是公司资产、负债的账面统计数字，不是实际获取的资金和收入，故同意张某1提出的分割方案。

一审法院认为张某1的分割方案更为妥当，理由在于：一、股权价值评估的结果是对公司资产、负债情况的会计反映，股权的增值不能直接等同于持股方直接的收益，该种收益的实现，实际需要通过股权转让才能获取股权增值额的收益，但股权转让存在诸多不确定性，直接按照评估价值判令由张某1给付姚某相应的货币补偿，而让张某1单独承担股权转让的风险，与民事活动的公平原则不符。二、股权增值额的分割并非只有"一方获取该增值收益，并给付另一方相应货币补偿"这一种分割方法，应当根据财产的具体情况综合考量。张某1提出用相应比例的股权抵扣应给付的货币补偿的方案，在公司及其他股东同意的前提下，既不损害公司及其他股东的权益，也实现了对公司股权增值收益分割的目的，且姚某、张某1共同分担了股权转让的风险，同时有效维护了有限责任公司"人合性"的基本准则，有益于公司经营的稳定性。故对张某1提出的分割方案予以采信。夫妻共同财产分割，一般情况下应均等，故姚某要求分得股权增值60%的主张，依据不足，不予采信。张某1个人股权婚后的增值换算成公司股权比例为15.97%（11,346,438.38元÷71,066,101.70元），故张某1应将其持有的海宁人民机械有限公司7.985%（15.97%÷2）的股权过户给姚某，以折抵其应支付给姚某的相应的货币补偿。综上所述，上述股权及股权增值额分割方案实施后，姚某享有海宁人民机械有限公司19.56%（11.575%+7.985%）的股权，张某1享有海宁人民机械有限公司30.44%（50%-11.575%-7.985%）的股权，张某2、张某3、张某4分别享有海宁人民机械有限公司20%、15%、15%的股权。

一审法院依照《中华人民共和国婚姻法》第十七条第一款第五项、第三十九条第一款，《最高人民法院关于适用〈中华人民共和国婚姻法〉若干问题的解释（三）》第五条，《最高人民法院关于人民法院审理离婚案件处理财产分割问题的若干具体意见》第八条,《中华人民共和国公司法》第七十一条第二款,《中华人民共和国民事诉讼法》第一百四十二条之规定,判决:一、张某1于该判决生效之日起三十日内将其个人所有的海宁人民机械有限公司19.56%的股权过户给姚某;张某1及张某2、张某3、张某4、海宁人民机械有限公司应协助办理前述股权变更登记手续;二、驳回姚某的其余诉讼请求。案件受理费26,300元,由姚某负担13,150元,张某1负担13,150元。鉴定费8000元(已由张某1支付),姚某与张某1各负担4000元,由姚某在该判决生效后直接给付张某1。评估费208,409元(已由姚某支付),姚某与张某1各负担104,204.50元,由张某1在该判决生效后直接给付给姚某。

二审中,姚某提交下列证据:证据一,7套房产、商铺查档证明复印件7份;证据二,6套房产发票合同复印件6份,共同证明张某113处房产、商铺情况(款项付清);证据三,评估报告明细表复印件1份,证明离婚财产分割期间张某1的家人蒋某以个人名义从公司抽出现金7,780,000元;证据四,海宁人民机械有限公司2015年2月28日资产负债表复印件1份,证明公司从未分红,有未分配利润25,852,803.7元;证据五,一审判决书第8页复印件1份,载明海宁人民机械有限公司股东均认为公司报表与实际不同,证明该公司是一个账实不符的家族企业,一个离婚的外人的股权权益是根本得不到实现的;证据六,一审判决书第9页复印件1份,证明一审法院明确认为股权转让存在诸多不确定性,不可让张某1单独承担股权转让风险,可为何要把婚前股权在婚后增值折成股份强制让姚某承担风险;证据七,工商登记的股东会决议与出资情况复印件2份,证明2009年6月15日同股同价工商登记(股权份额已经明确)及现金投入情况;证据八,离婚诉讼期间更改股权份额的股东决议、不分红的股东决议以及答辩状复印件4份,证明财产分割期间张氏家族成员恶意串通变更股权份额是为了隐匿财产,达到少分给姚某财产的目的;证据九,(2014)浙嘉民终字第776号开庭笔录第8页、第9页复印件1份,证明张某2明确表态公司从2006年至

2014年没有过股东分红，年收入20万元，公司从不分红，却有2000多万元巨额购房款不能说明资金来源，公司明显存在隐性收入，这样一个从不分红却有巨额隐性收入的家族企业，分给姚某的股份的收益是根本得不到的；证据十，公司股东递交法院的关于海宁人民机械公司欠张某某夫妻巨额债务的凭证，基本都是张某某夫妻现金投入公司，金额高达559万多元复印件1份，证明一审中，人民机械公司股东就在制造这种根本没有合法登记的巨额债务（司法评估公司没有采信），如分给姚某股份，姚某很有可能根本得不到实际利益反而背上巨额债务。张某1、张某2、张某3、张某4、海宁人民机械有限公司未发表质证意见。

本院认证意见：证据一、证据二能够证明张某1名下房产情况以及签订买卖合同、支付房款的情况；证据三能够证明蒋某向海宁人民机械有限公司借款的情况；证据四能够证明海宁人民机械有限公司在2015年2月28日的资产负债情况；证据五、证据六系一审法院制作的裁判文书，能够证明裁判文书所载明的相关内容；证据七能够证明2019年6月15日海宁人民机械有限公司的股东会决议内容；证据八能够证明2015年5月7日和2013年9月12日海宁人民机械有限公司的股东会决议内容以及当事人的答辩内容，但仅凭该证据无法证明张某1家族恶意串通，变更股权份额；证据九系庭审笔录，能够证明笔录所载明的内容；证据十能够证明记账凭证和相关票据上载明的内容。二审中，姚某称在一审期间，张氏家族把其关在厂区内，群起围攻、谩骂，并放出狼狗。将姚某的汽车锁住，用刀戳破轮胎等。姚某要求调取公安机关在2015年11月2日至3日的出警记录。本院认为，本案为离婚后财产分割纠纷，姚某申请调取的证据与本案缺乏关联性，故对其申请本院不予照准。如果姚某认为其人身、财产受到侵害，可另案主张相关权利。二审中，张某1、张某2、张某3、张某4、海宁人民机械有限公司没有提交新的证据。本院对一审查明的事实予以确认。本院认为，涉案财产分为两部分，一为张某1于2009年6月22日出资2,500,000元对应的股权；二为张某1于2006年9月22日出资2,900,000

元及其对应的收益。

本案二审争议焦点为这些财产应如何分割。关于第一部分,本院于2015年1月16日作出的(2014)浙嘉民终字第776号民事判决已经生效,该判决对此已经作出处理,对姚某和张某1均具有拘束力。在该生效判决被变更之前,一审法院再根据姚某的主张对该部分股权予以处理不当,属适用法律错误,本院对此予以纠正。姚某如认为该部分股权的行使存在障碍,可依照《中华人民共和国公司法》关于股东知情权、表决权以及股权转让等规定依法主张其相关权利。关于第二部分,该2,900,000元系张某1婚前投资,属于张某1婚前个人财产,但该投资在婚姻存续期间产生的收益属于《最高人民法院关于适用〈中华人民共和国婚姻法〉若干问题的解释(二)》第11条规定的"其他应当归共同所有的财产"。由于该部分财产之前并未分割,因此,姚某现在主张分割不违反法律规定,应予准许。但基于张某1婚前投资行为的个人性和该收益在婚后产生的共同性,再考虑到公司人合性的特点,在张某1和姚某对于该部分财产如何分割意见不一的情况下,不宜将该部分财产全部转化为股权,并将非持股的配偶一方直接确认为公司股东,而应判决由持股一方支付另一方相应折价款更为合适。因此,一审法院将投资收益转化为公司股权分割给姚某不符合法律规定,本院对此予以纠正。姚某认为张某1转移、隐匿夫妻共同财产,姚某应当多分,但并未提供相应证据,故本院对其该主张不予支持,涉案投资的增值部分应当均等分割。综上,本院确认涉案第二部分股权归张某1所有,张某1应当按照评估报告确定的金额支付姚某该部分对应的增值额11,346,438.38元的1/2,计5,673,219.19元。

至于姚某上诉提到的一审法院程序拖拉以及鉴定评估费用的负担问题,一审法院在委托鉴定、转换程序、延长审限等方面均按规定办理了相应手续,并不违反法律规定。一审法院根据当事人双方的鉴定申请及评估结果,决定相关费用的负担亦不违反法律规定。综上,姚某的上诉理由部分成立,本院对其诉讼请求部分予以支持。

依照《中华人民共和国民事诉讼法》第一百四十四条、第一百七十条第一款第二项之规定,判决如下:一、撤销海宁市人民法院(2015)嘉海民初字第814号民事判决;二、张某1于2006年9月22日在海宁人民机械有限公司出资2,900,000元对应的股权归张某1所有,张某1于本判决生效之日起十日内支付姚某5,673,219.19元;三、驳回姚某的其余诉讼请求。如果未按本判决指定的期间履行给付金钱义务,应当依照《中华人民共和国民事诉讼法》第二百五十三条之规定,加倍支付迟延履行期间的债务利息。一审案件受理费26,300元,由姚某负担13,150元,张某1负担13,150元;二审案件受理费26,300元,由姚某负担13,150元,张某1负担13,150元。本判决为终审判决。

(三)投资性收益分割

1. 案情概要

曹某与谭某1登记结婚,双方均系再婚。婚后,曹某与谭某1生育一子谭某2。双方因性格不合经常争吵,2008年10月,曹某与谭某1分居。2009年双方诉讼离婚,该离婚案件经过一审、二审、再审,最后法院判决双方离婚并就孩子抚养、夫妻共同财产分割等事项进行了处理。该判决生效后,曹某认为谭某1在婚姻关系存续期间购买的股票及其收益在离婚诉讼中未予处理,故曹某于2017年11月29日再次向法院提起诉讼,请求谭某1支付给曹某未分割的夫妻共同财产即股票本金和收益。

一审法院和二审法院针对股票的收益进行了审理。再审法院认为一方以个人财产在婚姻关系存续期间取得的投资性收益,应为夫妻共同财产。本案中,根据曹某与谭某1双方离婚诉讼的一审、二审判决可确认,曹某与谭某1的婚姻关系存续期间为2002年年底至2010年7月12日,根据法律规定,谭某1名下股票账户自开设之日即2007

年4月25日至2010年7月12日内所取得的收益应认定为夫妻共同财产。即便该账户系以谭某1婚前财产开设,该账户在婚姻关系存续期间取得的投资性收益,同样应认定为夫妻共同财产。

2. 律师点评

本案是关于在婚姻关系存续期间,一方投资的股票及产生的投资收益应如何分割的问题。因该股票以及产生的投资收益发生在婚姻关系存续期间,根据《民法典》第1062条第1款以及《婚姻法解释(二)》第11条之规定,一方以个人财产投资取得的收益属于夫妻共同财产。根据《婚姻法解释(三)》第5条之规定,夫妻一方个人财产在婚后产生的收益,除孳息和自然增值外,应认定为夫妻共同财产。因此,该股票及产生的收益属于夫妻共同财产。在此类案件中,法院会审查投资股票的行为,并结合买入股票的时间、结婚的时间、是否具有投资行为等综合认定股票及其收益是否属于夫妻共同财产,并在此基础上对该股票及产生的收益进行分割。

3. 裁判文书

长沙市中级人民法院

民 事 判 决 书

(2018)湘01民终6550号

上诉人(原审被告)谭某1,男,1964年×月×日出生,汉族,户籍所在地湖南省长沙市雨花区。

被上诉人(原审原告)曹某,女,1967年×月×日出生,汉族,户籍所在地湖南省长沙市雨花区。

上诉人谭某1因与被上诉人曹某离婚后财产纠纷一案,不服长沙市雨花区人民法院(以下简称一审法院)作出的(2017)湘0111民初8768号民事判决,向本院提出上诉。本院受理后,依法组成合议庭审理了本案。现已审理终结。

上诉人谭某1上诉请求:1.改判上诉人仅支付被上诉人35,446.7元;2.判令被上诉人承担婚内债务88,660元的一半即44,330元;3.一、二审诉讼费用由被上诉人承担。事实与理由:一审判决认定事实错误,适用法律错误。1.上诉人股票账户在上诉人与被上诉人离婚前后一段时间处于停牌状态,没有实际收益,且在之前的离婚纠纷和离婚后财产分割纠纷中早已处理。离婚后该股票复牌,取得收益。一审判决按6:4进行分割有失公允,应当平分。2.上诉人于2009年6月11日从股票账户转出的54,400元,已经用于家庭生活开支。一审判决对该笔款项进行分割,对上诉人不公平。3.一审判决遗漏了夫妻共同债务88,660元。此债务是债权人××强通过法院诉讼,由法院强制执行的,由谭某1一人承担了偿还义务,应当由曹某分担一半。

被上诉人曹某答辩称:一审判决认定事实清楚,适用法律正确。关于夫妻共同债务承担的问题在之前的离婚诉讼中已有判决,与本案无关。

曹某向一审法院起诉请求:1.谭某1支付曹某未分割的夫妻共同财产股票本金和收益共计70,764元;2.谭某1承担本案诉讼费。

一审法院认定事实:曹某与谭某1于2002年5月经人介绍相识后于同年年底同居生活。××××年××月××日,曹某与谭某1登记结婚,双方均系再婚。××××年××月××日,曹某与谭某1生育一子谭某2。婚后,双方因性格不合经常争吵。2008年10月,曹某与谭某1分居。

曹某于2009年3月31日向该院提起诉讼,请求依法判决:1.曹某与谭某1婚生小孩由曹某抚养,抚养费由现在的每月1200元增加到每月1800元;2.位于长沙市的房屋判决归曹某所有;3.依法分割"阳光壹佰"E房屋、长沙市鄱阳小区"华三"M01号门面房预付款287,000元;4.依法分割陆风JX6474D汽车1辆等夫妻共同财产;5.谭某1支付曹某精神损害赔偿金30,000元;6.谭某1支付曹某经济帮助金30,000元。该院于2009年7月15日作出(2009)雨民初字第1172号民事判决,准予双方离婚,并对夫妻共同财产进行了分割。双方对该判决均不服,上诉至本院,本院于2010年7月12日作出(2009)长中民一终字第2651号民事判决,维持了解除婚姻关系的判决内容,对夫妻共同财产分割部分进行了改判。曹某不服,向湖南省人民检察院申请抗诉获得支持后,湖南省高级人民法院对本案进行再审,并于2014年4月10日作出(2014)湘高法民再终字第27民事裁定书,裁定对一、二审中关于解除婚姻关系的判决内容予以维持,对一、二审中其他判决内容撤销后将本案发回一审法院重审。一审法院于2015年6月8日作出(2014)雨民重字第02123号民事判决书,判决:一、曹某与谭某1婚生子谭某2由曹某抚养,谭某1自2015年7月起每月支付抚养费1500元,至谭某2独立生活时止(该款项每半年支付一次,每年的6月30日和12月31日为支付日)。二、位于长沙市房屋一套归曹某所有(该房屋尚欠的银行按揭款由曹某负责偿还);郡阳小区丰华苑3栋M01号门面房的相关权利归曹某享有;位于长沙市南二环一段518号阳光壹佰新城第2-19(E1)栋5405房屋,位于长沙市岳麓区阳光壹佰新城1号地块1-31栋303房屋,位于长沙市恒盛世家二栋1107房屋,陆风JX6474D车辆转让款归谭某1所有;长沙出版物交易中心有限公司第三层A区098号商铺的相关权利由谭某1享有(该商铺尚欠款项由谭某1支付)。三、曹某与谭某1婚姻关系存续期间,各自的生活用品及衣物归各自所有。四、驳回曹某的其他诉讼请求。谭某1不服该判决,提起上诉。本院查明的事实与一审重审基本一致。本院认为根据不告不理的民事案件审理原则,人民法院在审理民事案件时应当在当事人的诉讼请求范围内进行审查。在曹某的诉讼请求中没有关于长沙市出版中心第三层A区098号商铺及恒盛世家二栋1107号房等4套房屋的处理要求,且在以上4套房屋是否在本案中一并处理的问题上,双方当事人的态度和意见前后反复,始终没有达成统一。根据不告不理的原则,一审法院重审时一并处理以上房产超出了当事人的诉讼请求,应予纠正。尽管曹某在庭后申请增加诉讼请求,要求分割长沙市岳麓区阳光壹佰新城1号地块1-31栋303房屋,后来还要求一审法院平均分割6处不动产,并将长沙市恒盛世家二栋1107房和阳光壹佰新城第2-19(E1)栋5045房屋判归其所有。因上述请求未在法庭辩论结束前提出,依法不能合并审理,故一审重审时一并处理程序违法,应予纠正,当事人可另行起诉。2016年12月26日,本院作出(2015)长中民再重终字第00396号民事判决,判决:一、维持长沙市雨花区人民法院(2014)雨民重字第02123号民事判决第一项、第三项、第四项;二、撤销长沙市雨花区人民法院(2014)雨民重字第02123号民事判决第二项;三、位于长沙市房屋归曹某所有(该房屋尚欠银行按揭款由曹某负责偿还);位于长沙市阳光壹佰新城第2-19(E1)栋5405房屋一套、陆风JX647D车辆转让款归谭某1所有;郡阳小区丰华苑3栋M01号门面房由曹某使用和出租,租金收益由曹某与谭某1各自享有一半。该判决生效后,曹某认为本案诉争财产在离婚诉讼中未予处理,并于2017年11月29日诉至该院,请求依法裁决。

关于本案的诉争财产。谭某1于2007年4月25日在申万宏源证券有限公司长沙韶山北路证券营业部开设股票账户,账号为82××××55,同日,谭某1向该账户内转入100,000元。2007年4月26日,谭某1通过该账户买入证券(市场:深圳A股,证券代码:000693,证券名称:S*ST聚友,成交股数:5000,成交均价:7.013)。2009年6月11日,谭某1从该账户转出54,400元。2013年12月30日,该账户红股派息1145股(市场:深圳A股,证券代码:000693,证券名称:S*ST聚友,成交均价0)。2014年1月10日,谭某1将上述证券(市场:深圳A股,证券代码:000693,证券名称:华泽钴镍,成交数量:6145,成交均价:14.2)以87,128.11元卖出清算,此时账户余额为87,171.44元。2014年1月13日,谭某1从该账户转出87,131.44元。2014年1月15日,谭某1注销该账户。

在本案审理过程中,谭某1称开设涉案股票账户当日转入的100,000元系谭某1于2003年3月6日存入商业银行信诚支行(户名:谭某1,账号:98××××50)的婚前财产,且2009年6月11日转出54,400元的转出账户已无法查明,且该54,400元已用于家庭支出,不存在了,无法进行分割。

曹某对此不予认可,并主张双方的婚姻关系从2002年年底开始,谭某1于2003年3月6日存入的100,000元实际系夫妻共同财产;且曹某与谭某1双方于2008年开始分居,2009年6月11日双方并未共同居住,故谭某1转出的54,400元系用于谭某1个人,并非用于家庭共同生活。

一审法院认为:离婚后,一方以尚有夫妻共同财产未处理为由向人民法院起诉请求分割的,经审查该财产确属离婚时未涉及的夫妻共同财产,人民法院应当依法予以分割。

根据《婚姻法》第十七条第一款、《最高人民法院关于适用〈中华人民共和国婚姻法〉若干问题的解释(二)》第十一条第一款、《最高人民法院关于适用〈中华人民共和国婚姻法〉若干问题的解释(三)》第五条之规定,一方以个人财产在婚姻关系存续期间取得的投资性收益,应为夫妻共同财产。本案中,根据曹某与谭某1双方离婚诉讼的一、二审判决可确认,曹某与谭某1的婚姻关系存续期间应认定为2002年年底至2010年7月12日,根据上述法律规定,谭某1名下股票账户(开设行:申万宏源证券有限公司长沙韶山北路证券营业部;账号:82×××55)自开设之日即2007年4月25日至2010年7月12日内所取得的收益应认定为夫妻共同财产。谭某1辩称该账户系以其个人财产开设,但其提交的证据无法证明其主张的事实,且即便该账户系以谭某1婚前财产开设,该账户在婚姻关系存续期间取得的投资性收益,同样应认定为夫妻共同财产,故对谭某1的该辩称意见,不予采信。另《中华人民共和国婚姻法》第四十七条规定,离婚时,一方隐藏、转移、变卖、毁损夫妻共同财产,或伪造债务企图侵占另一方财产的,分割夫妻共同财产时,对隐藏、转移、变卖、毁损夫妻共同财产或伪造债务的一方,可以少分或不分。本案中,谭某1在离婚案件中隐瞒诉争股票账户的存在,酌情对曹某与谭某1按6∶4的比例分配上述股票账户内的夫妻共同财产部分。

对于谭某1于2009年6月11日从诉争股票账户转出的54,400元,因该款项转出时系婚姻关系存续期间,且未用于家庭共同生活,应按比例由谭某1向曹某补偿32,640元(54,400元×60%)。谭某1辩称该54,400元已用于家庭共同生活,但未提交证据予以佐证,且曹某与谭某1于2018年10月分居后未再共同居住,故对谭某1的该辩称意见,不予采信。

对于谭某1于2014年1月13日从诉争股票账户转出87,131.44元,该款项绝大部分是谭某1于2014年1月10日卖出证券(市场:深圳A股,证券代码:000693,证券名称:华泽钴镍,成交数量:6145)所得的87,128.11元,而该证券系由谭某1于2007年4月26日购入的5000股及2013年12月30日红股派息1145股构成(5000股+1145股=6145股);其中,谭某1于2007年4月26日购入的5000股因购入时间处于婚姻关系存续期间,系夫妻共同财产;于2013年12月30日红股派息1145股因派息时曹某与谭某1已离婚,系谭某1个人财产,则谭某1应对夫妻共同财产部分(5000股)按比例向曹某补偿42,536.1元(5000股÷6145股×87,128.11元×60%)。综上,谭某1应就诉争的股票账户支付曹某补偿款75,176.1元(32,640元+42,536.1元),对曹某超过部分的诉讼请求,不予支持。

根据《中华人民共和国婚姻法》第十七条第一款、第四十七条,《最高人民法院关于适用〈中华人民共和国婚姻法〉若干问题的解释(二)》第十一条第一款,《最高人民法院关于适用〈中华人民共和国婚姻法〉若干问题的解释(三)》第五条、第十八条,《最高人民法院关于适用〈中华人民共和国民事诉讼法〉的解释》第九十条之规定,判决如下:一、谭某1支付曹某补偿款合计75,176.1元;二、驳回曹某的其他诉讼请求。本案一审案件受理费50元,由谭某1负担。

本院二审期间,当事人围绕上诉请求依法提交了证据。本院组织当事人进行了质证。上诉人谭某1向本院提交了如下证据:证据一为长沙市雨花区人民法院(2012)雨民初字第3356号民事判决书一份,拟证明谭某17张银行卡上的存款均已经分割;证据二为欠××强债务的相关证明,拟证明该笔债务是2007年其与曹某婚内产生,离婚后被执行的。被上诉人对上述证据发表如下质证意见:在分割夫妻共同财产的时候提交过很多次,再审的时候也提交过了。经过评议,本院对证据一的真实性、合法性和关联性予以认定,但认为该份判决书涉及的银行账户信息不够完整,不能达到上诉人的证明目的;对证据二的真实性、合法性和关联性均予以认定。

本院二审查明的其他事实与一审法院查明的事实一致。

本院认为,本案上诉的争议焦点在于:一、一审判决认定谭某1隐瞒部分夫妻共同财产是否合法有据;二、谭某1于2009年6月11日取出的54,400元能否认定为用于家庭生活开支;三、谭某1要求曹某分担其偿还给××强的债务是否合理。

关于焦点一。上诉人谭某1上诉称一审判决认定其隐瞒夫妻共同财产是错误的。经查,首先,长沙市雨花区人民法院(2012)雨民初字第3356号民事判决并未涉及谭某1的股票账户资金,也未进行分割。其次,即使谭某1股票账户中的股票处于ST状态,仍然属于其与曹某的夫妻共同财产,该股票复牌后出售所得收益亦属于夫妻共同财产。没有证据显示谭某1在取得出售股票收益后有主动告知曹某的行为。一审判决由此认定谭某1隐瞒该部分夫妻共同财产,有充分的事实依据。因此,上诉人谭某1的该项上诉理由不能成立,本院不予采纳。

关于焦点二。上诉人谭某1上诉称其取出的54,400元应当认定已用于家庭生活开支。经查,一审判决已查明,谭某1与曹某于2008年9月开始分居,谭某1取出该笔54,400元的时间为2009年6月,发生在二人分居以后。一审判决由此认为该笔款项不能认定已用于家庭生活开支,有充分的事实依据。因此,上诉人谭某1的该项上诉理由不能成立,本院不予采纳。

关于焦点三。上诉人谭某1上诉称曹某应当分担其偿还给××强的债务。经查,本院(2015)长中民再重字第00396号民事判决和湖南省高级人民法院(2017)湘民申2767号民事裁定已经对谭某1的该项主张进行了审理。根据"一事不再理"的审判原则,本院对上诉人谭某1的该项主张不再予以审理。因此,上诉人谭某1的该项上诉理由不能成立,本院不予采纳。

综上,一审判决认定事实清楚,适用法律正确。据此,依照《中华人民

共和国民事诉讼法》第一百七十条第一款第(一)项的规定,判决如下:

驳回上诉,维持原判。

二审案件受理费50元,由上诉人谭某1负担。

本判决为终审判决。

(四)保险分割

1. 案情概要

乔某与刘某于2001年10月16日登记结婚,乔某系再婚,刘某系初婚,乔某婚前有一子和一女。乔某和刘某婚后无子女。2016年9月12日,乔某与刘某双方经一审法院调解离婚。民事调解书调解确认乔某与刘某自愿离婚。关于夫妻共同财产处理,在该调解书中未有体现。后,刘某向法院起诉,请求之一就是保险的分割,其认为对方应当分割退保的保险现金价值,并要求对方赔偿因退保造成的损失12万元。

法院认为:离婚时双方未对夫妻共同财产进行处理,现刘某要求分割,合法有据。关于具体分割:退保费用41,108.60元,双方无争议,应平均分割。关于其他保险部分,刘某主张损失无事实和法律依据,涉及保险的全部费用双方认可金额为107,985.71元,该金额考虑双方所述情况可分割给刘某53,993元。最终判决乔某支付刘某金额共计179,547元(四舍五入)。

2. 律师点评

保险的分割涉及很多方面,如保险费、保单红利、退保现金价值、保险金,并不是每一种情形都会被认定为夫妻共同财产。若保险系使用夫妻共同财产进行投保的,在夫妻双方无特殊约定的情况下,保险费通常属于夫妻共同财产,但它区别于一般财产。夫妻双方在离婚时,若保险金的条件尚未成就,投保人和被保险人同为夫妻一方,离婚时处于保险期内,投保人不愿意继续投保的,则保险人退还的保险单现金价值部分应按照夫妻共同财产处理;离婚时投保人选择继续投保的,投保人应当支付保险单现金价值的一半给另一方。在本案中,由于该保险已经办理退保,故法院判决退保后的现金价值应由夫妻双方各半享有,但是主张因退保给自己造成的损失赔偿,法院一般不会支持,除非主张赔偿一方有充分的证据证明自己受到了损失。在这里,还需要说明的是,夫妻一方以个人财产购买的保险,无论是婚前购买还是婚后购买,均属于夫妻一方的财产。

若保险金已在婚姻关系存续期间获得,应如何分割?婚姻关系存续期间,夫妻一方作为被保险人依据意外伤害保险合同、健康保险合同获得的具有人身性质的保险金,或者夫妻一方作为受益人依据以死亡为给付条件的人寿保险合同获得的保险金,一般认定为个人财产,但双方另有约定的除外。而婚姻关系存续期间,夫妻一方依据以生存到一定年龄为给付条件的具有现金价值的保险合同获得的保险金,一般认定为夫妻共同财产,但双方另有约定的除外。

3. 裁判文书

北京市第三中级人民法院

民 事 判 决 书

(2019)京 03 民终 7778 号

上诉人(原审被告):乔某,女,1953 年×月×日出生。

被上诉人(原审原告):刘某,男,1961 年×月×日出生。

上诉人乔某因与被上诉人刘某离婚后财产纠纷一案,不服北京市朝阳区人民法院(2017)京 0105 民初 57393 号民事判决,向本院提起上诉。本院于 2019 年 5 月 23 日立案后,依法组成合议庭进行了审理。本案现已审理终结。

乔某上诉请求:撤销一审判决,并依法改判或发回重审。事实和理由:一审法院认定股份中的 5.5 股应属夫妻共同财产属于事实认定错误,进而依据错误的事实认定进行分割，判决不公平、不公正，理应撤销。

刘某辩称，不同意乔某的上诉请求，服从一审判决。

刘某向一审法院起诉请求：1. 平均分割双方婚内共同财产村内家庭股权 34 股，即 68 万元。2. 平均分割婚内共同财产村内集资款 15 万元。3. 平均分割婚内共同财产保险退保款 8108.6 元和保险现金价值款 33,000 元。4. 平均分割婚内共同债权 15 万元。5. 乔某给儿子买车的钱 10 万元要求分割一半。6. 乔某借给儿子的 5 万元要求分割一半。7. 乔某在郑州被人骗了 5 万元要求分割一半。8. 乔某投有商业保险要求分割一半。9. 乔某赔偿退保损失 12 万元。

一审法院认定事实：乔某与刘某于 2001 年 10 月 16 日登记结婚，乔某系再婚，刘某系初婚，乔某婚前有一子翟某和一女乔某某。乔某和刘某婚后无子女。2016 年 9 月 12 日，乔某与刘某双方经一审法院调解离婚，一审法院出具(2016)京 0105 民初 32027 号民事调解书，调解确认乔某与刘某自愿离婚。关于夫妻共同财产处理，在该调解书中未有体现。

现刘某起诉本案离婚后财产纠纷，争议涉及主要财产如下：

1. 关于股份 68 万元，刘某主张有家庭股份 34 股，系夫妻共同财产，每股作价 2 万元，要求平均分割；乔某表示该股份系其个人财产，不同意分割，关于股份价值乔某表示只是大队的口头承诺，到底值多少钱不确定。

经查，北京北苑实业发展公司(以下简称北苑公司)出具证明显示：乔某，原系北京市朝阳区来广营乡红军营二村村民，2000 年红军营村集体资产量化成立北苑公司，乔某持有公司股份 27.5 股，2009 年继承其父乔某 15.5 股，合计股份 33 股。

一审法院对该股份向北苑公司调查时，经询问其工作人员表示股份在亲属之间可以继承，不能进行夫妻分割。

2. 关于集资款 15 万元，刘某主张分割集资款 15 万元；乔某主张集资款确实是 15 万元，但该笔钱是红军营村给的分红款，不是夫妻共同财产，不同意分割。

经查,北苑公司出具证明显示:2011 年 3 月经北苑公司董事会决定对在 2000 年公司改制时所有被本公司所确认的股东分红,这些人员从 1958 年入社到 2000 年入股为红军营村的发展作出了巨大的贡献,公司决定将 2001 年至 2010 年集体分得的利润按每股 5000 元分给股东,以提高股东家庭生活质量,保社会稳定,乔某 33 股,共分到现金 165,000 元,公司将该笔款打入乔某北京农商银行账号为×××的个人账户中。2012 年公司为投资“新建产业区项目”建设向股民借款,每个股民借款不超过 15 万元,年息 12%,乔某个人出借款 15 万元,至 2018 年 10 月公司已还款 135,000 元,所还款项分批次打入乔某北京农商银行账号为×××的个人账户中,至 2018 年 11 月 13 日未还款还有 15,000 元。北苑公司 2015 年每股分红 850 元,2016 年每股分红 959 元,2017 年每股分红 1053.46 元。

乔某提交了股金本,其上显示 2010 年分红 8352.96 元、2011 年分红 8770.41 元,2012~2014 年分红未显示。

3. 关于保险 41,108.6 元,刘某主张平均分割婚内共同财产退保款 8108.6 元和保险现金价值 33,000 元,共计 41,108.6 元。乔某认可 2016 年 1 月 19 日取走保险款 41,108.6 元,同意分割给对方一半。

4. 关于债权 15 万元,刘某主张乔某给女儿乔某某买房花费了 15 万元,曾经见过欠条但是没有留存。乔某表示没有这 15 万元,乔某某买房他只给了 5 万元,是结婚的钱,因为没有给陪嫁所以给了 5 万元。

5. 关于债权 10 万元,刘某主张乔某给儿子翟某买车花费了 10 万元,要求分割一半。乔某表示没有这 10 万元,只是出了 2 万元,还是跟别人借的,最后儿子自行还了借款。

6. 关于债权 5 万元,乔某表示 2010 年儿子确实向其借了 5 万元,尚未偿还,这是拆迁剩余款项。刘某要求分割一半。

7. 关于被骗款 5 万元,刘某主张乔某 2010 年在郑州被人骗了 5 万元,应该分割一半。乔某不予认可。

8. 关于其他保险,刘某主张乔某现投有四份商业保险要求分割。乔某表示翟某是其儿子,曾给其投有保险,但2014年结婚后儿子自行交纳保费,此前有两年一共1万元是其支付的。女儿乔某某投有保险,乔某交了两年1万元之后未再支付。刘某名下还有两份保险。刘某表示乔某还有其他保险,也曾给外孙女投保。乔某表示自己名下保险2013年退保,退款3万元,已用于还债。外孙女的保险其只投保了一年5000元,其他都是女儿自行交纳。

经查,乔某提交了中国平安人寿保险股份有限公司人身险保费交纳对账单,其上显示被保险人乔某某2011~2016年6年每年缴费5000元;翟某2008~2017年10年每年缴费5000元;刘某2006~2009年4年每年缴费8969.08元、2010~2016年7年每年缴费7515元;刘某2009年缴费5830.5元,2009~2017年8年每年缴费5000元。

就乔某所述其认可为乔某某、翟某及外孙女投保金额为2.5万元,一审法院就此询问刘某,刘某表示认可2.5万元,要求分割一半。

关于上述刘某名下两份保险,乔某表示已经退保,分别退款3592.5元、79,393.21元。就此刘某表示乔某擅自退保给其造成损失12万元,要求乔某赔偿。乔某表示损失不同意支付,退保金额同意分割一半。

关于双方工作和收入以及钱款情况,刘某系环卫工人,现每月工资3000多元,2006年参加工作收入是600元、各种补贴全部加上是1200元,村里拆迁款和"人头费"都是乔某掌握。乔某表示之前打工有时每月收入600元、有时每月收入800元,之后就是大队分红,现在退休金每月2000多元,刘某的拆迁款13.5万元已用作保险及日常消费。

一审法院认为,离婚时双方未对夫妻共同财产进行处理,现刘某要求分割,合法有据。具体分割方案为:1.关于股份,经查,该股份中27.5股属于乔某婚前个人财产,5.5股属于乔某自父亲乔某1处继承所得,夫妻关系存续期间继承所得财产除有遗嘱确定只属于夫或妻一方所有外应属于夫妻共同财产,就该5.5股结合双方陈述及一审法院调查情况,法院确定上述股份均归乔某个人所有,乔某支付刘某折价款5.5万元。2.关于集资款15万元,结合庭审陈述及调查情况,该款项应主要系乔某婚前个人财产转化而来,只有所继承股份属于夫妻共同财产,该部分所转化财产应支付给刘某相应款项,一审法院折合分得比例并考虑股份分红情况,确定乔某支付刘某折价款2.5万元。3.关于退保费用41,108.6元,双方无争议,应平均分割。4.关于刘某所述15万元债权因无证据支持,一审法院不予采信,乔某自述给乔某某嫁妆5万元,考虑双方工作、拆迁及家庭情况,不再向刘某分割。5.关于刘某所述乔某给儿子买车10万元、被骗的5万元,乔某予以否认且无证据佐证,不予支持。6.刘某所述乔某自认借给儿子5万元,因债务人系乔某亲属,故该债权由乔某享有,乔某支付给刘某2.5万元。7.关于其他保险部分,刘某主张损失无事实和法律依据,涉及保险的全部费用双方认可金额为107,985.71元,该金额考虑双方所述情况可分割给刘某53,993元。综上,乔某支付刘某金额共计179,547元(四舍五入)。据此,一审法院于2019年3月判决:一、乔某于判决生效之日起十五日内支付刘某179,547元。二、驳回刘某的其他诉讼请求。如果未按判决指定的期间履行给付金钱义务,应当依照《中华人民共和国民事诉讼法》第二百五十三条规定,加倍支付迟延履行期间的债务利息。案件受理费4256元,4106元由刘某负担(已交纳);150元由乔某负担(于判决生效之日起七日内支付给刘某)。

二审中,当事人没有提交新证据。本院经审理查明的事实与一审查明无异。

本院认为:根据已经查明的事实,关于股份,乔某于婚姻关系存续期间继承其父5.5股,原审法院根据向北苑公司的调查结果以及我国《婚姻法》的相关规定,认定该笔股份由乔某个人所有,并由乔某向刘某支付折价款5.5万元,并无不当。关于集资款15万元,乔某所持33股共分到集资款165,000元,乔某又以15万元作为个人出借款出借给北苑公司,并取得了大部分还款,原审法院结合北苑公司出具的证明,认定该款项主要系乔某婚前个人财产,并仅对其所继承的股份进行折算,判令乔某给付刘某相应折价款2.5万元,处理适当。关于退保费、借款、其他保险部分,原审法院根据双方陈述情况确定具体分割数额,并无不当,本院予以维持。

综上所述,乔某的上诉请求不能成立,应予驳回;一审判决认定事实清楚,适用法律正确,应予维持。依照《中华人民共和国民事诉讼法》第一百七十条第一款第一项规定,判决如下:

驳回上诉,维持原判。

二审案件受理费4256元,由乔某负担(已交纳)。

本判决为终审判决。

(五)房屋拆迁款分割

1. 案情概要

2002年,女方范某某与男方梁某甲登记结婚。因感情不和,2013年女方与男方签订《离婚协议》,内容为:双方于2002年12月11日在北京市海淀区婚姻登记处登记结婚,后因感情不和离婚。经协商达成以下协议:“……三、双方无共同财产。”2013年8月12日,双方办理了离婚手续。后女方以离婚后财产分割纠纷为由将男方诉至北京市海淀区人民法院。起诉的主要原因是女方离婚后,男方居住的房子(两层)涉及拆迁,女方以房屋是婚后修建为由主张分得拆迁补偿款,但是男方及其父母不承认是婚后修建,双方对此问题发生争议。

一审法院认为,女方欲分割诉争院落拆迁款,应当证明其参与了家庭共同财产的创造。一层房屋属于男方家的婚前财产,所以女方无权进行分割。对于二层房屋,并无批示,属私自建设,双方均认可拆迁时的二层房屋是2007年及2009年所建,建房系在婚后所为,属家庭共同财产,对于此部分拆迁获得的相应补偿款,应予以分割。具体数额,法院酌情判定。

二审法院支持了一审法院的观点。

2. 律师点评

本案是因双方在离婚后产生的拆迁利益,在离婚时没有分割而产生的离婚后财产纠纷。离婚后财产纠纷主要包括以下四种情形:(1)当事人双方离婚时,未对婚姻关系存续期间的夫妻财产进行分割,离婚后对于财产的分割问题产生的纠纷;(2)当事人协议离婚时达成了财产分割协议,离婚后因履行上述财产分割协议而产生的纠纷;(3)男女双方协议离婚后 1 年内就财产分割问题反悔而引发的纠纷,一方请求变更或者撤销财产分割协议的;(4)婚姻关系结束后,一方发现对方在婚姻关系存续期间存在在离婚时未分割的其他财产而引发的纠纷。

本案是在双方离婚后,又产生拆迁利益,那么,离婚后新产生的利益是否属于夫妻共同财产即是本案的关键。

当事人是否可以主张分割拆迁利益,需根据被拆迁房屋的权属、被安置人口等因素综合判断。若当事人一方主张分割房屋拆迁补偿款,其需要证明系争房屋的建造(翻盖、修建等)行为处于婚姻关系存续期间,以及系争房屋建造时的共同出资情况。若系争房屋是在夫妻关系存续期间建造,当该系争房屋被拆迁时,法院一般支持对该拆迁利益进行分割的请求。如果拆迁时主张分割补偿款的一方被列为安置人口,即便其没有对房屋实际出资,但是作为被安置人口获得了补偿,依旧有权获得其应有的份额。在本案中,当事人举证证明了部分房屋系婚姻关系存续期间修建,所以法院将该部分房屋认定为夫妻共同财产,继而认定应当分割该房屋拆迁补偿款,合法有据。

3. 裁判文书

北京市第一中级人民法院

民 事 判 决 书

(2016)京01民终2544号

上诉人(原审原告):范某某,住北京市丰台区。

委托代理人:李晓刚,北京市大嘉律师事务所律师。

被上诉人(原审被告):梁某甲,兼梁某乙法定代理人,住北京市海淀区。

被上诉人(原审被告):梁某乙,住北京市海淀区。

被上诉人(原审被告):梁某丙,住北京市海淀区。

被上诉人(原审被告):李某某,住北京市海淀区。

四被上诉人委托代理人:吴小涛,北京市海恒律师事务所律师。

上诉人范某某与被上诉人梁某甲、梁某乙、梁某丙、李某某因分家析产纠纷一案,不服北京市海淀区人民法院(2015)海民初字第9085号民事判决,向本院提起上诉。本院依法组成合议庭审理了本案,现已审理终结。

范某某在原审法院诉称,范某某与梁某甲于2002年12月11日登记结婚,婚后一直与梁某甲的父母梁某丙、李某某共同居住在海淀区香山南河滩×号。2004年4月生一女梁某乙。婚姻存续期间,范某某与梁某甲出资在该院四间北房上加盖二层,2011年年底该房院被拆迁,梁某丙作为被腾退人与北京京香伟业房地产开发公司签订腾退补偿安置协议书,协议中的被腾退人口有原审原告及四原审被告。范某某与梁某甲于2013年8月12日离婚。在离婚协议上写有:双方无共同财产。但实际上双方有婚姻关系存续期间的房屋等没有分割。故诉至法院,请求法院判决分割回迁安置房屋门头馨园南区7号楼×单元×号所有权和使用权归范某某,并由范某某分得折迁款258,480元。诉讼费由原审被告承担。

梁某丙、李某某、梁某甲、梁某乙在原审法院辩称,2011年拆迁的平房是在1997年经门头村委会、四季青政府和海淀区规划管理局三级审批划给梁某丙和爱人李某某的。1997年房屋已经建好,北房5间及东、西房。2000年盖了二层属违章建筑,是为了出租。拆迁时二层按每平方米600元给予现金补偿,一层正常补偿。回迁楼房按宅基地面积291.6平方米1∶1置换所得。2002年12月11日范某某和梁某甲结婚,因为是按1997年宅基地面积置换的房屋,所以与梁某甲与范某某无关。范某某的请求无法律和事实依据。

原审法院经审理查明:1997年4月,梁某丙经海淀区四季青乡团城村民委员会、海淀区四季青乡人民政府规划办公室、海淀区规划管理局批准,取得《海淀区农村私有房屋建设工程规划许可证》。在该许可证中家庭人口状况为:梁某丙、李某某、梁某甲。共建房9间。后梁某丙一家将旧房拆除,建设新房。2002年范某某与梁某甲登记结婚。

2011年3月27日,北京京香伟业房地产开发公司(甲方)与梁某丙(乙方)签订《门头村腾退补偿安置协议书》,协议书约定:因新农村建设需要,须拆除乙方门头村南河滩×号院房屋并腾退乙方使用的宅基地。依照门头村腾退改造方案及实施细则和有关文件规定,协议如下:双方确认,乙方合法有效的宅基地面积为291.6平方米,安置人口5人,被腾退人为梁某丙,共居人分别为:李某某、梁某甲、梁某乙、范某某。乙方转换、购买安置房如下:门头馨园南区4号楼×单元×号、×号,×单元×号、×号共4套房屋,总建筑面积301.6平方米。置换后,若安置楼房面积超过合法有效宅基地面积10平方米,依据本次腾退改造方案,应补交购房款。乙方在合法有效宅基地范围内的房屋建筑面积为291.6平方米。经评估作价款为429,528元。乙方应得各项补偿、补助、奖励共计649,392元,其中包括提前搬家奖5万元,支持工程建设奖10万元,搬家补助费11,664元,装修补助费60,320元,空调、有线电视、固定电话迁移补助费3200元,其他补助424,208元。乙方应补交购房款45,000元。乙方补偿款、补助及奖励扣抵购房款后余款为1,033,920元。

因感情不和,2013年8月12日范某某与梁某甲签订《离婚协议书》,内容为:双方于2002年12月11日在海淀区婚姻登记处登记结婚,现因感情不和离婚。经协商达成以下协议:1.双方自愿离婚;2.双方婚生女梁某乙9岁,离婚后由男方抚养,女方不支付抚养费,女方可随时探望孩子,但应提前通知男方;3.双方无共同财产;4.婚姻关系存续期间各自名下的债务各自承担。双方于2013年8月12日办理了离婚手续。后范某某以离婚后财产纠纷为由将梁某甲诉至北京市海淀区人民法院。法院审理后认为:夫妻关系存续期间共同购置的财产归夫妻双方共同所有。虽范某某与梁某甲在离婚协议中写明双方无共同财产,但通过庭审调查,对于诉争车辆系在双方夫妻关系存续期间购买,且系由梁某甲原有奇瑞车置换后购买,登记在梁某甲名下。诉争车辆应认定为夫妻共同财产为宜。因双方在离婚时对于夫妻共同财产未予分割,现范某某要求分割,法院予以支持。对于范某某主张的房屋拆迁的财产权利,因涉及案外人,其夫妻份额尚未确定,故应另行解决,本案中不予处理。该案判决后,现范某某以分家析产为由,诉至北京市海淀区人民法院。

庭审中,原审被告提交了2010年《四季青门头村腾退改造方案》,方案中规定:本方案所称被腾退人是指在市政府确定的腾退范围内合法有效宅基地的使用权人或房屋的所有权人。房屋腾退实行合法宅基地面积置换,即按原宅基地面积1:1置换安置楼房建筑面积。安置楼房建筑面积因被腾退人选择回迁安置楼房户型原因超出合法宅基地面积最多不超过10平方米。对被腾退人宅基地上的被拆除房屋(合法有效的房屋)及附属物由腾退人按照重置成新价格给予补偿。腾退补偿中认定宅基地上房屋建筑面积,以宅基地及房屋审批证明的面积为准;未取得宅基地及房屋审批证件但具有规划行政主管部门批准建房文件的,按照批准的建筑面积认定。本方案施行后,对于在宅基地上新建、改建、扩建的房屋,未得到宅基地及房屋审批证件的或者未取得市、区、镇政府规划行政主管部门批准的建房文件的,腾退时不予认定。对于违法建筑和超过批准期限的临时建筑不予补偿;对于未超过批准期限的临时建筑,按照房屋重置成新价结合剩余期限给予适当补偿。《四季青镇门头村腾退改造方案实施细则》中规定:未经合法批准的二层建筑给予每建筑平方米最高不超过600元的适当补偿。三层以上(含三层)建筑不予补偿。对于奖励,该细则规定:被腾退人在腾退公告奖励期内与腾退人签订腾退协议并按协议规定的时间内交房的,按有效宅基地每院奖励被腾退人5万元,支持腾退工作建设奖按有效宅基地每院奖励10万元。其他补助等按合法有效正式房屋面积(一层)发放。

原审被告称范某某、梁某甲夫妻婚后与其一起生活,但收入不够支出,吃喝及孩子生病也是由原审被告方管。为反驳原审被告意见,范某某提出北京市丽泽长途汽车站证明,证明范某某于1999年1月至今在北京市丽泽长途汽车站工作,月工资1000元。其又提供了北京通天睿智科技发展有限公司工资证明:范某某于2008年4月至2013年5月在我公司工作,平均月工资2500元。

对于宅基地面积,范某某称拆迁协议与建房批示并不相同,原审被告称因建房时多盖了。范某某称拆迁时面积超出100多平方米,因为开发商考虑到安置人口有5人,每人最少50平方米。原审被告称拆迁是按面积给钱,不是按人口,是给产权人的,不是给全家的。双方认可拆迁时的二层房是2007年及2009年建的,一层房屋在婚前已建好。双方亦认可拆迁政策是宅基地1:1置换。但范某某称也有不一样的。庭审中,原审被告认可四套房屋已交付。

原审被告称二层是在原告婚后建的,约100平方米,但也是梁某丙建的,范某某夫妻未出过钱。范某某称建房其也有出资,并为此向自己母亲和朋友借过钱。原审原告证人姚某某到庭作证称:其与范某某是好朋友。2009年年初其与范某某一起到梁某甲家,当时送了4万多元钱,具体多少钱不知道,一沓一沓的。证人称其是范某某弟弟的女朋友。梁某丙对范某某向母亲借钱一事持有异议，认为存在利害关系。

上述事实，有双方当事人陈述，《海淀区农村私有房屋建设工程规划许可证》、《四季青门头村腾退改造方案》、《四季青镇门头村腾退改造方案实施细则》、离婚证、离婚协议、判决书、村委会给村民的一封信、《门头村腾退补偿安置协议书》、证人证言等证据材料在案佐证。

原审法院认为，对于家庭共有财产，是全体家庭成员在共同生产生活中共同创造的财产。本案中，范某某欲分割诉争院落拆迁款，应当证明其参与了家庭共同财产的创造。对于诉争院落宅基地的审批及一层房屋的建造系范某某与梁某甲婚前行为，各方均无异议，故此部分权利与范某某无关，其无权主张(原审法院误写为“主要”)分割。而对于拆迁房屋的取得，依据《四季青门头村腾退改造方案》及《四季青镇门头村腾退改造方案实施细则》可见，属宅基地 1∶1 置换取得，此属范某某婚前梁某丙家庭财产的转化，范某某无权要求分割。对于二层房屋，并无批示，属私自建设，双方均认可拆迁时的二层房是 2007 年及 2009 年所建，此房屋的建房系在范某某婚后所为，就属家庭共同财产，对于此部分拆迁时的相应补偿，应予以分割。具体数额，法院酌情判定。对于拆迁中的其他相关补偿款 649，392 元，法院依据其财产性质，予以分割。因范某某与梁某甲已离婚，本案中，法院直接析出属范某某的个人财产，其余拆迁补偿中不再有范某某与梁某甲的共同财产。依据《中华人民共和国物权法》第九十九条之规定，判决梁某丙于本判决生效后三十日内给付范某某拆迁补偿款 18 万元；驳回范某某其他诉讼请求。

原审判决后，范某某不服提出上诉，以一审法院判决认定错误、利益分割不清为由，请求撤销北京市海淀区人民法院作出的(2015)海民初字第 9085 号民事判决书，依法改判或发回重审；一、二审诉讼费用都由被上诉人承担。梁某甲、梁某乙、梁某丙、李某某未提起上诉。

二审审理阶段，双方当事人均未提交新证据。一审查明的事实经本院审查属实，本院予以确认。上述事实，有原审法院质证的相关证据及各方当事人在本院的陈述在案佐证。

本院认为,家庭共有财产是家庭成员在家庭共同生产生活关系存续期间共同创造、共同所得的财产。原审法院根据现有证据认定范某某无权主张分割拆迁置换房屋的认定,并无不当。原审法院依据范某某婚后参与家庭共同财产创造的情况,酌情判定范某某对拆迁二层房屋获得的相应补偿进行分割,并无不妥。原审法院依据财产性质对拆迁中的其他相关补偿款项予以分割,直接析出范某某的个人财产部分,合理合法。范某某上诉认为一审法院判决认定错误、利益分割不清的理由,无事实和法律依据,本院不予支持。

综上,原审判决认定事实清楚,适用法律正确,本院予以维持。范某某的上诉理由不能成立,对其上诉请求本院不予支持。依据《中华人民共和国民事诉讼法》第一百七十条第一款第(一)项之规定,判决如下:

驳回上诉,维持原判。

一审案件受理费5800元,由范某某负担2320元(已交纳),由梁某丙负担3480元(于本判决生效后七日内交纳)。

二审案件受理费5800元,由范某某负担(已交纳)。

本判决为终审判决。

(六)夫妻共同债务承担

1. 案情概要

张某与刘某原系夫妻,于2014年11月28日登记离婚。2012年11月14日,张某与鑫和典当公司签订了《典当抵押借款合同》一份,该合同借款人(乙方)处有张某签名捺印及开户银行和账号等信息,借款金额为100万元,当期为1个月。同一天,张某向王某出具借条一份,借条载明:“兹有张某因资金周转向王某借款1,000,000元(大写:壹佰万元整),借款期限壹个月。借款人:张某签名捺印。”

2015年1月27日,鑫和典当公司以张某拒绝归还借款为由,起诉至法院,请求:1.判令张某、刘某支付鑫和典当公司借款本金400万元、利息1,365,288元,共计5,365,288元;2.由张某、刘某承担本案诉讼费。

一审法院认为,因张某与刘某原系夫妻,而张某所借借款均在夫妻关系存续期间,在没有证据证明张某与刘某曾明确约定该债务为张某个人债务,或张某与刘某对婚姻关系存续期间所得财产的归属作出过明确约定的情况下,案涉债务应当按夫妻共同债务处理。判决张某与刘某对上述债务承担连带清偿责任。

二审法院持相反态度,认为当夫妻一方以个人名义对外所负的债务,尤其是数额较大的债务,超出了家庭日常生活所需的范围时,认定该债务是否属于夫妻共同债务的标准是债权人能否证明债务用于夫妻共同生活或者共同生产经营,或者债务的负担是否系基于夫妻双方共同的意思表示,如果债权人不能证明,则不能认定为夫妻共同债务。夫妻共同生产经营所负的债务一般包括双方共同从事工商业、共同投资以及购买生产资料等所负的债务。家庭日常生活需要支出主要包括正常的衣食消费、日用品购买、子女抚养教育、老人赡养等各项费用,是维系一个家庭正常生活所必需的开支。鑫和典当公司提供的证据中,均只能认定是张某以个人名义所借的借款,且借款数额巨大,超出了一般家庭日常生活的需要,证据中均没有刘某的签字确认,刘某对借款事实及金额均不予认可。鑫和典当公司未能提供证据证明张某借款用于了夫妻共同生活、共同生产经营,也没有提供证据证明张某借款系夫妻双方共同意思表示。据此,二审法院撤销了一审关于"张某与刘某对上述债务承担连带清偿责任"的判决。

2. 律师点评

本案的争议焦点为夫妻关系存续期间,一方对外举债,能否成为夫妻共同债务。对于夫妻共同债务的认定若仅根据《民法典》第1065条及《婚姻法解释(二)》第24条,则张某所借借款均在夫妻关系存续期间,在没有证据证明张某与刘某曾明确约定该债务为张某个人债务,或张某与刘某对婚姻关系存续期间所得财产的归属作出过明确约定的情况下,案涉债务应当按夫妻共同债务处理,一审法院就以此作出判决。

但是结合《民法典》第1064条可以得出,构成夫妻共同债务的要件:(1)夫妻双方共同签名或有共同举债的合意;(2)夫妻共同分享债务所带来的利益;(3)此债务用于夫妻共同生活或共同生产经营(夫妻关系存续期间以个人名义超出家庭日常生活需要所负的"大额举债"属于夫妻共同债务的举证责任明确分配给了债权人)。上述条件只要满足其一即可认定为夫妻共同债务。

因此,在认定夫妻共同债务时,还需要考虑该笔债务是否用于日常的生活,本案中张某所借借款400万元就属于大额举债,在这种情况下,债权人应对该举债用于夫妻共同生活或夫妻共同经营进行举证,否则债权人就承担败诉的风险。结合本案,因该笔借款是在离婚前14天男方以自己的名义形成的,该笔款项不可能用于夫妻共同生活或夫妻共同经营,所以二审法院撤销一审法院判决,并无不当。

3. 裁判文书

四川省高级人民法院

民 事 判 决 书

(2017)川民终1136号

上诉人(原审被告):刘某,女,汉族,住四川省西昌市。

委托诉讼代理人:邱文峰,四川恒和信律师事务所律师。

委托诉讼代理人:宋秋萍,四川恒和信律师事务所律师。

被上诉人(原审原告):凉山州鑫和典当有限责任公司,住所地四川省凉山彝族自治州西昌市胜利南路光彩城市风景小区。

法定代表人:王某,该公司总经理。

委托诉讼代理人:陈荣,四川月城律师事务所律师。

委托诉讼代理人:陈文勇,四川月城律师事务所律师。

原审被告:张某,男,汉族,1964 年 × 月 × 日出生,住四川省西昌市。

上诉人刘某因与被上诉人凉山州鑫和典当有限责任公司(以下简称鑫和典当公司)、原审被告张某民间借贷纠纷一案,不服四川省凉山彝族自治州中级人民法院(2015)川凉中民初字第 158 号民事判决,向本院提起上诉。本院于 2017 年 12 月 1 日立案后,依法组成合议庭,并于 2018 年 3 月 16 日公开开庭进行了审理。上诉人刘某及其委托诉讼代理人邱文峰、被上诉人鑫和典当公司的委托诉讼代理人陈荣到庭参加诉讼。原审被告张某经公告送达传票,无正当理由拒不到庭参加诉讼,本院依法缺席审理。本案现已审理终结。

刘某上诉请求:撤销原判,改判刘某不承担连带责任。事实和理由:1. 不属于夫妻共同债务,刘某不应承担连带还款责任。刘某对借款不知情,张某如有借款,也没有用于家庭,是其个人债务。(1)一审中刘某要求查询张某西昌农行卡号 62 × × ×11 的资金流向,拟证明借款未用于家庭,不是夫妻共同债务,但一审法院未查询导致事实不清。(2)不是夫妻共同生活所负债务。(3)所有借款均未告知刘某或征求刘某意见,刘某也没有签字。(4)鑫和典当公司称鉴于张某称持有西昌颐康药业股份有限公司(以下简称颐康公司)50% 的股份,以此出典,且张某说因公司资金周转困难才借款。可知鑫和典当公司明知张某借款不是以家庭财产作担保,也不是因家庭生活困难的原因借款,借款更不是用于家庭生活,显然不是夫妻共同债务。2. 一审认定张某借款证据不足,借款不成立,所谓连带责任也是无本之木。因张某未到庭确认,故不能确认鑫和典当公司提供的证据中的签字是张某所签,证据存疑,借款不实。(1)一审法院认定的30万元中188,000元是张某的借款证据不足。鑫和典当公司举证时没有提交《典当抵押借款合同》原件,显然该合同明确了借款用途,并非夫妻共同债务,对刘某的观点有一定的引证作用。鑫和典当公司没有提交30万元转款凭证,仅出示了188,000元的网上银行转款凭证,一审法院仍然认定188,000元证据不足。(2)一审法院认定96万元证据不足。《典当抵押借款合同》约定借款是100万元,所附借条上记载主体不对应,金额不符,银行回单无银行印章,真实性无法确认,不能认定转入96万元给张某。(3)一审法院认定707,000元证据不足。该款项并非鑫和典当公司转给张某的,主体不对应。3.鑫和典当公司超过诉讼时效主张权利,丧失了胜诉权。188,000元借款期限3个月,从2012年5月29日起至2012年8月29日止。96万元借款期限1个月,从2012年11月14日起至2012年12月14日止。鑫和典当公司于2015年1月20日起诉,一审判决书作出时间是2015年4月16日,都是还款日期到期后超过两年才起诉,已超过两年诉讼时效期间,法院不应支持其主张。4.一审认定转给王某的30万元属于偿还借款本金正确。5.张某确认借款偿还赌债,用于赌博,未用于家庭。6.借款合同效力有问题。两份《典当借款合同》均约定本合同经甲乙双方盖章和保证人签字盖章后生效。而合同没有保证人的签字盖章,应当认定合同尚未生效,本案所谓的借款,应当为不当得利或者其他性质款项。7.本案借款的真实性、合法性存疑。(1)鑫和典当公司称几次借款一次都没还,如此不讲信用,鑫和典当公司还在后面陆续借款给张某,与常理不符。(2)鑫和典当公司诉称张某称因其公司资金周转不灵而借款,为什么鑫和典当公司没有要求张某的颐康公司还款呢?(3)鑫和典当公司称张某以颐康公司50%股权担保借款,鑫和典当公司就应该以该股权去实现债权,为何现不去以股权实现债权呢?(4)借条记载是向王某借到的款项,而鑫和典当公司主张权利,主体不对应,应当以王某为主体。8. 非财产案件每件交纳 50～100 元诉讼费。综上，鑫和典当公司拟证明借款给张某证据不足，刘某不应承担任何责任，请二审法院依法改判。

鑫和典当公司辩称：1. 张某向鑫和典当公司所借款项均系刘某与张某婚姻关系存续期间的借款，此款项用于家庭的共同生产经营，所以债务属于夫妻共同债务。2. 张某向鑫和典当公司借款是事实，有双方签订的《典当抵押借款合同》，张某出具的借条和鑫和典当公司的支付凭证，证明了借款事实。3. 鑫和典当公司没有超过诉讼时效，2013 年 11 月 7 日张某向鑫和典当公司支付了 30 万元，这个行为证明张某认可这笔借款，并且愿意继续履行还款义务。双方借款行为无效，刘某及张某履行的是返还义务。4. 张某的借款是用于家庭的生产经营，并不是刘某所称的用于偿还赌债。综上，一审法院认定事实清楚，判决正确，应予以维持。

张某未作答辩。

鑫和典当公司向一审法院起诉请求：1. 判令张某支付鑫和典当公司借款本金 400 万元、利息 1, 365, 288 元，共计 5, 365, 288 及 400 万元本金自 2015 年 2 月 1 日起按中国人民银行同期贷款利率的 4 倍计算至本息还清之日止的利息；2. 由张某承担本案诉讼费。

一审法院认定事实：张某与刘某原系夫妻关系，于 2014 年 11 月 28 日在西昌市民政局登记离婚。鑫和典当公司经营范围无信用贷款业务。

2012 年 11 月 14 日，张某与鑫和典当公司签订了《典当抵押借款合同》一份，该合同首页贷款人（甲方）处未填写贷款人名称，借款人（乙方）处有张某签名捺印及开户银行和账号等信息，合同主文仅第一条典当金额、当期及费利标准部分填写了借款金额为 100 万元，当期为 1 个月，对费利及借款用途等约定合同中均留有空格但未填写，合同尾页甲方处加盖有鑫和典当公司印章，乙方处有张某签名捺印。同一天，张某向王某出具借条一份，借条载明："兹有张某因资金周转向王某借款 1, 000, 000 元（大写：壹佰万元整），借款期限壹个月。借款人：张某签名捺印。"该笔借款鑫和典当公司提交了由该公司监事丁某当日转入张某账户 96 万元银行回单，鑫和典当公司陈述余额为现金支付。2013 年 5 月 2 日，张某向鑫和典当公司法人王某出具借条一份，借条载明："今借到王某人民币 ￥1,000,000(大写：壹佰万元正)，借款期限三个月(2013 年 2 月 2 日至 2013 年 5 月 2 日)，本人承诺按照与出借人签订的协议所约定的时间、利率偿还所欠借款。借款人：张某签名捺印。"该笔借款鑫和典当公司提交了由该公司监事丁某于 2013 年 2 月 2 日转入张某账户 707,000 元，丁某取款 43,000 元，显示可用余额 448,934.99 元和零星(四次)取款 10,000 元银行回单。未提交借条中写明的约定利率等事项的协议。2013 年 5 月 4 日、8 月 13 日，张某向鑫和典当公司出具借条两份，载明："今借到鑫和典当公司人民币 ￥600,000(大写：陆拾万元整)，1,100,000 元(大写：壹佰壹拾万元)，借款期限六个月和十二个月(2013 年 5 月 4 日至 2013 年 11 月 4 日、2013 年 8 月 13 日至 2014 年 8 月 13 日)，本人承诺按照与出借人签订的协议所约定的时间、利率偿还所欠借款。借款人：张某签名捺印。"该两笔借款鑫和典当公司未提交支付凭证和借条中写明的约定利率等事项的协议。另，鑫和典当公司提交了张某 2012 年 5 月 29 日出具的收条一份载明："本人张某于 2012 年 5 月 29 日收到借款人民币(大写)叁拾万元(小写 300,000 元)，特出此条为凭。收款人：张某签名捺印。"收条左方空白处标注有：款转合同提供转号。该收条中未见出借人名称。鑫和典当公司提交了该公司员工李某某于张某出具收条当日向其账户转款 188,000 元的交易清单，余款陈述为现金支付。

另查明，张某出具的以上借款凭证中除 2012 年 11 月 14 日借条外，其他无借款用途，以上借款凭证中无刘某的签名。鑫和典当公司一审庭审中认可张某已给付利息 300,000 元。

2015 年 1 月 27 日，鑫和典当公司以拒绝归还借款为由，起诉至一审法院，请求：1. 判令张某、刘某支付鑫和典当公司借款本金 400 万元、利息 1,365,288 元，共计 5,365,288 元及 400 万元本金自 2015 年 2 月 1 日起按中国人民银行同期贷款利率的4倍计算至本息还清之日止的利息;2.由张某、刘某承担本案诉讼费。

一审法院认为,中华人民共和国商务部和公安部为规范典当行为、加强监督管理,审议通过的《典当管理办法》自2005年4月1日起施行。该办法明确规定典当公司不得经营信用贷款业务。鑫和典当公司与张某签订的《典当抵押借款合同》、借条约定的借款行为,违反了《典当管理办法》的规定,该借款行为的实质系鑫和典当公司违规经营信用贷款业务,以此达到营利的目的,张某的行为扰乱了正常金融秩序、损害了社会公众利益。根据《中华人民共和国合同法》第五十二条:"有下列情形之一的,合同无效……(四)损害社会公众利益……"的规定,本案中涉及的借款,系鑫和典当公司违规经营信用贷款业务,其行为扰乱了正常金融秩序,损害了社会公众利益,故本案所涉的借款合同应为无效合同。

《中华人民共和国合同法》第五十八条规定:"合同无效或被撤销后,因该合同取得的财产,应当予以返还;不能返还或者没有必要返还的,应当折价补偿。有过错的一方应当赔偿对方因此所受到的损失,双方都有过错的,应当各自承担相应的责任。"以及《最高人民法院关于人民法院审理借贷案件的若干意见》①第十条规定:"一方以欺诈、胁迫等手段或者乘人之危,使对方在违背真实意思的情况下所形成的借贷关系,应认定为无效。借贷关系无效由债权人的行为引起的,只返还本金;借贷关系的无效由债务人的行为引起的,除返还本金外,还应参照银行同类贷款的利率计息。"本案导致合同无效系由债权人鑫和典当公司的行为引起,故张某只应承担返还本金责任,对鑫和典当公司关于支付利息的诉讼请求,一审法院不予支持。

鑫和典当公司主张向张某支付借款本金400万元,但其提交的对应支

---

① 该意见已于2015年被《最高人民法院关于审理民间借贷案件适用法律若干问题的规定》宣布废止。

付凭证仅有2012年11月14日、2013年2月2日通过案外人丁某转入张某账户96万元和707,000元的银行回单,案外人丁某所转的707,000元为2013年5月2日张某向鑫和典当公司出具借条约定的借款金额100万元(期限为2013年2月2日至2013年5月2日)的借款本金部分,可是鑫和典当公司提交的2013年2月2日案外人丁某向张某转款707,000元后其银行卡显示尚有余额448,934.99元,借款余额鑫和典当公司称为现金支付,明显有违常理,对此鑫和典当公司没有作出合理解释。另外,案外人丁某当日还零星(四次)取款10,000元也不能证实为向张某支付的借款本金。故一审法院认定鑫和典当公司出借的以上两笔借款本金为96万元和707,000元。2013年5月4日、8月13日张某向鑫和典当公司出具借条约定的借款本金,鑫和典当公司未提交支付凭证和合理说明,该两笔借款本金一审法院不予认定。鑫和典当公司提交的2012年5月29日张某出具的收款收条中虽然未注明出借方名称,但收款收条原件为鑫和典当公司所持有,并有案外人李某某向张某转款188,000元银行转款回单,该笔款项应确认为张某向鑫和典当公司的借款。如上所述,本案中鑫和典当公司实际转给张某的借款本金总计:1,855,000元(960,000元 + 707,000元 + 188,000元)。

《最高人民法院关于适用〈中华人民共和国婚姻法〉若干问题的解释(二)》第二十四条规定:"债权人就婚姻关系存续期间夫妻一方以个人名义所负债务主张权利的,应当按夫妻共同债务处理。但是夫妻一方能够证明债权人与债务人明确约定为个人债务,或者能够证明属于婚姻法第十九条第三款规定的情形除外。"《中华人民共和国婚姻法》第十九条第三款规定:"夫妻对婚姻关系存续期间所得的财产约定归各自所有的,夫或妻一方对外所负的债务,第三人知道该约定的,以夫或妻一方所有的财产清偿。"本案中,因张某与刘某原系夫妻关系,而张某所借借款均在夫妻关系存续期间,在没有证据证明张某与刘某曾明确约定该债务为张某个人债务,或张某与刘某对婚姻关系存续期间所得财产的归属作出过明确约定的情况下，案涉债务应当按夫妻共同债务处理。

根据上述阐述及规定，本案债务人只应承担返还债权人本金的责任，根据鑫和典当公司自认的事实，对于张某已支付的30万元利息应当充抵本金，一审法院已查明鑫和典当公司实际支付张某借款本金1,855,000元，扣除已支付的30万元利息，张某应归还鑫和典当公司借款为1,555,000元，刘某承担连带清偿责任。

综上，依照《中华人民共和国合同法》第五十二条第四项、第五十八条、《中华人民共和国婚姻法》第十九条第三款、《最高人民法院关于适用〈中华人民共和国婚姻法〉若干问题的解释(二)》第二十四条、《最高人民法院关于人民法院审理借贷案件的若干意见》第十条、《中华人民共和国民事诉讼法》第一百四十二条规定，判决：一、张某归还鑫和典当公司借款本金1,555,000元，限本判决生效之日起三十日内给付；二、刘某对张某归还鑫和典当公司借款本金1,555,000元承担连带清偿责任；三、驳回鑫和典当公司的其他诉讼请求。案件受理费49,357元，由鑫和典当公司负担29,614.2元，张某、刘某负担19,742.8元。如未按本判决指定的期限履行给付金钱的义务，应依照《中华人民共和国民事诉讼法》第二百五十三条的规定，加倍支付迟延履行期间的债务利息。

本院二审期间，当事人围绕上诉请求依法提交了证据。本院组织当事人进行了证据交换和质证。

刘某认为：刘某在2012～2013年拥有比较稳定的收入，能满足正常家庭所需，且家庭未发生婚丧、疾病等重大事项。为证明其主张，二审庭审中向本院提交了一份2018年2月8日四川省核工业地质局二八一大队出具的证明及两份工资表。其中，证明主要载明：刘某在该单位工作以来，一直从事岩土工程勘察工作，从未过度消费和借钱消费。2012年年收入56,992元，2013年年收入132,000元，2012～2013年其家庭未发生婚丧、急病、重症等重大事项。工资表主要载明刘某的收入金额。

鑫和典当公司质证认为:对证据的真实性、合法性没有异议,对关联性有异议,不能达到证明目的。2018 年 2 月 8 日出具证据时已超过举证期限,举证通知书通知的举证期限截止时间是 2018 年 1 月 25 日,所以请法庭核查刘某举证是否超过规定的举证期限。

本院认证认为:刘某提交证据拟证明其工资收入稳定,其家庭没有发生需要借款的事实。但该事实并不必然排除张某借款并用于家庭的可能性,故本院不予采信。

刘某认为:2012~2013 年刘某的家庭未发生需要大额借款的事情,无须外借大笔资金,张某的借款为个人债务,要求刘某偿还违背事实与法律。为证明其主张,刘某向本院申请证人刘某、赵某出庭作证。

证人刘某出庭陈述的主要内容为:证人与刘某系同事、邻居的关系。2012~2013 年刘某家没有发生过重大事故,未发生需要使用大量金钱的事项,证人与刘某共事期间没有发现其有不良嗜好。

证人赵某出庭陈述的主要内容为:证人与刘某系同事关系,证人从 2012~2013 年先后担任单位工会的委员、工会主席、副经理、工程师。刘某在 2012~2013 年没有发生过婚丧、重病等事件。没有发现刘某有不良嗜好、长期购买奢侈品等需要用到大量金钱的情况。对张某借款的事件不清楚。

刘某质证认为:两位证人都属于国家单位的正式员工,有较高的学历,证言的可信度比较高,对于刘某的情况比较清楚,证人属于如实陈述,证明刘某家里根本就不需要这么多大额贷款,张某的借款不属于夫妻共同债务。

鑫和典当公司质证认为:1. 根据证据规则的规定,申请证人出庭应当在举证期限届满前提出。2. 对两个证人证言三性均持有异议,作为同事来说,不可能清楚别人家庭的事情,两位证人的证言不能达到证明目的。

本院认证认为:刘某于 2018 年 1 月 15 日向本院提交《证人出庭申请

书》,未超过2018年1月25日的举证期限,证人出庭作证符合法律规定。两位证人虽证实刘某有稳定收入,其家庭没有发生需要使用大额借款的情况,但该证言内容并不必然排除张某借款并用于家庭的可能性,故本院不予采信。

二审庭审中,双方当事人对一审判决认定的事实均无异议,本院予以确认。

本院认为,本案争议焦点为:一、张某与鑫和典当公司之间是否存在借款关系,张某的债务是否属于夫妻共同债务;二、鑫和典当公司主张的188,000元、96万元借款是否已过诉讼时效;三、刘某主张《典当抵押借款合同》未生效、借款性质应认定为不当得利性质是否成立。

2012年11月14日,张某与鑫和典当公司签订的《典当抵押借款合同》违反了《典当管理办法》的规定,鑫和典当公司违规经营信用贷款业务,以此达到营利的目的,扰乱了正常金融秩序、损害了社会公众利益。一审法院根据《中华人民共和国合同法》第五十二条第(四)项"有下列情形之一的,合同无效……(四)损害社会公众利益"的规定,认定《典当抵押借款合同》无效正确。

根据《最高人民法院关于审理涉及夫妻债务纠纷案件适用法律有关问题的解释》第三条"夫妻一方在婚姻关系存续期间以个人名义超出家庭日常生活需要所负的债务,债权人以属于夫妻共同债务为由主张权利的,人民法院不予支持,但债权人能够证明该债务用于夫妻共同生活、共同生产经营或者基于夫妻双方共同意思表示的除外"的规定,当夫妻一方以个人名义对外所负的债务,尤其是数额较大的债务,超出了家庭日常生活所需的范围时,认定该债务是否属于夫妻共同债务的标准,是债权人能否证明债务用于夫妻共同生活或者共同生产经营,或者债务的负担系基于夫妻双方共同的意思表示,如果债权人不能证明的,则不能认定为夫妻共同债务。夫妻共同生产经营所负的债务一般包括双方共同从事工商业、共同投资以及购买生产资料等所负的债务。家庭日常生活需要支出主要包括正常的衣食消费、日用品购买、子女抚养教育、老人赡养等各项费用,是维系一个家庭正常生活所必需的开支。

本案中,鑫和典当公司起诉请求张某及刘某夫妻共同偿还借款400万元。鑫和典当公司提供的证据中,均是张某以个人名义所借的借款,且借款数额巨大,超出了一般家庭日常生活的需要,证据中均没有刘某的签字确认,刘某对借款事实及金额均不予认可。鑫和典当公司未能提供证据证明张某借款用于了夫妻共同生活、共同生产经营,也没有提供证据证明张某借款系夫妻双方共同意思表示。

二审庭审中,鑫和典当公司称:张某在经营颐康公司,是该公司法定代表人及股东,有能力还款,因张某需要资金周转,才出借款项给他的,借款是用于了家庭生产经营。鑫和典当公司对上述陈述,并未提供证据证明借款用于了张某经营的颐康公司,也未提供证据证明其主张的颐康公司属于张某夫妻共同生产经营。据此,鑫和典当公司主张张某借款系夫妻债务,请求刘某承担偿还借款义务缺乏事实及法律依据,一审判决刘某承担连带清偿责任有误,本院予以纠正。

刘某上诉理由中关于张某与鑫和典当公司之间是否存在借款关系、鑫和典当公司主张的188,000元、96万元借款是否已过诉讼时效、《典当抵押借款合同》是否未生效、借款性质应否认定为不当得利性质等问题,一审判决后,因张某对涉案借款及履行等事实未提出上诉,视为张某对一审判决认定事实及判决结果均服判,刘某对张某已服判的事实认定及判决结果代为提出上诉缺乏法律依据,本院不予支持。刘某上诉称上诉费用应按非财产案件每件交纳50~100元,其主张缺乏依据,本院不予支持。

综上所述,刘某主张其不承担连带清偿责任的上诉请求成立。本院依照《最高人民法院关于审理涉及夫妻债务纠纷案件适用法律有关问题的解释》第三条、《中华人民共和国民事诉讼法》第一百四十四条、第一百七十条第一款第二项、第一百七十四条规定,判决如下:

一、维持四川省凉山彝族自治州中级人民法院(2015)川凉中民初字第158号民事判决第一项“张某归还凉山州鑫和典当有限责任公司借款本金1,555,000元,限本判决生效之日起三十日内给付”;

二、撤销四川省凉山彝族自治州中级人民法院(2015)川凉中民初字第158号民事判决第二项:“刘某对张某归还凉山州鑫和典当有限责任公司借款本金人民币1,555,000元承担连带清偿责任”、第三项:“驳回凉山州鑫和典当有限责任公司的其他诉讼请求”;

三、驳回凉山州鑫和典当有限责任公司的其他诉讼请求。

当事人如果未按本判决指定的期间履行给付金钱义务,应当依照《中华人民共和国民事诉讼法》第二百五十三条之规定,加倍支付迟延履行期间的债务利息。

一审案件受理费49,357元,由凉山州鑫和典当有限责任公司负担29,614.2元,张某负担19,742.8元。

二审案件受理费49,357元,由凉山州鑫和典当有限责任公司负担29,614.2元,张某负担19,742.8元。

本判决为终审判决。

四、父母为子女出资购房

(一)父母为子女部分出资购房

1.案情概要

余某与毛某为余某沙的父母,余某沙与黄某于2009年9月16日登记结婚,由于双方无购买房屋的经济能力,毛某在2013年3月9日从银行卡支出8万元给予黄某、于2013年3月21日向黄某账户转账2万元、于2013年3月22日以个人贷款形式划入黄某账户60万元,以帮助二人购买房屋。2016年6月,在余某、毛某的要求下,余某莎向余某、毛某出具借条,载明:“余某莎、黄某现向毛某、余某借款柒拾万元,用于购买成都南城都汇 4 期房屋。”落款为：“借款人：余某莎　2013 年 3 月 6 日。”现余某与毛某以该出资款为对余某莎与黄某的借款为由，向法院提起诉讼，请求二人返还借款 70 万元。黄某对此提出抗辩称，以黄某、余某莎的收入水平及生活开支并不具备向余某、毛某借款购买房屋的能力，故涉案款项系余某、毛某对余某莎与黄某的赠与，而非借款。

一审法院认为，结合双方的陈述及本案当事人之间的亲属关系来看，黄某、余某莎在购房之时存在较为迫切的购房需要，其自身没有经济实力满足购房需求而由女方父母出资购房与社会民众一般生活经验并不相悖，但据此不能当然推演出父母在此时为其购房所出的款项就是赠与黄某、余某莎的结论。且在法律意义上，父母没有义务出资给子女买房，而对于目前高额的房款而言，父母在子女购房时的资助往往都是几十万元，这可能是他们一辈子的心血，在本案中毛某更是通过先行向银行贷款取得绝大部分款项后再行支付给黄某、余某莎，在这种情况下，父母提供购房款的行为更多地带有暂时资助的性质，没有明确约定还款时间不代表即为无偿的赠与。在无明确证据证明余某、毛某系基于赠与向黄某、余某莎支付相应款项的情形下，综合款项的支付过程、支付方式及其他相关证据，一审法院认为，本案款项的支付应为借款而非赠与。且根据《婚姻法解释(二)》第 22 条第 2 款，当事人结婚后，父母为双方购置房屋出资的，该出资应当认定为对夫妻双方的赠与，但父母明确表示赠与一方的除外。上述规定的前提在于父母出资意思表示不明确，而本案中，现有证据能够证明余某、毛某出资系基于借贷的意思表示，应以借贷关系处理本案纠纷，一审法院对于黄某以上述法律规定辩称涉案借款系赠与的主张不予采纳。

二审法院维持了一审的判决。

再审法院认为:本案的争议焦点在于该笔款项的性质是赠与还是借款。赠与合同是赠与人将自己的财产无偿给予受赠人,受赠人表示接受赠与的合同,属于单务合同,应谨慎认定。《民事诉讼法解释》第109条规定:"当事人对欺诈、胁迫、恶意串通事实的证明,以及对口头遗嘱或者赠与事实的证明,人民法院确信该待证事实存在的可能性能够排除合理怀疑的,应当认定该事实存在。"表明对赠与事实的证明标准认定高于一般事实。本案被申请人在一、二审过程中所举证据,能够证明款项交付真实存在、余某莎认可借款关系,在毛某没有明确赠与意思表示的情况下,二审法院根据《最高人民法院〈关于审理民间借贷案件适用法律若干问题的规定〉》第17条的规定,将款项系赠与的举证责任分配给黄某,并无不当。黄某提交的证据不足以证明余某、毛某对其和余某莎有赠与的意思表示,结合支付款项中有60万元系贷款,且二被申请人对黄某、余某莎交往、结婚一直不赞成等情况,认定存在赠与事实不能排除合理怀疑。《婚姻法解释(二)》第22条第2款"当事人结婚后,父母为双方购置房屋出资的,该出资应当认定为对夫妻双方的赠与,但父母明确表示赠与一方的除外"的规定,系基于父母有赠与意思表示的前提下,赠与对象不明确时的认定依据,并不适用于本案的情况。在当前高房价背景下,部分子女经济条件有限,父母在其购房时给予资助属于常态,但不能将此视为理所当然,也绝非法律所倡导。子女成年后,父母已尽到抚养义务,并无继续供养的义务。子女买房时父母出资,除明确表示赠与的以外,应视为以帮助为目的的临时性资金出借,子女负有偿还义务。一审法院和二审法院以借贷关系处理本案纠纷并无不当。

2. 律师点评

当前房价持续上涨的背景下,年轻人的收入往往无法负担高额的购房款,父母在其购房时为其资助已属于常态。但该出资款的性质应属于借款还是赠与,一直以来都是司法实践中争议的焦点。

在本案中父母为其子女购房的大部分出资款属于银行贷款,在借条和贷款双重因素存在的情况下,父母提供购房款的行为更多地带有暂时资助的性质,对方主张该出资款为赠与的证据不足,且"父母出资为子女购房"并不属于法定义务,因此很难推定父母的出资款就是对子女的赠与,故法院认为该出资款为借款,并无不当。

结合本案,可以发现父母为子女购房的出资款中存在银行贷款的情况,倘若该出资款并不涉及银行贷款,而父母与子女之间又存在借条的情况下,该出资款的性质又该如何认定?若该借条是由夫妻双方签字,原则上应认为该笔出资款系父母对夫妻双方的借款。但在实践中,即使存在借条,往往仅有子女一方签字,法官并不一定认定此出资款的性质为借款。实际上,法院会结合借款人的还款能力、涉案款项的支付时间与支付方式,并结合我国婚嫁习俗等实际情况综合判断涉案款项的性质是借款还是赠与。然而,基于父母子女间密切的人身关系和中国特有的传统家庭观念的影响,父母在出资时一般不会明确出资的性质,在此情形下法院很大程度上会认为该出资款的性质为赠与,可适用《婚姻法解释(二)》第22条的规定,即当事人结婚前,父母为双方购置房屋出资的,该出资应当认定为对自己子女的个人赠与,但父母明确表示赠与双方的除外。当事人结婚后,父母为双方购置房屋出资的,该出资应当认定为对夫妻双方的赠与,但父母明确表示赠与一方的除外。此处需注意的是,父母出资为子女购房,该出资款是借款还是赠与的问题,在我国司法裁判观点不一,这就需要结合具体案件的情况、父母出资的数额以及该子女是否为家庭中的独生子女等因素综合判断。

3. 裁判文书

四川省成都市中级人民法院

民事判决书

(2017)川01民终4796号

上诉人(原审被告):黄某,男,1977年×月×日出生,汉族,住四川省成都市高新区。

委托诉讼代理人:文友忠,四川嘉冠律师事务所律师。

被上诉人(原审原告):余某,男,1952年×月×日出生,汉族,住重庆市永川区。

委托诉讼代理人:张鲲,重庆新源律师事务所律师。

被上诉人(原审原告):毛某,女,1956年×月×日出生,汉族,住重庆市永川区。

委托诉讼代理人:张鲲,重庆新源律师事务所律师。

原审被告:余某莎,女,1982年×月×日出生,汉族,住四川省成都市高新区。

上诉人黄某因与被上诉人余某、毛某,原审被告余某莎民间借贷纠纷一案,不服成都高新技术产业开发区人民法院(2016)川0191民初10102号民事判决,向本院提起上诉。本院立案受理后,依法组成合议庭审理了本案。本案现已审理终结。黄某上诉请求:撤销原判,改判驳回余某、毛某的全部诉讼请求。

事实和理由:1. 余某、毛某提供的借条是虚构借款事实,且该借条并无黄某签字,黄某也不予认可;2. 一审法院错误采信证人证言,证人出具的证明是余某莎误导证人非法获取,不具有真实性和证明力;3. 案涉70万元款项是余某、毛某赠与黄某和余某莎购买房屋,本案属于赠与关系;4. 余某、毛某提交的证据不足以证明其主张的借款事实成立,本案应适用《最高人民法院关于适用〈中华人民共和国婚姻法〉若干问题的解释(二)》第二十二条第二款的规定,对余某、毛某的出资应认定为赠与。

余某、毛某共同辩称:1.黄某的上诉已超过法定期间;2.余某、毛某确实向黄某支付了70万元,借款的事实清楚;3.本案属于民间借贷纠纷,婚姻法司法解释不适用于本案;4.黄某并无证据证明案涉70万元是余某、毛某对黄某、余某莎的赠与。综上,一审认定事实清楚,适用法律正确,应予维持。余某莎未到庭参加诉讼,也未提交书面陈述意见。余某、毛某向一审法院起诉,请求:黄某、余某莎立即共同偿还借款70万元。

一审法院认定事实:2013年3月9日,毛某的中国农业银行卡支出8万元,摘要/附言:消费。2013年3月21日,毛某通过其农村商业银行卡号62×××89向黄某的账号62×××98转账汇款2万元。2013年3月22日,毛某向重庆农村商业银行提交个人贷款支用申请书。该申请书载明:1.借款人为毛某,贷款期限24个月;2.贷款用途及支付方式:住房装修,交易对象:受托支付;3.贷款如获批准,特委托贵行划入以下账户:账户名称:黄某,账号:62×××98,开户银行:重庆农商行永川支行,委托划款金额:60万元整。该笔贷款获批后,相应款项60万元划入黄某的上述账户。另查明,2016年6月,在余某、毛某的要求下,余某莎向余某、毛某出具借条,载明:"余某莎、黄某现向毛某、余某借款柒拾万元,用于购买成都南城都汇4期房屋。"落款为:"借款人:余某莎 2013年3月6日。"庭审中,余某、毛某陈述2013年3月黄某、余某莎曾向其出具过涉案借款的书面协议,载明余某、毛某可以居住南城都汇的房屋,黄某、余某莎有钱时及时归还余某、毛某的70万元。后因协议遗失故余某、毛某要求余某莎补充出具上述借条并将落款时间写为2013年3月6日。庭审中,余某、毛某出具黄某父亲黄某某于2016年6月28日出具的证明原件一份,载明:"现证明我的儿子黄某、媳妇余某莎,因购买南城都汇4期房屋,于2013年3月向毛某、余某借款柒拾万元整。"因黄某某未到庭就该份证明的出具情况予以说明,一审法院于庭审中要求黄某于指定期限内向其父亲黄某某核实证明的真伪,黄某于2016年11月10日向法庭陈述因与黄某某长期有矛盾，故无法核实证明真伪。在此情形下，一审法院于2016年11月10日传唤黄某某到法院核对证明，经询问，黄某某称："该份证明是我写的，就是在2016年6月28日于黄某、余某莎位于南城都汇的房屋内书写，我对儿媳妇很认可，但儿子对我们双方老人都很不好，媳妇比较讲理，因此她让我写这个我就写了，儿子对媳妇的爸妈不好，人家当时给了钱给我儿子、媳妇买房子，我认为儿子作为男子汉，借的钱应该还。"同时黄某某称因购买房屋时其并未参与，所以不记得当时是否有书写书面的借款协议，但知道房子是余某、毛某出钱购买的。还查明，黄某、余某莎于2009年9月16日登记结婚，位于成都市××新区××单元××号房屋登记为黄某、余某莎共同共有。2016年9月8日，黄某向一审法院提起诉讼要求与余某莎解除婚姻关系，一审法院已立案受理。2016年9月29日，黄某因争吵殴打毛某致其入院治疗，并于当日出具保证书以及欠条，载明其深刻反省到自己的错误，保证今后不会再发生此类事情，并载明其欠毛某医药费2000元整，于2016年10月30日归还。黄某为证明以黄某、余某莎的收入水平及生活开支并不具备向余某、毛某借款购买房屋的能力，故涉案款项系余某、毛某赠与的主张，向一审法院提交以下证据：1. 2013年3月12日雷迪波尔服饰股份有限公司出具的收入证明，载明黄某自2011年7月18日起在该处工作，固定月工资5200元，平均全年税后总收入72，400元；2. 余某莎成都银行活期账户明细账目，证明余某莎工资收入水平为每月数千元；3. 购车贷款合同，证明黄某、余某莎于2009年贷款购买车辆，其中首付款69，800元，借款金额为10万元，分两年24个月还清；4. 花样年别样城房产证、南城都汇房屋首付收据以及房产证，证明双方居住的两套房屋均为贷款购买，2013年3月7日黄某为购买南城都汇房屋，向和记黄埔地产（成都）有限公司交纳定金3万元，2013年3月9日交纳首期楼款242，617元，2013年3月24日余某莎交纳楼款414，157元。上述事实，有双方当事人在庭审中的陈述，余某、毛某提供的借条、证明、重庆农村商业银行个人贷款支用申请书、储蓄对账单、个人汇款凭证、中国农业银行卡交易明细清单、对私客户对账单、欠条、保证书,以及黄某提交的结婚证、传票、房屋信息摘要、购车贷款合同、花样年别样城房产证等证据在案为证。

一审法院认为,黄某、余某莎认可收到了余某、毛某支付的70万元款项并用于购买房屋,对此一审法院予以认可,故本案的争议焦点为余某、毛某所主张与黄某、余某莎之间的民间借贷关系是否存在及黄某、余某莎是否应当偿还相应款项。本案中,余某、毛某主张70万元系其向黄某、余某莎的借款,余某莎对此予以认可,黄某则辩称涉案70万元系余某、毛某赠与。根据《中华人民共和国合同法》第一百八十五条及第一百九十六条之规定,借款合同是借款人向贷款人借款,到期返还并支付利息的合同;赠与合同是赠与人将自己的财产无偿给予受赠人,受赠人表示接受赠与的合同。根据上述法律规定,对于各方当事人的主张,依次认定如下:1. 余某、毛某主张在借款发生时曾与黄某、余某莎签署书面借款协议,余某莎出具的借条正是对之前借款的确认,但余某、毛某并未提交相应证据予以证明,考虑到余某莎与余某、毛某之间的亲属关系及黄某、余某莎处于处理离婚纠纷过程中,故仅凭余某莎个人出具的借条及其陈述显然不足以得出涉案款项系借款的结论。2. 余某、毛某出示的黄某之父黄某某出具的证明经核实确系黄某某本人书写,能够证明款项发生之时及之后余某、毛某未曾向黄某、余某莎表示其支付的70万元系赠与黄某、余某莎。3. 黄某辩称其与余某莎因生活及子女开销较大导致二人并无任何存款,故不存在超出日常生活所需向余某、毛某借款购房的可能性,但结合双方的陈述及本案当事人之间的亲属关系来看,黄某、余某莎在购房之时存在较为迫切的购房需要,其自身没有经济实力满足购房需求而由女方父母出资购房与社会民众一般生活经验并不相悖,但据此不能当然推演出父母在此时为其购房所出的款项就是赠与黄某、余某莎的结论。更何况,法律意义上,父母没有义务出资给子女买房,因为子女成家立业生子之时已经不属于父母履行抚养义务阶段,恰恰相反,此时的子女应当向父母履行赡养义务,而以近段时间的房价而言，父母在子女购房时的资助往往都是几十万元，这可能是他们一辈子的心血，在本案中毛某更是通过先行向银行贷款取得绝大部分款项后再行支付给黄某、余某莎，在这种情况下，父母提供购房款的行为更多地带有暂时资助的性质，没有明确约定还款时间不代表即为无偿的赠与。4.余某、毛某在向银行贷款后有无清偿、以何种方式偿还贷款以及还有无其他财产足以安享晚年亦不能作为支持余某、毛某支付70万元的本意系赠与的有力辩称。综上，在无明确证据证明余某、毛某系基于赠与向黄某、余某莎支付相应款项的情形下，综合款项的支付过程、支付方式及其他相关证据，一审法院认为，本案款项的支付应为借款而非赠与。《最高人民法院关于适用〈中华人民共和国婚姻法〉若干问题的解释(二)》第二十二条第二款规定，当事人结婚后，父母为双方购置房屋出资的，该出资应当认定为对夫妻双方的赠与，但父母明确表示赠与一方的除外。上述规定的前提在于父母出资意思不明确，而本案中，在现有证据能够证明余某、毛某出资系基于借贷的意思表示时，应以借贷关系处理本案纠纷，对于黄某以上述法律规定辩称涉案借款系赠与的主张不予采纳。法律上的权利与义务始终是对等的，父母既然没有义务为子女购买房屋，那么在其提供购房款给子女以让子女获得使用购房款的权利时也就为子女设立了返还购房款的义务，也许款项的偿还并未如同普通民间借贷设立了明确的期限，甚至在子女经济有困难时父母无限延长还款期限，但子女不能据此认为款项系赠与而在父母要求偿还时不予归还，甚至在平常与父母相处中不尊重父母甚至殴打、辱骂父母，这不仅有违中华民族尊老爱幼的传统美德，甚至可能触犯法律而应受到严惩。基于此，尽管黄某在余某、毛某提起本案诉讼后已在一审法院起诉与余某莎解除婚姻关系，但结合全案证据、案情及各方当事人及其近亲属的陈述，余某、毛某在实际出借款项后起诉要求还款并非为其女即余某莎虚构夫妻共同债务，涉案借款70万元应为黄某、余某莎共同债务，应由其二人共同偿还。涉案借款并未约定还款期限，现余某、毛某起诉要求黄某、余某莎立即偿还借款本金，符合法律规定，对余某、毛某的诉讼请求予以支持。

据此，一审法院依照《中华人民共和国合同法》第六十条第一款、第一百零七条、第二百零五条，《中华人民共和国民事诉讼法》第六十四条，《最高人民法院关于民事诉讼证据若干规定》第二条之规定，判决：黄某、余某莎于判决生效之日起十日内偿还余某、毛某借款本金700,000元。本案案件受理费5400元，由黄某、余某莎负担。

本院二审期间，当事人围绕上诉请求依法提交了证据。本院组织当事人进行了证据交换和质证。对黄某提交的《房屋购销合同》、收入证明、增值税发票、银行卡交易明细等证据与本案待证事实无关联性，本院不予采信。对证人沈某的证言，因沈某系黄某的母亲，与黄某有利害关系，在无其他证据佐证的情况下，该证言不能达到其证明目的，本院对沈某的证言不予采信。本院对一审查明的事实予以确认。

二审另查明，黄某在庭审中陈述毛某在2013年3月9日支出的8万元是其在南城都汇开发商处给黄某、余某莎购房刷卡支付的8万元。

本院认为，本案二审的争议焦点为案涉70万元款项的性质是赠与还是借款。余某、毛某先后三次向黄某转账支付70万元，黄某认可收到该70万元，但主张该款项是余某、毛某赠与黄某和余某莎购买房屋。本院认为，即使黄某否认余某莎出具的借条、黄某某出具的证明的证明效力，但根据《最高人民法院〈关于审理民间借贷案件适用法律若干问题的规定〉》第十七条“原告仅依据金融机构的转账凭证提起民间借贷诉讼，被告抗辩转账系偿还双方之前借款或其他债务，被告应当对其主张提供证据证明。被告提供相应证据证明其主张后，原告仍应就借贷关系的成立承担举证证明责任”之规定，黄某提交的证据不足以证明案涉70万元款项系余某、毛某对其和余某莎的赠与。黄某以其与余某莎的工资收入无法购买多处房产、黄某的父母亦赠与黄某和余某莎购买房屋以及余某、毛某已经归还完毕银行贷款等述称意见来支持其主张，本院认为，黄某的意见并不能推断出余某、毛某有赠与案涉70万元款项的意思表示，并且黄某、余某莎作为具有完全民事行为能力并已成家立业的成年人，余某、毛某作为父母已尽到其抚养义务，余某、毛某并无义务为黄某、余某莎出资购买房屋，故本院对黄某的主张不予支持，一审法院认定案涉70万元款项系借款正确。黄某主张本案应适用《最高人民法院关于适用〈中华人民共和国婚姻法〉若干问题的解释(二)》第二十二条第二款的规定，本院认为，该条规定系基于父母有赠与出资意思表示的前提下，对赠与对象不明确时予以适用，本案中并无证据证明余某、毛某有赠与的意思表示，一审法院以借贷关系处理本案纠纷并无不当。黄某向本院申请调取毛某2013年在重庆农村商业银行永川支行贷款相关情况的证据，因该证据与本案待证事实无关联性，本院对其调查取证申请不予准许。

综上所述，黄某的上诉请求不能成立，应予驳回；一审认定事实清楚，适用法律正确，应予维持。依照《中华人民共和国民事诉讼法》第一百七十条第一款第一项规定，判决如下：驳回上诉，维持原判。二审案件受理费10,800元，由黄某负担。本判决为终审判决。

四川省高级人民法院

民事判决书

(2017)川民申4120号

再审申请人(一审被告、二审上诉人)：黄某，男，1977年×月×日出生，汉族，住四川省成都市高新区。

委托诉讼代理人：石某，四川泰仁律师事务所律师。

被申请人(一审原告、二审被上诉人)：余某，男，1952年×月×日出生，汉族，住重庆市永川区。

委托诉讼代理人：张某，上海申浩(成都)律师事务所律师。

被申请人(一审原告、二审被上诉人)：毛某，女，1956年×月×日出生，汉族，住重庆市永川区。

委托诉讼代理人：张某，上海申浩(成都)律师事务所律师。

原审被告：余某莎，女，1982年×月×日出生，汉族，住四川省成都市高新区。

再审申请人黄某因与被申请人余某、毛某，原审被告余某莎民间借贷纠纷一案，不服四川省成都市中级人民法院（2017）川01民终4796号民事判决，向本院申请再审。本院依法组成合议庭进行了审查，现已审查终结。黄某申请再审称，一审法院和二审法院认定被申请人的出资系借给黄某和余某莎的事实缺乏证据证明，同时存在适用法律错误的情况。对于被申请人出资的70万元应当认定为赠与，而非借贷。理由如下：1. 赠与款项已经交付给受赠人，符合赠与要件，应当认定为赠与；2. 被申请人的行为不符合借贷关系的法律要件，其基本事实缺乏证据支持；3. 本案一、二审法院适用法律错误，导致举证责任划分错误，本案应当由被申请人承担举证不力的后果；4. 本案存在被申请人和余某莎恶意串通，进行虚假诉讼的情况。综上，依据《中华人民共和国民事诉讼法》第二百条第（二）项、第（三）项、第（五）项、第（六）项的规定，申请再审。余某、毛某提交意见称，一、二审判决认定事实清楚，适用法律正确，请求依法驳回黄某的再审申请。理由如下：1. 双方对于被申请人向申请人支付70万元的事实均无异议；2. 被申请人向申请人的借款中有60万元是毛某替申请人向重庆农村商业银行的贷款，是由黄某联系选择的借贷机构，款项由银行直接支付给黄某；3. 被申请人支付给申请人的款项属于借款，申请人对此明知且多次表示要偿还；4. 被申请人没有义务必须赠送款项给申请人购房；5.《最高人民法院关于适用〈中华人民共和国婚姻法〉若干问题的解释（二）》第二十二条不适用本案情形；6. 请求法院对黄某的行为给予必要的训诫。本院经审查认为，本案各方当事人均认可黄某、余某莎购买南城都汇房产时，二被申请人余某、毛某支付70万元的事实，争议焦点在于该笔款项的性质是赠与还是借款。赠与合同是赠与人将自己的财产无偿给予受赠人，受赠人表示接受赠与的合同，属于单务合同，应谨慎认定。《最高人民法院关于适用〈中华人民共和国民事诉讼法〉的解释》第一百零九条规定，“当事人对欺诈、胁迫、恶意串通事实的证明,以及对口头遗嘱或者赠与事实的证明,人民法院确信该待证事实存在的可能性能够排除合理怀疑的,应当认定该事实存在”,表明对赠与事实的认定高于一般事实“具有高度可能性的”的证明标准。本案被申请人在一、二审过程中所举证据,能够证明款项交付真实存在、余某莎认可借款关系,在被申请人一方没有明确赠与意思表示的情况下,二审法院根据《最高人民法院关于审理民间借贷案件适用法律若干问题的规定》第十七条的规定,将款项系赠与的举证责任分配给黄某,并无不当。黄某提交的证据不足以证明余某、毛某对其和余某莎有赠与的意思表示,结合支付款项中有60万元系贷款,且二被申请人对黄某、余某莎交往、结婚一直不赞成等情况,认定存在赠与事实不能排除合理怀疑。《最高人民法院关于适用〈中华人民共和国婚姻法〉若干问题的解释(二)》第二十二条第二款“当事人结婚后,父母为双方购置房屋出资的,该出资应当认定为对夫妻双方的赠与,但父母明确表示赠与一方的除外”的规定,系基于父母有赠与意思表示的前提下,赠与对象不明确时的认定依据,并不适用于本案的情况。在当前高房价背景下,部分子女经济条件有限,父母在其购房时给予资助属于常态,但不能将此视为理所当然,也绝非法律所倡导。子女成年后,父母已尽到抚养义务,并无继续供养的义务。子女买房时父母出资,除明确表示赠与的以外,应视为以帮助为目的的临时性资金出借,子女负有偿还义务。一、二审法院以借贷关系处理本案纠纷并无不当。黄某主张本案存在被申请人和余某莎恶意串通,进行虚假诉讼的情况。本院认为,余某莎补写借条是在离婚诉讼之前,且黄某并未就其主张提供相应证据,对其主张不予支持。综上所述,黄某的再审申请不符合《中华人民共和国民事诉讼法》第二百条第(二)项、第(三)项、第(五)项、第(六)项规定的情形。依照《中华人民共和国民事诉讼法》第二百零四条第一款,《最高人民法院关于适用〈中华人民共和国民事诉讼法〉的解释》第三百九十五条第二款规定,裁定如下:驳回黄某的再审申请。

（二）父母为子女全额出资购房

1. 案情概要

于某某与陈某某与2011年4月1日登记结婚，婚后育有一子，在婚姻关系存续期间，由陈某某父母为二人购买房屋，该房屋的首付款及贷款均由陈某某父母支付，且该房屋登记在陈某某个人名下。婚后双方经常因家庭琐事闹矛盾，导致夫妻感情越来越差，现夫妻感情破裂已无和好可能，于某某向法院提起诉讼请求判令：1. 原、被告离婚；2. 婚生子由陈某某抚养；3. 夫妻共同财产依法分割；4. 诉讼费由被告承担。

2. 律师点评

在实践中，父母出资为子女购房的案件比较复杂，此类案件涉及父母出资购买房屋的意图、出资的时间、出资的数额等因素，需通过分析这些因素决定房屋的最终归属。

在婚前，父母为其子女出资购买的不动产，原则上属于该子女的婚前财产。在婚后，父母为子女出资购房，需根据父母是全款出资还是部分出资分别加以考虑。对于父母部分出资为子女购置房屋的问题，在上述案例中已经作出分析，此处不再赘述。而对于父母为子女全额出资购房的问题，该房屋的归属又该如何认定？本案就是针对婚姻关系存续期间，由被告父母支付首付款且偿还贷款并登记在被告名下的房屋，在离婚纠纷中双方对此房屋的归属产生了争议。对此，《婚姻法解释（三）》第7条有明确规定，即婚后由一方父母出资为子女购买不动产，产权登记在出资人子女名下的，可按照《民法典》第1063条第3项的规定，视为只对自己子女一方的赠与，该不动产应认定为夫妻一方的个人财产。

3.裁判文书

长春市绿园区人民法院

民事判决书

(2016)吉0106民初813号

原告:于某某,女,汉族,1990年×月×日生,住长春市绿园区。

被告:陈某某,男,汉族,1982年×月×日生,住长春市绿园区。

委托代理人:贾月明,吉林圣天衡律师事务所律师。

原告于某某诉被告陈某某离婚纠纷一案,本院受理后,依法组成合议庭,不公开开庭进行了审理。原告于某某、被告陈某某、委托代理人贾月明到庭参加诉讼。本案现已审理终结。

原告诉称,原、被告自由恋爱相处一年多于2011年4月1日登记结婚,婚后育有一子。婚后夫妻感情一般,双方经常因家庭琐事闹矛盾,导致夫妻感情越来越差,2015年原告发现被告外面有第三者,致使夫妻感情彻底破裂,原、被告于2016年2月18日签订离婚协议书。综上所述,原、被告夫妻感情破裂且无和好可能,故诉至法院,请求判令:1.原、被告离婚;2.婚生子陈某1由被告抚养;3.夫妻共同财产依法分割;4.诉讼费由被告承担。

被告辩称,第一,双方常因琐事发生争吵,现夫妻感情彻底破裂,同意离婚。第二,位于绿园区升阳街、产权登记在陈某某名下、房屋所有权证号5××× 8房屋一套是陈某某父母全部出资为陈某某个人购买的,因为原、被告都没有收入来源,该房屋是陈某某个人财产。第三,婚后用陈某某父母的房屋作担保在银行贷款17万元用于投资经营球吧生意,登记在于某某名下,目前贷款尚未还清,请求法院将球吧变更登记在陈某某名下。第四,婚生子陈某1由陈某某抚养,于某某支付抚养费。

经审理查明,原告于某某与被告陈某某于2011年4月1日登记结婚,婚后育有一子。陈某某名下有一处位于长春市绿园区升阳街西安花园,长房权证字第5×××8(登记时间2013年6月28日)、丘地号4-98/51-23804号、建筑面积159.12平方米的房屋。

本院认为,根据《中华人民共和国婚姻法》第三十一条“男女双方自愿离婚的,准予离婚”之规定,现原告要求与被告离婚,被告表示同意,故本院对原告的离婚请求予以准许。原告称被告有第三者属于过错方,被告不予认可,原告未提供证据证明,本院不予支持。

《婚姻法》第三十七条第一款规定:“离婚后,一方抚养的子女,另一方应负担必要的生活费和教育费的一部或全部,负担费用的多少和期限的长短,由双方协议;协议不成时,由人民法院判决。”原告主张由被告抚养婚生子,被告表示同意,本院应予准许。关于原告应负担的婚生子陈某1的抚养费,本院酌定每月800元。

关于夫妻共同财产,被告陈某某名下有一处位于长春市绿园区升阳街西安花园,长房权证字第5×××8(登记时间2013年6月28日)、丘地号4-98/51-23804号、建筑面积159.12平方米的房屋。原告主张该房屋系双方结婚后购买,系夫妻共同财产。被告认为该房屋是被告父母全资购买、登记到被告名下是被告个人财产。被告当庭提供了被告陈某某父亲陈某2名下的中信银行工资存折及明细账、陈某某母亲王某某名下吉林银行工资卡及明细账、农村信用社银行储蓄卡及明细账等,主张被告的父母将大部分工资用于给被告陈某某购买该房屋,包括首付款、每月偿还银行贷款、房屋装修款等。原告对于被告所述房屋首付款由被告父母出资无异议,对被告所述每月银行贷款均由被告父母偿还以及装修款由被告父母出资有异议,原告称曾向被告母亲名下的银行卡中存款用于偿还银行贷款,也曾拿现金给被告父亲让其代为偿还贷款,原、被告也曾出资用于房屋装修,但原告未能提供证据予以证明。《最高人民法院关于适用〈中华人民共和国婚姻法〉若干问题的解释(三)》第七条规定,婚后由一方父母出资为子女购买的不动产,产权登记在出资人子女名下的,可按照《婚姻法》第十八条第(三)项的规定,视为只对自己子女一方的赠与,该不动产应认定为夫妻一方的个人财产。故该房屋应认定为被告陈某某个人财产,不应作为原、被告夫妻共同财产予以分割。

被告称双方婚后经营一家球吧登记在原告名下,要求更名过户到被告名下,但被告未提供财产详细信息,无法核实,无法确定财产价值。故本院不予支持。

综上,依照《中华人民共和国婚姻法》第三十一条、第三十七条,《最高人民法院关于适用〈中华人民共和国婚姻法〉若干问题的解释(三)》第七条,《中华人民共和国民事诉讼法》第六十四条之规定,判决如下:

一、原告于某某与被告陈某某离婚;

二、婚生子由被告陈某某抚养,原告于某某每月给付抚养费800元至陈某1年满18周岁时止;

三、驳回原告于某某其他诉讼请求。

如果未按本判决指定的期间履行给付金钱义务,应当依照《中华人民共和国民事诉讼法》第二百五十三条之规定,加倍支付迟延履行期间的债务利息。

案件受理费300元(原告已预交),由原告于某某负担150元、被告陈某某负担150元。

如不服本判决,可在判决书送达之日起十五日内,向本院递交上诉状,并按对方当事人的人数提出副本,上诉于吉林省长春市中级人民法院。

五、经济补偿与适当帮助

1. 案情概要

余某1、陈某在民政局登记结婚。婚后,双方与余某1的父母共同居住,双方生育女儿余某2。余某2出生后随双方共同生活,由双方共同抚养,余某1父母帮忙照顾余某2。余某1月收入7000~10,000元,陈某在2017年4月之前没有固定工作,2017年4月起,余某1前往东莞市东莞光晋电器有限公司工作，于2017年9月27日取得一笔工资收入，金额为2960元。余某1承认，除了在东莞工作期间，陈某婚后一直在余某1家中居住，陈某在湛江没有其他住房。2016年10月19日，余某1向法院提起离婚诉讼。2016年12月22日，法院判决不准余某1与陈某离婚。该判决已于2017年1月10日发生法律效力。现陈某向法院提起离婚诉讼，并请求余某1补偿2万元、赔偿损失3万元及给予经济帮助5万元。

一审法院判决余某1在判决生效之日起10日内支付经济帮助款3万元给陈某，驳回了其补偿2万元的请求。后余某1上诉，称不应当承担经济帮助。二审法院认为，一方离婚后没有住所的，属于生活困难，陈某在离婚后没有住所，有住房方面的困难，符合生活困难的情形。一审法院综合考虑余某1的支付能力、陈某的经济状况以及保护妇女儿童权益等因素，判决余某1支付经济帮助款3万元给陈某，合法合理，予以维持。

2. 律师点评

本案的争议焦点是离婚时，对于经济困难且已经对家庭付出较大的一方能否请求另一方给予适当经济帮助或补偿。对于离婚时要求另一方给予补偿的，根据《民法典》第1088条的规定，一方因抚育子女、照料老人、协助另一方工作等付出较多义务的，有权向另一方请求赔偿。所以，在主张离婚补偿时，一方需要举证证明抚育子女、照料老人、协助另一方工作等付出较多义务。

而对于离婚时要求另一方进行经济帮助的，根据《民法典》第1090条的规定，适当帮助的前提是离婚时一方生活困难，另一方有负担能力的，应给予适当帮助。具体办法由双方协议，协议不成时，由人民法院判决。一方生活困难是指依靠个人财产和离婚时分得的财产无法维持当地基本生活水平。一方离婚后没有住处的，应当属于生活困难。当然,适当帮助的形式不仅仅包括金钱上的帮助,还包括给予对方房屋的居住权甚至房屋的所有权。

在本案中,由于在婚姻关系存续期间,陈某未能举证证明其在照料老人、协助另一方工作等方面付出较多义务,所以请求经济补偿失去了法律基础。但这并不影响适当经济帮助的请求,由于陈某在离婚后没有住所,有住房方面的困难,符合生活困难的情形,故法院判决余某1支付经济帮助款3万元给陈某具有一定的合理性。

3. 裁判文书

湛江市中级人民法院

民事判决书

(2018)粤08民终49号

上诉人(原审原告):余某1,男,汉族,1984年×月×日出生,住广东省湛江市市辖区。

被上诉人(原审被告):陈某,女,汉族,1985年×月×日出生,住广东省湛江市市辖区。

委托诉讼代理人:吴海英,广东国邦律师事务所律师。

上诉人余某1与被上诉人陈某离婚纠纷一案,余某1不服广东省湛江经济技术开发区人民法院(2017)粤0891民初1350号民事判决(以下简称一审判决),向本院提起上诉。本院依法组成合议庭进行了审理。上诉人余某1,被上诉人陈某的委托诉讼代理人吴海英到庭参加诉讼。本案现已审理终结。

上诉人余某1上诉请求:撤销一审判决第三项,改判余某1无须支付3万元经济帮助费给陈某。事实与理由:1.一审法院认定陈某生活困难没有事实与法律依据。根据一审法院查明的事实,陈某每月工资收入为3000~5000元,陈某的工作单位每天会免费提供两餐饮食,且陈某在东莞租房每月只需200~300元。此外,为了能让陈某在湛江时能和孩子有更多的相处空间,余某1愿意在原住处为陈某提供住处,直至其再婚。故陈某根本不存在住房困难问题。2. 余某1无力支付该笔生活经济帮助费。余某1需要偿还许多夫妻关系存续期间的债务,但因为没有欠条,所以就没有提出让陈某共同偿还。余某1一方面要偿还债务,另一方面要承担独立抚养女儿的责任,还要工作。余某1生活压力大,经济条件不宽裕。目前余某1的存款不多,也没有属于自己的房子,现住的房子是父母的,一审判决余某1支付3万元生活帮助费给陈某,余某1无力承担该笔费用。且孩子每月的支出非常大,若余某1支付了该笔费用给陈某,势必会降低女儿的生活水平,对女儿造成不利影响。

被上诉人陈某答辩称:一审判决认定事实清楚,适用法律正确,依法应驳回余某1的上诉请求。1. 余某1的经济条件比陈某的经济条件好,陈某也从未向余某1主张其收入较多的部分。余某1在一审庭审中明确表示其月收入为7000~10,000元,而陈某每月工资为2000~3000元,每月工资扣减日常开支后所剩不多。一直以来,陈某经常给女儿买东西,女儿的幼儿园学费、购买衣服的费用都是陈某支付的。2. 离婚后,陈某在湛江没有其他住所,也根本买不起房子。陈某与余某1结婚后,除了在东莞工作期间,陈某一直与余某1及其父母共同居住在东××××号。离婚后,陈某在湛江没有其他住所,符合法律规定的生活困难的情形。3. 婚姻关系存续期间,陈某对家庭付出较多。陈某与余某1于××××年××月××日登记结婚,××××年××月××日生育女儿。女儿4个月大时,陈某就在东南码头经营服装生意,后又按余某1的安排跟随余某1去北海生活。2017年4月,陈某又根据余某1家人的安排去东莞工作。余某1脾气比较暴躁,对女儿基本不管不顾。而陈某较有耐心,对女儿的照顾较多。陈某去东莞前,女儿大部分时间都是陈某照顾的。女儿的日常开支和幼儿园的费用都是陈某承担。4. 在这段婚姻中,陈某并无过错,离婚也是余某1的过错导致的。婚后,陈某一直勤勤恳恳,相夫教子。2016年2月余某1有外遇后,余某1的脾气越发暴躁。余某1为了达到个人目的提出了离婚。

5. 婚姻关系存续期间，为了支持余某1在北海的事业，余某1向陈某家人借款如下：向陈某父亲陈某1借款2万元，向姐姐陈某2借款1.5万元，向弟弟陈某3借款1.5万元。余某1本承诺以上全部借款由其负责偿还，但现余某1都不愿偿还。

余某1向一审法院起诉请求：1. 余某1与陈某离婚；2. 婚生女儿余某2由余某1抚养，抚养费由余某1独自承担。

一审法院认定事实：余某1、陈某于××××年××月××日在湛江市麻章区民政局登记结婚。婚后，双方与余某1的父母在东××××共同居住，2015～2016年，双方曾共同到广西北海工作和生活。××××年××月××日，双方生育女儿余某2。余某2出生后随双方共同生活，由双方共同抚养，余某1父母帮忙照顾余某2。余某2现在东简镇后湖村的一所幼儿园就读。2017年4月起，余某2由余某1及其家人接送和照顾。

再查明，双方当事人均为初中文化程度。余某1陈述其在东海岛东南码头协助其姐姐管理虾塘及从事水井维修等工作，月收入7000～10,000元；陈某在2017年4月之前没有固定工作单位，曾与余某1在东南码头经营服装生意约一年之久；2017年4月起，余某1前往东莞市东莞光晋电器有限公司工作，于2017年9月27日取得一笔工资收入金额为2960元。余某1承认，除了在东莞工作期间，陈某婚后一直在余某1家中居住，陈某在湛江没有其他住房。

又查明，2016年10月19日，余某1向一审法院提起离婚诉讼。2016年12月22日，一审法院作出（2016）粤0891民初1355号民事判决，判决不准余某1与陈某离婚。该判决已于2017年1月10日发生法律效力。

一审法院认为：本案属于离婚纠纷。陈某同意余某1提出的离婚诉讼请求，双方自愿离婚，一审法院依法予以准许。关于余某2的抚养问题，应从有利于子女身心健康，保障子女的合法权益出发，结合父母双方的抚养能力和抚养条件等具体情况进行处理。本案中，余某2出生后虽然由双方共同抚养，但陈某前往东莞工作后，余某2一直在余某1及其父母家中居住，与余某1及其父母共同生活时间较长，且其已就近入读幼儿园，改变居住和生活环境明显对其健康成长不利；再者，余某1的经济收入较高，居住条件较陈某优越，工作地点离家较近，与女儿共处的时间亦较为充裕，因此，余某2由余某1抚养为宜。余某1主张抚养费由其独自承担，予以准许。

陈某请求婚后取得的东简镇龙秋村的宅基地归陈某及女儿所有，但没有提供土地权属证书或其他相应证据证明双方婚后取得了宅基地且为夫妻共同财产，余某1对此予以否认，故对陈某该请求，依法不予支持。陈某请求余某1对案外人陈某1、陈某2及陈某3的债务承担清偿责任，由于余某1对陈某主张的夫妻共同债务不予确认，本案不予处理，相关债权人可以另案起诉确认。

关于陈某请求余某1补偿2万元、赔偿损失3万元及给予经济帮助5万元是否有合法依据的问题。由于双方没有书面约定婚姻关系存续期间所得的财产归各自所有，余某2出生后由原双方共同抚养，陈某未能举证证明其在照料老人、协助另一方工作等方面付出较多义务，故陈某请求补偿2万元，不予支持。陈某提供的关于余某1与他人同居的短信，依法不予认定，陈某未能提供其他证据证明余某1在婚姻关系存续期间与他人同居，故对陈某请求的损失3万元，依法不予支持。根据《中华人民共和国婚姻法》第四十二条及《最高人民法院关于适用〈中华人民共和国婚姻法〉若干问题的解释(一)》第二十七条第二款的规定，陈某婚后一直在余某1家中居住，离婚后无住房，属于生活困难，余某1的经济收入、居住条件均较陈某优越，故余某1应给予陈某适当经济帮助费3万元为宜。

综上所述，依照《最高人民法院关于人民法院审理离婚案件处理子女抚养问题的若干具体意见》第三条第(二)项、《中华人民共和国婚姻法》第四十二条及《最高人民法院关于适用〈中华人民共和国婚姻法〉若干问题的解释(一)》第二十七条第二款之规定，判决：一、准予余某1与陈某离婚；二、婚生女儿余某2由余某1抚养，抚养费由余某1承担；三、余某1在判决生效之日起10日内支付经济帮助款3万元给陈某。如果未按判决指定的期间履行给付金钱义务,应当依照《中华人民共和国民事诉讼法》第二百五十三条之规定,加倍支付迟延履行期间的债务利息。案件受理费300元,减半收取计150元,由余某1负担75元,由陈某负担75元。

本院二审期间,双方当事人均没有提交新的证据。

本院经审理查明:一审判决认定事实清楚,本院予以确认。

本院认为:本案属于离婚纠纷。根据《中华人民共和国民事诉讼法》第一百六十八条"第二审人民法院应当对上诉请求的有关事实和适用法律进行审查"的规定,本院对上诉人上诉请求的有关事实和适用法律进行审查。根据上诉人余某1的上诉理由和被上诉人陈某的答辩意见,本案双方当事人二审争议焦点问题是:余某1应否支付经济帮助费3万元给陈某。

上诉人余某1以被上诉人陈某不符合法律关于生活困难的规定和其需要独立承担孩子的抚养费为由主张其不应支付经济帮助费给陈某。首先,余某1在二审庭审中称其现在武汉当厨师,每月工资为4000元,但其没有提交证据证明该事实及收入情况。根据《最高人民法院关于民事诉讼证据的若干规定》①第二条"当事人对自己提出的诉讼请求所依据的事实或者反驳对方诉讼请求所依据的事实有责任提供证据加以证明。没有证据或者证据不足以证明当事人的事实主张的,由负有举证责任的当事人承担不利后果"的规定,应由余某1承担举证不能的法律后果。一审法院根据余某1在一审庭审中自认的其在姐姐处从事管理虾塘及水井维修等工作、每月工资为7000~10,000元来认定余某1的收入,合法有据,本院予以确认。余某1月收入7000~10,000元,陈某月收入2000~3000元,余某1的经济条件明显比陈某的经济条件优越。其次,余某1在一审庭审中承认除了在东莞工作期间,陈某婚后一直与余某1和余某1的父母共同居住,陈某在湛江没有其他住房。根据《中华人民共和国婚姻法》第四十条

① 该规定已根据2019年10月14日《最高人民法院关于修改〈关于民事诉讼证据的若干规定〉的决定》修正,该条规定已删除。

“离婚时,如一方生活困难,另一方应从其住房等个人财产中给予适当帮助”和《最高人民法院关于适用〈中华人民共和国婚姻法〉若干问题解释(一)》第二十七条“一方离婚后没有住所的,属于生活困难”的规定,陈某在离婚后没有住所,有住房方面的困难,符合生活困难的情形。一审法院综合考虑余某1的支付能力、陈某的经济状况以及保护妇女儿童权益等因素,判决余某1支付经济帮助款3万元给陈某,合法合理,本院予以维持。

综上,一审判决认定事实清楚,适用法律及实体处理正确,应予维持。上诉人余某1上诉无理,不予支持。依照《中华人民共和国婚姻法》第四十条、《最高人民法院关于适用〈中华人民共和国婚姻法〉若干问题解释(一)》第二十七条、《中华人民共和国民事诉讼法》第一百七十条第(一)项及《最高人民法院关于民事诉讼证据的若干规定》第二条的规定,判决如下:

驳回上诉,维持原判。

二审案件受理费300元,由上诉人余某1负担。

本判决为终审判决。

六、损害赔偿

1. 案情概要

原告郝某与被告杨某原系夫妻,双方婚后因家庭琐事发生矛盾并分居,杨某于2013年3月向北京市朝阳区人民法院(以下简称朝阳法院)提起离婚诉讼,双方在庭审中均认可夫妻感情已经破裂并表示同意离婚,后朝阳法院于2014年3月26日作出民事调解书,调解确认双方离婚,但未对夫妻财产进行处理。后杨某以离婚后财产纠纷为由诉至朝阳法院。郝某在双方离婚后财产纠纷一案开庭审理过程中主张杨某存在与第三者同居并怀孕的行为,要求杨某给付赔偿金

10 万元。

法院认为,夫妻之间应当互相忠实,互相尊重,以维护平等、和睦、文明的婚姻家庭关系。有配偶者与他人同居,导致离婚的,无过错方有权请求损害赔偿。杨某在与郝某的婚姻关系存续期间与第三者同居并怀孕,伤害了郝某的个人感情,亦客观上损害了双方之间的婚姻关系,杨某的行为既不道德,亦违反了夫妻之间的忠实义务,现郝某要求杨某赔偿精神损害抚慰金,理由正当,证据充分,本院予以支持,具体数额由法院酌定。最后朝阳法院支持了原告的精神损害抚慰金人民币 2 万元。

2. 律师点评

本案是在离婚后财产纠纷的诉讼中,一方以另一方存在过错为由请求赔偿的案件。《民法典》第 1091 条规定:“有下列情形之一,导致离婚的,无过错方有权请求损害赔偿:(一)重婚;(二)与他人同居;(三)实施家庭暴力;(四)虐待、遗弃家庭成员;(五)有其他重大过错。”如果当事人一方存在上述情况之一的,另一方作为无过错方可以向有过错方主张损害赔偿,法院一般会支持其主张。

在本案中,杨某在与郝某的婚姻关系存续期间与第三者同居并怀孕,伤害了郝某的个人感情,客观上损害了双方之间的婚姻关系,杨某的行为违反了夫妻之间的忠实义务。而郝某并不存在过错的任一情形,故郝某有权利主张精神损害赔偿。在此需注意,请求损害赔偿的一方必须属于无过错一方,具有过错的一方是不具有该项权利的。若双方均有过错的,法院通常不支持一方或者双方主张损害赔偿的请求。同时要注意,在离婚时要求一方承担损害赔偿责任的权利并不是随时都可以主张,其是有时间限制的,即办理离婚登记后 1 年内。

3. 裁判文书

北京市通州区人民法院

民事判决书

(2015)通民初字第19161号

原告:郝某(曾用名:郝某1),男,1982年×月×日出生。

委托代理人:高捧元,河北盛誉律师事务所律师。

委托代理人:郝瑞,北京市盈科律师事务所律师。

被告:杨某,女。

委托代理人:黄子青,北京市亿嘉律师事务所律师。

原告郝某诉被告杨某离婚后损害责任纠纷一案,本院受理后,依法由本院代理审判员佘亚妮独任审判,公开开庭进行了审理。本案原告郝某及其委托代理人高捧元、郝瑞,被告杨某的委托代理人黄子青到庭参加诉讼。本案现已审理终结。

原告郝某诉称:我与被告杨某系高中同学,双方于2001年3月22日确定恋爱关系,于2004年10月22日登记结婚,婚后未生育子女。婚后初期双方感情较好,后因被告杨某经常借家庭琐事与我争吵,双方自2012年12月分居。分居期间,我多次主动联系杨某希望挽回婚姻。2013年,杨某起诉离婚,我当时在外地无法参与诉讼,故委托代理人参与了诉讼,看到杨某离婚态度坚决,我不得已同意离婚。后杨某起诉我要求分割夫妻共同财产,我才得知杨某在婚姻关系存续期间已与他人同居并怀孕,杨某因此才坚决要和我离婚。我认为杨某在双方婚姻关系存续期间与他人非法同居的行为违反了社会公序良俗,使我遭受了巨大的精神创伤,现起诉要求:1. 判决被告杨某赔偿我精神损害抚慰金10万元;2. 本案诉讼费由被告杨某负担。

被告杨某辩称:1. 原告郝某无权提起离婚后损害赔偿诉讼。根据《最高人民法院关于适用〈中华人民共和国婚姻法〉若干问题的解释(一)》第三十条的规定,有权提起离婚后损害赔偿诉讼的主体应当是在离婚诉讼中既不同意离婚也未提起损害赔偿请求的无过错被告,而本案原告郝某在作为离婚诉讼的被告时,其是同意离婚的,且未提起损害赔偿请求,故其不具备提起离婚后损害赔偿诉讼的主体资格;同时,根据上述规定,离婚后损害赔偿请求应当在离婚后1年内以诉讼方式提起。双方已于2014年3月26日经朝阳法院调解离婚,而郝某提起本诉的时间是2015年8月27日,离双方离婚已超过1年的法定期限。2. 双方离婚并非因一方过错导致。双方离婚的原因是性格不合,长期分居,以致感情破裂,双方在离婚诉讼中亦均未主张对方有过错,由此可见,导致双方离婚的原因并非一方有过错,郝某的诉求不符合《婚姻法》第四十六条的规定。3. 我不存在导致离婚的过错行为。我起诉离婚是在2013年3月,后双方在2013年5月8日和5月15日两次庭审中均表示同意离婚,而且2013年5月15日庭审中法院已当庭宣布将择期宣判。由于缺乏对法律的了解,我认为此时双方已经离婚,只剩财产分割问题需要法院判决,所以才会在2014年年初怀孕。后该案因故一直拖延至2014年3月26日才作出生效法律文书。我在离婚调解书作出前怀孕的行为虽然有违法律规定,确有不当,但我怀孕是在双方一致同意离婚后发生,并不是导致双方离婚的原因。综上,我认为郝某无权提起离婚后损害赔偿诉讼,故请求法院驳回其诉讼请求。

经审理查明:原告郝某与被告杨某原系夫妻关系,双方婚后因家庭琐事发生矛盾并分居,杨某于2013年3月向北京市朝阳区人民法院(以下简称朝阳法院)提起离婚诉讼,双方在2013年5月8日、2013年5月15日庭审中均认可夫妻感情已经破裂并表示同意离婚,后朝阳法院于2014年3月26日作出(2013)朝民初字第14795号民事调解书,调解确认双方离婚,但未对夫妻财产进行处理。后杨某以离婚后财产纠纷为由诉至朝阳法院。2014年11月,郝某在双方离婚后财产纠纷一案开庭过程中主张杨某存在与第三者同居并怀孕的行为,要求杨某给付赔偿金10万元。郝某并向朝阳法院提出申请,要求调取杨某在民航总医院的生育记录。根据朝阳法院随后调取的民航总医院住院病案记载，杨某于2014年9月5日在民航总医院产一女(孕39+4周)，住院病案中所载“联系人”为李某，并载其与杨某的关系为“配偶”。杨某自认其所产女婴系其与李某之女。2015年8月18日，郝某向朝阳法院递交反诉状，要求杨某赔偿其精神损害抚慰金20万元。2015年9月17日，朝阳法院以郝某该项诉求与该院审理的离婚后财产纠纷不属于同一法律关系为由告知郝某就其反诉请求另行诉讼主张。

上述事实，有(2013)朝民初字第14795号民事调解书、朝阳法院笔录、民航总医院住院病案及双方当事人当庭陈述等证据在案予以佐证。

本院认为：夫妻之间应当互相忠实，互相尊重，以维护平等、和睦、文明的婚姻家庭关系。有配偶者与他人同居，导致离婚的，无过错方有权请求损害赔偿。无过错方作为被告的离婚诉讼案件，一审时被告未基于《婚姻法》第四十六条规定提出损害赔偿请求，二审期间提出的，人民法院应当进行调解，调解不成的，告知当事人在离婚后1年内另行起诉。根据本院已查明的事实，杨某在与郝某的婚姻关系存续期间与第三者同居并怀孕，伤害了郝某的个人感情，亦客观上损害了双方之间的婚姻关系，杨某的行为既不道德，亦违反了我国《婚姻法》规定的夫妻之间的忠实义务，现郝某要求杨某赔偿其精神损害抚慰金，理由正当，证据充分，本院予以支持，具体数额由本院酌定。对于杨某主张郝某的诉求已经超过1年法定期限的答辩意见，经查，郝某于2014年11月即向朝阳法院提出了要求杨某给付其赔偿金的诉求，此时距双方离婚未逾1年，后朝阳法院口头告知郝某另诉主张，郝某当即以同一事实、理由向本院提起了本案诉讼，故郝某向法院提起损害赔偿请求的时间应自郝某首次向朝阳法院主张时起算，故其诉求未超过1年期，本院对于杨某主张郝某诉求已超过1年的答辩意见不予采信。对于杨某主张其不存在婚姻过错、双方离婚亦非因其有第三者导致的答辩意见，本院认为，婚内与第三者同居既触碰了道德底线，亦违反了法律规定，显然对夫妻双方的感情存在重大影响，是夫妻感情破裂的重要诱因，此种负面影响不因无过错方对此是否知情及是否向法院主张而有所差异，故杨某的该项答辩意见既有悖常理，亦于法无据，本院不予采信。综上所述，依据《中华人民共和国婚姻法》第四十六条、《最高人民法院关于适用〈中华人民共和国婚姻法〉若干问题的解释(一)》第三十条之规定，判决如下：

一、被告杨某赔偿原告郝某精神损害抚慰金人民币二万元，于本判决生效之日起七日内执行清；

二、驳回原告郝某的其他诉讼请求。

如果未按本判决指定的期间履行给付金钱义务，应当依照《中华人民共和国民事诉讼法》第二百五十三条之规定，加倍支付迟延履行期间的债务利息。

案件受理费一千一百五十元，由被告杨某负担，于本判决生效之日起七日内交纳。

如不服本判决，可在判决书送达之日起十五日内，向本院递交上诉状，并按对方当事人的人数提出副本，交纳上诉案件受理费，上诉于北京市第三中级人民法院。如在上诉期满后七日内未交纳上诉案件受理费的，按自动撤回上诉处理。

七、支付抚养费

1. 案情概要

2002 年 10 月 28 日，吕某与程某甲登记结婚，2003 年 5 月 8 日婚生女程某出生，2010 年 9 月 11 日双方协议离婚，约定孩子随程某甲生活。2012 年 2 月 6 日，经双方自行协商后，女儿程某随吕某生活，程某甲曾按每月 700 元的标准支付了半年的抚养费，后因双方产生矛盾，未继续支付。2015 年 7 月，吕某诉至法院，请求判令：婚生女程某改由吕某抚养，程某甲每月支付抚养费 2000 元至其独立生活止，程某甲每周末在不影响孩子学习生活的前提下可探视一次。一审法院曾于 2015 年 8 月 25 日就抚养问题征询程某的意愿，程某表示愿意随母亲吕某生活。

一审法院认为,父母均对子女有抚养教育的义务,子女的抚养应从有利于子女身心健康,保障子女的合法权益出发,结合父母双方的抚养能力和抚养条件等具体情况妥善解决。现婚生女程某愿意随吕某生活,程某今年已满12周岁,其意思表示真实有效,且吕某现在也有抚养能力,根据《民法典》第1084条,吕某请求变更抚养关系,判令婚生女程某由吕某抚养的诉讼请求,予以支持。同时根据程某甲每月的具体收入结合当地实际生活水平,一审法院酌定程某的抚养费为每月700元。程某甲每周在不影响孩子学习生活的前提下可探视一次。

二审法院维持一审判决,驳回上诉。

2. 律师点评

夫妻离婚时,夫妻共同财产的分割以及子女的抚养是必须要处理的问题。对于子女抚养人的确定,要以有利于未成年人身心健康、保障未成年合法权益为原则,结合夫妻的抚养能力和经济条件来决定。一般而言,不满两周岁的子女,以由母亲直接抚养为原则。已满两周岁的子女,父母双方对抚养问题协议不成的,由人民法院根据双方的具体情况,按照最有利于未成年子女的原则判决。子女已满八周岁的,应当尊重其真实意愿。在本案中,孩子程某已满12周岁,法院结合程某的意愿并根据具体的事实,判决支持了吕某关于变更抚养关系的请求,并支持了婚生女程某由吕某抚养,由程某甲支付抚养费的诉讼请求。

在确定未成年子女的抚养人后,不与未成年子女共同生活的父或母需负担必要的生活费教育费以及医疗费的部分或全部,且不与未成年共同生活的父或母享有对该子女的探望权。《民法典》第1085条第1款:“离婚后,子女由一方直接抚养的,另一方应当负担部分或者全部抚养费。负担费用的多少和期限的长短,由双方协议;协议不成的,由人民法院判决。”根据上述规定可知，在抚养费纠纷案件中，人民法院在对未成年子女的抚养费进行判决、调解时，抚养费标准一般是依据当时支付抚养费一方的收入水平以及当地的社会平均生活水平而确定。根据《最高人民法院关于人民法院审理离婚案件处理子女抚养问题的若干具体意见》中对子女抚养费数额的规定，可根据子女的实际需要、父母双方的负担能力和当地的实际生活水平确定。有固定收入的，抚养费一般可按其月总收入的20%～30%的比例给付。

但抚养费的数额并非是固定不变的。随着经济的发展、生活水平的提高及物价上涨等因素，原定抚养费数额已不能满足未成年子女或不能独立生活的子女必要的生活、教育以及其他合理的开支时，《民法典》第1085条第2款规定，“关于子女生活费和教育费的协议或判决不妨碍子女在必要时向父母任何一方提出超过协议或判决原定数额的合理要求”，于此情形下，未成年子女或不能独立生活的子女可请求增加抚养费。这也正是基于最大限度保障未成年子女利益的考量，在原来的判决书或调解书已经发生法律效力的情况下，准予未成年子女向人民法院提起新的诉讼，依法请求支付抚养费的父或母增加抚养费。此处需注意，增加抚养费的请求之前提是支付抚养费的父或母有给付能力，否则未成年子女或不能独立生活的子女增加抚养费的请求无法得到支持。

3. 裁判文书

湖北省武汉市中级人民法院

民 事 判 决 书

（2016）鄂01民终1887号

上诉人（原审被告）：程某甲。

被上诉人（原审原告）：吕某。

上诉人程某甲因与被上诉人吕某子女抚养纠纷一案，不服武汉市洪山区人民法院(2015)鄂洪山张民初字第00190号民事判决，向本院提起上诉。本院于2016年3月23日受理后，依法组成合议庭进行了审理，现已审理终结。

2015年7月，吕某诉至一审法院，请求判令：婚生女程某由吕某抚养，程某甲每月支付抚养费2000元至其独立生活止，程某甲每周末在不影响孩子学习生活的前提下可探视一次，本案的诉讼费用由程某甲承担。

一审法院经审理查明，吕某与程某甲经人介绍相识，于2002年10月28日在新洲区民政局婚姻登记处领取结婚证，2003年5月8日婚生女程某出生，2001年9月11日双方在新洲婚姻登记中心办理了协议离婚手续，约定孩子随程某甲生活。2012年2月6日，经双方自行协商后，女儿程某随吕某生活，程某甲曾按每月700元的标准支付了半年的抚养费，后因双方产生矛盾，未继续支付。程某甲职业为出租车司机，月收入约2000元。

案件审理中，经多次调解，双方就子女抚养教育的具体问题有争执，互不相让，致调解无果。一审法院曾于2015年8月25日就抚养问题征询程某的意愿，程某表示愿意随母亲吕某生活，程某已今年已满12周岁，其意思表示真实有效。

一审法院认为，父母均对子女有抚养教育的义务，子女的抚养应从有利于子女身心健康、保障子女的合法权益出发，结合父母双方的抚养能力和抚养条件等具体情况妥善解决。现婚生女程某愿意随吕某生活，且吕某现在也有抚养能力，根据《最高人民法院关于人民法院审理离婚案件处理子女抚养问题的若干具体意见》第16条的规定，“一方要求变更子女抚养关系有下列情形之一的，应予支持……(3)十周岁以上未成年子女，愿随另一方生活，该方又有抚养能力的……”吕某请求变更抚养关系，判令婚生女程某由吕某抚养的诉讼请求，应予以支持，同时根据程某甲每月的具体收入，结合当地实际生活水平，一审法院酌定程某的抚养费为每月700元。

综上,依照《中华人民共和国婚姻法》第三十六条、第三十七条,《最高人民法院关于人民法院审理离婚案件处理子女抚养问题的若干具体意见》第7条、第8条、第16条第(3)项,《中华人民共和国民事诉讼法》第一百四十二条之规定,判决:一、婚生女程某已由吕某抚养,程某甲每月支付抚养费700元至其十八周岁时止;二、程某甲每周在不影响孩子学习生活的前提下可探视一次;三、驳回吕某其他诉讼请求。诉讼费减半收取100元,由吕某、程某甲各负担50元。

程某甲上诉称,一审法院对于程某甲的实际工作情况没有具体详细的调查核实,只是口头询问,其认定与实际情况不符。2010年12月27日程某甲虽与他人合伙承包了出租车一辆,但至2015年年底合同期已满,现程某甲实际处于无工作状态,生活难以为继。上诉请求:1.撤销一审判决第一项,改判程某甲不支付抚养费,且程某每年寒暑假应在程某甲家度过;2.一、二审案件受理费由吕某负担。

吕某口头答辩称,不同意程某甲的意见。程某甲作为程某的父亲,应当承担抚养义务。不支付抚养费就不应该探视孩子。

经审理查明,一审判决认定的事实中,除"2001年9月11日双方在新洲婚姻登记中心办理了协议离婚"的时间认定错误外,其他均属实。

二审另查明,程某甲、吕某于2011年9月11日在新洲婚姻登记中心办理了协议离婚手续。

本院认为,程某甲与吕某协议离婚时,已对婚生女程某的抚养问题达成一致意见,但在实际履行过程中,双方经协商一致,变更了离婚协议,重新约定程某由吕某抚养,该约定有效,依约定程某应由吕某直接抚养。根据《中华人民共和国婚姻法》第三十七条第一款"离婚后,一方抚养的子女,另一方应负担必要的生活费和教育费的一部或全部,负担费用的多少和期限的长短,由双方协议;协议不成时,由人民法院判决"的规定,以及《最高人民法院关于人民法院审理离婚案件处理子女抚养问题的若干具体意见》第七条第一款"子女抚育费的数额,可根据子女的实际需要、父母双方的负担能力和当地的实际生活水平确定”的规定，现程某已上中学，程某甲作为出租车司机也应该有相应的收入，一审判决程某甲每月支付抚养费700元并无不当。关于程某甲对程某的探视问题，根据《中华人民共和国婚姻法》第三十八条第一款“离婚后，不直接抚养子女的父或母，有探望子女的权利，另一方有协助的义务”的规定，一审判决程某甲对程某的探视，并无不当。程某甲上诉提出的改判其不支付抚养费，且程某应每年寒暑假在程某甲家度过的请求，本院不予支持。

综上所述，一审判决认定事实清楚，适用法律及实体处理并无不当。根据《中华人民共和国民事诉讼法》第一百七十条第一款第（一）项的规定，判决如下：

驳回上诉，维持原判。

二审案件受理费100元，由程某甲负担。

本判决为终审判决。

八、中国裁判文书网民事判决书样式

（一）判决书

1. 一审判决书

张某与赵某离婚纠纷一审民事判决书

北京市西城区人民法院

民 事 判 决 书

（2018）京0102民初39326号

原告：张某，女，1984年×月×日出生，汉族，住北京市朝阳区。

委托诉讼代理人：刘婉婷，北京安嘉律师事务所律师。

委托诉讼代理人：曹成，北京安嘉律师事务所律师。

被告：赵某，男，1981年×月×日出生，汉族，北京中科软科技有限公司部门副总经理，住北京市西城区。

委托诉讼代理人：李江，北京信持律师事务所律师。

原告张某诉被告赵某离婚纠纷一案，本院于2018年8月13日立案受理后，依法适用普通程序，公开开庭进行了审理。原告张某、委托诉讼代理人曹成，被告赵某、委托诉讼代理人李江到庭参加了诉讼。本案现已审理终结。

原告张某向本院提出诉讼请求：1. 判令张某与赵某离婚；2. 判令婚生之女赵某甲由张某抚养，赵某每月10日前按月支付抚养费5000元，至赵某甲年满18周岁时止。

事实和理由：张某和赵某于2011年自行相识，2012年2月6日登记结婚，双方均系再婚，前段婚姻均无子女。2012年10月13日生一女，名赵某甲。双方婚前感情基础薄弱，缺乏了解，婚后双方生活习惯、价值观都有不同，经常发生矛盾。2018年年初，张某发现赵某在婚内和多名异性存在不正当男女关系；因为双方感情基础薄弱，加上赵某有严重伤害夫妻感情的严重过错，2018年4月起双方分居至今。赵某甲出生后，夫妻双方、孩子以及老人都在一起居住，现在赵某甲上幼儿园期间由爷爷、奶奶、姥姥、姥爷共同照顾，放假后和张某一起生活，双方感情现已破裂，故提出上述诉讼请求。

被告赵某辩称，对张某所述相识、结婚、生育情况无异议，双方确系再婚。不同意张某的诉讼请求，不同意离婚，因为夫妻感情并未破裂。双方因在同一家公司工作相识，张某怀孕后，一直没有上班，其关系挂靠在赵某部门，是因为赵某心疼张某；双方婚内基本没有争吵过，孩子出生后基本都是爷爷奶奶照顾，张某基本也不需要做家务，婆媳关系也较为融洽，没有家庭矛盾。2015年下半年张某想去工作，赵某介绍张某入职新的单位，2016年7月赵某发现张某与其领导胡某某长期保持不正当男女关系，赵某发现问题后原谅了张某，张某继续在该单位工作。因为张某工作单位较远，赵某住在离单位较近的地方，孩子基本由赵某和赵某父母照顾，周末赵某将孩子送到张某处，二人还时常在一起吃饭、聊天，最近没有夫妻生活，这是由于孩子学习等特殊情况造成的。赵某对张某依然有感情，不同意离婚。如果法院判决离婚，赵某要求对赵某甲的抚养权，因为孩子基本都是赵某在照顾，从经济上、用心程度上和教育成长上，赵某抚养对孩子更为有利。赵某没有张某所述的婚内出轨情况，对于张某的出轨行为，张某表示悔过，双方并未因此导致感情破裂，过错方起诉离婚，无过错方不同意离婚，在没有法定解除婚姻的情况下，应判决不准离婚。双方本着对婚姻负责的态度，且均非初婚，对婚姻应当更加慎重。

本院经审理认定事实如下：张某和赵某于2012年2月6日登记结婚，双方均系再婚，2012年10月13日生一女，名赵某甲。双方在婚姻关系存续过程中，均有对婚姻不忠实行为。

诉讼中，赵某自述其每月收入15,000元左右。

上述事实，有结婚证、出生证明、照片、视频、微信聊天记录打印件、录音、协议书及当事人陈述等证据在案佐证。

本院认为，婚姻关系的存续以夫妻感情为基础，张某主张夫妻感情已经破裂，并提交了证据，本院予以认可，并认为双方感情确已破裂，应依法判决双方离婚。关于子女抚养问题，双方均要求抚养子女，本院考虑双方婚生女赵某甲年龄较小，且为女孩，张某平时亦尽到照顾义务，由张某抚养更利于其成长，故本案中赵某甲由张某抚养为宜。关于子女抚养费问题，本院根据赵某的收入情况酌定为每月4000元。离婚后，不直接抚养子女的父或母，有探望子女的权利，另一方有协助的义务，双方均应本着有利于子女成长的原则，妥善安排子女居住及生活，协助不直接抚养子女的一方行使探望权利，避免因子女抚养及探望发生纠纷。

综上所述，根据《中华人民共和国婚姻法》第三十二条、第三十七条、第三十八条之规定，判决如下：

一、原告张某与被告赵某离婚；

二、婚生女赵某甲由原告张某抚养，被告赵某自2019年2月起每月支

付子女抚养费4000元,至赵某甲年满18周岁时止;

三、驳回张某其他诉讼请求。

如果未按本判决指定的期间履行给付金钱义务,应当依据《中华人民共和国民事诉讼法》第二百五十三条之规定,加倍支付迟延履行期间的债务利息。

案件受理费150元,由被告赵某负担。

如不服本判决,可在判决书送达之日起十五日内,向本院递交上诉状,并按对方当事人的人数提出副本,交纳上诉案件的受理费,上诉于北京市第二中级人民法院。如在上诉期满七日内仍未交纳上诉费用的,按自动撤回上诉处理。

审判长　潘　杰

人民陪审员　刘海燕

人民陪审员　廿源沅

二〇一九年二月二十一日

书记员　李　杏

2. 二审判决书

江某等离婚纠纷二审民事判决书

北京市第二中级人民法院
民 事 判 决 书

(2019)京02民终2403号

上诉人(原审原告):王某,女,1964年×月×日出生。

委托诉讼代理人:李扬,北京市京伦律师事务所律师。

委托诉讼代理人:冯强,北京市京伦律师事务所律师。

上诉人(原审被告):江某,男,1957年×月×日出生。

上诉人王某、江某因离婚纠纷一案,均不服北京市房山区人民法院

(2018)京0111民初12256号民事判决,向本院提起上诉,本院于2019年2月18日立案后,依法组成合议庭进行了审理。上诉人王某及其委托诉讼代理人李扬、上诉人江某到庭参加诉讼。本案现已审理终结。

王某上诉请求:1. 撤销北京市房山区人民法院(2018)京0111民初12256号民事判决第二项,改判由江某承担夫妻关系存续期间的共同债务772,914.51元的50%。2. 由江某返还我25根金条及200,000元现金。3. 一、二审诉讼费由江某承担。

事实与理由:1. 双方婚姻关系存续期间共计向金融机构借款107.5万元,均用于与江某共同生活期间的共同消费。一审法院以借款数额较大,提供的票据中有大量以公司名义开具的发票,江某不认可为由驳回我的诉讼请求,属于认定事实错误,依法应以纠正。2. 江某在婚姻关系存续期间在我不知情的情况下私自从我的保险柜中取走25根金条及现金200,000元,后被公安机关立案侦查。江某虽不构成刑法上的盗窃犯罪,但其实际占有的我个人上述财产应当返还。

江某辩称,不同意王某的上诉请求,同时提出上诉请求:撤销一审判决,依法改判。

事实与理由:1. 一审法院在女方找借口无故缺席的情况下开庭,我要求延期开庭,但一审法院明显偏袒王某没有延期。2. 我们婚后共同购买的位于滁州市琅琊区×××××号的房屋一套,该房屋虽未办理不动产权登记,但是已经就房屋价格协商一致,经网上查询,该类型房屋售价在8000元/平方米左右,双方协商按70万元作价,除首付和24万元的贷款未还外,房屋价值46万元应当平均分割。只要王某给付我20万元折价款,房产就归王某所有。我是在房屋所有权解决的情况下同意离婚的。房产不分割明晰,我则不同意离婚。3. 我婚前购买别克小汽车一辆,虽然登记在案外人名下,但是所有权不容置疑,是向案外人租用车牌购买的,与案外人有明确的协议约定。该车属于我的婚前个人财产,现在王某开走了,我要求他将车返还给我。如果不能归还,应由王某折价给我。法院不予处理,明显是不负责任。4. 我婚前的 24 万余元存款本案没有处理,我没有异议。

王某对江某的上诉请求辩称,关于车辆的问题,车辆在第三人名下,我方不认可对方归还的主张。滁州市琅琊区×××××号的房屋一套,二审开庭前产权证书刚刚下来,我同意二审进行分割,如江某所述按照 70 万元作价,我要求分割 70 万元扣除 11 万元借款和 24 万元贷款后,按 35 万元进行分割,房子产权给我,我方给对方补偿。

王某向原审法院起诉请求:1. 判决双方离婚;2. 夫妻关系存续期间债务的 50% 即 326,567.73 元,由江某承担;3. 诉讼费由江某负担。

诉讼过程中,王某变更诉讼请求为:1. 判决双方离婚;2. 夫妻关系存续期间的债务 772,914.51 元的 50% 由江某承担;3. 要求江某返还在婚姻关系存续期间私自取走的属于王某婚前个人财产的金条 25 根及现金 200,000 元;4. 诉讼费由江某负担。

原审法院认定事实:王某与江某于 2016 年 2 月 22 日登记结婚,双方均系再婚,婚后未生育子女。王某和江某均同意离婚。双方婚后共同购买位于安徽省滁州市琅琊区×××××号的房屋一套。现涉案房屋尚未办理不动产权登记,双方就房屋价款无法协商一致。

江某主张其于婚前购买别克小汽车一辆,现登记在案外人名下,王某称因车辆登记在他人名下,对江某的主张不予认可。就王某主张江某盗窃事宜,哈尔滨市公安局于 2018 年 4 月以不构成盗窃罪为由作出撤销案件决定书。经查询,王某名下在中国国际期货股份有限公司开设的账户号码为 990××××的账户中自 2016 年 1 月 1 日至 2018 年 12 月 13 日没有交易记录。

原审法院认为:婚姻以夫妻感情为基础,离婚系双方自由,自愿的选择。现王某与江某均同意离婚,足以证明双方感情确已破裂,法院不持异议。位于滁州市琅琊区××的房屋,因尚未办理不动产权登记,且王某要求本案处理房屋所有权,双方又就房屋价格无法协商一致,故不宜处理,双方可另行解决。王某主张的夫妻共同债务,因借款数额较大,且在借款中载明用途为个人经营,其提交的票据中有大量以公司名义开具的发票,江某对此不予认可,故王某主张该部分债务属于夫妻共同债务的证据不足,不予支持。王某主张的婚前个人财物,其未提供充分证据证明江某占有该部分财物,故对其诉讼请求不予支持。江某主张的婚前个人财产24万余元,因涉及案外人,不宜处理,江某可另行解决。江某主张的婚前个人车辆,因车辆登记在案外人名下,可能涉及案外人利益,且王某不予认可,故不宜处理,江某可另行解决。江某主张的王某的期货收益,江某未提供充分证据证明王某在婚姻关系存续期间存在上述收益,故对该诉讼请求不予支持。据此,判决:一、王某与江某离婚。二、驳回王某的其他诉讼请求。三、驳回江某的诉讼请求。

二审中,经询双方均表示同意离婚。

王某另于本案二审审理期间表示位于安徽省滁州市琅琊区××××× 号的房屋一套产权证书已经核发,并提交编号为No. D3×××××89511不动产产权证书,载明:皖(2019)滁州市不动产权第××××号权利人王某,坐落敏轩路9号××××室,江某对此表示予以认可。经协商双方一致同意上述房屋归王某所有,王某给付江某折价补偿款20万元,剩余房屋贷款款项由王某自行偿还。

本院二审查明的其他事实与一审法院查明的案件事实无异,本院予以确认。

本院认为,婚姻以夫妻感情为基础。王某与江某双方感情确已破裂,现双方均同意离婚,本院对此不持异议。坐落于安徽省滁州市琅琊区×××××号房屋产权证书已经核发,作为夫妻共同财产已经具备进行分割的条件。对江某要求分割该房屋的上诉讼请求应予支持。现王某、江某对此予以认可并协商同意该房屋归王某所有,王某给付某折价补偿款20万元,剩余房屋贷款款项由王某自行偿还。对此,本院不持异议。

本案争议的焦点是王某所借债务如何承担、江某是否占有王某的婚前个人财产,以及涉诉车辆如何处理。

关于王某主张的夫妻共同债务一节,因王某借款数额较大,且在借款中载明用途为个人经营,其提交的票据中有大量以公司名义开具的发票,江某对此不予认可。王某主张该部分债务属于夫妻共同债务的上诉主张,本院难以采信,一审法院对此所作判决并无不当,本院不持异议。

关于王某主张的婚前个人存有25根金条及200,000元现金财物,被江某盗走,因其未提供充分证据证明江某占有该部分财物,故对其要求由江某返还该部分财产的上诉请求不予支持。

关于江某主张的婚前个人车辆一节,因车辆登记在案外人名下,可能涉及案外人利益,且王某不予认可,故本案不宜处理,江某可另行解决。江某坚持在本案中处理的上诉请求,本院不予支持。

综上所述,依照《中华人民共和国民事诉讼法》第一百七十条第一款第(二)项规定,判决如下:

一、维持北京市房山区人民法院(2018)京0111民初12256号民事判决第一项。

二、撤销北京市房山区人民法院(2018)京0111民初12256号民事判决第二、三项。

三、坐落于安徽省滁州市敏轩路××5幢住宅2502室房屋一套归王某所有,王某于本判决生效之日起30日内给付江某房屋折价补偿款200,000元,剩余房屋贷款款项由王某自行偿还。

四、驳回王某、江某的其他诉讼请求。

如果未按本判决指定的期间履行给付金钱义务,应当依照《中华人民共和国民事诉讼法》第二百五十三条之规定,加倍支付迟延履行期间的债务利息。

一审案件受理费1507元,由王某负担1469元(已交纳),由江某负担38元(本判决生效后7日内交纳);二审案件受理费3014元,由王某负担1507元(已交纳),由江某负担1507元(已交纳)。

本判决为终审判决。

审判长　刘保河
审判员　石　磊
审判员　李　倩
二〇一九年四月三十日
法官助理　史佳伟
书记员　刘　越

（二）裁定书

王某与李某离婚纠纷再审审查与审判监督民事裁定书

北京市高级人民法院

民 事 判 决 书

（2019）京民申 1371 号

再审申请人（一审被告、二审上诉人）：王某，男，汉族，1981 年 × 月 × 日出生，住北京市朝阳区。

委托诉讼代理人：王国瑞（系王某之父），住河北省邯郸市临漳县。

委托诉讼代理人：郭海花（系王某之母），住北京市朝阳区。

被申请人（一审原告、二审被上诉人）：李某，女，汉族，1982 年 × 月 × 日出生，住北京市朝阳区。

再审申请人王某因与被申请人李某离婚纠纷一案，不服北京市第三中级人民法院（2018）京 03 民终 15570 号民事判决财产处理部分，向本院申请再审。本院依法组成合议庭进行了审查，现已审查终结。

王某申请再审称，李某除了诉争房屋外，另有一套位于北京市顺义区自己的房子。诉争房屋系王某在北京的唯一住房，同时需要赡养二老。诉争房屋系卖掉王某前房产所置换,一、二审法院处理结果有失公平。二审判决诉争房屋系婚后购买并登记在李某名下与实际情况不符。置换房屋购买贷款合同为王某、李某共同签署,李某在办理房本过程中,房本只登记了自己的名字,故意没有写王某名字,王某当时工作忙没有顾及此事。王某父母需要在北京与其共同生活,王某需要一个稳定的居住环境以保证为父母养老。一、二审法院应参照双方当事人对置换房屋的实际出资贡献分割诉争房屋,不应该认定为夫妻共有房产。一、二审判决事实不清,未经调查作出认定违背事实。综上,依据《中华人民共和国民事诉讼法》第二百条第二项、第四项、第六项、第十一项规定,王某提出再审申请。

本院经审查认为,本案争议焦点为北京市朝阳区惠新里22号楼1层2门2号的房屋分割问题。该房屋系王某、李某二人婚后购买并登记在李某名下,考虑到该房屋的首付款来源于出售昌平区二人共有房屋,且购房后夫妻共同还贷,一、二审法院认定争议房屋属夫妻共同财产,并无不当。依照有利生产、方便生活,照顾妇女儿童权益的基本原则,一、二审法院对共同财产的分割处置亦无不妥。王某的再审申请理由不符合《中华人民共和国民事诉讼法》第二百条第二项、第四项、第六项、第十一项规定的情形。

依照《中华人民共和国民事诉讼法》第二百零四条第一款,《最高人民法院关于适用〈中华人民共和国民事诉讼法〉的解释》第三百九十五条第二款规定,裁定如下:

驳回王某的再审申请。

审判长　王立杰

审判员　李　林

审判员　苏　伟

二〇一九年五月三十一日

书记员　阿　晗

（三）调解书

上海市浦东新区人民法院

民 事 调 解 书

(2017)沪0115民初56384号

原告:李某,女,1979年×月×日生,汉族,住安徽省宿州市。

被告:丁某某,男,1979年×月×日生,汉族,户籍地上海市浦东新区。

案由:离婚纠纷。

本院在审理原告李某与被告丁某某离婚纠纷一案中,经本院主持调解,双方当事人自愿达成如下协议:

一、原告李某与被告丁某某离婚;

二、原、被告婚生女儿丁某甲(2004年6月20日生)随原告李某共同生活,由原告李某独自抚养至女儿年满十八周岁止;

三、案件受理费人民200元,减半收取计100元,由原告李某负担(已交纳)。

双方当事人一致同意本调解协议的内容,自双方在调解协议上签名后即具有法律效力。

上述协议,不违反法律规定,本院予以确认。

审判员　郑卿杰

二〇一七年九月十二日

书记员　邱　灵

附:相关法律条文

《中华人民共和国民事诉讼法》

第九十六条　调解达成协议,必须双方自愿,不得强迫。调解协议的内容不得违反法律规定。

第九十七条　调解达成协议，人民法院应当制作调解书。

调解书由审判人员、书记员署名，加盖人民法院印章，送达双方当事人。

第六章

婚姻纠纷相关法律规定

一、婚姻法相关规定

1. 中华人民共和国民法典(节录)

(2020 年 5 月 28 日第十三届全国人民代表大会第三次会议通过
中华人民共和国主席令第 45 号　自 2021 年 1 月 1 日起施行)

第五编　婚 姻 家 庭

第一章　一 般 规 定

第一千零四十条　本编调整因婚姻家庭产生的民事关系。

第一千零四十一条　婚姻家庭受国家保护。

实行婚姻自由、一夫一妻、男女平等的婚姻制度。

保护妇女、未成年人、老年人、残疾人的合法权益。

第一千零四十二条　禁止包办、买卖婚姻和其他干涉婚姻自由的行为。禁止借婚姻索取财物。

禁止重婚。禁止有配偶者与他人同居。

禁止家庭暴力。禁止家庭成员间的虐待和遗弃。

第一千零四十三条　家庭应当树立优良家风,弘扬家庭美德,重视家庭文明建设。

夫妻应当互相忠实，互相尊重，互相关爱；家庭成员应当敬老爱幼，互相帮助，维护平等、和睦、文明的婚姻家庭关系。

第一千零四十四条 收养应当遵循最有利于被收养人的原则，保障被收养人和收养人的合法权益。

禁止借收养名义买卖未成年人。

第一千零四十五条 亲属包括配偶、血亲和姻亲。

配偶、父母、子女、兄弟姐妹、祖父母、外祖父母、孙子女、外孙子女为近亲属。

配偶、父母、子女和其他共同生活的近亲属为家庭成员。

第二章 结　　婚

第一千零四十六条 结婚应当男女双方完全自愿，禁止任何一方对另一方加以强迫，禁止任何组织或者个人加以干涉。

第一千零四十七条 结婚年龄，男不得早于二十二周岁，女不得早于二十周岁。

第一千零四十八条 直系血亲或者三代以内的旁系血亲禁止结婚。

第一千零四十九条 要求结婚的男女双方应当亲自到婚姻登记机关申请结婚登记。符合本法规定的，予以登记，发给结婚证。完成结婚登记，即确立婚姻关系。未办理结婚登记的，应当补办登记。

第一千零五十条 登记结婚后，按照男女双方约定，女方可以成为男方家庭的成员，男方可以成为女方家庭的成员。

第一千零五十一条 有下列情形之一的，婚姻无效：

（一）重婚；

（二）有禁止结婚的亲属关系；

（三）未到法定婚龄。

第一千零五十二条 因胁迫结婚的，受胁迫的一方可以向人民法院请求撤销婚姻。

请求撤销婚姻的，应当自胁迫行为终止之日起一年内提出。

被非法限制人身自由的当事人请求撤销婚姻的，应当自恢复人身自由之日起一年内提出。

第一千零五十三条 一方患有重大疾病的，应当在结婚登记前如实告知另一方；不如实告知的，另一方可以向人民法院请求撤销婚姻。

请求撤销婚姻的，应当自知道或者应当知道撤销事由之日起一年内提出。

第一千零五十四条 无效的或者被撤销的婚姻自始没有法律约束力，当事人不具有夫妻的权利和义务。同居期间所得的财产，由当事人协议处理；协议不成的，由人民法院根据照顾无过错方的原则判决。对重婚导致的无效婚姻的财产处理，不得侵害合法婚姻当事人的财产权益。当事人所生的子女，适用本法关于父母子女的规定。

婚姻无效或者被撤销的，无过错方有权请求损害赔偿。

第三章 家庭关系

第一节 夫妻关系

第一千零五十五条 夫妻在婚姻家庭中地位平等。

第一千零五十六条 夫妻双方都有各自使用自己姓名的权利。

第一千零五十七条 夫妻双方都有参加生产、工作、学习和社会活动的自由，一方不得对另一方加以限制或者干涉。

第一千零五十八条 夫妻双方平等享有对未成年子女抚养、教育和保护的权利，共同承担对未成年子女抚养、教育和保护的义务。

第一千零五十九条 夫妻有相互扶养的义务。

需要扶养的一方，在另一方不履行扶养义务时，有要求其给付扶养费的权利。

第一千零六十条 夫妻一方因家庭日常生活需要而实施的民事法律行为，对夫妻双方发生效力，但是夫妻一方与相对人另有约定的除外。

夫妻之间对一方可以实施的民事法律行为范围的限制，不得对抗善意相对人。

第一千零六十一条 夫妻有相互继承遗产的权利。

第一千零六十二条 夫妻在婚姻关系存续期间所得的下列财产，为夫妻的共同财产，归夫妻共同所有：

（一）工资、奖金、劳务报酬；

（二）生产、经营、投资的收益；

（三）知识产权的收益；

（四）继承或者受赠的财产，但是本法第一千零六十三条第三项规定的除外；

（五）其他应当归共同所有的财产。

夫妻对共同财产，有平等的处理权。

第一千零六十三条 下列财产为夫妻一方的个人财产：

（一）一方的婚前财产；

（二）一方因受到人身损害获得的赔偿或者补偿；

（三）遗嘱或者赠与合同中确定只归一方的财产；

（四）一方专用的生活用品；

（五）其他应当归一方的财产。

第一千零六十四条 夫妻双方共同签名或者夫妻一方事后追认等共同意思表示所负的债务，以及夫妻一方在婚姻关系存续期间以个人名义为家庭日常生活需要所负的债务，属于夫妻共同债务。

夫妻一方在婚姻关系存续期间以个人名义超出家庭日常生活需要所负的债务，不属于夫妻共同债务；但是，债权人能够证明该债务用于夫妻共同生活、共同生产经营或者基于夫妻双方共同意思表示的除外。

第一千零六十五条 男女双方可以约定婚姻关系存续期间所得的财产以及婚前财产归各自所有、共同所有或者部分各自所有、部分共同所有。约定应当采用书面形式。没有约定或者约定不明确的，适用本法第一千零六十二条、第一千零六十三条的规定。

夫妻对婚姻关系存续期间所得的财产以及婚前财产的约定，对双方具有法律约束力。

夫妻对婚姻关系存续期间所得的财产约定归各自所有，夫或者妻一方对外所负的债务，相对人知道该约定的，以夫或者妻一方的个人财产清偿。

第一千零六十六条 婚姻关系存续期间，有下列情形之一的，夫妻一方可以向人民法院请求分割共同财产：

（一）一方有隐藏、转移、变卖、毁损、挥霍夫妻共同财产或者伪造夫妻共同债务等严重损害夫妻共同财产利益的行为；

（二）一方负有法定扶养义务的人患重大疾病需要医治，另一方不同意支付相关医疗费用。

第二节　父母子女关系和其他近亲属关系

第一千零六十七条 父母不履行抚养义务的，未成年子女或者不能独立生活的成年子女，有要求父母给付抚养费的权利。

成年子女不履行赡养义务的，缺乏劳动能力或者生活困难的父母，有要求成年子女给付赡养费的权利。

第一千零六十八条 父母有教育、保护未成年子女的权利和义务。未成年子女造成他人损害的，父母应当依法承担民事责任。

第一千零六十九条 子女应当尊重父母的婚姻权利，不得干涉父母离婚、再婚以及婚后的生活。子女对父母的赡养义务，不因父母的婚姻关系变化而终止。

第一千零七十条 父母和子女有相互继承遗产的权利。

第一千零七十一条 非婚生子女享有与婚生子女同等的权利，任何组织或者个人不得加以危害和歧视。

不直接抚养非婚生子女的生父或者生母，应当负担未成年子女或者不能独立生活的成年子女的抚养费。

第一千零七十二条 继父母与继子女间，不得虐待或者歧视。

继父或者继母和受其抚养教育的继子女间的权利义务关系，适用本法关于父母子女关系的规定。

第一千零七十三条 对亲子关系有异议且有正当理由的，父或者母可以向人民法院提起诉讼，请求确认或者否认亲子关系。

对亲子关系有异议且有正当理由的，成年子女可以向人民法院提起诉讼，请求确认亲子关系。

第一千零七十四条 有负担能力的祖父母、外祖父母，对于父母已经死亡或者父母无力抚养的未成年孙子女、外孙子女，有抚养的义务。

有负担能力的孙子女、外孙子女，对于子女已经死亡或者子女无力赡养的祖父母、外祖父母，有赡养的义务。

第一千零七十五条 有负担能力的兄、姐，对于父母已经死亡或者父母无力抚养的未成年弟、妹，有扶养的义务。

由兄、姐扶养长大的有负担能力的弟、妹，对于缺乏劳动能力又缺乏生活来源的兄、姐，有扶养的义务。

第四章 离　婚

第一千零七十六条 夫妻双方自愿离婚的，应当签订书面离婚协议，并亲自到婚姻登记机关申请离婚登记。

离婚协议应当载明双方自愿离婚的意思表示和对子女抚养、财产以及债务处理等事项协商一致的意见。

第一千零七十七条 自婚姻登记机关收到离婚登记申请之日起三十日内，任何一方不愿意离婚的，可以向婚姻登记机关撤回离婚登记申请。

前款规定期限届满后三十日内，双方应当亲自到婚姻登记机关申请发给离婚证；未申请的，视为撤回离婚登记申请。

第一千零七十八条 婚姻登记机关查明双方确实是自愿离婚,并已经对子女抚养、财产以及债务处理等事项协商一致的,予以登记,发给离婚证。

第一千零七十九条 夫妻一方要求离婚的,可以由有关组织进行调解或者直接向人民法院提起离婚诉讼。

人民法院审理离婚案件,应当进行调解;如果感情确已破裂,调解无效的,应当准予离婚。

有下列情形之一,调解无效的,应当准予离婚:

(一)重婚或者与他人同居;

(二)实施家庭暴力或者虐待、遗弃家庭成员;

(三)有赌博、吸毒等恶习屡教不改;

(四)因感情不和分居满二年;

(五)其他导致夫妻感情破裂的情形。

一方被宣告失踪,另一方提起离婚诉讼的,应当准予离婚。

经人民法院判决不准离婚后,双方又分居满一年,一方再次提起离婚诉讼的,应当准予离婚。

第一千零八十条 完成离婚登记,或者离婚判决书、调解书生效,即解除婚姻关系。

第一千零八十一条 现役军人的配偶要求离婚,应当征得军人同意,但是军人一方有重大过错的除外。

第一千零八十二条 女方在怀孕期间、分娩后一年内或者终止妊娠后六个月内,男方不得提出离婚;但是,女方提出离婚或者人民法院认为确有必要受理男方离婚请求的除外。

第一千零八十三条 离婚后,男女双方自愿恢复婚姻关系的,应当到婚姻登记机关重新进行结婚登记。

第一千零八十四条 父母与子女间的关系,不因父母离婚而消除。离婚后,子女无论由父或者母直接抚养,仍是父母双方的子女。

离婚后,父母对于子女仍有抚养、教育、保护的权利和义务。

离婚后,不满两周岁的子女,以由母亲直接抚养为原则。已满两周岁的子女,父母双方对抚养问题协议不成的,由人民法院根据双方的具体情况,按照最有利于未成年子女的原则判决。子女已满八周岁的,应当尊重其真实意愿。

第一千零八十五条 离婚后,子女由一方直接抚养的,另一方应当负担部分或者全部抚养费。负担费用的多少和期限的长短,由双方协议;协议不成的,由人民法院判决。

前款规定的协议或者判决,不妨碍子女在必要时向父母任何一方提出超过协议或者判决原定数额的合理要求。

第一千零八十六条 离婚后,不直接抚养子女的父或者母,有探望子女的权利,另一方有协助的义务。

行使探望权利的方式、时间由当事人协议;协议不成的,由人民法院判决。

父或者母探望子女,不利于子女身心健康的,由人民法院依法中止探望;中止的事由消失后,应当恢复探望。

第一千零八十七条 离婚时,夫妻的共同财产由双方协议处理;协议不成的,由人民法院根据财产的具体情况,按照照顾子女、女方和无过错方权益的原则判决。

对夫或者妻在家庭土地承包经营中享有的权益等,应当依法予以保护。

第一千零八十八条 夫妻一方因抚育子女、照料老年人、协助另一方工作等负担较多义务的,离婚时有权向另一方请求补偿,另一方应当给予补偿。具体办法由双方协议;协议不成的,由人民法院判决。

第一千零八十九条 离婚时,夫妻共同债务应当共同偿还。共同财产不足清偿或者财产归各自所有的,由双方协议清偿;协议不成的,由人民法院判决。

第一千零九十条 离婚时,如果一方生活困难,有负担能力的另一方应当给予适当帮助。具体办法由双方协议;协议不成的,由人民法院判决。

第一千零九十一条 有下列情形之一,导致离婚的,无过错方有权请求损害赔偿:

(一)重婚;

(二)与他人同居;

(三)实施家庭暴力;

(四)虐待、遗弃家庭成员;

(五)有其他重大过错。

第一千零九十二条 夫妻一方隐藏、转移、变卖、毁损、挥霍夫妻共同财产,或者伪造夫妻共同债务企图侵占另一方财产的,在离婚分割夫妻共同财产时,对该方可以少分或者不分。离婚后,另一方发现有上述行为的,可以向人民法院提起诉讼,请求再次分割夫妻共同财产。

第五章 收 养

第一节 收养关系的成立

第一千零九十三条 下列未成年人,可以被收养:

(一)丧失父母的孤儿;

(二)查找不到生父母的未成年人;

(三)生父母有特殊困难无力抚养的子女。

第一千零九十四条 下列个人、组织可以作送养人:

(一)孤儿的监护人;

(二)儿童福利机构;

(三)有特殊困难无力抚养子女的生父母。

第一千零九十五条 未成年人的父母均不具备完全民事行为能力且可能严重危害该未成年人的,该未成年人的监护人可以将其送养。

第一千零九十六条 监护人送养孤儿的,应当征得有抚养义务的人同意。有抚养义务的人不同意送养、监护人不愿意继续履行监护职责的,应当依照本法第一编的规定另行确定监护人。

第一千零九十七条 生父母送养子女,应当双方共同送养。生父母一方不明或者查找不到的,可以单方送养。

第一千零九十八条 收养人应当同时具备下列条件:

(一)无子女或者只有一名子女;

(二)有抚养、教育和保护被收养人的能力;

(三)未患有在医学上认为不应当收养子女的疾病;

(四)无不利于被收养人健康成长的违法犯罪记录;

(五)年满三十周岁。

第一千零九十九条 收养三代以内旁系同辈血亲的子女,可以不受本法第一千零九十三条第三项、第一千零九十四条第三项和第一千一百零二条规定的限制。

华侨收养三代以内旁系同辈血亲的子女,还可以不受本法第一千零九十八条第一项规定的限制。

第一千一百条 无子女的收养人可以收养两名子女;有子女的收养人只能收养一名子女。

收养孤儿、残疾未成年人或者儿童福利机构抚养的查找不到生父母的未成年人,可以不受前款和本法第一千零九十八条第一项规定的限制。

第一千一百零一条 有配偶者收养子女,应当夫妻共同收养。

第一千一百零二条 无配偶者收养异性子女的,收养人与被收养人的年龄应当相差四十周岁以上。

第一千一百零三条 继父或者继母经继子女的生父母同意，可以收养继子女，并可以不受本法第一千零九十三条第三项、第一千零九十四条第三项、第一千零九十八条和第一千一百条第一款规定的限制。

第一千一百零四条 收养人收养与送养人送养，应当双方自愿。收养八周岁以上未成年人的，应当征得被收养人的同意。

第一千一百零五条 收养应当向县级以上人民政府民政部门登记。收养关系自登记之日起成立。

收养查找不到生父母的未成年人的，办理登记的民政部门应当在登记前予以公告。

收养关系当事人愿意签订收养协议的，可以签订收养协议。

收养关系当事人各方或者一方要求办理收养公证的，应当办理收养公证。

县级以上人民政府民政部门应当依法进行收养评估。

第一千一百零六条 收养关系成立后，公安机关应当按照国家有关规定为被收养人办理户口登记。

第一千一百零七条 孤儿或者生父母无力抚养的子女，可以由生父母的亲属、朋友抚养；抚养人与被抚养人的关系不适用本章规定。

第一千一百零八条 配偶一方死亡，另一方送养未成年子女的，死亡一方的父母有优先抚养的权利。

第一千一百零九条 外国人依法可以在中华人民共和国收养子女。

外国人在中华人民共和国收养子女，应当经其所在国主管机关依照该国法律审查同意。收养人应当提供由其所在国有权机构出具的有关其年龄、婚姻、职业、财产、健康、有无受过刑事处罚等状况的证明材料，并与送养人签订书面协议，亲自向省、自治区、直辖市人民政府民政部门登记。

前款规定的证明材料应当经收养人所在国外交机关或者外交机关授权的机构认证，并经中华人民共和国驻该国使领馆认证，但是国家另有规定的除外。

第一千一百一十条 收养人、送养人要求保守收养秘密的，其他人应当尊重其意愿，不得泄露。

第二节　收养的效力

第一千一百一十一条 自收养关系成立之日起，养父母与养子女间的权利义务关系，适用本法关于父母子女关系的规定；养子女与养父母的近亲属间的权利义务关系，适用本法关于子女与父母的近亲属关系的规定。

养子女与生父母以及其他近亲属间的权利义务关系,因收养关系的成立而消除。

第一千一百一十二条 养子女可以随养父或者养母的姓氏,经当事人协商一致,也可以保留原姓氏。

第一千一百一十三条 有本法第一编关于民事法律行为无效规定情形或者违反本编规定的收养行为无效。

无效的收养行为自始没有法律约束力。

第三节 收养关系的解除

第一千一百一十四条 收养人在被收养人成年以前,不得解除收养关系,但是收养人、送养人双方协议解除的除外。养子女八周岁以上的,应当征得本人同意。

收养人不履行抚养义务,有虐待、遗弃等侵害未成年养子女合法权益行为的,送养人有权要求解除养父母与养子女间的收养关系。送养人、收养人不能达成解除收养关系协议的,可以向人民法院提起诉讼。

第一千一百一十五条 养父母与成年养子女关系恶化、无法共同生活的,可以协议解除收养关系。不能达成协议的,可以向人民法院提起诉讼。

第一千一百一十六条 当事人协议解除收养关系的,应当到民政部门办理解除收养关系登记。

第一千一百一十七条 收养关系解除后,养子女与养父母以及其他近亲属间的权利义务关系即行消除,与生父母以及其他近亲属间的权利义务关系自行恢复。但是,成年养子女与生父母以及其他近亲属间的权利义务关系是否恢复,可以协商确定。

第一千一百一十八条 收养关系解除后,经养父母抚养的成年养子女,对缺乏劳动能力又缺乏生活来源的养父母,应当给付生活费。因养子女成年后虐待、遗弃养父母而解除收养关系的,养父母可以要求养子女补偿收养期间支出的抚养费。

生父母要求解除收养关系的,养父母可以要求生父母适当补偿收养期间支出的抚养费;但是,因养父母虐待、遗弃养子女而解除收养关系的除外。

2.最高人民法院关于适用《中华人民共和国婚姻法》若干问题的解释(一)

(2001年12月24日最高人民法院审判委员会第1202次会议通过 法释〔2001〕30号)

为了正确审理婚姻家庭纠纷案件,根据《中华人民共和国婚姻法》(以下简称婚姻法)、《中华人民共和国民事诉讼法》等法律的规定,对人民法院适用婚姻法的有关问题作出如下解释:

第一条 婚姻法第三条、第三十二条、第四十三条、第四十五条、第四十六条所称的“家庭暴力”,是指行为人以殴打、捆绑、残害、强行限制人身自由或者其他手段,给其家庭成员的身体、精神等方面造成一定伤害后果的行为。持续性、经常性的家庭暴力,构成虐待。

第二条 婚姻法第三条、第三十二条、第四十六条规定的“有配偶者与他人同居”的情形,是指有配偶者与婚外异性,不以夫妻名义,持续、稳定地共同居住。

第三条 当事人仅以婚姻法第四条为依据提起诉讼的,人民法院不予受理;已经受理的,裁定驳回起诉。

第四条 男女双方根据婚姻法第八条规定补办结婚登记的,婚姻关系的效力从双方均符合婚姻法所规定的结婚的实质要件时起算。

第五条 未按婚姻法第八条规定办理结婚登记而以夫妻名义共同生活的男女,起诉到人民法院要求离婚的,应当区别对待:

(一)1994年2月1日民政部《婚姻登记管理条例》公布实施以前,男女双方已经符合结婚实质要件的,按事实婚姻处理。

(二)1994年2月1日民政部《婚姻登记管理条例》公布实施以后,男女双方符合结婚实质要件的,人民法院应当告知其在案件受理前补办结婚登记;未补办结婚登记的,按解除同居关系处理。

第六条 未按婚姻法第八条规定办理结婚登记而以夫妻名义共同生活的男女,一方死亡,另一方以配偶身份主张享有继承权的,按照本解释第五条的原则处理。

第七条 有权依据婚姻法第十条规定向人民法院就已办理结婚登记的婚姻申请宣告婚姻无效的主体,包括婚姻当事人及利害关系人。利害关系人包括:

（一）以重婚为由申请宣告婚姻无效的，为当事人的近亲属及基层组织。

（二）以未到法定婚龄为由申请宣告婚姻无效的，为未达法定婚龄者的近亲属。

（三）以有禁止结婚的亲属关系为由申请宣告婚姻无效的，为当事人的近亲属。

（四）以婚前患有医学上认为不应当结婚的疾病，婚后尚未治愈为由申请宣告婚姻无效的，为与患病者共同生活的近亲属。

第八条 当事人依据婚姻法第十条规定向人民法院申请宣告婚姻无效的，申请时，法定的无效婚姻情形已经消失的，人民法院不予支持。

第九条 人民法院审理宣告婚姻无效案件，对婚姻效力的审理不适用调解，应当依法作出判决；有关婚姻效力的判决一经作出，即发生法律效力。

涉及财产分割和子女抚养的，可以调解。调解达成协议的，另行制作调解书。对财产分割和子女抚养问题的判决不服的，当事人可以上诉。

第十条 婚姻法第十一条所称的"胁迫"，是指行为人以给另一方当事人或者其近亲属的生命、身体健康、名誉、财产等方面造成损害为要挟，迫使另一方当事人违背真实意愿结婚的情况。

因受胁迫而请求撤销婚姻的，只能是受胁迫一方的婚姻关系当事人本人。

第十一条 人民法院审理婚姻当事人因受胁迫而请求撤销婚姻的案件，应当适用简易程序或者普通程序。

第十二条 婚姻法第十一条规定的"一年"，不适用诉讼时效中止、中断或者延长的规定。

第十三条 婚姻法第十二条所规定的自始无效，是指无效或者可撤销婚姻在依法被宣告无效或被撤销时，才确定该婚姻自始不受法律保护。

第十四条 人民法院根据当事人的申请，依法宣告婚姻无效或者撤销婚姻的，应当收缴双方的结婚证书并将生效的判决书寄送当地婚姻登记管理机关。

第十五条 被宣告无效或被撤销的婚姻，当事人同居期间所得的财产，按共同共有处理。但有证据证明为当事人一方所有的除外。

第十六条 人民法院审理重婚导致的无效婚姻案件时，涉及财产处理的，应当准许合法婚姻当事人作为有独立请求权的第三人参加诉讼。

第十七条 婚姻法第十七条关于"夫或妻对夫妻共同所有的财产，有平等的处理权"的规定，应当理解为：

（一）夫或妻在处理夫妻共同财产上的权利是平等的。因日常生活需要而处理夫妻共同财产的，任何一方均有权决定。

（二）夫或妻非因日常生活需要对夫妻共同财产做重要处理决定，夫妻双方应当平等协商，取得一致意见。他人有理由相信其为夫妻双方共同意思表示的，另一方不得以不同意或不知道为由对抗善意第三人。

第十八条 婚姻法第十九条所称“第三人知道该约定的”，夫妻一方对此负有举证责任。

第十九条 婚姻法第十八条规定为夫妻一方的所有的财产，不因婚姻关系的延续而转化为夫妻共同财产。但当事人另有约定的除外。

第二十条 婚姻法第二十一条规定的“不能独立生活的子女”，是指尚在校接受高中及其以下学历教育，或者丧失或未完全丧失劳动能力等非因主观原因而无法维持正常生活的成年子女。

第二十一条 婚姻法第二十一条所称“抚养费”，包括子女生活费、教育费、医疗费等费用。

第二十二条 人民法院审理离婚案件，符合第三十二条第二款规定“应准予离婚”情形的，不应当因当事人有过错而判决不准离婚。

第二十三条 婚姻法第三十三条所称的“军人一方有重大过错”，可以依据婚姻法第三十二条第二款前三项规定及军人有其他重大过错导致夫妻感情破裂的情形予以判断。

第二十四条 人民法院作出的生效的离婚判决中未涉及探望权，当事人就探望权问题单独提起诉讼的，人民法院应予受理。

第二十五条 当事人在履行生效判决、裁定或者调解书的过程中，请求中止行使探望权的，人民法院在征询双方当事人意见后，认为需要中止行使探望权的，依法作出裁定。中止探望的情形消失后，人民法院应当根据当事人的申请通知其恢复探望权的行使。

第二十六条 未成年子女、直接抚养子女的父或母及其他对未成年子女负担抚养、教育义务的法定监护人，有权向人民法院提出中止探望权的请求。

第二十七条 婚姻法第四十二条所称“一方生活困难”，是指依靠个人财产和离婚时分得的财产无法维持当地基本生活水平。

一方离婚后没有住处的，属于生活困难。

离婚时，一方以个人财产中的住房对生活困难者进行帮助的形式，可以是房屋的居住权或者房屋的所有权。

第二十八条 婚姻法第四十六条规定的“损害赔偿”，包括物质损害赔偿和精神损害赔偿。涉及精神损害赔偿的，适用最高人民法院《关于确定民事侵权精神损害赔偿责任若干问题的解释》的有关规定。

第二十九条 承担婚姻法第四十六条规定的损害赔偿责任的主体，为离婚诉讼当事人中无过错方的配偶。

人民法院判决不准离婚的案件，对于当事人基于婚姻法第四十六条提出的损害赔偿请求，不予支持。

在婚姻关系存续期间，当事人不起诉离婚而单独依据该条规定提起损害赔偿请求的，人民法院不予受理。

第三十条 人民法院受理离婚案件时，应当将婚姻法第四十六条等规定中当事人的有关权利义务，书面告知当事人。在适用婚姻法第四十六条时，应当区分以下不同情况：

（一）符合婚姻法第四十六条规定的无过错方作为原告基于该条规定向人民法院提起损害赔偿请求的，必须在离婚诉讼的同时提出。

（二）符合婚姻法第四十六条规定的无过错方作为被告的离婚诉讼案件，如果被告不同意离婚也不基于该条规定提起损害赔偿请求的，可以在离婚后一年内就此单独提起诉讼。

（三）无过错方作为被告的离婚诉讼案件，一审时被告未基于婚姻法第四十六条规定提出损害赔偿请求，二审期间提出的，人民法院应当进行调解，调解不成的，告知当事人在离婚后一年内另行起诉。

第三十一条 当事人依据婚姻法第四十七条的规定向人民法院提起诉讼，请求再次分割夫妻共同财产的诉讼时效为两年，从当事人发现之次日起计算。

第三十二条 婚姻法第四十八条关于对拒不执行有关探望子女等判决和裁定的，由人民法院依法强制执行的规定，是指对拒不履行协助另一方行使探望权的有关个人和单位采取拘留、罚款等强制措施，不能对子女的人身、探望行为进行强制执行。

第三十三条 婚姻法修改后正在审理的一、二审婚姻家庭纠纷案件，一律适用修改后的婚姻法。此前最高人民法院作出的相关司法解释如与本解释相抵触，以本解释为准。

第三十四条 本解释自公布之日起施行。

3. 最高人民法院关于适用《中华人民共和国婚姻法》若干问题的解释(二)

[2003年12月4日最高人民法院审判委员会第1299次会议通过
根据2017年2月20日最高人民法院审判委员会第1710次会议
《最高人民法院关于适用〈中华人民共和国婚姻法〉
若干问题的解释(二)的补充规定》修正]

为正确审理婚姻家庭纠纷案件,根据《中华人民共和国婚姻法》(以下简称婚姻法)、《中华人民共和国民事诉讼法》等相关法律规定,对人民法院适用婚姻法的有关问题作出如下解释:

第一条 当事人起诉请求解除同居关系的,人民法院不予受理。但当事人请求解除的同居关系,属于婚姻法第三条、第三十二条、第四十六条规定的"有配偶者与他人同居"的,人民法院应当受理并依法予以解除。

当事人因同居期间财产分割或者子女抚养纠纷提起诉讼的,人民法院应当受理。

第二条 人民法院受理申请宣告婚姻无效案件后,经审查确属无效婚姻的,应当依法作出宣告婚姻无效的判决。原告申请撤诉的,不予准许。

第三条 人民法院受理离婚案件后,经审查确属无效婚姻的,应当将婚姻无效的情形告知当事人,并依法作出宣告婚姻无效的判决。

第四条 人民法院审理无效婚姻案件,涉及财产分割和子女抚养的,应当对婚姻效力的认定和其他纠纷的处理分别制作裁判文书。

第五条 夫妻一方或者双方死亡后一年内,生存一方或者利害关系人依据婚姻法第十条的规定申请宣告婚姻无效的,人民法院应当受理。

第六条 利害关系人依据婚姻法第十条的规定,申请人民法院宣告婚姻无效的,利害关系人为申请人,婚姻关系当事人双方为被申请人。

夫妻一方死亡的,生存一方为被申请人。

夫妻双方均已死亡的,不列被申请人。

第七条 人民法院就同一婚姻关系分别受理了离婚和申请宣告婚姻无效案件的,对于离婚案件的审理,应当待申请宣告婚姻无效案件作出判决后进行。

前款所指的婚姻关系被宣告无效后,涉及财产分割和子女抚养的,应当继续审理。

第八条 离婚协议中关于财产分割的条款或者当事人因离婚就财产分割达成的协议,对男女双方具有法律约束力。

当事人因履行上述财产分割协议发生纠纷提起诉讼的,人民法院应当受理。

第九条 男女双方协议离婚后一年内就财产分割问题反悔,请求变更或者撤销财产分割协议的,人民法院应当受理。

人民法院审理后,未发现订立财产分割协议时存在欺诈、胁迫等情形的,应当依法驳回当事人的诉讼请求。

第十条 当事人请求返还按照习俗给付的彩礼的,如果查明属于以下情形,人民法院应当予以支持:

(一)双方未办理结婚登记手续的;

(二)双方办理结婚登记手续但确未共同生活的;

(三)婚前给付并导致给付人生活困难的。

适用前款第(二)、(三)项的规定,应当以双方离婚为条件。

第十一条 婚姻关系存续期间,下列财产属于婚姻法第十七条规定的"其他应当归共同所有的财产":

(一)一方以个人财产投资取得的收益;

(二)男女双方实际取得或者应当取得的住房补贴、住房公积金;

(三)男女双方实际取得或者应当取得的养老保险金、破产安置补偿费。

第十二条 婚姻法第十七条第三项规定的"知识产权的收益",是指婚姻关系存续期间,实际取得或者已经明确可以取得的财产性收益。

第十三条 军人的伤亡保险金、伤残补助金、医药生活补助费属于个人财产。

第十四条 人民法院审理离婚案件,涉及分割发放到军人名下的复员费、自主择业费等一次性费用的,以夫妻婚姻关系存续年限乘以年平均值,所得数额为夫妻共同财产。

前款所称年平均值,是指将发放到军人名下的上述费用总额按具体年限均分得出的数额。其具体年限为人均寿命七十岁与军人入伍时实际年龄的差额。

第十五条 夫妻双方分割共同财产中的股票、债券、投资基金份额等有价证券以及未上市股份有限公司股份时,协商不成或者按市价分配有困难的,人民法院可以根据数量按比例分配。

第十六条 人民法院审理离婚案件,涉及分割夫妻共同财产中以一方名义在有限责任公司的出资额,另一方不是该公司股东的,按以下情形分别处理:

（一）夫妻双方协商一致将出资额部分或者全部转让给该股东的配偶，过半数股东同意、其他股东明确表示放弃优先购买权的，该股东的配偶可以成为该公司股东；

（二）夫妻双方就出资额转让份额和转让价格等事项协商一致后，过半数股东不同意转让，但愿意以同等价格购买该出资额的，人民法院可以对转让出资所得财产进行分割。过半数股东不同意转让，也不愿意以同等价格购买该出资额的，视为其同意转让，该股东的配偶可以成为该公司股东。

用于证明前款规定的过半数股东同意的证据，可以是股东会决议，也可以是当事人通过其他合法途径取得的股东的书面声明材料。

第十七条 人民法院审理离婚案件，涉及分割夫妻共同财产中以一方名义在合伙企业中的出资，另一方不是该企业合伙人的，当夫妻双方协商一致，将其合伙企业中的财产份额全部或者部分转让给对方时，按以下情形分别处理：

（一）其他合伙人一致同意的，该配偶依法取得合伙人地位；

（二）其他合伙人不同意转让，在同等条件下行使优先受让权的，可以对转让所得的财产进行分割；

（三）其他合伙人不同意转让，也不行使优先受让权，但同意该合伙人退伙或者退还部分财产份额的，可以对退还的财产进行分割；

（四）其他合伙人既不同意转让，也不行使优先受让权，又不同意该合伙人退伙或者退还部分财产份额的，视为全体合伙人同意转让，该配偶依法取得合伙人地位。

第十八条 夫妻以一方名义投资设立独资企业的，人民法院分割夫妻在该独资企业中的共同财产时，应当按照以下情形分别处理：

（一）一方主张经营该企业的，对企业资产进行评估后，由取得企业一方给予另一方相应的补偿；

（二）双方均主张经营该企业的，在双方竞价基础上，由取得企业的一方给予另一方相应的补偿；

（三）双方均不愿意经营该企业的，按照《中华人民共和国个人独资企业法》等有关规定办理。

第十九条 由一方婚前承租、婚后用共同财产购买的房屋，房屋权属证书登记在一方名下的，应当认定为夫妻共同财产。

第二十条 双方对夫妻共同财产中的房屋价值及归属无法达成协议时，人民法院按以下情形分别处理：

(一)双方均主张房屋所有权并且同意竞价取得的,应当准许;

(二)一方主张房屋所有权的,由评估机构按市场价格对房屋作出评估,取得房屋所有权的一方应当给予另一方相应的补偿;

(三)双方均不主张房屋所有权的,根据当事人的申请拍卖房屋,就所得价款进行分割。

第二十一条 离婚时双方对尚未取得所有权或者尚未取得完全所有权的房屋有争议且协商不成的,人民法院不宜判决房屋所有权的归属,应当根据实际情况判决由当事人使用。

当事人就前款规定的房屋取得完全所有权后,有争议的,可以另行向人民法院提起诉讼。

第二十二条 当事人结婚前,父母为双方购置房屋出资的,该出资应当认定为对自己子女的个人赠与,但父母明确表示赠与双方的除外。

当事人结婚后,父母为双方购置房屋出资的,该出资应当认定为对夫妻双方的赠与,但父母明确表示赠与一方的除外。

第二十三条 债权人就一方婚前所负个人债务向债务人的配偶主张权利的,人民法院不予支持。但债权人能够证明所负债务用于婚后家庭共同生活的除外。

第二十四条 债权人就婚姻关系存续期间夫妻一方以个人名义所负债务主张权利的,应当按夫妻共同债务处理。但夫妻一方能够证明债权人与债务人明确约定为个人债务,或者能够证明属于婚姻法第十九条第三款规定情形的除外。

夫妻一方与第三人串通,虚构债务,第三人主张权利的,人民法院不予支持。

夫妻一方在从事赌博、吸毒等违法犯罪活动中所负债务,第三人主张权利的,人民法院不予支持。

第二十五条 当事人的离婚协议或者人民法院的判决书、裁定书、调解书已经对夫妻财产分割问题作出处理的,债权人仍有权就夫妻共同债务向男女双方主张权利。

一方就共同债务承担连带清偿责任后,基于离婚协议或者人民法院的法律文书向另一方主张追偿的,人民法院应当支持。

第二十六条 夫或妻一方死亡的,生存一方应当对婚姻关系存续期间的共同债务承担连带清偿责任。

第二十七条 当事人在婚姻登记机关办理离婚登记手续后,以婚姻法第四十六条规定为由向人民法院提出损害赔偿请求的,人民法院应当受理。但当事人在协议离婚时已经明确表示放弃该项请求,或者在办理离婚登记手续一年后提出的,不予支持。

第二十八条 夫妻一方申请对配偶的个人财产或者夫妻共同财产采取保全措施的,人民法院可以在采取保全措施可能造成损失的范围内,根据实际情况,确定合理的财产担保数额。

第二十九条 本解释自 2004 年 4 月 1 日起施行。

本解释施行后,人民法院新受理的一审婚姻家庭纠纷案件,适用本解释。

本解释施行后,此前最高人民法院作出的相关司法解释与本解释相抵触的,以本解释为准。

4. 最高人民法院关于适用《中华人民共和国婚姻法》若干问题的解释(二)的补充规定

(2017 年 2 月 20 日最高人民法院审判委员会第 1710 次会议审议通过 法释〔2017〕6 号)

在《最高人民法院关于适用〈中华人民共和国婚姻法〉若干问题的解释(二)》第二十四条的基础上增加两款,分别作为该条第二款和第三款:

夫妻一方与第三人串通,虚构债务,第三人主张权利的,人民法院不予支持。

夫妻一方在从事赌博、吸毒等违法犯罪活动中所负债务,第三人主张权利的,人民法院不予支持。

5. 最高人民法院关于审理涉及夫妻债务纠纷案件适用法律有关问题的解释

(2018 年 1 月 8 日最高人民法院审判委员会第 1731 次会议通过 法释〔2018〕2 号)

为正确审理涉及夫妻债务纠纷案件,平等保护各方当事人合法权益,根据《中华人民共和国民法总则》《中华人民共和国婚姻法》《中华人民共和国合同法》《中华人民共和国民事诉讼法》等法律规定,制定本解释。

第一条 夫妻双方共同签字或者夫妻一方事后追认等共同意思表示所负的债务,应当认定为夫妻共同债务。

第二条 夫妻一方在婚姻关系存续期间以个人名义为家庭日常生活需要所负的债务，债权人以属于夫妻共同债务为由主张权利的，人民法院应予支持。

第三条 夫妻一方在婚姻关系存续期间以个人名义超出家庭日常生活需要所负的债务，债权人以属于夫妻共同债务为由主张权利的，人民法院不予支持，但债权人能够证明该债务用于夫妻共同生活、共同生产经营或者基于夫妻双方共同意思表示的除外。

第四条 本解释自2018年1月18日起施行。

本解释施行后，最高人民法院此前作出的相关司法解释与本解释相抵触的，以本解释为准。

6. 最高人民法院关于适用《中华人民共和国婚姻法》若干问题的解释(三)

(2011年7月4日最高人民法院审判委员会第1525次会议通过)

为正确审理婚姻家庭纠纷案件，根据《中华人民共和国婚姻法》、《中华人民共和国民事诉讼法》等相关法律规定，对人民法院适用婚姻法的有关问题作出如下解释：

第一条 当事人以婚姻法第十条规定以外的情形申请宣告婚姻无效的，人民法院应当判决驳回当事人的申请。

当事人以结婚登记程序存在瑕疵为由提起民事诉讼，主张撤销结婚登记的，告知其可以依法申请行政复议或者提起行政诉讼。

第二条 夫妻一方向人民法院起诉请求确认亲子关系不存在，并已提供必要证据予以证明，另一方没有相反证据又拒绝做亲子鉴定的，人民法院可以推定请求确认亲子关系不存在一方的主张成立。

当事人一方起诉请求确认亲子关系，并提供必要证据予以证明，另一方没有相反证据又拒绝做亲子鉴定的，人民法院可以推定请求确认亲子关系一方的主张成立。

第三条 婚姻关系存续期间，父母双方或者一方拒不履行抚养子女义务，未成年或者不能独立生活的子女请求支付抚养费的，人民法院应予支持。

第四条 婚姻关系存续期间，夫妻一方请求分割共同财产的，人民法院不予支持，但有下列重大理由且不损害债权人利益的除外：

(一)一方有隐藏、转移、变卖、毁损、挥霍夫妻共同财产或者伪造夫妻共同债务等严重损害夫妻共同财产利益行为的；

(二)一方负有法定扶养义务的人患重大疾病需要医治，另一方不同意支付相关医疗费用的。

第五条 夫妻一方个人财产在婚后产生的收益，除孳息和自然增值外，应认定为夫妻共同财产。

第六条 婚前或者婚姻关系存续期间，当事人约定将一方所有的房产赠与另一方，赠与方在赠与房产变更登记之前撤销赠与，另一方请求判令继续履行的，人民法院可以按照合同法第一百八十六条的规定处理。

第七条 婚后由一方父母出资为子女购买的不动产，产权登记在出资人子女名下的，可按照婚姻法第十八条第(三)项的规定，视为只对自己子女一方的赠与，该不动产应认定为夫妻一方的个人财产。

由双方父母出资购买的不动产，产权登记在一方子女名下的，该不动产可认定为双方按照各自父母的出资份额按份共有，但当事人另有约定的除外。

第八条 无民事行为能力人的配偶有虐待、遗弃等严重损害无民事行为能力一方的人身权利或者财产权益行为，其他有监护资格的人可以依照特别程序要求变更监护关系；变更后的监护人代理无民事行为能力一方提起离婚诉讼的，人民法院应予受理。

第九条 夫以妻擅自中止妊娠侵犯其生育权为由请求损害赔偿的，人民法院不予支持；夫妻双方因是否生育发生纠纷，致使感情确已破裂，一方请求离婚的，人民法院经调解无效，应依照婚姻法第三十二条第三款第(五)项的规定处理。

第十条 夫妻一方婚前签订不动产买卖合同，以个人财产支付首付款并在银行贷款，婚后用夫妻共同财产还贷，不动产登记于首付款支付方名下的，离婚时该不动产由双方协议处理。

依前款规定不能达成协议的，人民法院可以判决该不动产归产权登记一方，尚未归还的贷款为产权登记一方的个人债务。双方婚后共同还贷支付的款项及其相对应财产增值部分，离婚时应根据婚姻法第三十九条第一款规定的原则，由产权登记一方对另一方进行补偿。

第十一条 一方未经另一方同意出售夫妻共同共有的房屋，第三人善意购买、支付合理对价并办理产权登记手续，另一方主张追回该房屋的，人民法院不予支持。

夫妻一方擅自处分共同共有的房屋造成另一方损失，离婚时另一方请求赔偿损失的,人民法院应予支持。

第十二条 婚姻关系存续期间,双方用夫妻共同财产出资购买以一方父母名义参加房改的房屋,产权登记在一方父母名下,离婚时另一方主张按照夫妻共同财产对该房屋进行分割的,人民法院不予支持。购买该房屋时的出资,可以作为债权处理。

第十三条 离婚时夫妻一方尚未退休、不符合领取养老保险金条件,另一方请求按照夫妻共同财产分割养老保险金的,人民法院不予支持;婚后以夫妻共同财产缴付养老保险费,离婚时一方主张将养老金账户中婚姻关系存续期间个人实际缴付部分作为夫妻共同财产分割的,人民法院应予支持。

第十四条 当事人达成的以登记离婚或者到人民法院协议离婚为条件的财产分割协议,如果双方协议离婚未成,一方在离婚诉讼中反悔的,人民法院应当认定该财产分割协议没有生效,并根据实际情况依法对夫妻共同财产进行分割。

第十五条 婚姻关系存续期间,夫妻一方作为继承人依法可以继承的遗产,在继承人之间尚未实际分割,起诉离婚时另一方请求分割的,人民法院应当告知当事人在继承人之间实际分割遗产后另行起诉。

第十六条 夫妻之间订立借款协议,以夫妻共同财产出借给一方从事个人经营活动或用于其他个人事务的,应视为双方约定处分夫妻共同财产的行为,离婚时可按照借款协议的约定处理。

第十七条 夫妻双方均有婚姻法第四十六条规定的过错情形,一方或者双方向对方提出离婚损害赔偿请求的,人民法院不予支持。

第十八条 离婚后,一方以尚有夫妻共同财产未处理为由向人民法院起诉请求分割的,经审查该财产确属离婚时未涉及的夫妻共同财产,人民法院应当依法予以分割。

第十九条 本解释施行后,最高人民法院此前作出的相关司法解释与本解释相抵触的,以本解释为准。

7. 最高人民法院关于人民法院审理离婚案件处理财产分割问题的若干具体意见

(1993 年 11 月 3 日 法发〔1993〕32 号)

人民法院审理离婚案件对夫妻共同财产的处理,应当依照《中华人民共和国婚姻法》、《中华人民共和国妇女权益保障法》及有关法律规定,分清个人财产、夫妻共同财产和家庭共同财产,坚持男女平等,保护妇女、儿童的合法权益,照顾无过错方,尊重当事人意愿,有利生产、方便生活的原则,合情合理地予以解决。根据上述原则,结合审判实践,提出如下具体意见:

1. 夫妻双方对财产归谁所有以书面形式约定的,或以口头形式约定,双方无争议的,离婚时应按约定处理。但规避法律的约定无效。

2. 夫妻双方在婚姻关系存续期间所得的财产,为夫妻共同财产,包括:

(1)一方或双方劳动所得的收入和购置的财产;

(2)一方或双方继承、受赠的财产;

(3)一方或双方由知识产权取得的经济利益;

(4)一方或双方从事承包、租赁等生产、经营活动的收益;

(5)一方或双方取得的债权;

(6)一方或双方的其他合法所得;

3. 在婚姻关系存续期间,复员、转业军人所得的复员费、转业费,结婚时间10年以上的,应按夫妻共同财产进行分割。复员军人从部队带回的医药补助费和回乡生产补助费,应归本人所有。

4. 夫妻分居两地分别管理、使用的婚后所得财产,应认定为夫妻共同财产。在分割财产时,各自分别管理、使用的财产归各自所有。双方所分财产相差悬殊的,差额部分,由多得财产的一方以与差额相当的财产抵偿另一方。

5. 已登记结婚,尚未共同生活,一方或双方受赠的礼金、礼物应认定为夫妻共同财产,具体处理时应考虑财产来源、数量等情况合理分割。各自出资购置、各自使用的财物,原则上归各自所有。

6. 一方婚前个人所有的财产,婚后由双方共同使用、经营、管理的,房屋和其他价值较大的生产资料经过8年,贵重的生活资料经过4年,可视为夫妻共同财产。

7. 对个人财产还是夫妻共同财产难以确定的,主张权利的一方有责任举证。当事人举不出有力证据,人民法院又无法查实的,按夫妻共同财产处理。

8. 夫妻共同财产,原则上均等分割。根据生产、生活的实际需要和财产的来源等情况,具体处理时也可以有所差别。属于个人专用的物品,一般归个人所有。

9. 一方以夫妻共同财产与他人合伙经营的,入伙的财产可分给一方所有,分得入伙财产的一方对另一方应给予相当于入伙财产一半价值的补偿。

10. 属于夫妻共同财产的生产资料,可分给有经营条件和能力的一方。分得该生产资料的一方对另一方应给予相当于该财产一半价值的补偿。

11. 对夫妻共同经营的当年无收益的养殖、种植业等，离婚时应从有利于发展生产、有利于经营管理考虑，予以合理分割或折价处理。

12. 婚后 8 年内双方对婚前一方所有的房屋进行过修缮、装修、原拆原建，离婚时未变更产权的，房屋仍归产权人所有，增值部分中属于另一方应得的份额，由房屋所有权人折价补偿另一方；进行过扩建的，扩建部分的房屋应按夫妻共同财产处理。

13. 对不宜分割使用的夫妻共有的房屋，应根据双方住房情况和照顾抚养子女方或无过错方等原则分给一方所有。分得房屋的一方对另一方应给予相当于该房屋一半价值的补偿。在双方条件等同的情况下，应照顾女方。

14. 婚姻存续期间居住的房屋属于一方所有，另一方以离婚后无房居住为由，要求暂住的，经查实可据情予以支持，但一般不超过两年。

无房一方租房居住经济上确有困难的，享有房屋产权的一方可给予一次性经济帮助。

15. 离婚时一方尚未取得经济利益的知识产权，归一方所有。在分割夫妻共同财产时，可根据具体情况，对另一方予以适当的照顾。

16. 婚前个人财产在婚后共同生活中自然毁损、消耗、灭失，离婚时一方要求以夫妻共同财产抵偿的，不予支持。

17. 夫妻为共同生活或为履行抚养、赡养义务等所负债务，应认定为夫妻共同债务，离婚时应当以夫妻共同财产清偿。

下列债务不能认定为夫妻共同债务，应由一方以个人财产清偿：

(1)夫妻双方约定由个人负担的债务，但以逃避债务为目的的除外。

(2)一方未经对方同意，擅自资助与其没有抚养义务的亲朋所负的债务。

(3)一方未经对方同意，独自筹资从事经营活动，其收入确未用于共同生活所负的债务。

(4)其他应由个人承担的债务。

18. 婚前一方借款购置的房屋等财物已转化为夫妻共同财产的，为购置财物借款所负债务，视为夫妻共同债务。

19. 借婚姻关系索取的财物，离婚时，如结婚时间不长，或者因索要财物造成对方生活困难的，可酌情返还。

对取得财物的性质是索取还是赠与难以认定的，可按赠与处理。

20. 离婚时夫妻共同财产未从家庭共同财产中析出，一方要求析产的，可先就离婚和已查清的财产问题进行处理，对一时确实难以查清的财产的分割问题可告知当事人另案处理；或者中止离婚诉讼，待析产案件审结后再恢复离婚诉讼。

21. 一方将夫妻共同财产非法隐藏、转移拒不交出的，或非法变卖、毁损的，分割财产时，对隐藏、转移、变卖、毁损财产的一方，应予以少分或不分。具体处理时，应把隐藏、转移、变卖、毁损的财产作为隐藏、转移、变卖、毁损财产的一方分得的财产份额，对另一方的应得的份额应以其他夫妻共同财产折抵，不足折抵的，差额部分由隐藏、转移、变卖、毁损财产的一方折价补偿对方。对非法隐藏、转移、变卖、毁损夫妻共同财产的一方，人民法院可依照《中华人民共和国民事诉讼法》第一百零二条的规定进行处理。

22. 属于事实婚姻的，其财产分割适用本意见。属于非法同居的，其财产分割按最高人民法院《关于人民法院审理未办结婚登记而以夫妻名义同居生活案件的若干意见》的有关规定处理。

8. 最高人民法院关于人民法院审理离婚案件如何认定夫妻感情确已破裂的若干具体意见

（法〔民〕法〔1989〕38 号　1989 年 12 月 13 日）

人民法院审理离婚案件，准予或不准离婚应以夫妻感情是否破裂作为区分的界限。判断夫妻感情是否确已破裂，应当从婚姻基础、婚后感情、离婚原因、夫妻关系的现状和有无和好的可能等方面综合分析。根据婚姻法的有关规定和审判实践经验，凡属下列情形之一的，视为夫妻感情确已破裂。一方坚决要求离婚，经调解无效，可依法判决准予离婚。

1. 一方患有法定禁止结婚疾病的，或一方有生理缺陷，或其他原因不能发生性行为，且难以治愈的。

2. 婚前缺乏了解，草率结婚，婚后未建立起夫妻感情，难以共同生活的。

3. 婚前隐瞒了精神病，婚后经治不愈，或者婚前知道对方患有精神病而与其结婚，或一方在夫妻共同生活期间患精神病，久治不愈的。

4. 一方欺骗对方，或者在结婚登记时弄虚作假，骗取《结婚证》的。

5. 双方办理结婚登记后，未同居生活，无和好可能的。

6. 包办、买卖婚姻、婚后一方随即提出离婚，或者虽共同生活多年，但确未建立起夫妻感情的。

7. 因感情不和分居已满3年,确无和好可能的,或者经人民法院判决不准离婚后又分居满1年,互不履行夫妻义务的。

8. 一方与他人通奸、非法同居,经教育仍无悔改表现,无过错一方起诉离婚,或者过错方起诉离婚,对方不同意离婚,经批评教育、处分,或在人民法院判决不准离婚后,过错方又起诉离婚,确无和好可能的。

9. 一方重婚,对方提出离婚的。

10. 一方好逸恶劳、有赌博等恶习,不履行家庭义务、屡教不改,夫妻难以共同生活的。

11. 一方被依法判处长期徒刑,或其违法、犯罪行为严重伤害夫妻感情的。

12. 一方下落不明满二年,对方起诉离婚,经公告查找确无下落的。

13. 受对方的虐待、遗弃,或者受对方亲属虐待,或虐待对方亲属,经教育不改,另一方不谅解的。

14. 因其他原因导致夫妻感情确已破裂的。

9. 最高人民法院关于人民法院审理离婚案件处理子女抚养问题的若干具体意见

(1993年11月3日 法发〔1993〕30号)

人民法院审理离婚案件,对子女抚养问题,应当依照《中华人民共和国婚姻法》第二十九条、第三十条及有关法律规定,从有利于子女身心健康,保障子女的合法权益出发,结合父母双方的抚养能力和抚养条件等具体情况妥善解决。根据上述原则,结合审判实践,提出如下具体意见:

1. 两周岁以下的子女,一般随母方生活。母方有下列情形之一的,可随父方生活:

(1)患有久治不愈的传染性疾病或其他严重疾病,子女不宜与其共同生活的;

(2)有抚养条件不尽抚养义务,而父方要求子女随其生活的;

(3)因其他原因,子女确无法随母方生活的。

2. 父母双方协议两周岁以下子女随父方生活,并对子女健康成长无不利影响的,可予准许。

3. 对两周岁以上未成年的子女,父方和母方均要求随其生活,一方有下列情形之一的,可予优先考虑:

(1)已做绝育手术或因其他原因丧失生育能力的;

(2)子女随其生活时间较长,改变生活环境对子女健康成长明显不利的;

(3)无其他子女,而另一方有其他子女的;

(4)子女随其生活,对子女成长有利,而另一方患有久治不愈的传染性疾病或其他严重疾病,或者有其他不利于子女身心健康的情形,不宜与子女共同生活的。

4. 父方与母方抚养子女的条件基本相同,双方均要求子女与其共同生活,但子女单独随祖父母或外祖父母共同生活多年,且祖父母或外祖父母要求并且有能力帮助子女照顾孙子女或外孙子女的,可作为子女随父或母生活的优先条件予以考虑。

5. 父母双方对十周岁以上的未成年子女随父或随母生活发生争执的,应考虑该子女的意见。

6. 在有利于保护子女利益的前提下,父母双方协议轮流抚养子女的,可予准许。

7. 子女抚育费的数额,可根据子女的实际需要、父母双方的负担能力和当地的实际生活水平确定。

有固定收入的,抚育费一般可按其月总收入的百分之二十至三十的比例给付。负担两个以上子女抚育费的,比例可适当提高,但一般不得超过月总收入的百分之五十。

无固定收入的,抚育费的数额可依据当年总收入或同行业平均收入,参照上述比例确定。

有特殊情况的,可适当提高或降低上述比例。

8. 抚育费应定期给付,有条件的可一次性给付。

9. 对一方无经济收入或者下落不明的,可用其财物折抵子女抚育费。

10. 父母双方可以协议子女随一方生活并由抚养方负担子女全部抚育费。但经查实,抚养方的抚养能力明显不能保障子女所需费用,影响子女健康成长的,不予准许。

11. 抚育费的给付期限,一般至子女十八周岁为止。

十六周岁以上不满十八周岁,以其劳动收入为主要生活来源,并能维持当地一般生活水平的,父母可停止给付抚育费。

12. 尚未独立生活的成年子女有下列情形之一,父母又有给付能力的,仍应负担必要的抚育费:

(1)丧失劳动能力或虽未完全丧失劳动能力,但其收入不足以维持生活的;

(2)尚在校就读的;

(3)确无独立生活能力和条件的。

13. 生父与继母或生母与继父离婚时,对曾受其抚养教育的继子女,继父或继母不同意继续抚养的,仍应由生父母抚养。

14.《中华人民共和国收养法》施行前,夫或妻一方收养的子女,对方未表示反对,并与该子女形成事实收养关系的,离婚后,应由双方负担子女的抚育费;夫或妻一方收养的子女,对方始终反对的,离婚后,应由收养方抚养该子女。

15. 离婚后,一方要求变更子女抚养关系的,或者子女要求增加抚育费的,应另行起诉。

16. 一方要求变更子女抚养关系有下列情形之一的,应予支持。

(1)与子女共同生活的一方因患严重疾病或因伤残无力继续抚养子女的;

(2)与子女共同生活的一方不尽抚养义务或有虐待子女行为,或其与子女共同生活对子女身心健康确有不利影响的;

(3)十周岁以上未成年子女,愿随另一方生活,该方又有抚养能力的;

(4)有其他正当理由需要变更的。

17. 父母双方协议变更子女抚养关系的,应予准许。

18. 子女要求增加抚育费有下列情形之一,父或母有给付能力的,应予支持。

(1)原定抚育费数额不足以维持当地实际生活水平的;

(2)因子女患病、上学,实际需要已超过原定数额的;

(3)有其他正当理由应当增加的。

19. 父母不得因子女变更姓氏而拒付子女抚育费。父或母一方擅自将子女姓氏改为继母或继父姓氏而引起纠纷的,应责令恢复原姓氏。

20. 在离婚诉讼期间,双方均拒绝抚养子女的,可先行裁定暂由一方抚养。

21. 对拒不履行或妨害他人履行生效判决、裁定、调解中有关子女抚养义务的当事人或者其他人,人民法院可依照《中华人民共和国民事诉讼法》第一百零二条的规定采取强制措施。

10. 婚姻登记条例

(2003年7月30日国务院第16次常务会议通过
2003年8月8日中华人民共和国国务院令
第387号公布,自2003年10月1日起施行)

第一章 总 则

第一条 为了规范婚姻登记工作,保障婚姻自由、一夫一妻、男女平等的婚姻制度的实施,保护婚姻当事人的合法权益,根据《中华人民共和国婚姻法》(以下简称婚姻法),制定本条例。

第二条 内地居民办理婚姻登记的机关是县级人民政府民政部门或者乡(镇)人民政府,省、自治区、直辖市人民政府可以按照便民原则确定农村居民办理婚姻登记的具体机关。

中国公民同外国人,内地居民同香港特别行政区居民(以下简称香港居民)、澳门特别行政区居民(以下简称澳门居民)、台湾地区居民(以下简称台湾居民)、华侨办理婚姻登记的机关是省、自治区、直辖市人民政府民政部门或者省、自治区、直辖市人民政府民政部门确定的机关。

第三条 婚姻登记机关的婚姻登记员应当接受婚姻登记业务培训,经考核合格,方可从事婚姻登记工作。

婚姻登记机关办理婚姻登记,除按收费标准向当事人收取工本费外,不得收取其他费用或者附加其他义务。

第二章 结婚登记

第四条 内地居民结婚,男女双方应当共同到一方当事人常住户口所在地的婚姻登记机关办理结婚登记。

中国公民同外国人在中国内地结婚的,内地居民同香港居民、澳门居民、台湾居民、华侨在中国内地结婚的,男女双方应当共同到内地居民常住户口所在地的婚姻登记机关办理结婚登记。

第五条 办理结婚登记的内地居民应当出具下列证件和证明材料:

(一)本人的户口簿、身份证;

(二)本人无配偶以及与对方当事人没有直系血亲和三代以内旁系血亲关

系的签字声明。

办理结婚登记的香港居民、澳门居民、台湾居民应当出具下列证件和证明材料：

（一）本人的有效通行证、身份证；

（二）经居住地公证机构公证的本人无配偶以及与对方当事人没有直系血亲和三代以内旁系血亲关系的声明。

办理结婚登记的华侨应当出具下列证件和证明材料：

（一）本人的有效护照；

（二）居住国公证机构或者有权机关出具的、经中华人民共和国驻该国使（领）馆认证的本人无配偶以及与对方当事人没有直系血亲和三代以内旁系血亲关系的证明，或者中华人民共和国驻该国使（领）馆出具的本人无配偶以及与对方当事人没有直系血亲和三代以内旁系血亲关系的证明。

办理结婚登记的外国人应当出具下列证件和证明材料：

（一）本人的有效护照或者其他有效的国际旅行证件；

（二）所在国公证机构或者有权机关出具的、经中华人民共和国驻该国使（领）馆认证或者该国驻华使（领）馆认证的本人无配偶的证明，或者所在国驻华使（领）馆出具的本人无配偶的证明。

第六条 办理结婚登记的当事人有下列情形之一的，婚姻登记机关不予登记：

（一）未到法定结婚年龄的；

（二）非双方自愿的；

（三）一方或者双方已有配偶的；

（四）属于直系血亲或者三代以内旁系血亲的；

（五）患有医学上认为不应当结婚的疾病的。

第七条 婚姻登记机关应当对结婚登记当事人出具的证件、证明材料进行审查并询问相关情况。对当事人符合结婚条件的，应当当场予以登记，发给结婚证；对当事人不符合结婚条件不予登记的，应当向当事人说明理由。

第八条 男女双方补办结婚登记的，适用本条例结婚登记的规定。

第九条 因胁迫结婚的，受胁迫的当事人依据婚姻法第十一条的规定向婚姻登记机关请求撤销其婚姻的，应当出具下列证明材料：

（一）本人的身份证、结婚证；

（二）能够证明受胁迫结婚的证明材料。

婚姻登记机关经审查认为受胁迫结婚的情况属实且不涉及子女抚养、财产及债务问题的，应当撤销该婚姻，宣告结婚证作废。

第三章 离婚登记

第十条 内地居民自愿离婚的，男女双方应当共同到一方当事人常住户口所在地的婚姻登记机关办理离婚登记。

中国公民同外国人在中国内地自愿离婚的，内地居民同香港居民、澳门居民、台湾居民、华侨在中国内地自愿离婚的，男女双方应当共同到内地居民常住户口所在地的婚姻登记机关办理离婚登记。

第十一条 办理离婚登记的内地居民应当出具下列证件和证明材料：

（一）本人的户口簿、身份证；

（二）本人的结婚证；

（三）双方当事人共同签署的离婚协议书。

办理离婚登记的香港居民、澳门居民、台湾居民、华侨、外国人除应当出具前款第（二）项、第（三）项规定的证件、证明材料外，香港居民、澳门居民、台湾居民还应当出具本人的有效通行证、身份证，华侨、外国人还应当出具本人的有效护照或者其他有效国际旅行证件。

离婚协议书应当载明双方当事人自愿离婚的意思表示以及对子女抚养、财产及债务处理等事项协商一致的意见。

第十二条 办理离婚登记的当事人有下列情形之一的，婚姻登记机关不予受理：

（一）未达成离婚协议的；

（二）属于无民事行为能力人或者限制民事行为能力人的；

（三）其结婚登记不是在中国内地办理的。

第十三条 婚姻登记机关应当对离婚登记当事人出具的证件、证明材料进行审查并询问相关情况。对当事人确属自愿离婚，并已对子女抚养、财产、债务等问题达成一致处理意见的，应当当场予以登记，发给离婚证。

第十四条 离婚的男女双方自愿恢复夫妻关系的，应当到婚姻登记机关办理复婚登记。复婚登记适用本条例结婚登记的规定。

第四章 婚姻登记档案和婚姻登记证

第十五条 婚姻登记机关应当建立婚姻登记档案。婚姻登记档案应当长期保管。具体管理办法由国务院民政部门会同国家档案管理部门规定。

第十六条 婚姻登记机关收到人民法院宣告婚姻无效或者撤销婚姻的判决书副本后,应当将该判决书副本收入当事人的婚姻登记档案。

第十七条 结婚证、离婚证遗失或者损毁的,当事人可以持户口簿、身份证向原办理婚姻登记的机关或者一方当事人常住户口所在地的婚姻登记机关申请补领。婚姻登记机关对当事人的婚姻登记档案进行查证,确认属实的,应当为当事人补发结婚证、离婚证。

第五章 罚 则

第十八条 婚姻登记机关及其婚姻登记员有下列行为之一的,对直接负责的主管人员和其他直接责任人员依法给予行政处分:

(一)为不符合婚姻登记条件的当事人办理婚姻登记的;

(二)玩忽职守造成婚姻登记档案损失的;

(三)办理婚姻登记或者补发结婚证、离婚证超过收费标准收取费用的。

违反前款第(三)项规定收取的费用,应当退还当事人。

第六章 附 则

第十九条 中华人民共和国驻外使(领)馆可以依照本条例的有关规定,为男女双方均居住于驻在国的中国公民办理婚姻登记。

第二十条 本条例规定的婚姻登记证由国务院民政部门规定式样并监制。

第二十一条 当事人办理婚姻登记或者补领结婚证、离婚证应当交纳工本费。工本费的收费标准由国务院价格主管部门会同国务院财政部门规定并公布。

第二十二条 本条例自2003年10月1日起施行。1994年1月12日国务院批准、1994年2月1日民政部发布的《婚姻登记管理条例》同时废止。

11.民政部关于印发《婚姻登记工作规范》的通知

(民发〔2015〕230号)

各省、自治区、直辖市民政厅(局),各计划单列市民政局,新疆生产建设兵团民政局:

为进一步规范婚姻登记工作,我部对《婚姻登记工作暂行规范》进行了修订，现予印发，请认真贯彻执行。

民政部

2015年12月8日

婚姻登记工作规范

第一章　总　　则

第一条　为加强婚姻登记规范化管理，维护婚姻当事人的合法权益，根据《中华人民共和国婚姻法》和《婚姻登记条例》，制定本规范。

第二条　各级婚姻登记机关应当依照法律、法规及本规范，认真履行职责，做好婚姻登记工作。

第二章　婚姻登记机关

第三条　婚姻登记机关是依法履行婚姻登记行政职能的机关。

第四条　婚姻登记机关履行下列职责：

（一）办理婚姻登记；

（二）补发婚姻登记证；

（三）撤销受胁迫的婚姻；

（四）建立和管理婚姻登记档案；

（五）宣传婚姻法律法规，倡导文明婚俗。

第五条　婚姻登记管辖按照行政区域划分。

（一）县、不设区的市、市辖区人民政府民政部门办理双方或者一方常住户口在本行政区域内的内地居民之间的婚姻登记。

省级人民政府可以根据实际情况，规定乡（镇）人民政府办理双方或者一方常住户口在本乡（镇）的内地居民之间的婚姻登记。

（二）省级人民政府民政部门或者其确定的民政部门，办理一方常住户口在辖区内的涉外和涉香港、澳门、台湾居民以及华侨的婚姻登记。

办理经济技术开发区、高新技术开发区等特别区域内居民婚姻登记的机关由省级人民政府民政部门提出意见报同级人民政府确定。

（三）现役军人由部队驻地、入伍前常住户口所在地或另一方当事人常住户口所在地婚姻登记机关办理婚姻登记。

婚姻登记机关不得违反上述规定办理婚姻登记。

第六条 具有办理婚姻登记职能的县级以上人民政府民政部门和乡(镇)人民政府应当按照本规范要求设置婚姻登记处。

省级人民政府民政部门设置、变更或撤销婚姻登记处,应当形成文件并对外公布;市、县(市、区)人民政府民政部门、乡(镇)人民政府设置、变更或撤销婚姻登记处,应当形成文件,对外公布并逐级上报省级人民政府民政部门。省级人民政府民政部门应当相应调整婚姻登记信息系统使用相关权限。

第七条 省、市、县(市、区)人民政府民政部门和乡镇人民政府设置的婚姻登记处分别称为:

××省(自治区、直辖市)民政厅(局)婚姻登记处,××市民政局婚姻登记处,××县(市)民政局婚姻登记处;

××市××区民政局婚姻登记处;

××县(市、区)××乡(镇)人民政府婚姻登记处。

县、不设区的市、市辖区人民政府民政部门设置多个婚姻登记处的,应当在婚姻登记处前冠其所在地的地名。

第八条 婚姻登记处应当在门外醒目处悬挂婚姻登记处标牌。标牌尺寸不得小于1500mm×300mm或550mm×450mm。

第九条 婚姻登记处应当按照民政部要求,使用全国婚姻登记工作标识。

第十条 具有办理婚姻登记职能的县级以上人民政府民政部门和乡(镇)人民政府应当刻制婚姻登记工作业务专用印章和钢印。专用印章和钢印为圆形,直径35mm。

婚姻登记工作业务专用印章和钢印,中央刊“★”,“★”外围刊婚姻登记处所属民政厅(局)或乡(镇)人民政府名称,如:“××省民政厅”、“××市民政局”、“××市××区民政局”、“××县民政局”或者“××县××乡(镇)人民政府”。

“★”下方刊“婚姻登记专用章”。民政局设置多个婚姻登记处的,“婚姻登记专用章”下方刊婚姻登记处序号。

第十一条 婚姻登记处应当有独立的场所办理婚姻登记,并设有候登大厅、结婚登记区、离婚登记室和档案室。结婚登记区、离婚登记室可合并为相应数量的婚姻登记室。

婚姻登记场所应当宽敞、庄严、整洁,设有婚姻登记公告栏。

婚姻登记处不得设在婚纱摄影、婚庆服务、医疗等机构场所内,上述服务机构不得设置在婚姻登记场所内。

第十二条 婚姻登记处应当配备以下设备：

（一）复印机；

（二）传真机；

（三）扫描仪；

（四）证件及纸张打印机；

（五）计算机；

（六）身份证阅读器。

第十三条 婚姻登记处可以安装具有音频和视频功能的设备，并妥善保管音频和视频资料。

婚姻登记场所应当配备必要的公共服务设施，婚姻登记当事人应当按照要求合理使用。

第十四条 婚姻登记处实行政务公开，下列内容应当在婚姻登记处公开展示：

（一）本婚姻登记处的管辖权及依据；

（二）婚姻法的基本原则以及夫妻的权利、义务；

（三）结婚登记、离婚登记的条件与程序；

（四）补领婚姻登记证的条件与程序；

（五）无效婚姻及可撤销婚姻的规定；

（六）收费项目与收费标准；

（七）婚姻登记员职责及其照片、编号；

（八）婚姻登记处办公时间和服务电话，设置多个婚姻登记处的，应当同时公布，巡回登记的，应当公布巡回登记时间和地点；

（九）监督电话。

第十五条 婚姻登记处应当备有《中华人民共和国婚姻法》、《婚姻登记条例》及其他有关文件，供婚姻当事人免费查阅。

第十六条 婚姻登记处在工作日应当对外办公，办公时间在办公场所外公告。

第十七条 婚姻登记处应当通过省级婚姻登记信息系统开展实时联网登记，并将婚姻登记电子数据实时传送给民政部婚姻登记信息系统。

各级民政部门应当为本行政区域内婚姻登记管理信息化建设创造条件，并制定婚姻登记信息化管理制度。

婚姻登记处应当将保存的本辖区未录入信息系统的婚姻登记档案录入婚姻

登记历史数据补录系统。

第十八条 婚姻登记处应当按照《婚姻登记档案管理办法》的规定管理婚姻登记档案。

第十九条 婚姻登记处应当制定婚姻登记印章、证书、纸制档案、电子档案等管理制度,完善业务学习、岗位责任、考评奖惩等制度。

第二十条 婚姻登记处应当开通婚姻登记网上预约功能和咨询电话,电话号码在当地114查询台登记。

具备条件的婚姻登记处应当开通互联网网页,互联网网页内容应当包括:办公时间、办公地点;管辖权限;申请结婚登记的条件、办理结婚登记的程序;申请离婚登记的条件、办理离婚登记的程序;申请补领婚姻登记证的程序和需要的证明材料、撤销婚姻的程序等内容。

第二十一条 婚姻登记处可以设立婚姻家庭辅导室,通过政府购买服务或公开招募志愿者等方式聘用婚姻家庭辅导员,并在坚持群众自愿的前提下,开展婚姻家庭辅导服务。婚姻家庭辅导员应当具备以下资格之一:

(一)社会工作师;

(二)心理咨询师;

(三)律师;

(四)其他相应专业资格。

第二十二条 婚姻登记处可以设立颁证厅,为有需要的当事人颁发结婚证。

第三章 婚姻登记员

第二十三条 婚姻登记机关应当配备专职婚姻登记员。婚姻登记员人数、编制可以参照《婚姻登记机关等级评定标准》确定。

第二十四条 婚姻登记员由本级民政部门考核、任命。

婚姻登记员应当由设区的市级以上人民政府民政部门进行业务培训,经考核合格,取得婚姻登记员培训考核合格证明,方可从事婚姻登记工作。其他人员不得从事本规范第二十五条规定的工作。

婚姻登记员培训考核合格证明由省级人民政府民政部门统一印制。

婚姻登记员应当至少每2年参加一次设区的市级以上人民政府民政部门举办的业务培训,取得业务培训考核合格证明。

婚姻登记处应当及时将婚姻登记员上岗或离岗信息逐级上报省级人民政府民政部门,省级人民政府民政部门应当根据上报的信息及时调整婚姻登记信息系统使用相关权限。

第二十五条 婚姻登记员的主要职责:

(一)负责对当事人有关婚姻状况声明的监督;

(二)审查当事人是否具备结婚、离婚、补发婚姻登记证、撤销受胁迫婚姻的条件;

(三)办理婚姻登记手续,签发婚姻登记证;

(四)建立婚姻登记档案。

第二十六条 婚姻登记员应当熟练掌握相关法律法规,熟练使用婚姻登记信息系统,文明执法,热情服务。婚姻登记员一般应具有大学专科以上学历。

婚姻登记员上岗应当佩带标识并统一着装。

第四章 结 婚 登 记

第二十七条 结婚登记应当按照初审—受理—审查—登记(发证)的程序办理。

第二十八条 受理结婚登记申请的条件是:

(一)婚姻登记处具有管辖权;

(二)要求结婚的男女双方共同到婚姻登记处提出申请;

(三)当事人男年满22周岁,女年满20周岁;

(四)当事人双方均无配偶(未婚、离婚、丧偶);

(五)当事人双方没有直系血亲和三代以内旁系血亲关系;

(六)双方自愿结婚;

(七)当事人提交3张2寸双方近期半身免冠合影照片;

(八)当事人持有本规范第二十九条至第三十五条规定的有效证件。

第二十九条 内地居民办理结婚登记应当提交本人有效的居民身份证和户口簿,因故不能提交身份证的可以出具有效的临时身份证。

居民身份证与户口簿上的姓名、性别、出生日期、公民身份号码应当一致;不一致的,当事人应当先到有关部门更正。

户口簿上的婚姻状况应当与当事人声明一致。不一致的,当事人应当向登记机关提供能够证明其声明真实性的法院生效司法文书、配偶居民死亡医学证明(推断)书等材料;不一致且无法提供相关材料的,当事人应当先到有关部门更正。

当事人声明的婚姻状况与婚姻登记档案记载不一致的,当事人应当向登记机关提供能够证明其声明真实性的法院生效司法文书、配偶居民死亡医学证明(推断)书等材料。

第三十条 现役军人办理结婚登记应当提交本人的居民身份证、军人证件和部队出具的军人婚姻登记证明。

居民身份证、军人证件和军人婚姻登记证明上的姓名、性别、出生日期、公民身份号码应当一致;不一致的,当事人应当先到有关部门更正。

第三十一条 香港居民办理结婚登记应当提交:

(一)港澳居民来往内地通行证或者港澳同胞回乡证;

(二)香港居民身份证;

(三)经香港委托公证人公证的本人无配偶以及与对方当事人没有直系血亲和三代以内旁系血亲关系的声明。

第三十二条 澳门居民办理结婚登记应当提交:

(一)港澳居民来往内地通行证或者港澳同胞回乡证;

(二)澳门居民身份证;

(三)经澳门公证机构公证的本人无配偶以及与对方当事人没有直系血亲和三代以内旁系血亲关系的声明。

第三十三条 台湾居民办理结婚登记应当提交:

(一)台湾居民来往大陆通行证或者其他有效旅行证件;

(二)本人在台湾地区居住的有效身份证;

(三)经台湾公证机构公证的本人无配偶以及与对方当事人没有直系血亲和三代以内旁系血亲关系的声明。

第三十四条 华侨办理结婚登记应当提交:

(一)本人的有效护照;

(二)居住国公证机构或者有权机关出具的、经中华人民共和国驻该国使(领)馆认证的本人无配偶以及与对方当事人没有直系血亲和三代以内旁系血亲关系的证明,或者中华人民共和国驻该国使(领)馆出具的本人无配偶以及与对方当事人没有直系血亲和三代以内旁系血亲关系的证明。

与中国无外交关系的国家出具的有关证明,应当经与该国及中国均有外交关系的第三国驻该国使(领)馆和中国驻第三国使(领)馆认证,或者经第三国驻华使(领)馆认证。

第三十五条 外国人办理结婚登记应当提交:

(一)本人的有效护照或者其他有效的国际旅行证件;

(二)所在国公证机构或者有权机关出具的、经中华人民共和国驻该国使(领)馆认证或者该国驻华使(领)馆认证的本人无配偶的证明,或者所在国驻华使(领)馆出具的本人无配偶证明。

与中国无外交关系的国家出具的有关证明,应当经与该国及中国均有外交关系的第三国驻该国使(领)馆和中国驻第三国使(领)馆认证,或者经第三国驻华使(领)馆认证。

第三十六条 婚姻登记员受理结婚登记申请,应当按照下列程序进行:

(一)询问当事人的结婚意愿。

(二)查验本规范第二十九条至第三十五条规定的相应证件和材料。

(三)自愿结婚的双方各填写一份《申请结婚登记声明书》;《申请结婚登记声明书》中"声明人"一栏的签名必须由声明人在监誓人面前完成并按指纹。

(四)当事人现场复述声明书内容,婚姻登记员作监誓人并在监誓人一栏签名。

第三十七条 婚姻登记员对当事人提交的证件、证明、声明进行审查,符合结婚条件的,填写《结婚登记审查处理表》和结婚证。

第三十八条 《结婚登记审查处理表》的填写:

(一)《结婚登记审查处理表》项目的填写,按照下列规定通过计算机完成:

1. "申请人姓名":当事人是中国公民的,使用中文填写;当事人是外国人的,按照当事人护照上的姓名填写。

2. "出生日期":使用阿拉伯数字,按照身份证件上的出生日期填写为"××××年××月××日"。

3. "身份证件号":当事人是内地居民的,填写居民身份证号;当事人是香港、澳门、台湾居民的,填写香港、澳门、台湾居民身份证号,并在号码后加注"(香港)"、"(澳门)"或者"(台湾)";当事人是华侨的,填写护照或旅行证件号;当事人是外国人的,填写当事人的护照或旅行证件号。

证件号码前面有字符的,应当一并填写。

4. "国籍":当事人是内地居民、香港居民、澳门居民、台湾居民、华侨的,填写"中国";当事人是外国人的,按照护照上的国籍填写;无国籍人,填写"无国籍"。

5. "提供证件情况":应当将当事人提供的证件、证明逐一填写,不得省略。

6. "审查意见":填写"符合结婚条件,准予登记"。

7. "结婚登记日期":使用阿拉伯数字,填写为:"××××年××月××

日”。填写的日期应当与结婚证上的登记日期一致。

8. “结婚证字号”填写式样按照民政部相关规定执行,填写规则见附则。

9. “结婚证印制号”填写颁发给当事人的结婚证上印制的号码。

10. “承办机关名称”:填写承办该结婚登记的婚姻登记处的名称。

(二)“登记员签名”:由批准该结婚登记的婚姻登记员亲笔签名,不得使用个人印章或者计算机打印。

(三)在“照片”处粘贴当事人提交的照片,并在骑缝处加盖钢印。

第三十九条 结婚证的填写:

(一)结婚证上“结婚证字号”“姓名”“性别”“出生日期”“身份证件号”“国籍”“登记日期”应当与《结婚登记审查处理表》中相应项目完全一致。

(二)“婚姻登记员”:由批准该结婚登记的婚姻登记员使用黑色墨水钢笔或签字笔亲笔签名,签名应清晰可辨,不得使用个人印章或者计算机打印。

(三)在“照片”栏粘贴当事人双方合影照片。

(四)在照片与结婚证骑缝处加盖婚姻登记工作业务专用钢印。

(五)“登记机关”:盖婚姻登记工作业务专用印章(红印)。

第四十条 婚姻登记员在完成结婚证填写后,应当进行认真核对、检查。对填写错误、证件被污染或者损坏的,应当将证件报废处理,重新填写。

第四十一条 颁发结婚证,应当在当事人双方均在场时按照下列步骤进行:

(一)向当事人双方询问核对姓名、结婚意愿;

(二)告知当事人双方领取结婚证后的法律关系以及夫妻权利、义务;

(三)见证当事人本人亲自在《结婚登记审查处理表》上的“当事人领证签名并按指纹”一栏中签名并按指纹;

“当事人领证签名并按指纹”一栏不得空白,不得由他人代为填写、代按指纹。

(四)将结婚证分别颁发给结婚登记当事人双方,向双方当事人宣布:取得结婚证,确立夫妻关系;

(五)祝贺新人。

第四十二条 申请补办结婚登记的,当事人填写《申请补办结婚登记声明书》,婚姻登记机关按照结婚登记程序办理。

第四十三条 申请复婚登记的,当事人填写《申请结婚登记声明书》,婚姻登记机关按照结婚登记程序办理。

第四十四条 婚姻登记员每办完一对结婚登记,应当依照《婚姻登记档案管理办法》,对应当存档的材料进行整理、保存,不得出现原始材料丢失、损毁情况。

第四十五条 婚姻登记机关对不符合结婚登记条件的,不予受理。当事人要求出具《不予办理结婚登记告知书》的,应当出具。

第五章 撤销婚姻

第四十六条 受胁迫结婚的婚姻当事人,可以向原办理该结婚登记的机关请求撤销婚姻。

第四十七条 撤销婚姻应当按照初审—受理—审查—报批—公告的程序办理。

第四十八条 受理撤销婚姻申请的条件:

(一)婚姻登记处具有管辖权;

(二)受胁迫的一方和对方共同到婚姻登记机关签署双方无子女抚养、财产及债务问题的声明书;

(三)申请时距结婚登记之日或受胁迫的一方恢复人身自由之日不超过1年;

(四)当事人持有:

1. 本人的身份证、结婚证;

2. 要求撤销婚姻的书面申请;

3. 公安机关出具的当事人被拐卖、解救的相关材料,或者人民法院作出的能够证明当事人被胁迫结婚的判决书。

第四十九条 符合撤销婚姻的,婚姻登记处按以下程序进行:

(一)查验本规范第四十八条规定的证件和证明材料。

(二)当事人在婚姻登记员面前亲自填写《撤销婚姻申请书》,双方当事人在"声明人"一栏签名并按指纹。

(三)当事人宣读本人的申请书,婚姻登记员作监誓人并在监誓人一栏签名。

第五十条 婚姻登记处拟写"关于撤销×××与×××婚姻的决定"报所属民政部门或者乡(镇)人民政府;符合撤销条件的,婚姻登记机关应当批准,并印发撤销决定。

第五十一条 婚姻登记处应当将《关于撤销×××与×××婚姻的决定》送达当事人双方,并在婚姻登记公告栏公告30日。

第五十二条 婚姻登记处对不符合撤销婚姻条件的，应当告知当事人不予撤销原因，并告知当事人可以向人民法院请求撤销婚姻。

第五十三条 除受胁迫结婚之外，以任何理由请求宣告婚姻无效或者撤销婚姻的，婚姻登记机关不予受理。

第六章 离 婚 登 记

第五十四条 离婚登记按照初审—受理—审查—登记(发证)的程序办理。

第五十五条 受理离婚登记申请的条件是：

(一)婚姻登记处具有管辖权；

(二)要求离婚的夫妻双方共同到婚姻登记处提出申请；

(三)双方均具有完全民事行为能力；

(四)当事人持有离婚协议书，协议书中载明双方自愿离婚的意思表示以及对子女抚养、财产及债务处理等事项协商一致的意见；

(五)当事人持有内地婚姻登记机关或者中国驻外使(领)馆颁发的结婚证；

(六)当事人各提交2张2寸单人近期半身免冠照片；

(七)当事人持有本规范第二十九条至第三十五条规定的有效身份证件。

第五十六条 婚姻登记员受理离婚登记申请，应当按照下列程序进行：

(一)分开询问当事人的离婚意愿，以及对离婚协议内容的意愿，并进行笔录，笔录当事人阅后签名。

(二)查验本规范第五十五条规定的证件和材料。申请办理离婚登记的当事人有一本结婚证丢失的，当事人应当书面声明遗失，婚姻登记机关可以根据另一本结婚证办理离婚登记；申请办理离婚登记的当事人两本结婚证都丢失的，当事人应当书面声明结婚证遗失并提供加盖查档专用章的结婚登记档案复印件，婚姻登记机关可根据当事人提供的上述材料办理离婚登记。

(三)双方自愿离婚且对子女抚养、财产及债务处理等事项协商一致的，双方填写《申请离婚登记声明书》；

《申请离婚登记声明书》中“声明人”一栏的签名必须由声明人在监誓人面前完成并按指纹；

婚姻登记员作监誓人并在监誓人一栏签名。

(四)夫妻双方应当在离婚协议上现场签名；婚姻登记员可以在离婚协议书上加盖“此件与存档件一致，涂改无效。××××婚姻登记处××年××月××日”的长方形印章。协议书夫妻双方各一份，婚姻登记处存档一份。当事人因离婚协议书遗失等原因，要求婚姻登记机关复印其离婚协议书的，按照《婚姻登记档案管理办法》的规定查阅婚姻登记档案。

离婚登记完成后，当事人要求更换离婚协议书或变更离婚协议内容的，婚姻登记机关不予受理。

第五十七条 婚姻登记员对当事人提交的证件、《申请离婚登记声明书》、离婚协议书进行审查，符合离婚条件的，填写《离婚登记审查处理表》和离婚证。

《离婚登记审查处理表》和离婚证分别参照本规范第三十八条、第三十九条规定填写。

第五十八条 婚姻登记员在完成离婚证填写后，应当进行认真核对、检查。对打印或者书写错误、证件被污染或者损坏的，应当将证件报废处理，重新填写。

第五十九条 颁发离婚证，应当在当事人双方均在场时按照下列步骤进行：

(一)向当事人双方询问核对姓名、出生日期、离婚意愿；

(二)见证当事人本人亲自在《离婚登记审查处理表》"当事人领证签名并按指纹"一栏中签名并按指纹；

"当事人领证签名并按指纹"一栏不得空白，不得由他人代为填写、代按指纹；

(三)在当事人的结婚证上加盖条型印章，其中注明"双方离婚，证件失效。××婚姻登记处"。注销后的结婚证复印存档，原件退还当事人。

(四)将离婚证颁发给离婚当事人。

第六十条 婚姻登记员每办完一对离婚登记，应当依照《婚姻登记档案管理办法》，对应当存档的材料进行整理、保存，不得出现原始材料丢失、损毁情况。

第六十一条 婚姻登记机关对不符合离婚登记条件的，不予受理。当事人要求出具《不予办理离婚登记告知书》的，应当出具。

第七章 补领婚姻登记证

第六十二条 当事人遗失、损毁婚姻登记证，可以向原办理该婚姻登记的机关或者一方常住户口所在地的婚姻登记机关申请补领。有条件的省份，可以允许本省居民向本辖区内负责内地居民婚姻登记的机关申请补领婚姻登记证。

第六十三条 婚姻登记机关为当事人补发结婚证、离婚证，应当按照初审—受理—审查—发证程序进行。

第六十四条 受理补领结婚证、离婚证申请的条件是：

(一)婚姻登记处具有管辖权；

（二）当事人依法登记结婚或者离婚，现今仍然维持该状况；

（三）当事人持有本规范第二十九条至第三十五条规定的身份证件；

（四）当事人亲自到婚姻登记处提出申请，填写《申请补领婚姻登记证声明书》。

当事人因故不能到婚姻登记处申请补领婚姻登记证的，有档案可查且档案信息与身份信息一致的，可以委托他人办理。委托办理应当提交当事人的户口簿、身份证和经公证机关公证的授权委托书。委托书应当写明当事人姓名、身份证件号码、办理婚姻登记的时间及承办机关、目前的婚姻状况、委托事由、受委托人的姓名和身份证件号码。受委托人应当同时提交本人的身份证件。

当事人结婚登记档案查找不到的，当事人应当提供充分证据证明婚姻关系，婚姻登记机关经过严格审查，确认当事人存在婚姻关系的，可以为其补领结婚证。

第六十五条 婚姻登记员受理补领婚姻登记证申请，应当按照下列程序进行：

（一）查验本规范第六十四条规定的相应证件和证明材料；

（二）当事人填写《申请补领婚姻登记证声明书》，《申请补领婚姻登记证声明书》中"声明人"一栏的签名必须由声明人在监誓人面前完成并按指纹；

（三）婚姻登记员作监誓人并在监誓人一栏签名；

（四）申请补领结婚证的，双方当事人提交 3 张 2 寸双方近期半身免冠合影照片；申请补领离婚证的当事人提交 2 张 2 寸单人近期半身免冠照片。

第六十六条 婚姻登记员对当事人提交的证件、证明进行审查，符合补发条件的，填写《补发婚姻登记证审查处理表》和婚姻登记证。《补发婚姻登记证审查处理表》参照本规范第三十八条规定填写。

第六十七条 补发婚姻登记证时，应当向当事人询问核对姓名、出生日期，见证当事人本人亲自在《补发婚姻登记证审查处理表》"当事人领证签名并按指纹"一栏中签名并按指纹，将婚姻登记证发给当事人。

第六十八条 当事人的户口簿上以曾用名的方式反映姓名变更的，婚姻登记机关可以采信。

当事人办理结婚登记时未达到法定婚龄，通过非法手段骗取婚姻登记，其在申请补领时仍未达法定婚龄的，婚姻登记机关不得补发结婚证；其在申请补领时已达法定婚龄的，当事人应对结婚登记情况作出书面说明，婚姻登记机关补发的结婚证登记日期为当事人达到法定婚龄之日。

第六十九条 当事人办理过结婚登记,申请补领时的婚姻状况因离婚或丧偶发生改变的,不予补发结婚证;当事人办理过离婚登记的,申请补领时的婚姻状况因复婚发生改变的,不予补发离婚证。

第七十条 婚姻登记机关对不具备补发结婚证、离婚证受理条件的,不予受理。

第八章 监督与管理

第七十一条 各级民政部门应当建立监督检查制度,定期对本级民政部门设立的婚姻登记处和下级婚姻登记机关进行监督检查。

第七十二条 婚姻登记机关及其婚姻登记员有下列行为之一的,对直接负责的主管人员和其他直接责任人员依法给予行政处分:

(一)为不符合婚姻登记条件的当事人办理婚姻登记的;

(二)违反程序规定办理婚姻登记、发放婚姻登记证、撤销婚姻的;

(三)要求当事人提交《婚姻登记条例》和本规范规定以外的证件材料的;

(四)擅自提高收费标准或者增加收费项目的;

(五)玩忽职守造成婚姻登记档案损毁的;

(六)购买使用伪造婚姻证书的;

(七)违反规定应用婚姻登记信息系统的。

第七十三条 婚姻登记员违反规定办理婚姻登记,给当事人造成严重后果的,应当由婚姻登记机关承担对当事人的赔偿责任,并对承办人员进行追偿。

第七十四条 婚姻登记证使用单位不得使用非上级民政部门提供的婚姻登记证。各级民政部门发现本行政区域内有使用非上级民政部门提供的婚姻登记证的,应当予以没收,并追究相关责任人的法律责任和行政责任。

第七十五条 婚姻登记机关发现婚姻登记证有质量问题时,应当及时书面报告省级人民政府民政部门或者国务院民政部门。

第七十六条 人民法院作出与婚姻相关的判决、裁定和调解后,当事人将生效司法文书送婚姻登记机关的,婚姻登记机关应当将司法文书复印件存档并将相关信息录入婚姻登记信息系统。

婚姻登记机关应当加强与本地区人民法院的婚姻信息共享工作,完善婚姻信息数据库。

第九章 附　　则

第七十七条 本规范规定的当事人无配偶声明或者证明,自出具之日起6

个月内有效。

第七十八条 县级或县级以上人民政府民政部门办理婚姻登记的，“结婚证字号”填写式样为“Jaaaaaa－bbbb－cccccc”（其中“aaaaaa”为6位行政区划代码，“bbbb”为当年年号，“cccccc”为当年办理婚姻登记的序号）。“离婚证字号”开头字符为“L”。“补发结婚证字号”开头字符为“BJ”。“补发离婚证字号”开头字符为“BL”。

县级人民政府民政部门设立多个婚姻登记巡回点的，由县级人民政府民政部门明确字号使用规则，规定各登记点使用号段。

乡（镇）人民政府办理婚姻登记的，行政区划代码由6位改为9位（在县级区划代码后增加三位乡镇代码），其他填写方法与上述规定一致。

对为方便人民群众办理婚姻登记、在行政区划单位之外设立的婚姻登记机关，其行政区划代码由省级人民政府民政部门按照前四位取所属地级市行政区划代码前四位，五六位为序号（从61开始，依次为62、63、……、99）的方式统一编码。

第七十九条 当事人向婚姻登记机关提交的“本人无配偶证明”等材料是外国语言文字的，应当翻译成中文。当事人未提交中文译文的，视为未提交该文件。婚姻登记机关可以接受中国驻外国使领馆或有资格的翻译机构出具的翻译文本。

第八十条 本规范自2016年2月1日起实施。

附件：

1. 申请结婚登记声明书（略）
2. 结婚登记审查处理表（略）
3. 申请补办结婚登记声明书（略）
4. 不予办理结婚登记告知书（略）
5. 撤销婚姻申请书（略）
6. 关于撤销×××与×××婚姻的决定（略）
7. 申请离婚登记声明书（略）
8. 离婚登记审查处理表（略）
9. 不予办理离婚登记告知书（略）
10. 申请补领婚姻登记证声明书（略）
11. 补发婚姻登记证审查处理表（略）

12. 民政部关于贯彻执行《婚姻登记条例》若干问题的意见

（民函〔2004〕76 号　2004 年 3 月 29 日）

各省、自治区、直辖市民政厅（局），计划单列市民政局，新疆生产建设兵团民政局：

为切实保障《婚姻登记条例》的贯彻实施，规范婚姻登记工作，方便当事人办理婚姻登记，经商国务院法制办公室、外交部、公安部、解放军总政治部等相关部门，现就《婚姻登记条例》贯彻执行过程中的若干问题提出以下处理意见：

一、关于身份证问题

当事人无法提交居民身份证的，婚姻登记机关可根据当事人出具的有效临时身份证办理婚姻登记。

二、关于户口簿问题

当事人无法出具居民户口簿的，婚姻登记机关可凭公安部门或有关户籍管理机构出具的加盖印章的户籍证明办理婚姻登记；当事人属于集体户口的，婚姻登记机关可凭集体户口簿内本人的户口卡片或加盖单位印章的记载其户籍情况的户口簿复印件办理婚姻登记。

当事人未办理落户手续的，户口迁出地或另一方当事人户口所在地的婚姻登记机关可凭公安部门或有关户籍管理机构出具的证明材料办理婚姻登记。

三、关于身份证、户口簿查验问题

当事人所持户口簿与身份证上的“姓名”、“性别”、“出生日期”内容不一致的，婚姻登记机关应告知当事人先到户籍所在地的公安部门履行相关项目变更和必要的证簿换领手续后再办理婚姻登记。

当事人声明的婚姻状况与户口簿“婚姻状况”内容不一致的，婚姻登记机关对当事人婚姻状况的审查主要依据其本人书面声明。

四、关于少数民族当事人提供的照片问题

为尊重少数民族的风俗习惯，少数民族当事人办理婚姻登记时提供的照片是否免冠从习俗。

五、关于离婚登记中的结婚证问题

申请办理离婚登记的当事人有一本结婚证丢失的，婚姻登记机关可根据另一本结婚证办理离婚登记；当事人两本结婚证都丢失的，婚姻登记机关可根据结婚登记档案或当事人提供的结婚登记记录证明等证明材料办理离婚登记。当事人应对结婚证丢失情况作出书面说明,该说明由婚姻登记机关存档。

申请办理离婚登记的当事人提供的结婚证上的姓名、出生日期、身份证号与身份证、户口簿不一致的,当事人应书面说明不一致的原因。

六、关于补领结婚证、离婚证问题

申请补领结婚证、离婚证的当事人出具的身份证、户口簿上的姓名、年龄、身份证号与原婚姻登记档案记载不一致的,当事人应书面说明不一致的原因,婚姻登记机关可根据当事人出具的身份证件补发结婚证、离婚证。

当事人办理结婚登记时未达法定婚龄,申请补领时仍未达法定婚龄的,婚姻登记机关不得补发结婚证。当事人办理结婚登记时未达法定婚龄,申请补领时已达法定婚龄的,当事人应对结婚登记情况作出书面说明;婚姻登记机关补发的结婚证登记日期应为当事人达到法定婚龄之日。

七、关于出国人员、华侨及港澳台居民结婚提交材料的问题

出国人员办理结婚登记应根据其出具的证件分情况处理:当事人出具身份证、户口簿作为身份证件的,按内地居民婚姻登记规定办理;当事人出具中国护照作为身份证件的,按华侨婚姻登记规定办理。

当事人以中国护照作为身份证件,在内地居住满一年、无法取得有关国家或我驻外使领馆出具的婚姻状况证明的,婚姻登记机关可根据当事人本人的相关情况声明及两个近亲属出具的有关当事人婚姻状况的证明办理结婚登记。

八、关于双方均非内地居民的结婚登记问题

双方均为外国人,要求在内地办理结婚登记的,如果当事人能够出具《婚姻登记条例》规定的相应证件和证明材料以及当事人本国承认其居民在国外办理结婚登记效力的证明,当事人工作或生活所在地具有办理涉外婚姻登记权限的登记机关应予受理。

一方为外国人、另一方为港澳台居民或华侨,或者双方均为港澳台居民或华侨,要求在内地办理结婚登记的,如果当事人能够出具《婚姻登记条例》规定的相应证件和证明材料,当事人工作或生活所在地具有相应办理婚姻登记权限的登记机关应予受理。

一方为出国人员、另一方为外国人、港澳台居民或华侨,或双方均为出国人员,要求在内地办理结婚登记的,如果当事人能够出具《婚姻登记条例》规定的相应证件和证明材料,出国人员出国前户口所在地具有相应办理婚姻登记权限的登记机关应予受理。

九、关于现役军人的婚姻登记问题

办理现役军人的婚姻登记仍按《民政部办公厅关于印发〈军队贯彻实施《中华人民共和国婚姻法》若干问题的规定〉有关内容的通知》(民办函〔2001〕226号)执行。

办理现役军人婚姻登记的机关可以是现役军人部队驻地所在地或户口注销前常住户口所在地的婚姻登记机关,也可以是非现役军人一方常住户口所在地的婚姻登记机关。

十、关于服刑人员的婚姻登记问题

服刑人员申请办理婚姻登记,应当亲自到婚姻登记机关提出申请并出具有效的身份证件;服刑人员无法出具身份证件的,可由监狱管理部门出具有关证明材料。

办理服刑人员婚姻登记的机关可以是一方当事人常住户口所在地或服刑监狱所在地的婚姻登记机关。

13. 军队贯彻实施《中华人民共和国婚姻法》若干问题的规定

(中国人民解放军总政治部 2001 年 11 月 9 日)

2001 年 4 月 28 日,第九届全国人民代表大会常务委员会第二十一次会议通过了《关于修改〈中华人民共和国婚姻法〉的决定》。贯彻实施修改后的《中华人民共和国婚姻法》(以下简称《婚姻法》),对于更好地维护平等、和睦、文明的婚姻家庭关系,保障公民在婚姻家庭中的合法权益,推动社会主义精神文明和物质文明建设,具有重要意义。为巩固国防,促进我军革命化、现代化、正规化建设,保持部队纯洁稳定,提高战斗力,增强军政军民团结,现对军队贯彻实施《婚姻法》的有关问题作如下规定:

一、现役军人在处理婚姻关系上,应当模范遵守《婚姻法》,尊重社会公德,不得未婚同居,不得发生婚外性关系。

军队提倡和鼓励晚婚。男军人二十五周岁、女军人二十三周岁以上初婚的为晚婚。

二、现役军人应当慎重地选择恋爱对象,军官和文职干部确定恋爱关系后,应当主动向所在单位党组织报告,由团级以上单位政治机关对其恋爱对象进行政治审查。

三、现役军人的配偶,应当是政治可靠、思想进步、品行端正的中华人民共和国公民。舰艇、空勤人员和从事机密工作人员的配偶,还应当无复杂的社会关系。

现役军人一律不准与外国公民结婚,原则上也不得与香港、澳门特别行政区和台湾地区的居民结婚。

现役军人不得与虽具有中国国籍但居住在外国或港澳台地区从事或参与危害国家安全、破坏国家社会主义建设活动的人员结婚;原则上也不得与此类人员的直系亲属结婚,但现役军人恋爱对象本现实表现良好、政治上确无问题的可酌情允许结婚。

四、义务兵一律不准在部队内部或驻地找对象,服现役期内不得结婚。

五、士官原则上不得在部队驻地或本部队内部找对象结婚。

孤儿、伤残人员和个别年龄超过三十周岁回原籍找对象确有困难的士官,要求在部队驻地找对象的,应当从严掌握,由军级以上单位政治机关批准。

在边疆国境县(市)、沙漠区、国家划定的边远地区中的三类地区和总部确定的一、二类岛屿部队服役的个别中级以上士官,本人提出在部队驻地找对象的,必须符合当地民族政策,由团级以上单位政治机关与当地县级人民政府民政部门协商同意,经师级以上单位政治机关批准,并签订转业军人就地安置协议书的,方可允许在部队驻地找对象结婚。

六、军队院校生干部学员,在校学习期间不得结婚。

七、军队管理的离退休干部、从事机密工作的军队职工的结婚问题,按照对现役军人的规定执行。

八、现役军人申请结婚由部队团级以上单位政治机关负责审批。

营职、专业技术10级以下军官和职级相当的文职干部,士官,军队正式职工申请结婚的,由团级单位政治机关审批;团职、专业技术9级以上军官和职级相当的文职干部申请结婚的,由其所在单位的上一级政治机关审批;副大军区职以上军官申请结婚的,由总政治部审批。

九、现役军人结婚须提前一个月向所在单位党组织或政治机关提出书面申请,经审查同意后,填写《申请结婚报告表》作为归档材料;由政治机关出具《婚姻状况证明》,作为登记结婚的依据。

十、汉族军人要求与习惯上不同汉族通婚的少数民族公民结婚,一般应说服双方放弃此种婚姻。如双方坚持结婚,并取得少数民族一方家长的同意,可允许结婚。

十一、现役军人离婚,应当严肃慎重,不得违反国家的法律法规和军队的纪律，不违背社会公德。

双方均为现役军人，双方自愿离婚或一方要求离婚的，当事人所在部队领导或政治机关应当进行调解；调解无效，并符合《婚姻法》规定的离婚条件的，由政治机关出具证明后，方可到婚姻登记机关申请离婚或向法院提出离婚诉讼。

配偶是地方人员，军人一方要求离婚的，所在部队政治机关领导应当视情进行调解；符合《婚姻法》规定的离婚条件，并经对方同意，政治机关方可出具证明同意离婚；如军人一方坚持离婚，对方坚决不同意离婚的，部队可商请对方所在单位或地方有关部门进行调解，调解无效的，政治机关出具证明，由当事人向法院提出离婚诉讼。

配偶是地方人员，配偶一方要求离婚，军人一方同意离婚的，政治机关可出具证明同意离婚；军人一方不同意离婚的，政治机关不得出具证明，但经政治机关查实军人一方确有重大过错的除外。

十二、现役军人申请离婚的审批程序、权限与申请结婚的相同。团级以上单位政治机关出具同意离婚的证明时，应要求离婚双方签字或提供本人书面意见。申请再婚、复婚的，须持离婚证件。

十三、军队各级党组织和政治机关负有管理本单位军人婚姻的责任。对军人结婚、离婚有审查、调解和出具证明等权利和义务。对有弄虚作假、欺骗组织以及其他违反本规定行为的，应教育批评，督促改正；情节严重的，视情给予党纪政纪处分。

对军人的婚姻纠纷，军队各级法律服务部门和律师应及时提供法律服务，积极维护军人合法权益。对破坏军婚构成犯罪的行为人，军队有关部门应协助地方司法机关依法追究刑事责任。

十四、海军、空军、第二炮兵和总参谋部、总装备部政治部可根据本规定制定从事机密工作人员婚姻管理的实施细则，并报总政治部备案。

十五、本规定适用于中国人民武装警察部队。

十六、本规定由总政治部组织部负责解释，自 2001 年 11 月 9 日起施行。1980 年 12 月 29 日下发的《总政治部关于军队贯彻执行〈中华人民共和国婚姻法〉的暂行规定》即行废止。

14. 北京市高级人民法院民一庭关于审理婚姻纠纷案件若干疑难问题的参考意见

第一部分:婚姻效力与婚姻登记

一、人民法院受理离婚诉讼案件后,经审查确属无效婚姻的,应释明当事人变更诉讼请求。经释明当事人不申请宣告婚姻无效的,人民法院可驳回离婚的诉讼请求,依据《最高人民法院关于适用〈中华人民共和国婚姻法〉若干问题的解释(一)》(以下简称《婚姻法司法解释一》)第九条作出宣告婚姻无效的判决。

离婚案件中被告方主张婚姻无效的,人民法院应在离婚案件中对婚姻无效主张一并审理。

二、因结婚登记瑕疵导致结婚登记被撤销后,可参照《中华人民共和国婚姻法》(以下简称《婚姻法》)第十二条及《婚姻法司法解释一》第十五条有关规定处理同居期间的财产与子女问题。

三、当事人以协议登记离婚有重大瑕疵为由提起离婚登记无效或撤销离婚登记的诉讼,不属于民事诉讼受案范围。

第二部分:父 母 子 女

四、婚姻关系存续期间受孕或出生的子女,应当推定与夫妻关系存续期间丈夫一方存在亲子关系,但符合《最高人民法院关于适用〈中华人民共和国婚姻法〉若干问题的解释(三)》(以下简称《婚姻法司法解释三》)第二条第一款规定情形的除外。

无合法婚姻关系为基础的亲子关系认定请求,应由主张存在亲子关系的一方承担举证责任,提供必要证据。

《婚姻法司法解释二》第二条中的“必要证据”指足以使法官产生内心确信,使举证责任产生转移的证据,如血型、DNA鉴定相符或不相符、载有父母子女关系的出生医学证明、对方与他人在特定时段同居、男女双方在特定时段有或没有同居生活等证据。对于是否构成必要证据人民法院应结合个案案情慎重把握。

亲子关系确认之诉中,应注意未成年子女权益的保护,不得以侵害未成年人人身权益的方式取得证据。

五、夫妻一方因另一方隐瞒真相而受欺诈抚养了另一方与他人所生育子女,受欺诈抚养方请求另一方返还实际支出的抚养费用的,人民法院应予以支持;受欺诈抚养方请求的精神损害赔偿等费用,可酌情予以支持。

六、当事人未就未成年子女抚养问题达成一致且在离婚案件中未提出请求的,人民法院应予以释明;经释明当事人不提出相应请求的,人民法院可依职权对未成年子女抚养问题进行处理。

对于年满六周岁未满十周岁的未成年子女,人民法院处理抚养问题时,也可根据案情征求未成年子女的意见。人民法院征求未成年子女意见一般应单独进行,避免父母在场情况下的不当影响。

七、离婚案件中人民法院可以对被收养的未成年子女抚养问题在判决中予以处理。

离婚案件涉及收养行为效力的,收养行为有效性可以确认的,对收养的未成年子女抚养问题应一并处理;确有证据表明收养行为效力难以直接确认的,应另行向人民法院请求确认收养的效力。

八、离婚案件中判决一方享有子女抚养权的,可结合案件情况对另一方的探望权予以明确。

离婚时对行使探望权方式与内容未予以明确,离婚后发生争议的,可提起探望权纠纷诉讼,对行使探望权内容、方式、周期等予以确定。

离婚判决对探望权确定的,离婚后有探望权一方滥用探望权或以其他行为导致严重影响子女及有抚养权一方正常生活的,受害方有权向人民法院请求中止或变更探望权的行使或向人民法院申请人身保护令。

九、探望权原则上属于未直接抚养子女一方享有;享有探望权的一方因死亡或丧失行为能力等情况无法行使探望权的,对孙子女、外孙子女有抚养事实的祖父母、外祖父母请求单独行使探望权的,人民法院可予以支持。

十、抚养费包括必要生活费、教育费、医疗费等费用,应主要根据当地实际生活水平和子女实际需要确定,也应当考虑父母实际负担能力。一方未经协商擅自支付必要费用之外的生活费、教育费、医疗费等费用,要求另一方分担的,人民法院一般不予支持。

补课费、课外兴趣培养费等超出国家规定的全日制教育费用之外的教育性支出,应根据客观教育环境、收入情况、支出数额等因素确定是否属于必要教育费。

抚养费计算时依据的月总收入,系指税后年总实际收入按月均计算的实际收入,包括住房公积金、年终奖、季度奖等实际收入在内。

十一、赡养案件原则上可以只列对赡养权利义务存在争议方为赡养案件当事人。但确有必要追加其他赡养义务人以便全面分配赡养义务的,人民法院可根据案情予以追加。

第三部分:夫妻财产制度

十二、双方对婚前个人财产归属没有约定的,该财产不因婚姻关系的持续或财产存在形态的变化而转化为夫妻共同财产。

十三、《婚姻法司法解释三》第五条中的"孳息"、"自然增值"一般应理解为未经经营或投资行为所得之"孳息"、"自然增值"。

个人所有的古董、黄金、股票、债券、房屋等财产婚后自然增值部分应为个人财产,但上述财产婚后因经营或投资行为而产生的升值增值利益部分,应认为属于《婚姻法》第十七条和《最高人民法院关于适用〈中华人民共和国婚姻法〉若干问题的解释(二)》(以下简称《婚姻法司法解释二》)第十一条规定,一方经营或以个人财产投资取得的收益,应为共同财产。

十四、夫妻关系存续期间一方因身体受到伤害而获得的保险金(本人为受益人)应为一方个人财产;夫妻关系存续期间获得的残疾赔偿金应为一方个人财产。

十五、离婚案件涉及分割买断工龄款可参照《婚姻法司法解释二》第十四条关于军人所得复员费、自主择业费的规定予以处理。

十六、夫妻间无书面财产约定,但双方均认可或有证据足以表明存在财产约定合意的,应认定财产约定成立。

十七、婚姻关系存续期间,当事人不起诉离婚而单独提起夫妻财产约定的履行、变更、撤销、确认无效等诉讼,人民法院应予受理。

十八、《婚姻法》第十九条第三款中"第三人知道该约定"应理解为第三人在债权债务关系成立时对已存在的夫妻财产约定知晓。

债权债务关系成立之后夫妻间财产制度及债务承担安排的约定、变更,损害债权人利益的,对债权人不生效力。

第四部分:股 权 分 割

十九、离婚案件涉分割公司股权的,一般应当在离婚案件中予以处理;确因股权与案外人存在争议难以确定的,可另案予以处理。

离婚诉讼中一方主张另一方为隐名股东并要求分割相应财产权益的,参照上款处理。

二十、离婚诉讼中待分割股权之价值存在争议时，应采取协商一致、评估、竞价、参考市场价等方式予以确定。

因企业财务管理混乱、会计账册不全以及企业经营者拒不提供财务信息等原因导致无法通过评估方式确定股权价值的，人民法院可以依据该企业在行政主管机关备案的财务资料对财产价值进行认定；或可以参照当地同行业中经营规模和收入水平相近的企业的营业收入或者利润及其他方式来核定其价值。

二十一、职工内部流通股等具有内部流通性的股权，离婚诉讼分割时应具体审查，并征询职工所在企业等相关组织意见，以确定具体分割方法。

具有特殊个人人身性的村民股权应属个人财产，但村民股权在夫妻关系存续期间的收益可作为夫妻共同财产分割。

二十二、离婚诉讼中有限责任公司股东为夫妻二人，双方就股权分割无法协商一致时。双方均主张股权的，可按比例分割股权；双方均要求补偿款的，释明当事人可另行对公司进行拍卖、变卖或解散清算并分割价款；夫妻一方主张股权，另一方主张补偿款的，可在确定股权价值基础上由获得股权一方给付另一方补偿款。

上述有限责任公司工商登记中注明的夫妻双方股权份额不构成夫妻间财产约定；但如设立公司时根据相关规定提交财产分割书面证明或协议的，构成财产约定。

离婚诉讼中有限责任公司股东为夫妻二人及其他股东时，参照上两款规定进行处理。

二十三、离婚诉讼中夫妻中一人为独资公司股东，双方就股权分割无法协商一致时。双方均主张股权且愿意和对方共同经营的，可按比例分割股权；双方均主张股权但不愿意和对方共同经营的，可在考虑有利公司经营基础上由一方取得公司股权、给予另一方相应经济补偿，或通过竞价方式处理；一方主张公司股权，另一方不主张公司股权的，在确定公司价值基础上，由取得公司股权一方给予另一方相应经济补偿；双方均不愿意取得公司股权的，释明当事人可另行对公司进行拍卖、变卖或解散清算并分割价款。

上述股权分割中，需要办理变更登记手续的应根据相关规定进行办理。

二十四、离婚诉讼中有限责任公司为夫妻中一人及其他股东，夫妻双方就股权分割无法协商一致时。双方均主张股权的，原则上可判决归股东一方所有，并给予非股东一方相应的经济补偿；非股东配偶放弃股权主张补偿款的，应在对公司股权价值确定基础上由股东配偶给予另一方相应的经济补偿；股东配偶放弃股权,应在对公司股权价值确定基础上由取得股权方给予另一方相应的经济补偿,但应经其他股东过半数同意且明确表示放弃优先购买权;双方均不愿意取得公司股权的,可以释明当事人另行按照《中华人民共和国公司法》(以下简称《公司法》)将股权变现,并对价款依法分割。

二十五、《婚姻法司法解释二》第十六条中"过半数股东同意"与2013年新修改发布《公司法》第七十一条第二款中"其他股东过半数同意"冲突问题,应适用2013年新修改发布《公司法》第七十一条第二款中"其他股东过半数同意"内容。

二十六、离婚诉讼中分割上市公司股票,需要确定股票价值的,当事人对确定股票价值的时间点无法达成一致的,可以法庭辩论终结日的股票价值为准。

第五部分:房 产 分 割

二十七、婚后由一方父母支付首付款为子女购买的不动产,产权登记在出资人子女名下,由夫妻共同偿还余款的,不属于《婚姻法司法解释三》第七条第一款的规定的情形,该不动产应作为夫妻共有财产,在离婚时综合考虑出资来源、装修情况等因素予以公平分割。

一方父母承租的公房,婚姻关系存续期间以夫妻共同财产依成本价购买,登记在夫妻一方或双方名下,应认定为夫妻共有财产,公房承租权所对应的利益系作为对夫妻双方的赠与,在离婚处理房产时综合考虑公房承租权利益来源等因素予以公平分割。

二十八、夫妻一方婚前对外借款支付全款购买房屋,房屋登记于付款方名下,婚后夫妻双方共同偿还借款,离婚分割财产时,可参考《婚姻法司法解释三》第十条的规定予以处理。

二十九、婚前由双方或一方出资,登记在另一方名下的房产,有证据表明双方是以结婚、长期共同生活使用为目的购房,在离婚时应考虑实际出资情况、婚姻关系存续时间、有无子女等情况由产权登记一方对另一方予以合理补偿。

三十、离婚诉讼的当事人只有一套共有住房,双方均主张房屋所有权但均无能力补偿对方时,如双方就房屋分割问题无法达成一致,判决双方对房屋按份共有,并在此基础上结合当事人生活需要、房屋结构等因素就房屋使用问题作出处理。

三十一、婚姻关系存续期间用夫妻共同财产以成本价购买的登记在一方名下的公有住房应认定为夫妻共有财产,在离婚时应综合考虑房产来源、夫妻双方工龄折扣、是否影响另一方福利分房资格等因素予以公平分割。

三十二、限售期内的经济适用房、两限房在离婚诉讼中可以酌情进行分割。

经济适用房、两限房由一方在婚前申请，以个人财产支付房屋价款，婚后取得房产证的，应认定为一方个人财产；婚后以夫妻双方名义申请，以夫妻共同财产支付房屋价款，离婚后取得房产证的，应认定为夫妻共同财产。

三十三、婚姻关系存续期间以夫妻共同财产出资以标准价购买公有住房而获得的“部分产权”，该“部分产权”应认定为夫妻共同财产，可以在综合考虑房产来源、工龄折算等因素，并征求原产权单位意见确定产权单位权利比例后，予以公平分割。

三十四、夫妻一方在婚后通过与用人单位约定服务条件取得的房产为夫妻共同财产，但离婚时服务条件尚未实现的一般应判归约定服务条件一方。

三十五、对于已被有权机关认定为违法建筑的小产权房，不予处理；但违法建筑已经行政程序合法化的，可以对其所有权归属做出处理。

对于虽未经行政准建，但长期存在且未受到行政处罚的房屋，可以对其使用做出处理。在处理使用时，人民法院应向当事人释明变更相关诉讼请求。在处理相关房屋的使用归属时，能分割的进行分割，不能分割的可采用协商、竞价、询价等方式进行给予适当补偿。

在涉小产权房分割案件中，应在判决论理部分中明确使用处理的判决内容不代表对小产权房合法性的认定，不能以此对抗行政处罚、不能作为产权归属证明或拆迁依据等。

三十六、离婚案件中涉及公房承租权处理，属于直管公房的，可在判决中明确承租权以及承租关系的变更。

属于自管公房的，夫妻只有一方在产权单位工作，一般应把承租权确定在产权单位工作的人名下，另一方获得补偿；但经产权单位同意的，可以确定由另一方承租或共同承租。

三十七、农村拆迁补偿中按所涉人口数取得的优惠购房权系基于特定身份获得的优惠安置利益，但并非优惠取得的物权本身。

离婚时优惠购房权价值折算可考虑优惠取得的房产性质、能否上市交易、能否取得产权证等因素，在不高于市场价格与优惠价格的差价范围之内予以确定。

第六部分：债权债务分割

三十八、符合《婚姻法司法解释二》第二十四条规定情形的，应推定为按夫妻共同债务处理。但同时存在以下情形的，可根据具体案情认定构成个人债务。

(1)夫妻双方主观上不具有举债的合意且客观上不分享该债务所带来的利益;

(2)债务形成时,债权人无理由相信该债务是债务人夫妻共同意思表示或为债务人的家庭共同利益而成立。

三十九、夫妻一方因侵权行为致人损害产生的债务,一般认定为一方个人债务。但该侵权行为系因家庭劳动、经营等家事活动产生或其收益归家庭使用的,应认定为夫妻共同债务。

四十、离婚诉讼中对于夫妻一方出具无证据表明另一方事先知晓的大额债务凭据,并据以要求认定夫妻共同债务的,人民法院应根据案情结合债权人债务人双方关系、转款记录、借款时家庭财务情况等对债务真实性及性质进行判断。

四十一、离婚诉讼中,夫妻一方出具的确定婚姻关系存续期间一方所欠债务的生效法律文书,并据以主张该债务为夫妻共同债务的。如法律文书主文中对债务属于夫妻共同债务还是个人债务性质有明确认定,依该认定确定;如法律文书主文未对债务性质进行认定,则可根据本文件第三十八条对债务性质进行认定。

四十二、婚前一方享有的确定可以实现的债权,婚后实际取得的,应认定为婚前财产;婚姻关系存续期间发生并确定可以实现的债权,离婚后实际取得的,应认定为婚内财产。

第七部分:其他涉财产问题

四十三、彩礼一般是指依据当地习俗,一方及其家庭给付另一方及其家庭的与缔结婚姻密切相关的大额财物。不具备上述特点的婚前财产赠与不构成彩礼。

涉彩礼纠纷一般应列夫妻双方或未办理结婚登记手续的男女双方为诉讼当事人。

四十四、男女双方未办理结婚登记手续以夫妻名义同居生活的,同居关系解除后要求分割同居期间共同劳动、经营或管理所得财产的,有约定从约定;无约定且上述同居期间财产混同的,推定为共同共有,但根据同居时间、各自贡献、生活习惯等因素能认定为按份共有财产的除外。

男女双方未办理结婚登记手续亦不以夫妻名义同居生活的,同居关系解除后要求分割同居期间共同劳动、经营或管理所得财产的,有约定从约定;无约定且财产混同的,推定为按份共有,具体份额比例可依据同居时间、各自贡献、生活习惯确定。

四十五、夫妻双方离婚时协议约定将夫妻个人财产或共有财产赠与对方或第三人,离婚后交付或变更登记之前,一方依据《中华人民共和国合同法》第一百八十六条第一款的规定请求撤销赠与的,人民法院不予支持。

第八部分:救助措施与法律责任

四十六、婚姻存续期间,夫妻一方因家暴等行为造成另一方人身损害的,受害方可以依《中华人民共和国侵权责任法》向侵权方主张人身损害赔偿;受害方取得人身损害赔偿后,有权在离婚诉讼中依据《婚姻法》四十六条主张离婚损害赔偿。

四十七、离婚时,一方隐藏、转移、变卖、毁损夫妻共同财产的,可依《婚姻法》第四十七条少分或不分夫妻共同财产;造成损失的,另一方在离婚诉讼中可主张赔偿损失。

四十八、婚姻关系存续期间,夫妻一方未经另一方许可将大额共同财物赠与第三人的,另一方可主张请求确认该赠与行为无效,返还财物;或在离婚诉讼中就该赠与行为主张损害赔偿。

第九部分:程序及其他问题

四十九、一方或双方在我国有经常居住地的外国人在中国法院起诉离婚的,应予管辖。

五十、人民法院在审理涉外、涉港澳台婚姻案件中,应在判决论理中对准据法查明予以明确论述。

《中华人民共和国涉外民事关系法律适用法》第二十四条规定适用范围主要是指夫妻财产制、夫妻债务责任等财产法律关系的法律适用;第二十七条规定适用范围主要是指离婚时夫妻身份关系、子女抚养、财产分割、离婚损害赔偿等问题的法律适用。

五十一、人民法院在审理离婚案件过程中,案外人以夫妻间的财产争议涉及其利益为由申请参加诉讼或一方当事人申请追加案外人作为第三人参加诉讼的,人民法院一般不予准许。夫妻间财产争议确涉及案外人利益的,可另行解决。

离婚后财产纠纷案件当事人申请追加第三人或第三人申请参加诉讼的,根据《中华人民共和国民事诉讼法》第五十六条第二款的规定处理。

五十二、离婚诉讼案件中被告一方为限制行为能力人、无诉讼行为能力人，原告一方为其监护人的。人民法院可参照《最高人民法院关于适用〈中华人民共和国民事诉讼法〉的解释》第八十三条规定，由其他有监护资格的人协商确定诉讼中的法定代理人；协商不成的，由人民法院在有监护资格的人中指定。被告方除配偶外没有民法通则第十七条第一款规定的监护人的，人民法院可以指定民法通则第十七条第三款规定的有关组织担任诉讼中的法定代理人。

五十三、离婚诉讼中，被告方下落不明但未宣告失踪的，人民法院应要求原告方提供有关机关出具的另一方下落不明的书面证明或其他能确定证明被告方下落不明的证据，必要时人民法院应依职权对被告方下落不明的情形进行走访调查。

五十四、离婚诉讼中一方提交照片、音像资料等证据证明诉讼主张的，一般应予采纳；但有证据表明上述证据系以严重侵害他人合法权利、违反法律禁止性规定或严重违背公序良俗方法取得的除外。

五十五、离婚诉讼涉及夫妻共同财产分割时，如可能存在判决后需要执行部门通过过户或交付等方式实现判决确定的权利的，为便于减少重复诉累、提高权利保护效率，人民法院应释明当事人在诉讼请求中一并提出过户或交付等实际履行内容。

在前款所述判决主文中，存在互负给付义务情况下，可根据案件情况判令同时履行或确定履行顺序，避免出现一方履行义务但对待权利无法实际实现情形的发生。

15. 江苏省高级人民法院民一庭家事纠纷案件审理指南（婚姻家庭部分）

为妥善审理好家事纠纷案件，统一全省执法尺度，依照《中华人民共和国婚姻法》（以下简称《婚姻法》）、《中华人民共和国民事诉讼法》（以下简称《民事诉讼法》）、《最高人民法院关于适用〈中华人民共和国婚姻法〉若干问题的解释（一）》（以下简称《婚姻法解释一》）、《最高人民法院关于适用〈中华人民共和国婚姻法〉若干问题的解释（二）》（以下简称《婚姻法解释二》）、《最高人民法院关于适用〈中华人民共和国婚姻法〉若干问题的解释（三）》（以下简称《婚姻法解释三》）、《最高人民法院关于适用〈中华人民共和国民事诉讼法〉的解释》（以下简称《民诉法解释》）等法律、司法解释的规定及精神，并结合司法实践，制定本指南，供全省法院参考。

一、程序问题

1. 家事纠纷案件如何确定级别管辖？

第一审婚姻、继承等家事纠纷案件（包括涉外、涉港澳台），一般由基层人民法院管辖。对重大疑难、新类型和在适用法律上有普遍意义的案件，可以依照《民事诉讼法》第三十八条的规定，由上级人民法院自行决定由其审理或者根据下级人民法院报请决定由其审理。

2. 涉及不动产的婚姻家庭纠纷案件是否适用不动产专属管辖？

婚约财产纠纷、离婚后财产纠纷、夫妻财产约定纠纷、同居关系析产纠纷、分家析产纠纷等属于婚姻家庭纠纷，按照一般地域管辖原则确定管辖法院，不适用不动产专属管辖，但法律、行政法规、司法解释另有规定的除外。

3. 离婚案件原告或者上诉人本人未出庭参加诉讼，能否按撤诉或者按撤回上诉处理？

依照《民事诉讼法》第六十二条的规定，离婚案件当事人除不能表达意思的以外，应当亲自出庭参加诉讼。离婚案件原告或者上诉人本人如果因生理疾病、年迈体弱、交通不便、自然灾害等特殊情况无法出庭的，必须向人民法院提交书面意见，并委托诉讼代理人参加诉讼。在已向人民法院提交书面意见，并委托诉讼代理人参加诉讼的情形下，人民法院不能仅因为原告或者上诉人本人未出庭参加诉讼即按撤诉或者按撤回上诉处理。但原告或者上诉人本人未出庭参加诉讼导致案件事实无法查清的，应当承担由此产生的不利法律后果。

4. 对于起诉时被告下落不明的离婚案件应当如何处理？

对于起诉时被告下落不明的离婚案件，人民法院应当慎重处理，最大限度地保障被告的合法权益。在按照原告提供的被告地址无法送达时，应当要求其补充提供被告的其他地址或者被告近亲属的地址以及联系方式，向被告近亲属了解被告下落并制作笔录，加强调查走访，必要时可以要求原告提供公安机关或者其他有关单位出具的证明被告下落不明的书面证明材料。对于穷尽送达手段被告确实下落不明的，可以依照《民诉法解释》第二百一十七条的规定，公告送达诉讼文书并缺席判决。

对于起诉时被告下落不明的离婚案件，人民法院可以依照《民诉法解释》第一百一十条的规定，要求原告本人到庭签署保证书。保证书应当载明据实提供被告地址，如有虚假愿意接受处罚等内容。事后经查证确属提供虚假地址的，按妨害民事诉讼处理。

5. 对于已经发生法律效力的不准予离婚的判决能否申请再审？

对于已经发生法律效力的不准予离婚的判决，当事人申请再审的，应予受理。

6. 事实婚姻经调解不能和好的，能否判决不准予离婚？

事实婚姻经调解不能和好的，应当依照最高人民法院《关于人民法院审理未办结婚登记而以夫妻名义同居生活案件的若干意见》第6条的规定，调解或者判决准予离婚。

7. 无效婚姻能否按撤诉处理？婚姻被宣告无效或者被撤销之前又与他人结婚的，是否构成重婚？以重婚为由申请宣告婚姻无效，如果申请时重婚情形已经消失的，应当如何处理？

为体现国家强制力对无效婚姻的干预和制裁，无效婚姻经查证属实的，即使原告经传票传唤无正当理由拒不到庭或者中途退庭，也不能按撤诉处理，应当依法作出宣告婚姻无效的判决。

依照《婚姻法解释一》第十三条的规定，无效或者可撤销婚姻只有在依法被宣告无效或者被撤销时才自始不受法律保护。因此，婚姻被宣告无效或者被撤销之前又与他人结婚的，构成重婚。

以重婚为由申请宣告婚姻无效，申请时即使当事人已经办理了合法婚姻的离婚登记手续或者合法婚姻配偶一方已经死亡等导致重婚情形已经消失的，亦应予以支持。

二、同居问题

8. 双方未办理结婚登记手续，但已共同生活，彩礼应否返还？双方已办理结婚登记手续，但共同生活时间较短，离婚时彩礼应否返还？

《婚姻法解释二》第十条第一款第一项规定的“双方未办理结婚登记手续的”并非针对双方已共同生活的情形。如果双方未办理结婚登记手续，但已共同生活，当事人主张返还彩礼的，可以根据未办理结婚登记手续的原因、双方共同生活的时间、彩礼的数额、有无生育子女、财产使用情况、双方经济状况等酌定是否返还以及返还的数额。

双方已办理结婚登记手续，但共同生活时间较短，离婚时当事人主张返还彩礼的，可以根据离婚的过错、双方共同生活的时间、彩礼的数额、有无生育子女、财产使用情况、双方经济状况等酌定是否返还以及返还的数额。

9. 同居期间形成的财产应当如何分割？

同居关系不同于合法婚姻关系，对于同居期间一方的工资、奖金、生产经营收益以及因继承、赠与等途径所得的合法收入，原则上归本人所有。双方在同居期间有共同购置的财产或者共同经营所得的收入，如果查明属于按份共有，按照各自的出资额比例分享权利；如果查明属于共同共有，则对共有财产共同享有权利；如果无法查明是按份共有还是共同共有，视为按份共有，不能确定出资额比例的，视为等额享有。

对于被宣告无效或者被撤销的婚姻，当事人同居期间所得的财产，按共同共有处理，但有证据证明为当事人一方所有或者按份共有的除外。

10. 因恋爱、同居产生的情感债务应当如何处理？婚外情所涉赠与应当如何处理？赠与行为的效力应当如何认定？赠与财物应当如何返还？

一方以恋爱、同居为由主张另一方支付"青春损失费""分手费"的，不予支持。但女方在恋爱、同居期间因怀孕中止妊娠主张男方分担医疗费、营养费等合理费用的，可以支持。

有配偶者赠与或者约定赠与第三者财物，赠与后反悔主张返还或者第三者主张履行赠与的，不予支持。但配偶一方以赠与夫妻共同财产的行为侵犯其夫妻共同财产权为由主张返还的，可以支持。

配偶一方主张赠与行为无效并主张返还赠与财物的，应当认定赠与行为全部无效而非部分无效，赠与财物应当全部返还。

赠与行为被认定无效后返还的赠与财物应为赠与当时的标的物，如果赠与的是房屋、车辆等实物，应当返还实物。如果实物因灭失、转让等原因导致无法返还的，可以参照实物灭失、转让时的市场价格或者转让对价折价补偿。

三、抚养、赡养问题

11. 亲子鉴定应当如何启动？兄弟姐妹之间能否适用《婚姻法解释三》第二条规定的亲子关系推定原则？提起亲子关系否认之诉的权利人范围应当如何界定？

亲子鉴定的启动应当慎重，无论是请求确认亲子关系或者否认亲子关系都要承担相应的举证责任。对当事人提供的证据，人民法院经审查并结合相关事实，认为进行亲子鉴定确有必要的，可以根据当事人申请启动亲子鉴定。当事人仅凭怀疑或者猜测申请亲子鉴定的，不予准许。但另一方当事人同意鉴定的，可以准许。

《婚姻法解释三》第二条规定的亲子关系推定原则仅适用于父母子女之间。当事人要求与同父(母)异母(父)的兄弟姐妹进行血缘关系鉴定确认亲子关系,并主张适用《婚姻法解释三》第二条的亲子关系推定原则的,不予支持。

认定亲子关系应当以真实血缘关系为基础并兼顾亲子关系的安定性。因此,应当限缩提起亲子关系否认之诉的权利人范围。依照《婚姻法解释三》第二条第一款的规定,提起亲子关系否认之诉的权利人是夫妻一方。其他亲属和成年子女提起亲子关系否认之诉的,一般不予支持。

12.《中华人民共和国收养法》施行后,离婚时对于未办理收养登记的未成年人应当如何处理抚养问题?

《中华人民共和国收养法》施行后,收养应当向县级以上人民政府民政部门登记,否则收养关系不成立。对于未办理登记导致收养关系不成立的,离婚时夫妻双方与未成年人之间不适用《婚姻法》关于父母子女关系的规定。

离婚时对于符合收养条件的,夫妻双方应当补办收养登记,人民法院再依照《婚姻法》关于父母子女关系的规定处理未成年人抚养问题。无法补办收养登记的,如果夫妻一方或者双方均愿意抚养未成年人,对于个人符合收养条件的,由该方补办收养登记,人民法院可以判决收养方抚养未成年人,对于未成年人的抚养费由收养方自行承担,但可以根据收养方的主张结合未成年人的实际需要、夫妻双方的负担能力、离婚时共同财产分割情况、当地的实际生活水平等酌情判令夫妻另一方给予经济帮助。如果夫妻双方均不符合收养条件或者愿意抚养的夫妻一方不符合收养条件或者夫妻双方均不愿意继续抚养未成年人的,人民法院可以依照《中华人民共和国民法总则》的相关规定待未成年人确定监护人后,再处理离婚案件。

13.如何认定继父母子女之间形成抚养教育关系?继父母子女关系能否解除?

认定继父母子女之间是否形成抚养教育关系,可以通过审查再婚时继子女是否已经成年、双方共同生活的时间长短、是否实际接受生活上的照顾抚育、家庭身份融合程度等予以综合判断。

对于已经形成抚养教育关系的继父母子女,因生父(母)与继母(父)离婚导致再婚关系终止的,如果继父母不同意继续抚养未成年继子女的,继父母子女关系可以解除,该子女应当由生父母抚养。

对于已经形成抚养教育关系的继父母子女,因生父(母)死亡导致再婚关系终止的,在继子女未成年的情形下一般不允许解除继父母子女关系。如果生父母中的另一方愿意将未成年子女领回,继父母同意的,继父母子女关系可以解除。继子女八周岁以上的,应当征得本人同意。

对于已经形成抚养教育关系的继子女成年后,继父母子女关系一般不允许解除。如果双方经协商一致或者双方关系恶化导致继父母或者继子女主张解除继父母子女关系的,可以解除。但继父母子女关系解除后,对于缺乏劳动能力或者生活困难的继父母,成年的继子女应当给付一定的生活费用。

对于未形成抚养教育关系的继父母子女,一方起诉主张解除继父母子女关系的,裁定不予受理,已经受理的,裁定驳回起诉。

14. 在构成欺诈性抚养的情形下,男方能否主张返还给付的抚养费并赔偿精神损害抚慰金?抚养费和精神损害抚慰金的数额应当如何确定?赔偿义务主体应当如何确定?

女方隐瞒子女与男方无亲子关系的事实,使男方实际履行了抚养义务,构成欺诈性抚养侵权行为,离婚时或者离婚后男方主张返还给付的抚养费并赔偿精神损害抚慰金的,可以支持。

在确定抚养费返还数额时,男方应当对抚养费给付情况承担举证责任。确实无法举证证明的,可以参照《最高人民法院关于人民法院审理离婚案件处理子女抚养问题的若干具体意见》第 7 条的规定,根据子女的实际需要、男女双方的负担能力、婚姻关系存续期间双方的经济收入、离婚时共同财产分割情况、当地的实际生活水平等酌情判定。

精神损害抚慰金的赔偿数额可以依照《最高人民法院关于确定民事侵权精神损害赔偿责任若干问题的解释》第十条的规定确定。

欺诈性抚养的赔偿义务主体应当是欺诈行为的实施主体。男方起诉子女承担欺诈性抚养赔偿责任的,不予支持。子女的生父与女方通谋欺骗男方的,应当承担连带赔偿责任。男方仅起诉女方承担赔偿责任的,可以不追加子女的生父为共同被告。

15. 主张给付抚养费的权利主体应当如何确定?婚姻关系存续期间主张给付抚养费的范围应当如何确定?主张给付抚养费是否适用诉讼时效?

主张给付抚养费的权利属于未成年子女或者不能独立生活的成年子女。能够独立生活的成年子女主张父母给付其未成年期间应当负担的抚养费的,不予支持。

夫妻双方均负有抚养未成年子女或者不能独立生活的成年子女的法定义务,不存在谁代谁抚养的问题,夫妻一方起诉另一方返还代为给付的抚养费的,一般不予支持。

未成年子女或者不能独立生活的成年子女的祖父母、外祖父母、兄、姐或者其他人如果代替有抚养能力而未尽抚养义务的夫妻一方或者双方尽了抚养义务，主张夫妻一方或者双方返还代为给付的抚养费的，应予支持。

婚姻关系存续期间主张给付抚养费的范围一般为当期费用和已经发生的费用，对于尚未发生的费用，可以待实际发生后另行主张权利。

依照《中华人民共和国民法总则》第一百九十六条的规定，主张给付抚养费的请求权不适用诉讼时效。

16. 离婚时夫妻双方约定或者直接抚养子女一方承诺不要求另一方负担子女抚养费，事后直接抚养子女一方能否以子女名义起诉主张另一方给付抚养费？

离婚时夫妻双方约定或者直接抚养子女一方承诺不要求另一方负担子女抚养费，事后直接抚养子女一方又以子女名义起诉主张另一方给付抚养费的，一般不予支持。但具有直接抚养子女一方经济状况不足以维持子女当地实际生活水平或者子女生活、教育、医疗等必要合理费用确有显著增加等正当情形的，依照《婚姻法》第三十七条第二款、《最高人民法院关于人民法院审理离婚案件处理子女抚养问题的若干具体意见》第十八条的规定，可以判决另一方给付抚养费。

17. 祖父母、外祖父母主张隔代探望权应当如何处理？

探望权的行使主体是不直接抚养子女的父母一方，义务主体是直接抚养子女的父母一方。祖父母、外祖父母主张探望孙子女、外孙子女的，一般不予支持。但祖父母、外祖父母对未成年孙子女、外孙子女尽了抚养义务，其主张探望孙子女、外孙子女的，可以支持。

18. 离婚后子女能否主张不直接抚养的父母一方进行探望？

离婚后父母对于子女仍有抚养和教育的权利和义务。离婚后子女主张不直接抚养的父母一方进行探望的，应予支持。

19. 离婚案件中应否对探望权问题一并处理？对探望权的裁判应当如何表述？

离婚案件中当事人未主张探望权的，为减少当事人讼累，可以向当事人释明，告知当事人就探望权问题提出诉讼请求。当事人不提出诉讼请求的，基于不告不理的原则，探望权问题在离婚案件中不予处理。对探望权的裁判应当明确探望权的行使时间、期限、方式、地点。

20. 人民法院已经就探望权行使时间、期限等依法作出生效裁判后，当事人就探望权问题能否再次起诉？

人民法院已经就探望权行使时间、期限等依法作出生效裁判后，如果当事人对探望权行使时间、期限等产生新的需求，属于新的事实和理由，不受既判力的约束，当事人就探望权问题再次起诉的，应予受理。但对当事人诉讼请求的合理性应当依法审查，据以决定是否支持当事人的诉讼请求。

21. 父母能否主张子女履行精神赡养义务？

赡养包括经济上供养、生活上照料和精神上慰藉。父母主张子女履行探望等精神赡养义务的，应予支持。

22. 父母与子女约定免除或者以子女放弃家庭共有财产、继承等为条件免除子女赡养义务的，事后能否主张子女履行赡养义务？

子女对父母有赡养扶助的法定义务。父母与子女约定免除子女赡养义务的，该约定无效，事后父母主张子女履行赡养义务的，应予支持。约定以子女放弃家庭共有财产、继承等为条件免除子女赡养义务的，如果协议已履行，可以酌情减轻子女给付赡养费的义务。

23. 父母未履行抚养义务，子女能否主张免除赡养义务？

父母因经济能力限制或者其他客观原因未履行抚养义务，子女主张免除赡养义务的，不予支持。但父母存在有抚养能力而拒不履行抚养义务或者对子女实施虐待、遗弃、故意杀害等行为，情节严重的，可以酌情减轻子女的赡养义务，构成犯罪的，可以免除子女的赡养义务。

四、离婚财产问题

24. 夫妻双方订立忠诚协议约定如果夫妻一方违反忠诚义务将赔偿夫妻另一方违约金或者精神损害抚慰金，夫妻一方起诉主张确认忠诚协议的效力或者以夫妻另一方违反忠诚协议为由主张其承担责任的，应当如何处理？

夫妻忠诚协议是夫妻双方在结婚前后，为保证双方在婚姻关系存续期间不违反夫妻忠诚义务而以书面形式约定违约金或者赔偿金责任的协议。

夫妻是否忠诚属于情感道德领域的范畴，夫妻双方订立的忠诚协议应当自觉履行。夫妻一方起诉主张确认忠诚协议的效力或者以夫妻另一方违反忠诚协议为由主张其承担责任的，裁定不予受理，已经受理的，裁定驳回起诉。

25. 夫妻双方订立如果夫妻一方发生婚外情、实施家庭暴力、赌博等行为，离婚时放弃财产的协议，离婚时能否作为裁判的依据？

夫妻双方订立如果夫妻一方发生婚外情、实施家庭暴力、赌博等行为，离婚时放弃财产的协议，不属于夫妻财产约定。离婚时无过错的夫妻一方以夫妻财产约定为由主张据此分割财产的，不予支持。但在分割财产时，应当综合考虑当事人过错情况等对无过错的夫妻一方酌情予以照顾，以平衡双方利益。

26. 夫妻双方在离婚协议中约定违约金，离婚后夫妻一方以夫妻另一方未履行离婚协议为由主张按照离婚协议约定支付违约金的，应当如何处理？

离婚协议属于有关身份关系的协议，不属于普通民商事合同。离婚后夫妻一方以夫妻另一方未履行离婚协议为由主张按照离婚协议约定支付违约金的，不予支持。

27. 夫妻双方依照《婚姻法》第十九条第一款订立的夫妻财产制契约的效力应当如何认定？能否对抗债权人申请执行？

夫妻双方依照《婚姻法》第十九条第一款订立的夫妻财产制契约对夫妻双方均具有法律约束力。当夫妻双方对不动产物权产生争议时，应当尊重夫妻之间的真实意思表示，按照双方订立的夫妻财产制契约履行，优先保护不动产物权的真实权利人，不宜以所有权登记作为确认不动产物权的唯一依据。但未办理转移登记不能对抗善意第三人。

在不动产物权未办理转移登记的情形下，被执行人配偶依据夫妻财产制契约提出执行异议，请求排除执行的，不予支持。

28. 离婚财产分割协议中对不动产物权的约定能否直接产生物权变动的效力？能否对抗债权人申请执行？

离婚财产分割协议中对不动产物权的约定不直接产生物权变动的效力，夫妻一方仅可基于债权请求权向夫妻另一方主张履行不动产物权转移登记的契约义务。在不动产物权未办理转移登记的情形下，离婚财产分割协议中对不动产物权的约定不能对抗善意第三人。

离婚财产分割协议中对不动产物权的约定能否对抗债权人申请执行，应当通过审查离婚财产分割协议的真实性、形成时间、不动产物权未办理转移登记的原因、当事人的过错等予以综合判断。具体可参考《江苏省高级人民法院执行异议及执行异议之诉案件审理指南（二）》的相关规定认定和处理。

29. 如何区分夫妻财产制契约与夫妻财产赠与约定，其效力应当如何认定？

夫妻财产制契约是夫妻双方在《婚姻法》第十九条规定的三种夫妻财产制形态，即分别财产制、一般共同制和限定共同制中进行选择的约定，对夫妻财产关系产生一般性、普遍性的约束力，其效力一般及于夫妻财产的全部。夫妻财产赠与约定是夫妻双方对于个别财产的单独处分，具有一次性、个别化的特点，其效力不及于其他未经特殊处分的财产。前者的目的在于排除法定财产制的适用，后者的目的在于改变一项特定财产的权利归属，并不涉及财产制的选择。

夫妻双方订立的夫妻财产制契约对夫妻双方具有法律约束力，任何一方不得擅自变更或者撤销。

夫妻一方在婚前或者婚姻关系存续期间约定将个人所有的不动产赠与夫妻另一方或者约定为按份共有、共同共有的，属于夫妻财产赠与约定，赠与人在赠与不动产物权办理转移登记之前撤销赠与，夫妻另一方主张履行的，应当依照《中华人民共和国合同法》第一百八十六条的规定处理。

30.《婚姻法解释三》第十条规定的不动产婚内共同还贷及增值的补偿数额应当如何计算？

补偿数额可以按以下公式计算：【夫妻共同还贷部分×不动产升值率÷2】。不动产升值率=离婚时不动产价格÷不动产成本（购置时不动产价格+共同已还贷款利息+其他费用）×100%。其他费用包括印花税、契税、营业税、评估费等，不包括公共维修基金、物业费。如果夫妻一方购置不动产后经过一段时间才结婚的，计算不动产成本时，应当以结婚时不动产价格作为计算依据。若在个案中计算所得补偿数额明显低于婚后还贷本息总额的一半时，应当依照《婚姻法》第三十九条第一款规定的原则，判令取得所有权的夫妻一方给予夫妻另一方合理的补偿。

31. 婚姻关系存续期间夫妻一方以婚前财产出资购置的不动产以及增值收益的性质应当如何认定？

婚姻关系存续期间夫妻一方以婚前财产出全资购置的不动产，所有权登记在出资方名下，该不动产为夫妻一方婚前财产在婚后发生的形态上的转化，不影响财产的性质，除当事人另有约定外，应当认定为夫妻一方的个人财产。基于该不动产所产生的增值收益，应当根据具体情况作出认定。如果购置该不动产的目的是投资，则产生的增值收益应当认定为夫妻共同财产。

婚姻关系存续期间夫妻一方以婚前财产出全资或者夫妻一方以婚前财产以及夫妻共同财产混合出资购置的不动产，所有权登记在夫妻双方名下或者夫妻另一方名下，除当事人另有约定外，应当认定为夫妻共同财产。离婚时在具体分割不动产时，可以结合出资比例等因素对婚前财产出资方予以多分。

32. 夫妻一方婚前购买的股票在婚后的增值收益的性质应当如何认定？

夫妻一方婚后对婚前购买的股票没有进行买卖，股票因市场行情变化产生的增值收益为自然增值，除当事人另有约定外，应当认定为夫妻一方的个人财产。夫妻一方婚后对婚前购买的股票进行买卖产生的增值收益为主动增值，除当事人另有约定外,应当认定为夫妻共同财产。

33. 婚姻关系存续期间夫妻一方以个人财产出全资购置以个人名义参加房改的不动产,所有权登记在出资方名下,其性质应当如何认定?

婚姻关系存续期间夫妻一方以个人财产出全资购置以个人名义参加房改的不动产,所有权登记在出资方名下,离婚时出资方主张为个人财产的,不予支持,除非当事人另有约定或者出资方能够举证证明该不动产的取得与夫妻另一方没有关系且夫妻另一方不会因此而利益受损。离婚时在具体分割不动产时,可以对出资方予以多分。

34. 享受本人工龄和已死亡配偶生前工龄优惠后所购房改房的性质应当如何认定?

房改房是国家根据职工工龄、职务、工资、家庭人口等各种因素综合考虑后在价值计算上给予职工政策性优惠福利的房屋。此种政策性优惠福利具有人身和财产双重属性,属于财产权益。生存配偶享受本人工龄和已死亡配偶生前工龄优惠后所购房改房,是对原有承租权的承袭和转化,一般应当认定为夫妻共同财产。

35. 婚姻关系存续期间夫妻购置所有权登记在夫妻双方以及子女名下或者仅登记在子女名下的不动产的性质应当如何认定?

对于婚姻关系存续期间夫妻购置所有权登记在夫妻双方以及子女名下或者仅登记在子女名下的不动产,应当审查夫妻双方进行所有权登记时的真实意思表示,尽可能甄别夫妻双方是否存在逃避债务、规避执行等行为。

在排除前述情形的情况下,可以按以下情形分别处理:

(1)对于婚姻关系存续期间夫妻购置所有权登记在夫妻双方以及子女名下的不动产,应当认定为夫妻双方与子女共有。所有权登记中未约定为按份共有的,应当认定为共同共有。

(2)对于婚姻关系存续期间夫妻购置所有权仅登记在子女名下的不动产,一般应当认定为子女的财产。如果有证据证明夫妻双方将所有权登记在子女名下的真实意思仅是代名登记,夫妻双方并无赠与意思的,该不动产应当认定为夫妻共同财产。但夫妻之间的财产约定不能对抗善意第三人。

36. 离婚协议中涉及对第三人赠与的条款,离婚后赠与人以赠与财产权利尚未转移为由能否申请撤销?受赠人有无独立的给付请求权?

离婚协议是夫妻双方权衡利益、考量利弊后,围绕婚姻关系解除而形成的一个有机整体,各项内容既相互独立,又相互依存。因此,离婚后赠与人以赠与财产权利尚未转移为由申请撤销离婚协议中涉及对第三人赠与条款的，不予支持，但符合《婚姻法解释二》第九条规定情形的除外。

离婚协议约定将特定财产赠与第三人，离婚后夫妻一方不履行给付义务，夫妻另一方可以起诉主张其履行。受赠人非离婚协议一方，仅为赠与条款的受益人，并无独立的给付请求权，其起诉主张夫妻一方或者双方履行给付义务的，裁定不予受理，已经受理的，裁定驳回起诉。

37. 父母为子女出全资购置不动产的性质应当如何认定？

父母为子女出全资购置不动产，除当事人另有约定外，可以按以下情形分别处理：

(1)一方父母出全资购置的不动产，无论该出资行为发生在婚前还是婚后，所有权登记在自己子女名下的，该出资可以认定为对自己子女的赠与，该不动产可以认定为出资方子女的个人财产。

(2)一方父母出全资购置的不动产，无论该出资行为发生在婚前还是婚后，所有权登记在子女双方名下或者另一方子女名下，该出资可以认定为对子女双方的赠与，该不动产可以认定为共同共有。

(3)婚前双方父母共同出全资购置的不动产，所有权无论登记在一方子女或者子女双方名下，该出资可以认定为父母对各自子女的赠与，该不动产可以认定为双方按照各自父母出资份额按份共有。

(4)婚后双方父母共同出全资购置的不动产，所有权登记在一方子女名下，该出资可以认定为父母对各自子女的赠与，该不动产可以认定为双方按照各自父母出资份额按份共有。

(5)婚后双方父母共同出全资购置的不动产，所有权登记在子女双方名下，该出资可以认定为对子女双方的赠与，该不动产可以认定为共同共有。

38. 婚后一方父母部分出资为子女购置不动产，所有权登记在出资方子女名下，其性质应当如何认定？

《婚姻法解释三》第七条规定的“婚后由一方父母出资为子女购买的不动产”，其适用前提是一方父母出全资为子女购置不动产情形。婚后一方父母部分出资为子女购置不动产，夫妻双方支付剩余款项，所有权登记在出资方子女名下，除当事人另有约定外，该不动产应当认定为夫妻共同财产。离婚时在具体分割不动产时，可以结合父母出资比例等因素对出资方子女予以多分。

39. 父母为子女购置不动产出资性质的举证责任应当如何分配？

父母为子女购置不动产出资，事后以借贷为由主张返还，子女主张出资为赠与的，应当遵循谁主张谁举证的原则，由父母承担出资为借贷的举证责任。父母不能就出资为借贷提供充分证据证明导致出资性质处于真伪不明状态时，应当由父母承担举证不能的责任。

40. 夫妻一方擅自处分共有不动产应当如何处理？

《婚姻法解释三》第十一条规定仅适用于“登记在夫妻一方名下，该方处分”的情形，受让人在符合《中华人民共和国物权法》第一百零六条规定情形下，其主张取得物权的，应予支持。在不符合《中华人民共和国物权法》第一百零六条规定情形下，依照《婚姻法解释一》第十七条第二项的规定，如果受让人能够举证证明“有理由相信其为夫妻双方共同意思表示”的，受让人主张继续履行合同的，亦应予以支持。

对“登记在夫妻双方名下、夫妻一方处分”以及“登记在夫妻一方名下，夫妻另一方处分”的情形，可以依照《婚姻法解释一》第十七条第二项的规定，如果受让人能够举证证明“有理由相信其为夫妻双方共同意思表示”的，受让人主张继续履行合同的，应予支持。

对于“有理由相信其为夫妻双方共同意思表示”，可以通过审查当事人先前行为是否足以造成确信（在场未表示反对）、是否从公开场所取得（通过中介）、手续是否齐备（本人在场、证件原件、授权委托书）等予以综合判断。

41. 离婚时对于婚姻关系存续期间以夫妻共同财产出资获得的登记在夫妻一方名下的有限责任公司（不包括夫妻公司、一人有限责任公司）的股权应当如何处理？股权价值应当如何确定？

基于有限责任公司的资合性和人合性特点，离婚时对于婚姻关系存续期间以夫妻共同财产出资获得的登记在夫妻一方名下的有限责任公司（不包括夫妻公司、一人有限责任公司）的股权的处理，既要从有利于解决夫妻纠纷的原则出发，又要最大限度地做好与其他利害关系人的利益协调，不能侵害其他股东的同意权和优先购买权等权利。

如果夫妻双方就股权分割协商一致，可以依照《婚姻法解释二》第十六条的规定处理。因《婚姻法解释二》第十六条中“过半数股东同意”与新《中华人民共和国公司法》第七十一条第二款中“其他股东过半数同意”相冲突，因此，应适用《中华人民共和国公司法》第七十一条第二款中“其他股东过半数同意”的规定。

如果夫妻双方就股权分割无法协商一致，可以按以下情形分别处理：

（1）夫妻双方均主张股权且愿意和对方共同经营的，其他股东过半数同意且明确表示放弃优先购买权的，可以按比例分割股权。夫妻双方均主张股权但不愿与对方共同经营的,可以通过竞价方式确定由谁最终取得股权。如果股东的配偶取得股权,应当经其他股东过半数同意且明确表示放弃优先购买权。取得股权的一方,应当给予另一方相应的经济补偿。

(2)股东一方或者股东的配偶放弃股权主张补偿款的,应当在确定股权价值的基础上,由取得股权的一方给予另一方相应的经济补偿。如果股东的配偶取得股权,应当经其他股东过半数同意且明确表示放弃优先购买权。

(3)夫妻双方均不愿意取得股权的,可以依照《中华人民共和国公司法》的相关规定将股权转让给其他股东或者股东之外的第三人,并对转让价款依法分割。向股东以外的第三人转让股权的,应当经其他股东过半数同意且明确表示放弃优先购买权。如果无人受让股权的,夫妻双方可以按比例分割股权。

前述(1)~(3)情形中,如果其他股东过半数不同意转让,也不愿意以同等价格购买股权的,视为同意转让。

股权价值评估时,可以责令当事人以及股权所在的公司提供评估所需的财务会计报表等资料。因公司管理混乱、会计账册不全以及公司经营者拒不提供财务信息等原因导致股权价值无法评估的,可以向税务、工商部门调取备案的资产负债表、损益表、净资产表以及该公司公布的年度报表等财务资料交予评估机构评估股权价值。如果无法调取上述财务资料,可以参照当地同行业中经营规模和水平近似的公司的营业收入或者利润核定股权价值。当事人对依职权确定的股权价值提出异议的,应当提供能证实其主张的财务资料。

42. 夫妻双方设立夫妻公司时在工商部门登记的持股比例是否属于夫妻财产约定,离婚时能否据此分割股权?

基于夫妻关系的特殊性可能导致双方设立夫妻公司时在工商部门登记的持股比例具有很大的随意性,如果无其他证据佐证,该登记比例不属于夫妻财产约定,离婚时夫妻一方要求据此分割股权的,不予支持。

43. 离婚案件中对于人身保险合同应当如何处理?

人身保险分为人寿保险、意外伤害保险和健康保险。离婚案件中对于人身保险合同,除当事人另有约定外,可以按以下情形分别处理:

(1)已获得保险金的情形

婚姻关系存续期间,夫妻一方作为被保险人依据意外伤害保险合同、健康保险合同获得的保险金,主要用于受害人的治疗、生活等特定用途,具有人身性质,应当认定为个人财产。

夫妻一方作为受益人依据以死亡为给付条件的人寿保险合同获得的保险

金,该保险合同中受益人的指定本身就表明了投保人与受益人之间的特定关系,体现了保险金的专属性,应当认定为个人财产。

婚姻关系存续期间,夫妻一方依据以生存到一定年龄为给付条件的具有现金价值的保险合同获得的保险金,该保险具有一定的投资属性,由此获得的投资收益,应当认定为夫妻共同财产。

(2)尚未获得保险金的情形

婚姻关系存续期间以夫妻共同财产投保,离婚时仍处于保险有效期内的人身保险合同,夫妻双方主张分割保险单现金价值的,应予支持。

如果投保人和被保险人均为夫妻一方,离婚时夫妻双方可以协议退保或者继续履行保险合同。投保人不愿意继续履行的,保险人退还的保险单现金价值应当作为夫妻共同财产分割;投保人愿意继续履行的,投保人应当支付保险单现金价值的一半给另一方。

如果夫妻一方为投保人,夫妻另一方为被保险人,离婚时夫妻双方可以协议退保或者继续履行保险合同。协商一致退保的,保险人退还的保险单现金价值应当作为夫妻共同财产分割;协商一致愿意继续履行的,获得保险合同利益一方应当支付保险单现金价值的一半给另一方。如果投保人要求退保,而被保险人要求继续履行的,保险合同应当继续履行,获得保险合同利益一方应当支付保险单现金价值的一半给另一方。

(3)为未成年子女购买人身保险的处理

婚姻关系存续期间,夫妻一方或者双方为未成年子女购买的人身保险获得的保险金,如果未成年子女未死亡,应当专属于未成年子女所有。

离婚时,如果为未成年子女购买的人身保险合同尚处于保险有效期的,因保险的最终利益归属于未成年子女,该保险应当视为对未成年子女的赠与,不再作为夫妻共同财产分割。

44. 离婚案件中对于违法建筑应当如何处理?

离婚案件中涉及违法建筑的,要防止通过民事裁判将违法建筑合法化,故不宜在民事裁判中认定建筑物是否违法。

在违法建筑合法化、当事人取得所有权之前,无论是分割违法建筑还是确认所有权或者使用权等,均没有法律依据,此类纠纷不予处理。当事人主张对违法建筑的建筑材料进行分割的,不予支持。若违法建筑被依法拆除的,当事人可以对建筑材料的分割另行主张权利。

违法建筑的既得利益,如租赁收入,属于婚姻关系存续期间的财产性收益,应当作为夫妻共同财产分割。尚未取得的收益因不具有确定性,不予处理。

离婚案件中,当事人主张分割小产权房或者确认小产权房所有权或者使用权等的,不予处理。

45. 作为继承人的夫妻一方放弃继承权,夫妻另一方能否主张放弃继承权无效或者赔偿损失?

继承人在继承开始后遗产处理前可以根据自己的意志决定接受继承还是放弃继承权,作为继承人的夫妻一方对继承权的处分无须征得夫妻另一方的同意。夫妻另一方主张放弃继承权无效或者赔偿损失的,不予支持。但如果夫妻另一方举证证明作为继承人的夫妻一方放弃继承权致使不能履行法定义务导致其获得经济帮助、扶养等权益受到损害的,其关于放弃继承权无效或者赔偿损失的主张,应予支持。

46. 夫妻共同债务的举证责任应当如何分配?

《最高人民法院关于审理涉及夫妻债务纠纷案件适用法律有关问题的解释》进一步明确了夫妻共同债务举证责任分配规则。司法实践中,在正确适用司法解释的同时,要强化法院职权探知,合理运用日常经验法则和逻辑推理,对于债务人配偶和债权人的利益要予以兼顾,避免因错误分配举证责任造成司法裁判不公。

对于夫妻双方共同签字或者签字时债务人配偶在场但未作出明确反对意思表示或者债务人配偶事后追认以及通过其他共同意思表示形式(如电话、短信、微信、邮件等)认可的债务,应当认定为夫妻共同债务,此种情形应当由债权人承担举证责任。

夫妻一方在婚姻关系存续期间以个人名义为家庭日常生活需要所负的债务,应当认定为夫妻共同债务。债权人应当提供该债务为家庭日常生活需要所负的初步证据,债务人配偶主张不属于夫妻共同债务的,应当承担举证责任。

债务人配偶提供初步证据证明夫妻一方在婚姻关系存续期间以个人名义所负的债务超出家庭日常生活需要,债权人主张属于夫妻共同债务的,应当举证证明该债务用于夫妻共同生活、共同生产经营或者基于夫妻双方共同意思表示。

47. 如何界定夫妻一方在婚姻关系存续期间以个人名义为"家庭日常生活需要"所负的债务?

"家庭日常生活需要"是指家庭日常生活中的必要支出,包括衣食住行、医疗保健、交通通信、文娱教育及服务等。认定是否为"家庭日常生活需要"所负的债务,应当结合债务金额、举债次数、债务用途、家庭收入状况、消费水平、当地经济水平和一般社会生活习惯等予以综合判断。

以下情形可以作为认定超出“家庭日常生活需要”所负债务的考量因素：

(1)债务金额明显超出债务人或者当地普通居民家庭日常消费水平的；

(2)债权人明知或者应知债务人从事赌博、吸毒等违法犯罪活动仍出借款项的；

(3)债权人明知或者应知债务人已大额负债无法偿还，仍继续出借款项的。

48. 如何界定夫妻一方在婚姻关系存续期间以个人名义为“夫妻共同生活、共同生产经营”所负的债务？

“夫妻共同生活”是指夫妻为履行经济扶养、生活照顾、精神抚慰义务而进行共同消费或者积累夫妻共同财产的情形。“夫妻共同生产经营”是指夫妻共同决定生产经营事项或者一方授权另一方决定生产经营事项或者夫妻另一方在生产经营中受益的情形。

以下情形可以作为认定债务用于“夫妻共同生活、共同生产经营”的考量因素：

(1)举债期间家庭购置大宗财产或者存在大额开支情形，夫妻双方无法说明资金来源的；

(2)举债用于夫妻双方共同从事的生产经营事项的；

(3)举债用于债务人单方从事的生产经营事项，但债务人配偶从生产经营中受益的。

以下情形可以作为认定债务未用于“夫妻共同生活、共同生产经营”的考量因素：

(1)举债期间家庭未购置大宗财产或者存在大额开支情形的；

(2)债务用于债务人从事赌博、吸毒等违法犯罪活动的；

(3)债务用于债务人单方负担与夫妻共同生活、共同生产经营无关的活动的，如无偿担保等；

(4)债务人配偶对债务人的生产经营行为不知情且未从生产经营中受益的。

49. 作为有限责任公司或者股份有限公司的法定代表人、控股股东的夫妻一方在婚姻关系存续期间以个人名义借款用于公司或者为公司借款提供担保，该债务性质应当如何认定？

作为有限责任公司或者股份有限公司的法定代表人、控股股东的夫妻一方在婚姻关系存续期间以个人名义借款用于公司或者为公司借款提供担保的，应当区分属于公司债务还是个人债务。在认定属于个人债务的情形下，如果债务人在借款或者担保时收取了经济利益用于夫妻共同生活或者借款、担保行为与夫妻共同生活、共同生产经营密切相关,该借款或者担保债务应当认定为夫妻共同债务。

作为夫妻公司的法定代表人、控股股东的夫妻一方在婚姻关系存续期间以个人名义借款用于公司或者为公司借款提供担保的,该借款或者担保债务应当认定为夫妻共同债务。

夫妻一方作为一人有限责任公司的股东在婚姻关系存续期间以个人名义借款用于公司或者为公司借款提供担保,如果债务人配偶参与生产经营或者从生产经营中受益的,该借款或者担保债务应当认定为夫妻共同债务。

50. 因夫妻一方侵权行为所产生的债务性质应当如何认定?

判断夫妻一方因侵权行为所产生的债务是否为夫妻共同债务,关键在于审查债务人配偶是否分享了利益。如果债务人配偶通过债务人的活动从中受益,例如在从事家庭经营等活动中发生侵权行为,按照利益共享、责任共担的原则,应当认定为夫妻共同债务;如果债务人的活动并非为了家庭利益且债务人配偶也未从中受益的,应当认定为债务人的个人债务。

16. 上海市高级人民法院关于审理婚姻家庭纠纷若干问题的意见

(沪高法民一〔2007〕5 号)

1. 与子女共同生活的一方以不利于子女身心健康为由,请求法院依法中止申请人行使探望权的处理

有关探望权的生效判决已进入执行程序,与子女共同生活的一方提出中止行使探望权请求的,可由执行庭根据当事人的申请直接作出是否中止执行的裁定,无须通过审判程序解决。

与子女共同生活的一方以不利于子女身心健康为由,单独起诉要求中止行使探望权的,人民法院不予受理。

2. 限制行为能力人能否申请行使探望权

限制行为能力人尽管行为能力受限,但其仍有权享有亲权或与此相关的权利,因此,对于限制行为能力人由请行使探望权的,在不会对未成年子女身心造成不良影响的前提下,可以准许,并视限制行为能力人的具体情况,明确其是否应在监护人的监护下行使探望权。

3. 夫妻离婚时，尚不符合领取养老金条件的当事人账户内养老金的处理（已废）

养老金是职工在退休后领取的工资，未到退休年龄不能领取；且养老金是职工退休后生活的基本保障，而不是对其退休前工作的补偿。因此，对于离婚诉讼时尚未退休、不符合领取养老金条件的当事人，其养老金不能作为夫妻共同则产予以分割。

在审理农村婚姻案件中，离婚一方当事人在婚姻存续期间因土地征用享受城镇养老保险的，即土地征用单位向城镇养老保险机构交纳一定数额的养老保险基金使家庭成员中的一人享受城镇养老保险的权利，由于权利人在未达到法定年龄时并不能获益，而只可在达到法定年龄后按较低标准享受养老金和医疗保险，且在实践中该基金也不进入个人养老基金账户。因此，对不符合享受城镇养老保险条件的当事人，其养老金也不能作为夫妻共同财产予以分割。

4. 夫妻共同财产涉及他人情况的处理

夫妻婚后出资购买车辆，并挂靠于他人名下的，在离婚诉讼中，对该车辆不予处理。

夫妻双方与他人（未成年子女除外）共同所有的房屋，应该另案处理，但若案外人仅享有居住使用权而无所有权的，不影响该房屋在离婚诉讼中的分割。

5. 当事人协议离婚后，就履行财产分割协议发生纠纷提起诉讼的诉讼时效

当事人协议离婚后，因履行财产分割协议发生纠纷，如请求变更或撤销协议的，应根据最高法院婚姻法司法解释（二）第九条的规定，在登记离婚后一年内提起诉讼；如请求继续履行协议的，应该自纠纷发生之日起二年内提起诉讼。

6. 夫妻协议离婚后财产纠纷的处理范围

夫妻协议离婚后财产纠纷中的财产范围，既包括离婚协议中未涉及的财产，也包括《婚姻法》第四十七条所规定的一方在离婚时隐藏、转移、变卖、毁损的夫妻共同财产及伪造债务侵占的另一方的财产。

7. 如何认定夫妻在婚姻关系存续期间，包括分居期间达成的财产分割协议的效力

夫妻共同生活期间或者分居期间达成的财产分割协议，当事人无证据证明其具有无效或可撤销、可变更的法定情形，或协议已经履行完毕的，应认定协议对双方有拘束力。如果财产分割协议以离婚为前提条件，而双方未离婚的，应该允许当事人反悔。

8. 离婚后的财产纠纷中财产价值的确定

审理离婚后的财产纠纷,财产的价值应区别不同情况予以确定:若属于双方约定或法院判决不予处理的财产,财产价值以处理时的市场价值确定;若属于一方隐藏、转移、变卖、毁损的财产,财产价值的确定可适用"就高"原则,即离婚时财产的市场价值高,以离婚时的市场价值确定;处理财产时的市场价值高,以处理财产时的市场价值确定。

9. 夫妻一方通过福利、补贴等方式取得产权房,但为取得该房产而与用人单位签有服务期协议的,离婚时该房产的处理

夫妻一方在婚后通过福利、单位补贴取得产权房,但同时与用人单位签有服务协议的,由于该方对此房的获得具有较大贡献,且其将来择业的自由会在服务期内受到限制,因此,夫妻离婚时,因服务期问题而导致房产权利受影响的事实尚未发生的,对该房产的分割应考虑尚存服务期的长短、夫妻共同生活的时间,适当多分给签有服务期的一方。

10. 夫妻离婚协议中约定财产归一方所有的,债权人能否以夫妻一方故意逃避债务为由撤销该协议

依据最高人民法院婚姻法司法解释(二)第二十五条规定,即使当事人的离婚协议或者人民法院的判决书、裁定书、调解书已经对夫妻财产分割问题作出处理的,债权人仍有权就夫妻共同债务向男女双方主张,无须行使撤销权。若一方所负债务为个人债务的,债权人有权行使撤销权。

11. 离婚诉讼中,当事人提出采用竞价方法确定房产权利归属的处理

按照婚姻法及其司法解释的规定,财产的处理应以照顾女方和抚养子女一方的权益为原则。在处理共有房产时,当事人提出采用竞价方法确定房产权利归属,若符合下列条件的,可予准许:(1)双方同意竞价;(2)双方经济、住房等条件基本相同。

12. 夫妻双方婚后出资购房,产权人可能登记为夫妻双方或其中一方,也可能登记为夫妻双方或某一方与子女,或者只登记为子女一人,如何确定该房产权利

夫妻双方婚后共同出资购买的产权房,无论登记为夫妻双方或一方,均为夫妻共同财产。若产权登记中有子女,则为夫妻双方与子女共同所有。在户权登记中未约定按份共有的,应认定共同共有。

至于产权人只登记为子女一人的房屋所有权问题,上海高院《民事法律适用问答》2005 年第 3 期(总第 16 期)问题六已有答复。但鉴于未成年子女未出

资,也不承担还贷义务,在处理房产权利时可适当调整子女所得的比例。

13. 夫妻一方婚前出资购买的房屋,权利登记在双方名下,离婚时该房产的处理

夫妻一方婚前出资购置房屋,权利登记在双方名下的,为夫妻双方共有财产。如未约定按份共有,可认定共同共有,但在离婚分割该房产时,出资一方可适当多分。

14. 夫妻关系存续期间,一方继承遗产的分割

夫妻关系存续期间,一方作为继承人根据继承法的规定可以继承遗产,但继承人之间尚未对该遗产进行分配的,由于继承人在遗产分割前仍有权放弃继承,因此,离婚诉讼中,法院对继承人的配偶要求分割该遗产的请求不予处理,但可以保留其诉权,由当事人在其权利条件具备时再主张分割。

二、民事实体法

1. 中华人民共和国民法典(节录)

(2020年5月28日第十三届全国人民代表大会第三次会议通过
中华人民共和国主席令第45号 自2021年1月1日起施行)

第一编 总 则

第二章 自 然 人

第二节 监 护

第二十六条 父母对未成年子女负有抚养、教育和保护的义务。

成年子女对父母负有赡养、扶助和保护的义务。

第二十七条 父母是未成年子女的监护人。

未成年人的父母已经死亡或者没有监护能力的,由下列有监护能力的人按顺序担任监护人:

(一)祖父母、外祖父母;

(二)兄、姐;

(三)其他愿意担任监护人的个人或者组织,但是须经未成年人住所地的居民委员会、村民委员会或者民政部门同意。

第二十八条 无民事行为能力或者限制民事行为能力的成年人，由下列有监护能力的人按顺序担任监护人：

（一）配偶；

（二）父母、子女；

（三）其他近亲属；

（四）其他愿意担任监护人的个人或者组织，但是须经被监护人住所地的居民委员会、村民委员会或者民政部门同意。

第二十九条 被监护人的父母担任监护人的，可以通过遗嘱指定监护人。

第三十条 依法具有监护资格的人之间可以协议确定监护人。协议确定监护人应当尊重被监护人的真实意愿。

第三十一条 对监护人的确定有争议的，由被监护人住所地的居民委员会、村民委员会或者民政部门指定监护人，有关当事人对指定不服的，可以向人民法院申请指定监护人；有关当事人也可以直接向人民法院申请指定监护人。

居民委员会、村民委员会、民政部门或者人民法院应当尊重被监护人的真实意愿，按照最有利于被监护人的原则在依法具有监护资格的人中指定监护人。

依据本条第一款规定指定监护人前，被监护人的人身权利、财产权利以及其他合法权益处于无人保护状态的，由被监护人住所地的居民委员会、村民委员会、法律规定的有关组织或者民政部门担任临时监护人。

监护人被指定后，不得擅自变更；擅自变更的，不免除被指定的监护人的责任。

第三十二条 没有依法具有监护资格的人的，监护人由民政部门担任，也可以由具备履行监护职责条件的被监护人住所地的居民委员会、村民委员会担任。

第三十三条 具有完全民事行为能力的成年人，可以与其近亲属、其他愿意担任监护人的个人或者组织事先协商，以书面形式确定自己的监护人，在自己丧失或者部分丧失民事行为能力时，由该监护人履行监护职责。

第三十四条 监护人的职责是代理被监护人实施民事法律行为，保护被监护人的人身权利、财产权利以及其他合法权益等。

监护人依法履行监护职责产生的权利，受法律保护。

监护人不履行监护职责或者侵害被监护人合法权益的，应当承担法律责任。

因发生突发事件等紧急情况，监护人暂时无法履行监护职责，被监护人的生活处于无人照料状态的，被监护人住所地的居民委员会、村民委员会或者民政部门应当为被监护人安排必要的临时生活照料措施。

第三十五条 监护人应当按照最有利于被监护人的原则履行监护职责。监护人除为维护被监护人利益外,不得处分被监护人的财产。

未成年人的监护人履行监护职责,在作出与被监护人利益有关的决定时,应当根据被监护人的年龄和智力状况,尊重被监护人的真实意愿。

成年人的监护人履行监护职责,应当最大程度地尊重被监护人的真实意愿,保障并协助被监护人实施与其智力、精神健康状况相适应的民事法律行为。对被监护人有能力独立处理的事务,监护人不得干涉。

第三十六条 监护人有下列情形之一的,人民法院根据有关个人或者组织的申请,撤销其监护人资格,安排必要的临时监护措施,并按照最有利于被监护人的原则依法指定监护人:

(一)实施严重损害被监护人身心健康的行为;

(二)怠于履行监护职责,或者无法履行监护职责且拒绝将监护职责部分或者全部委托给他人,导致被监护人处于危困状态;

(三)实施严重侵害被监护人合法权益的其他行为。

本条规定的有关个人、组织包括:其他依法具有监护资格的人,居民委员会、村民委员会、学校、医疗机构、妇女联合会、残疾人联合会、未成年人保护组织、依法设立的老年人组织、民政部门等。

前款规定的个人和民政部门以外的组织未及时向人民法院申请撤销监护人资格的,民政部门应当向人民法院申请。

第三十七条 依法负担被监护人抚养费、赡养费、扶养费的父母、子女、配偶等,被人民法院撤销监护人资格后,应当继续履行负担的义务。

第三十八条 被监护人的父母或者子女被人民法院撤销监护人资格后,除对被监护人实施故意犯罪的外,确有悔改表现的,经其申请,人民法院可以在尊重被监护人真实意愿的前提下,视情况恢复其监护人资格,人民法院指定的监护人与被监护人的监护关系同时终止。

第三十九条 有下列情形之一的,监护关系终止:

(一)被监护人取得或者恢复完全民事行为能力;

(二)监护人丧失监护能力;

(三)被监护人或者监护人死亡;

(四)人民法院认定监护关系终止的其他情形。

监护关系终止后,被监护人仍然需要监护的,应当依法另行确定监护人。

第六章 民事法律行为

第三节 民事法律行为的效力

第一百四十三条 具备下列条件的民事法律行为有效:

（一）行为人具有相应的民事行为能力；

（二）意思表示真实；

（三）不违反法律、行政法规的强制性规定，不违背公序良俗。

第一百四十四条 无民事行为能力人实施的民事法律行为无效。

第一百四十五条 限制民事行为能力人实施的纯获利益的民事法律行为或者与其年龄、智力、精神健康状况相适应的民事法律行为有效；实施的其他民事法律行为经法定代理人同意或者追认后有效。

相对人可以催告法定代理人自收到通知之日起三十日内予以追认。法定代理人未作表示的，视为拒绝追认。民事法律行为被追认前，善意相对人有撤销的权利。撤销应当以通知的方式作出。

第一百四十六条 行为人与相对人以虚假的意思表示实施的民事法律行为无效。

以虚假的意思表示隐藏的民事法律行为的效力，依照有关法律规定处理。

第一百四十七条 基于重大误解实施的民事法律行为，行为人有权请求人民法院或者仲裁机构予以撤销。

第一百四十八条 一方以欺诈手段，使对方在违背真实意思的情况下实施的民事法律行为，受欺诈方有权请求人民法院或者仲裁机构予以撤销。

第一百四十九条 第三人实施欺诈行为，使一方在违背真实意思的情况下实施的民事法律行为，对方知道或者应当知道该欺诈行为的，受欺诈方有权请求人民法院或者仲裁机构予以撤销。

第一百五十条 一方或者第三人以胁迫手段，使对方在违背真实意思的情况下实施的民事法律行为，受胁迫方有权请求人民法院或者仲裁机构予以撤销。

第一百五十一条 一方利用对方处于危困状态、缺乏判断能力等情形，致使民事法律行为成立时显失公平的，受损害方有权请求人民法院或者仲裁机构予以撤销。

第一百五十二条 有下列情形之一的，撤销权消灭：

（一）当事人自知道或者应当知道撤销事由之日起一年内、重大误解的当事人自知道或者应当知道撤销事由之日起九十日内没有行使撤销权；

（二）当事人受胁迫，自胁迫行为终止之日起一年内没有行使撤销权；

（三）当事人知道撤销事由后明确表示或者以自己的行为表明放弃撤销权。

当事人自民事法律行为发生之日起五年内没有行使撤销权的，撤销权消灭。

第一百五十三条 违反法律、行政法规的强制性规定的民事法律行为无效。

但是,该强制性规定不导致该民事法律行为无效的除外。

违背公序良俗的民事法律行为无效。

第一百五十四条 行为人与相对人恶意串通,损害他人合法权益的民事法律行为无效。

第一百五十五条 无效的或者被撤销的民事法律行为自始没有法律约束力。

第一百五十六条 民事法律行为部分无效,不影响其他部分效力的,其他部分仍然有效。

第一百五十七条 民事法律行为无效、被撤销或者确定不发生效力后,行为人因该行为取得的财产,应当予以返还;不能返还或者没有必要返还的,应当折价补偿。有过错的一方应当赔偿对方由此所受到的损失;各方都有过错的,应当各自承担相应的责任。法律另有规定的,依照其规定。

第二编 物 权

第八章 共 有

第二百九十七条 不动产或者动产可以由两个以上组织、个人共有。共有包括按份共有和共同共有。

第二百九十八条 按份共有人对共有的不动产或者动产按照其份额享有所有权。

第二百九十九条 共同共有人对共有的不动产或者动产共同享有所有权。

第三百条 共有人按照约定管理共有的不动产或者动产;没有约定或者约定不明确的,各共有人都有管理的权利和义务。

第三百零一条 处分共有的不动产或者动产以及对共有的不动产或者动产作重大修缮、变更性质或者用途的,应当经占份额三分之二以上的按份共有人或者全体共同共有人同意,但是共有人之间另有约定的除外。

第三百零二条 共有人对共有物的管理费用以及其他负担,有约定的,按照其约定;没有约定或者约定不明确的,按份共有人按照其份额负担,共同共有人共同负担。

第三百零三条 共有人约定不得分割共有的不动产或者动产,以维持共有关系的,应当按照约定,但是共有人有重大理由需要分割的,可以请求分割;没有约定或者约定不明确的,按份共有人可以随时请求分割,共同共有人在共有的基础丧失或者有重大理由需要分割时可以请求分割。因分割造成其他共有人损害的，应当给予赔偿。

第三百零四条 共有人可以协商确定分割方式。达不成协议，共有的不动产或者动产可以分割且不会因分割减损价值的，应当对实物予以分割；难以分割或者因分割会减损价值的，应当对折价或者拍卖、变卖取得的价款予以分割。

共有人分割所得的不动产或者动产有瑕疵的，其他共有人应当分担损失。

第三百零五条 按份共有人可以转让其享有的共有的不动产或者动产份额。其他共有人在同等条件下享有优先购买的权利。

第三百零六条 按份共有人转让其享有的共有的不动产或者动产份额的，应当将转让条件及时通知其他共有人。其他共有人应当在合理期限内行使优先购买权。

两个以上其他共有人主张行使优先购买权的，协商确定各自的购买比例；协商不成的，按照转让时各自的共有份额比例行使优先购买权。

第三百零七条 因共有的不动产或者动产产生的债权债务，在对外关系上，共有人享有连带债权、承担连带债务，但是法律另有规定或者第三人知道共有人不具有连带债权债务关系的除外；在共有人内部关系上，除共有人另有约定外，按份共有人按照份额享有债权、承担债务，共同共有人共同享有债权、承担债务。偿还债务超过自己应当承担份额的按份共有人，有权向其他共有人追偿。

第三百零八条 共有人对共有的不动产或者动产没有约定为按份共有或者共同共有，或者约定不明确的，除共有人具有家庭关系等外，视为按份共有。

第三百零九条 按份共有人对共有的不动产或者动产享有的份额，没有约定或者约定不明确的，按照出资额确定；不能确定出资额的，视为等额享有。

第三百一十条 两个以上组织、个人共同享有用益物权、担保物权的，参照适用本章的有关规定。

2. 最高人民法院关于确定民事侵权精神损害赔偿责任若干问题的解释

（2001 年 2 月 26 日最高人民法院审判委员会第 1161 次会议通过 法释〔2001〕7 号）

为在审理民事侵权案件中正确确定精神损害赔偿责任，根据《中华人民共和国民法通则》等有关法律规定，结合审判实践经验，对有关问题作如下解释：

第一条 自然人因下列人格权利遭受非法侵害，向人民法院起诉请求赔偿精神损害的，人民法院应当依法予以受理：

（一）生命权、健康权、身体权；

（二）姓名权、肖像权、名誉权、荣誉权；

（三）人格尊严权、人身自由权。

违反社会公共利益、社会公德侵害他人隐私或者其他人格利益，受害人以侵权为由向人民法院起诉请求赔偿精神损害的，人民法院应当依法予以受理。

第二条 非法使被监护人脱离监护，导致亲子关系或者近亲属间的亲属关系遭受严重损害，监护人向人民法院起诉请求赔偿精神损害的，人民法院应当依法予以受理。

第三条 自然人死亡后，其近亲属因下列侵权行为遭受精神痛苦，向人民法院起诉请求赔偿精神损害的，人民法院应当依法予以受理：

（一）以侮辱、诽谤、贬损、丑化或者违反社会公共利益、社会公德的其他方式，侵害死者姓名、肖像、名誉、荣誉；

（二）非法披露、利用死者隐私，或者以违反社会公共利益、社会公德的其他方式侵害死者隐私；

（三）非法利用、损害遗体、遗骨，或者以违反社会公共利益、社会公德的其他方式侵害遗体、遗骨。

第四条 具有人格象征意义的特定纪念物品，因侵权行为而永久性灭失或者毁损，物品所有人以侵权为由，向人民法院起诉请求赔偿精神损害的，人民法院应当依法予以受理。

第五条 法人或者其他组织以人格权利遭受侵害为由，向人民法院起诉请求赔偿精神损害的，人民法院不予受理。

第六条 当事人在侵权诉讼中没有提出赔偿精神损害的诉讼请求，诉讼终结后又基于同一侵权事实另行起诉请求赔偿精神损害的，人民法院不予受理。

第七条 自然人因侵权行为致死，或者自然人死亡后其人格或者遗体遭受侵害，死者的配偶、父母和子女向人民法院起诉请求赔偿精神损害的，列其配偶、父母和子女为原告；没有配偶、父母和子女的，可以由其他近亲属提起诉讼，列其他近亲属为原告。

第八条 因侵权致人精神损害，但未造成严重后果，受害人请求赔偿精神损害的，一般不予支持，人民法院可以根据情形判令侵权人停止侵害、恢复名誉、消除影响、赔礼道歉。

因侵权致人精神损害,造成严重后果的,人民法院除判令侵权人承担停止侵害、恢复名誉、消除影响、赔礼道歉等民事责任外,可以根据受害人一方的请求判令其赔偿相应的精神损害抚慰金。

第九条 精神损害抚慰金包括以下方式:

(一)致人残疾的,为残疾赔偿金;

(二)致人死亡的,为死亡赔偿金;

(三)其他损害情形的精神抚慰金。

第十条 精神损害的赔偿数额根据以下因素确定:

(一)侵权人的过错程度,法律另有规定的除外;

(二)侵害的手段、场合、行为方式等具体情节;

(三)侵权行为所造成的后果;

(四)侵权人的获利情况;

(五)侵权人承担责任的经济能力;

(六)受诉法院所在地平均生活水平。

法律、行政法规对残疾赔偿金、死亡赔偿金等有明确规定的,适用法律、行政法规的规定。

第十一条 受害人对损害事实和损害后果的发生有过错的,可以根据其过错程度减轻或者免除侵权人的精神损害赔偿责任。

第十二条 在本解释公布施行之前已经生效施行的司法解释,其内容有与本解释不一致的,以本解释为准。

三、民事程序法

1. 中华人民共和国民事诉讼法(节录)

(1991年4月9日第七届全国人民代表大会第四次会议通过
根据2007年10月28日第十届全国人民代表大会常务委员会
第三十次会议《关于修改〈中华人民共和国民事诉讼法〉的
决定》第一次修正　根据2012年8月31日第十一届全国
人民代表大会常务委员会第二十八次会议《关于修改〈中华
人民共和国民事诉讼法〉的决定》第二次修正　根据
2017年6月27日第十二届全国人民代表大会常务委员会
第二十八次会议《关于修改〈中华人民共和国民事诉讼法〉
和〈中华人民共和国行政诉讼法〉的决定》第三次修正)

第二章　管　　辖

第一节　级别管辖

第十七条　基层人民法院管辖第一审民事案件,但本法另有规定的除外。

第十八条　中级人民法院管辖下列第一审民事案件:

(一)重大涉外案件;

(二)在本辖区有重大影响的案件;

(三)最高人民法院确定由中级人民法院管辖的案件。

第十九条　高级人民法院管辖在本辖区有重大影响的第一审民事案件。

第二十条　最高人民法院管辖下列第一审民事案件:

(一)在全国有重大影响的案件;

(二)认为应当由本院审理的案件。

第二节　地域管辖

第二十一条　对公民提起的民事诉讼,由被告住所地人民法院管辖;被告住所地与经常居住地不一致的,由经常居住地人民法院管辖。

对法人或者其他组织提起的民事诉讼,由被告住所地人民法院管辖。

同一诉讼的几个被告住所地、经常居住地在两个以上人民法院辖区的,各该人民法院都有管辖权。

第二十二条 下列民事诉讼,由原告住所地人民法院管辖;原告住所地与经常居住地不一致的,由原告经常居住地人民法院管辖:

(一)对不在中华人民共和国领域内居住的人提起的有关身份关系的诉讼;

(二)对下落不明或者宣告失踪的人提起的有关身份关系的诉讼;

(三)对被采取强制性教育措施的人提起的诉讼;

(四)对被监禁的人提起的诉讼。

第二十三条 因合同纠纷提起的诉讼,由被告住所地或者合同履行地人民法院管辖。

第二十四条 因保险合同纠纷提起的诉讼,由被告住所地或者保险标的物所在地人民法院管辖。

第二十五条 因票据纠纷提起的诉讼,由票据支付地或者被告住所地人民法院管辖。

第二十六条 因公司设立、确认股东资格、分配利润、解散等纠纷提起的诉讼,由公司住所地人民法院管辖。

第二十七条 因铁路、公路、水上、航空运输和联合运输合同纠纷提起的诉讼,由运输始发地、目的地或者被告住所地人民法院管辖。

第二十八条 因侵权行为提起的诉讼,由侵权行为地或者被告住所地人民法院管辖。

第二十九条 因铁路、公路、水上和航空事故请求损害赔偿提起的诉讼,由事故发生地或者车辆、船舶最先到达地、航空器最先降落地或者被告住所地人民法院管辖。

第三十条 因船舶碰撞或者其他海事损害事故请求损害赔偿提起的诉讼,由碰撞发生地、碰撞船舶最先到达地、加害船舶被扣留地或者被告住所地人民法院管辖。

第三十一条 因海难救助费用提起的诉讼,由救助地或者被救助船舶最先到达地人民法院管辖。

第三十二条 因共同海损提起的诉讼,由船舶最先到达地、共同海损理算地或者航程终止地的人民法院管辖。

第三十三条 下列案件,由本条规定的人民法院专属管辖:

(一)因不动产纠纷提起的诉讼,由不动产所在地人民法院管辖;

(二)因港口作业中发生纠纷提起的诉讼,由港口所在地人民法院管辖;

(三)因继承遗产纠纷提起的诉讼,由被继承人死亡时住所地或者主要遗产所在地人民法院管辖。

第三十四条 合同或者其他财产权益纠纷的当事人可以书面协议选择被告住所地、合同履行地、合同签订地、原告住所地、标的物所在地等与争议有实际联系的地点的人民法院管辖，但不得违反本法对级别管辖和专属管辖的规定。

第三十五条 两个以上人民法院都有管辖权的诉讼，原告可以向其中一个人民法院起诉；原告向两个以上有管辖权的人民法院起诉的，由最先立案的人民法院管辖。

第三节 移送管辖和指定管辖

第三十六条 人民法院发现受理的案件不属于本院管辖的，应当移送有管辖权的人民法院，受移送的人民法院应当受理。受移送的人民法院认为受移送的案件依照规定不属于本院管辖的，应当报请上级人民法院指定管辖，不得再自行移送。

第三十七条 有管辖权的人民法院由于特殊原因，不能行使管辖权的，由上级人民法院指定管辖。

人民法院之间因管辖权发生争议，由争议双方协商解决；协商解决不了的，报请它们的共同上级人民法院指定管辖。

第三十八条 上级人民法院有权审理下级人民法院管辖的第一审民事案件；确有必要将本院管辖的第一审民事案件交下级人民法院审理的，应当报请其上级人民法院批准。

下级人民法院对它所管辖的第一审民事案件，认为需要由上级人民法院审理的，可以报请上级人民法院审理。

第五章 诉讼参加人

第一节 当 事 人

第四十八条 公民、法人和其他组织可以作为民事诉讼的当事人。

法人由其法定代表人进行诉讼。其他组织由其主要负责人进行诉讼。

第四十九条 当事人有权委托代理人，提出回避申请，收集、提供证据，进行辩论，请求调解，提起上诉，申请执行。

当事人可以查阅本案有关材料，并可以复制本案有关材料和法律文书。查阅、复制本案有关材料的范围和办法由最高人民法院规定。

当事人必须依法行使诉讼权利，遵守诉讼秩序，履行发生法律效力的判决书、裁定书和调解书。

第五十条 双方当事人可以自行和解。

第五十一条 原告可以放弃或者变更诉讼请求。被告可以承认或者反驳诉讼请求,有权提起反诉。

第五十二条 当事人一方或者双方为二人以上,其诉讼标的是共同的,或者诉讼标的是同一种类、人民法院认为可以合并审理并经当事人同意的,为共同诉讼。

共同诉讼的一方当事人对诉讼标的有共同权利义务的,其中一人的诉讼行为经其他共同诉讼人承认,对其他共同诉讼人发生效力;对诉讼标的没有共同权利义务的,其中一人的诉讼行为对其他共同诉讼人不发生效力。

第五十三条 当事人一方人数众多的共同诉讼,可以由当事人推选代表人进行诉讼。代表人的诉讼行为对其所代表的当事人发生效力,但代表人变更、放弃诉讼请求或者承认对方当事人的诉讼请求,进行和解,必须经被代表的当事人同意。

第五十四条 诉讼标的是同一种类、当事人一方人数众多在起诉时人数尚未确定的,人民法院可以发出公告,说明案件情况和诉讼请求,通知权利人在一定期间向人民法院登记。

向人民法院登记的权利人可以推选代表人进行诉讼;推选不出代表人的,人民法院可以与参加登记的权利人商定代表人。

代表人的诉讼行为对其所代表的当事人发生效力,但代表人变更、放弃诉讼请求或者承认对方当事人的诉讼请求,进行和解,必须经被代表的当事人同意。

人民法院作出的判决、裁定,对参加登记的全体权利人发生效力。未参加登记的权利人在诉讼时效期间提起诉讼的,适用该判决、裁定。

第五十五条 对污染环境、侵害众多消费者合法权益等损害社会公共利益的行为,法律规定的机关和有关组织可以向人民法院提起诉讼。

人民检察院在履行职责中发现破坏生态环境和资源保护、食品药品安全领域侵害众多消费者合法权益等损害社会公共利益的行为,在没有前款规定的机关和组织或者前款规定的机关和组织不提起诉讼的情况下,可以向人民法院提起诉讼。前款规定的机关或者组织提起诉讼的,人民检察院可以支持起诉。

第五十六条 对当事人双方的诉讼标的,第三人认为有独立请求权的,有权提起诉讼。

对当事人双方的诉讼标的,第三人虽然没有独立请求权,但案件处理结果同他有法律上的利害关系的,可以申请参加诉讼,或者由人民法院通知他参加诉讼。人民法院判决承担民事责任的第三人,有当事人的诉讼权利义务。

前两款规定的第三人,因不能归责于本人的事由未参加诉讼,但有证据证明发生法律效力的判决、裁定、调解书的部分或者全部内容错误,损害其民事权益的,可以自知道或者应当知道其民事权益受到损害之日起六个月内,向作出该判决、裁定、调解书的人民法院提起诉讼。人民法院经审理,诉讼请求成立的,应当改变或者撤销原判决、裁定、调解书;诉讼请求不成立的,驳回诉讼请求。

第二节 诉讼代理人

第五十七条 无诉讼行为能力人由他的监护人作为法定代理人代为诉讼。法定代理人之间互相推诿代理责任的,由人民法院指定其中一人代为诉讼。

第五十八条 当事人、法定代理人可以委托一至二人作为诉讼代理人。

下列人员可以被委托为诉讼代理人:

(一)律师、基层法律服务工作者;

(二)当事人的近亲属或者工作人员;

(三)当事人所在社区、单位以及有关社会团体推荐的公民。

第五十九条 委托他人代为诉讼,必须向人民法院提交由委托人签名或者盖章的授权委托书。

授权委托书必须记明委托事项和权限。诉讼代理人代为承认、放弃、变更诉讼请求,进行和解,提起反诉或者上诉,必须有委托人的特别授权。

侨居在国外的中华人民共和国公民从国外寄交或者托交的授权委托书,必须经中华人民共和国驻该国的使领馆证明;没有使领馆的,由与中华人民共和国有外交关系的第三国驻该国的使领馆证明,再转由中华人民共和国驻该第三国使领馆证明,或者由当地的爱国华侨团体证明。

第六十条 诉讼代理人的权限如果变更或者解除,当事人应当书面告知人民法院,并由人民法院通知对方当事人。

第六十一条 代理诉讼的律师和其他诉讼代理人有权调查收集证据,可以查阅本案有关材料。查阅本案有关材料的范围和办法由最高人民法院规定。

第六十二条 离婚案件有诉讼代理人的,本人除不能表达意思的以外,仍应出庭;确因特殊情况无法出庭的,必须向人民法院提交书面意见。

第八章 调　　解

第九十三条 人民法院审理民事案件,根据当事人自愿的原则,在事实清楚的基础上，分清是非，进行调解。

第九十四条 人民法院进行调解，可以由审判员一人主持，也可以由合议庭主持，并尽可能就地进行。

人民法院进行调解，可以用简便方式通知当事人、证人到庭。

第九十五条 人民法院进行调解，可以邀请有关单位和个人协助。被邀请的单位和个人，应当协助人民法院进行调解。

第九十六条 调解达成协议，必须双方自愿，不得强迫。调解协议的内容不得违反法律规定。

第九十七条 调解达成协议，人民法院应当制作调解书。调解书应当写明诉讼请求、案件的事实和调解结果。

调解书由审判人员、书记员署名，加盖人民法院印章，送达双方当事人。

调解书经双方当事人签收后，即具有法律效力。

第九十八条 下列案件调解达成协议，人民法院可以不制作调解书：

（一）调解和好的离婚案件；

（二）调解维持收养关系的案件；

（三）能够即时履行的案件；

（四）其他不需要制作调解书的案件。

对不需要制作调解书的协议，应当记入笔录，由双方当事人、审判人员、书记员签名或者盖章后，即具有法律效力。

第九十九条 调解未达成协议或者调解书送达前一方反悔的，人民法院应当及时判决。

第十二章 第一审普通程序

第一节 起诉和受理

第一百二十四条 人民法院对下列起诉，分别情形，予以处理：

（一）依照行政诉讼法的规定，属于行政诉讼受案范围的，告知原告提起行政诉讼；

（二）依照法律规定，双方当事人达成书面仲裁协议申请仲裁、不得向人民法院起诉的，告知原告向仲裁机构申请仲裁；

（三）依照法律规定，应当由其他机关处理的争议，告知原告向有关机关申请解决；

（四）对不属于本院管辖的案件，告知原告向有管辖权的人民法院起诉；

(五)对判决、裁定、调解书已经发生法律效力的案件,当事人又起诉的,告知原告申请再审,但人民法院准许撤诉的裁定除外;

(六)依照法律规定,在一定期限内不得起诉的案件,在不得起诉的期限内起诉的,不予受理;

(七)判决不准离婚和调解和好的离婚案件,判决、调解维持收养关系的案件,没有新情况、新理由,原告在六个月内又起诉的,不予受理。

第二节 审理前准备

第一百三十四条 人民法院审理民事案件,除涉及国家秘密、个人隐私或者法律另有规定的以外,应当公开进行。

离婚案件,涉及商业秘密的案件,当事人申请不公开审理的,可以不公开审理。

2. 最高人民法院关于适用《中华人民共和国民事诉讼法》的解释(节录)

(2014年12月18日最高人民法院审判委员会第1636次会议通过 法释〔2015〕5号)

第一条 民事诉讼法第十八条第一项规定的重大涉外案件,包括争议标的额大的案件、案情复杂的案件,或者一方当事人人数众多等具有重大影响的案件。

第二条 专利纠纷案件由知识产权法院、最高人民法院确定的中级人民法院和基层人民法院管辖。

海事、海商案件由海事法院管辖。

第三条 公民的住所地是指公民的户籍所在地,法人或者其他组织的住所地是指法人或者其他组织的主要办事机构所在地。

法人或者其他组织的主要办事机构所在地不能确定的,法人或者其他组织的注册地或者登记地为住所地。

第四条 公民的经常居住地是指公民离开住所地至起诉时已连续居住一年以上的地方,但公民住院就医的地方除外。

第六条 被告被注销户籍的,依照民事诉讼法第二十二条规定确定管辖;原告、被告均被注销户籍的,由被告居住地人民法院管辖。

第七条 当事人的户籍迁出后尚未落户,有经常居住地的,由该地人民法院管辖;没有经常居住地的,由其原户籍所在地人民法院管辖。

第八条 双方当事人都被监禁或者被采取强制性教育措施的,由被告原住所地人民法院管辖。被告被监禁或者被采取强制性教育措施一年以上的,由被告被监禁地或者被采取强制性教育措施地人民法院管辖。

第九条 追索赡养费、抚育费、扶养费案件的几个被告住所地不在同一辖区的,可以由原告住所地人民法院管辖。

第十条 不服指定监护或者变更监护关系的案件,可以由被监护人住所地人民法院管辖。

第十一条 双方当事人均为军人或者军队单位的民事案件由军事法院管辖。

第十二条 夫妻一方离开住所地超过一年,另一方起诉离婚的案件,可以由原告住所地人民法院管辖。

夫妻双方离开住所地超过一年,一方起诉离婚的案件,由被告经常居住地人民法院管辖;没有经常居住地的,由原告起诉时被告居住地人民法院管辖。

第十三条 在国内结婚并定居国外的华侨,如定居国法院以离婚诉讼须由婚姻缔结地法院管辖为由不予受理,当事人向人民法院提出离婚诉讼的,由婚姻缔结地或者一方在国内的最后居住地人民法院管辖。

第十四条 在国外结婚并定居国外的华侨,如定居国法院以离婚诉讼须由国籍所属国法院管辖为由不予受理,当事人向人民法院提出离婚诉讼的,由一方原住所地或者在国内的最后居住地人民法院管辖。

第十五条 中国公民一方居住在国外,一方居住在国内,不论哪一方向人民法院提起离婚诉讼,国内一方住所地人民法院都有权管辖。国外一方在居住国法院起诉,国内一方向人民法院起诉的,受诉人民法院有权管辖。

第十六条 中国公民双方在国外但未定居,一方向人民法院起诉离婚的,应由原告或者被告原住所地人民法院管辖。

第十七条 已经离婚的中国公民,双方均定居国外,仅就国内财产分割提起诉讼的,由主要财产所在地人民法院管辖。

第二十九条 民事诉讼法第三十四条规定的书面协议,包括书面合同中的协议管辖条款或者诉讼前以书面形式达成的选择管辖的协议。

第三十条 根据管辖协议,起诉时能够确定管辖法院的,从其约定;不能确定的,依照民事诉讼法的相关规定确定管辖。

管辖协议约定两个以上与争议有实际联系的地点的人民法院管辖，原告可以向其中一个人民法院起诉。

第三十二条 管辖协议约定由一方当事人住所地人民法院管辖，协议签订后当事人住所地变更的，由签订管辖协议时的住所地人民法院管辖，但当事人另有约定的除外。

第三十四条 当事人因同居或者在解除婚姻、收养关系后发生财产争议，约定管辖的，可以适用民事诉讼法第三十四条规定确定管辖。

第三十六条 两个以上人民法院都有管辖权的诉讼，先立案的人民法院不得将案件移送给另一个有管辖权的人民法院。人民法院在立案前发现其他有管辖权的人民法院已先立案的，不得重复立案；立案后发现其他有管辖权的人民法院已先立案的，裁定将案件移送给先立案的人民法院。

第三十七条 案件受理后，受诉人民法院的管辖权不受当事人住所地、经常居住地变更的影响。

第三十八条 有管辖权的人民法院受理案件后，不得以行政区域变更为由，将案件移送给变更后有管辖权的人民法院。判决后的上诉案件和依审判监督程序提审的案件，由原审人民法院的上级人民法院进行审判；上级人民法院指令再审、发回重审的案件，由原审人民法院再审或者重审。

第三十九条 人民法院对管辖异议审查后确定有管辖权的，不因当事人提起反诉、增加或者变更诉讼请求等改变管辖，但违反级别管辖、专属管辖规定的除外。

人民法院发回重审或者按第一审程序再审的案件，当事人提出管辖异议的，人民法院不予审查。

第四十条 依照民事诉讼法第三十七条第二款规定，发生管辖权争议的两个人民法院因协商不成报请它们的共同上级人民法院指定管辖时，双方为同属一个地、市辖区的基层人民法院的，由该地、市的中级人民法院及时指定管辖；同属一个省、自治区、直辖市的两个人民法院的，由该省、自治区、直辖市的高级人民法院及时指定管辖；双方为跨省、自治区、直辖市的人民法院，高级人民法院协商不成的，由最高人民法院及时指定管辖。

依照前款规定报请上级人民法院指定管辖时，应当逐级进行。

第四十一条 人民法院依照民事诉讼法第三十七条第二款规定指定管辖的，应当作出裁定。

对报请上级人民法院指定管辖的案件，下级人民法院应当中止审理。指定管辖裁定作出前,下级人民法院对案件作出判决、裁定的,上级人民法院应当在裁定指定管辖的同时,一并撤销下级人民法院的判决、裁定。

第四十二条 下列第一审民事案件,人民法院依照民事诉讼法第三十八条第一款规定,可以在开庭前交下级人民法院审理:

(一)破产程序中有关债务人的诉讼案件;

(二)当事人人数众多且不方便诉讼的案件;

(三)最高人民法院确定的其他类型案件。

人民法院交下级人民法院审理前,应当报请其上级人民法院批准。上级人民法院批准后,人民法院应当裁定将案件交下级人民法院审理。

第一百四十五条 人民法院审理民事案件,应当根据自愿、合法的原则进行调解。当事人一方或者双方坚持不愿调解的,应当及时裁判。

人民法院审理离婚案件,应当进行调解,但不应久调不决。

第一百四十七条 人民法院调解案件时,当事人不能出庭的,经其特别授权,可由其委托代理人参加调解,达成的调解协议,可由委托代理人签名。

离婚案件当事人确因特殊情况无法出庭参加调解的,除本人不能表达意志的以外,应当出具书面意见。

第一百四十八条 当事人自行和解或者调解达成协议后,请求人民法院按照和解协议或者调解协议的内容制作判决书的,人民法院不予准许。

无民事行为能力人的离婚案件,由其法定代理人进行诉讼。法定代理人与对方达成协议要求发给判决书的,可根据协议内容制作判决书。

第二百一十四条 原告撤诉或者人民法院按撤诉处理后,原告以同一诉讼请求再次起诉的,人民法院应予受理。

原告撤诉或者按撤诉处理的离婚案件,没有新情况、新理由,六个月内又起诉的,比照民事诉讼法第一百二十四条第七项的规定不予受理。

第二百一十七条 夫妻一方下落不明,另一方诉至人民法院,只要求离婚,不申请宣告下落不明人失踪或者死亡的案件,人民法院应当受理,对下落不明人公告送达诉讼文书。

第二百一十八条 赡养费、扶养费、抚育费案件,裁判发生法律效力后,因新情况、新理由,一方当事人再行起诉要求增加或者减少费用的,人民法院应作为新案受理。

第二百三十四条 无民事行为能力人的离婚诉讼,当事人的法定代理人应当到庭;法定代理人不能到庭的,人民法院应当在查清事实的基础上,依法作出判决。

第三百二十九条 一审判决不准离婚的案件，上诉后，第二审人民法院认为应当判决离婚的，可以根据当事人自愿的原则，与子女抚养、财产问题一并调解；调解不成的，发回重审。

双方当事人同意由第二审人民法院一并审理的，第二审人民法院可以一并裁判。

第三百八十二条 当事人就离婚案件中的财产分割问题申请再审，如涉及判决中已分割的财产，人民法院应当依照民事诉讼法第二百条的规定进行审查，符合再审条件的，应当裁定再审；如涉及判决中未作处理的夫妻共同财产，应当告知当事人另行起诉。

第五百四十四条 当事人向中华人民共和国有管辖权的中级人民法院申请承认和执行外国法院作出的发生法律效力的判决、裁定的，如果该法院所在国与中华人民共和国没有缔结或者共同参加国际条约，也没有互惠关系的，裁定驳回申请，但当事人向人民法院申请承认外国法院作出的发生法律效力的离婚判决的除外。

承认和执行申请被裁定驳回的，当事人可以向人民法院起诉。

3. 最高人民法院关于民事诉讼证据的若干规定

（2001年12月6日最高人民法院审判委员会第1201次会议通过
根据2019年10月14日最高人民法院审判委员会第1777次会议
《关于修改〈关于民事诉讼证据的若干规定〉
的决定》修正 法释〔2019〕19号）

为保证人民法院正确认定案件事实，公正、及时审理民事案件，保障和便利当事人依法行使诉讼权利，根据《中华人民共和国民事诉讼法》（以下简称民事诉讼法）等有关法律的规定，结合民事审判经验和实际情况，制定本规定。

一、当事人举证

第一条 原告向人民法院起诉或者被告提出反诉，应当提供符合起诉条件的相应的证据。

第二条 人民法院应当向当事人说明举证的要求及法律后果，促使当事人在合理期限内积极、全面、正确、诚实地完成举证。

当事人因客观原因不能自行收集的证据,可申请人民法院调查收集。

第三条 在诉讼过程中,一方当事人陈述的于己不利的事实,或者对于己不利的事实明确表示承认的,另一方当事人无须举证证明。

在证据交换、询问、调查过程中,或者在起诉状、答辩状、代理词等书面材料中,当事人明确承认于己不利的事实的,适用前款规定。

第四条 一方当事人对于另一方当事人主张的于己不利的事实既不承认也不否认,经审判人员说明并询问后,其仍然不明确表示肯定或者否定的,视为对该事实的承认。

第五条 当事人委托诉讼代理人参加诉讼的,除授权委托书明确排除的事项外,诉讼代理人的自认视为当事人的自认。

当事人在场对诉讼代理人的自认明确否认的,不视为自认。

第六条 普通共同诉讼中,共同诉讼人中一人或者数人作出的自认,对作出自认的当事人发生效力。

必要共同诉讼中,共同诉讼人中一人或者数人作出自认而其他共同诉讼人予以否认的,不发生自认的效力。其他共同诉讼人既不承认也不否认,经审判人员说明并询问后仍然不明确表示意见的,视为全体共同诉讼人的自认。

第七条 一方当事人对于另一方当事人主张的于己不利的事实有所限制或者附加条件予以承认的,由人民法院综合案件情况决定是否构成自认。

第八条 《最高人民法院关于适用〈中华人民共和国民事诉讼法〉的解释》第九十六条第一款规定的事实,不适用有关自认的规定。

自认的事实与已经查明的事实不符的,人民法院不予确认。

第九条 有下列情形之一,当事人在法庭辩论终结前撤销自认的,人民法院应当准许:

(一)经对方当事人同意的;

(二)自认是在受胁迫或者重大误解情况下作出的。

人民法院准许当事人撤销自认的,应当作出口头或者书面裁定。

第十条 下列事实,当事人无须举证证明:

(一)自然规律以及定理、定律;

(二)众所周知的事实;

(三)根据法律规定推定的事实;

(四)根据已知的事实和日常生活经验法则推定出的另一事实;

(五)已为仲裁机构的生效裁决所确认的事实;

(六)已为人民法院发生法律效力的裁判所确认的基本事实;

(七)已为有效公证文书所证明的事实。

前款第二项至第五项事实,当事人有相反证据足以反驳的除外;第六项、第七项事实,当事人有相反证据足以推翻的除外。

第十一条 当事人向人民法院提供证据,应当提供原件或者原物。如需自己保存证据原件、原物或者提供原件、原物确有困难的,可以提供经人民法院核对无异的复制件或者复制品。

第十二条 以动产作为证据的,应当将原物提交人民法院。原物不宜搬移或者不宜保存的,当事人可以提供复制品、影像资料或者其他替代品。

人民法院在收到当事人提交的动产或者替代品后,应当及时通知双方当事人到人民法院或者保存现场查验。

第十三条 当事人以不动产作为证据的,应当向人民法院提供该不动产的影像资料。

人民法院认为有必要的,应当通知双方当事人到场进行查验。

第十四条 电子数据包括下列信息、电子文件:

(一)网页、博客、微博客等网络平台发布的信息;

(二)手机短信、电子邮件、即时通信、通讯群组等网络应用服务的通信信息;

(三)用户注册信息、身份认证信息、电子交易记录、通信记录、登录日志等信息;

(四)文档、图片、音频、视频、数字证书、计算机程序等电子文件;

(五)其他以数字化形式存储、处理、传输的能够证明案件事实的信息。

第十五条 当事人以视听资料作为证据的,应当提供存储该视听资料的原始载体。

当事人以电子数据作为证据的,应当提供原件。电子数据的制作者制作的与原件一致的副本,或者直接来源于电子数据的打印件或其他可以显示、识别的输出介质,视为电子数据的原件。

第十六条 当事人提供的公文书证系在中华人民共和国领域外形成的,该证据应当经所在国公证机关证明,或者履行中华人民共和国与该所在国订立的有关条约中规定的证明手续。

中华人民共和国领域外形成的涉及身份关系的证据,应当经所在国公证机关证明并经中华人民共和国驻该国使领馆认证,或者履行中华人民共和国与该所在国订立的有关条约中规定的证明手续。

当事人向人民法院提供的证据是在香港、澳门、台湾地区形成的,应当履行相关的证明手续。

第十七条 当事人向人民法院提供外文书证或者外文说明资料,应当附有中文译本。

第十八条 双方当事人无争议的事实符合《最高人民法院关于适用〈中华人民共和国民事诉讼法〉的解释》第九十六条第一款规定情形的,人民法院可以责令当事人提供有关证据。

第十九条 当事人应当对其提交的证据材料逐一分类编号,对证据材料的来源、证明对象和内容作简要说明,签名盖章,注明提交日期,并依照对方当事人人数提出副本。

人民法院收到当事人提交的证据材料,应当出具收据,注明证据的名称、份数和页数以及收到的时间,由经办人员签名或者盖章。

二、证据的调查收集和保全

第二十条 当事人及其诉讼代理人申请人民法院调查收集证据,应当在举证期限届满前提交书面申请。

申请书应当载明被调查人的姓名或者单位名称、住所地等基本情况、所要调查收集的证据名称或者内容、需要由人民法院调查收集证据的原因及其要证明的事实以及明确的线索。

第二十一条 人民法院调查收集的书证,可以是原件,也可以是经核对无误的副本或者复制件。是副本或者复制件的,应当在调查笔录中说明来源和取证情况。

第二十二条 人民法院调查收集的物证应当是原物。被调查人提供原物确有困难的,可以提供复制品或者影像资料。提供复制品或者影像资料的,应当在调查笔录中说明取证情况。

第二十三条 人民法院调查收集视听资料、电子数据,应当要求被调查人提供原始载体。

提供原始载体确有困难的,可以提供复制件。提供复制件的,人民法院应当在调查笔录中说明其来源和制作过程。

人民法院对视听资料、电子数据采取证据保全措施的,适用前款规定。

第二十四条 人民法院调查收集可能需要鉴定的证据,应当遵守相关技术规范，确保证据不被污染。

第二十五条 当事人或者利害关系人根据民事诉讼法第八十一条的规定申请证据保全的，申请书应当载明需要保全的证据的基本情况、申请保全的理由以及采取何种保全措施等内容。

当事人根据民事诉讼法第八十一条第一款的规定申请证据保全的，应当在举证期限届满前向人民法院提出。

法律、司法解释对诉前证据保全有规定的，依照其规定办理。

第二十六条 当事人或者利害关系人申请采取查封、扣押等限制保全标的物使用、流通等保全措施，或者保全可能对证据持有人造成损失的，人民法院应当责令申请人提供相应的担保。

担保方式或者数额由人民法院根据保全措施对证据持有人的影响、保全标的物的价值、当事人或者利害关系人争议的诉讼标的金额等因素综合确定。

第二十七条 人民法院进行证据保全，可以要求当事人或者诉讼代理人到场。

根据当事人的申请和具体情况，人民法院可以采取查封、扣押、录音、录像、复制、鉴定、勘验等方法进行证据保全，并制作笔录。

在符合证据保全目的的情况下，人民法院应当选择对证据持有人利益影响最小的保全措施。

第二十八条 申请证据保全错误造成财产损失，当事人请求申请人承担赔偿责任的，人民法院应予支持。

第二十九条 人民法院采取诉前证据保全措施后，当事人向其他有管辖权的人民法院提起诉讼的，采取保全措施的人民法院应当根据当事人的申请，将保全的证据及时移交受理案件的人民法院。

第三十条 人民法院在审理案件过程中认为待证事实需要通过鉴定意见证明的，应当向当事人释明，并指定提出鉴定申请的期间。

符合《最高人民法院关于适用〈中华人民共和国民事诉讼法〉的解释》第九十六条第一款规定情形的，人民法院应当依职权委托鉴定。

第三十一条 当事人申请鉴定，应当在人民法院指定期间内提出，并预交鉴定费用。逾期不提出申请或者不预交鉴定费用的，视为放弃申请。

对需要鉴定的待证事实负有举证责任的当事人，在人民法院指定期间内无正当理由不提出鉴定申请或者不预交鉴定费用，或者拒不提供相关材料，致使待证事实无法查明的，应当承担举证不能的法律后果。

第三十二条 人民法院准许鉴定申请的,应当组织双方当事人协商确定具备相应资格的鉴定人。当事人协商不成的,由人民法院指定。

人民法院依职权委托鉴定的,可以在询问当事人的意见后,指定具备相应资格的鉴定人。

人民法院在确定鉴定人后应当出具委托书,委托书中应当载明鉴定事项、鉴定范围、鉴定目的和鉴定期限。

第三十三条 鉴定开始之前,人民法院应当要求鉴定人签署承诺书。承诺书中应当载明鉴定人保证客观、公正、诚实地进行鉴定,保证出庭作证,如作虚假鉴定应当承担法律责任等内容。

鉴定人故意作虚假鉴定的,人民法院应当责令其退还鉴定费用,并根据情节,依照民事诉讼法第一百一十一条的规定进行处罚。

第三十四条 人民法院应当组织当事人对鉴定材料进行质证。未经质证的材料,不得作为鉴定的根据。

经人民法院准许,鉴定人可以调取证据、勘验物证和现场、询问当事人或者证人。

第三十五条 鉴定人应当在人民法院确定的期限内完成鉴定,并提交鉴定书。

鉴定人无正当理由未按期提交鉴定书的,当事人可以申请人民法院另行委托鉴定人进行鉴定。人民法院准许的,原鉴定人已经收取的鉴定费用应当退还;拒不退还的,依照本规定第八十一条第二款的规定处理。

第三十六条 人民法院对鉴定人出具的鉴定书,应当审查是否具有下列内容:

(一)委托法院的名称;

(二)委托鉴定的内容、要求;

(三)鉴定材料;

(四)鉴定所依据的原理、方法;

(五)对鉴定过程的说明;

(六)鉴定意见;

(七)承诺书。

鉴定书应当由鉴定人签名或者盖章,并附鉴定人的相应资格证明。委托机构鉴定的,鉴定书应当由鉴定机构盖章,并由从事鉴定的人员签名。

第三十七条 人民法院收到鉴定书后,应当及时将副本送交当事人。

当事人对鉴定书的内容有异议的,应当在人民法院指定期间内以书面方式提出。

对于当事人的异议,人民法院应当要求鉴定人作出解释、说明或者补充。人民法院认为有必要的,可以要求鉴定人对当事人未提出异议的内容进行解释、说明或者补充。

第三十八条 当事人在收到鉴定人的书面答复后仍有异议的,人民法院应当根据《诉讼费用交纳办法》第十一条的规定,通知有异议的当事人预交鉴定人出庭费用,并通知鉴定人出庭。有异议的当事人不预交鉴定人出庭费用的,视为放弃异议。

双方当事人对鉴定意见均有异议的,分摊预交鉴定人出庭费用。

第三十九条 鉴定人出庭费用按照证人出庭作证费用的标准计算,由败诉的当事人负担。因鉴定意见不明确或者有瑕疵需要鉴定人出庭的,出庭费用由其自行负担。

人民法院委托鉴定时已经确定鉴定人出庭费用包含在鉴定费用中的,不再通知当事人预交。

第四十条 当事人申请重新鉴定,存在下列情形之一的,人民法院应当准许:

(一)鉴定人不具备相应资格的;

(二)鉴定程序严重违法的;

(三)鉴定意见明显依据不足的;

(四)鉴定意见不能作为证据使用的其他情形。

存在前款第一项至第三项情形的,鉴定人已经收取的鉴定费用应当退还。拒不退还的,依照本规定第八十一条第二款的规定处理。

对鉴定意见的瑕疵,可以通过补正、补充鉴定或者补充质证、重新质证等方法解决的,人民法院不予准许重新鉴定的申请。

重新鉴定的,原鉴定意见不得作为认定案件事实的根据。

第四十一条 对于一方当事人就专门性问题自行委托有关机构或者人员出具的意见,另一方当事人有证据或者理由足以反驳并申请鉴定的,人民法院应予准许。

第四十二条 鉴定意见被采信后,鉴定人无正当理由撤销鉴定意见的,人民法院应当责令其退还鉴定费用,并可以根据情节,依照民事诉讼法第一百一十一条的规定对鉴定人进行处罚。当事人主张鉴定人负担由此增加的合理费用的,人民法院应予支持。

人民法院采信鉴定意见后准许鉴定人撤销的，应当责令其退还鉴定费用。

第四十三条 人民法院应当在勘验前将勘验的时间和地点通知当事人。当事人不参加的，不影响勘验进行。

当事人可以就勘验事项向人民法院进行解释和说明，可以请求人民法院注意勘验中的重要事项。

人民法院勘验物证或者现场，应当制作笔录，记录勘验的时间、地点、勘验人、在场人、勘验的经过、结果，由勘验人、在场人签名或者盖章。对于绘制的现场图应当注明绘制的时间、方位、测绘人姓名、身份等内容。

第四十四条 摘录有关单位制作的与案件事实相关的文件、材料，应当注明出处，并加盖制作单位或者保管单位的印章，摘录人和其他调查人员应当在摘录件上签名或者盖章。

摘录文件、材料应当保持内容相应的完整性。

第四十五条 当事人根据《最高人民法院关于适用〈中华人民共和国民事诉讼法〉的解释》第一百一十二条的规定申请人民法院责令对方当事人提交书证的，申请书应当载明所申请提交的书证名称或者内容、需要以该书证证明的事实及事实的重要性、对方当事人控制该书证的根据以及应当提交该书证的理由。

对方当事人否认控制书证的，人民法院应当根据法律规定、习惯等因素，结合案件的事实、证据，对于书证是否在对方当事人控制之下的事实作出综合判断。

第四十六条 人民法院对当事人提交书证的申请进行审查时，应当听取对方当事人的意见，必要时可以要求双方当事人提供证据、进行辩论。

当事人申请提交的书证不明确、书证对于待证事实的证明无必要、待证事实对于裁判结果无实质性影响、书证未在对方当事人控制之下或者不符合本规定第四十七条情形的，人民法院不予准许。

当事人申请理由成立的，人民法院应当作出裁定，责令对方当事人提交书证；理由不成立的，通知申请人。

第四十七条 下列情形，控制书证的当事人应当提交书证：

（一）控制书证的当事人在诉讼中曾经引用过的书证；

（二）为对方当事人的利益制作的书证；

（三）对方当事人依照法律规定有权查阅、获取的书证；

（四）账簿、记账原始凭证；

（五）人民法院认为应当提交书证的其他情形。

前款所列书证，涉及国家秘密、商业秘密、当事人或第三人的隐私，或者存在法律规定应当保密的情形的，提交后不得公开质证。

第四十八条 控制书证的当事人无正当理由拒不提交书证的，人民法院可以认定对方当事人所主张的书证内容为真实。

控制书证的当事人存在《最高人民法院关于适用〈中华人民共和国民事诉讼法〉的解释》第一百一十三条规定情形的，人民法院可以认定对方当事人主张以该书证证明的事实为真实。

三、举证时限与证据交换

第四十九条 被告应当在答辩期届满前提出书面答辩，阐明其对原告诉讼请求及所依据的事实和理由的意见。

第五十条 人民法院应当在审理前的准备阶段向当事人送达举证通知书。

举证通知书应当载明举证责任的分配原则和要求、可以向人民法院申请调查收集证据的情形、人民法院根据案件情况指定的举证期限以及逾期提供证据的法律后果等内容。

第五十一条 举证期限可以由当事人协商，并经人民法院准许。

人民法院指定举证期限的，适用第一审普通程序审理的案件不得少于十五日，当事人提供新的证据的第二审案件不得少于十日。适用简易程序审理的案件不得超过十五日，小额诉讼案件的举证期限一般不得超过七日。

举证期限届满后，当事人提供反驳证据或者对已经提供的证据的来源、形式等方面的瑕疵进行补正的，人民法院可以酌情再次确定举证期限，该期限不受前款规定的期间限制。

第五十二条 当事人在举证期限内提供证据存在客观障碍，属于民事诉讼法第六十五条第二款规定的“当事人在该期限内提供证据确有困难”的情形。

前款情形，人民法院应当根据当事人的举证能力、不能在举证期限内提供证据的原因等因素综合判断。必要时，可以听取对方当事人的意见。

第五十三条 诉讼过程中，当事人主张的法律关系性质或者民事行为效力与人民法院根据案件事实作出的认定不一致的，人民法院应当将法律关系性质或者民事行为效力作为焦点问题进行审理。但法律关系性质对裁判理由及结果没有影响，或者有关问题已经当事人充分辩论的除外。

存在前款情形，当事人根据法庭审理情况变更诉讼请求的，人民法院应当准许并可以根据案件的具体情况重新指定举证期限。

第五十四条 当事人申请延长举证期限的，应当在举证期限届满前向人民法院提出书面申请。

申请理由成立的，人民法院应当准许，适当延长举证期限，并通知其他当事人。延长的举证期限适用于其他当事人。

申请理由不成立的，人民法院不予准许，并通知申请人。

第五十五条 存在下列情形的，举证期限按照如下方式确定：

（一）当事人依照民事诉讼法第一百二十七条规定提出管辖权异议的，举证期限中止，自驳回管辖权异议的裁定生效之日起恢复计算；

（二）追加当事人、有独立请求权的第三人参加诉讼或者无独立请求权的第三人经人民法院通知参加诉讼的，人民法院应当依照本规定第五十一条的规定为新参加诉讼的当事人确定举证期限，该举证期限适用于其他当事人；

（三）发回重审的案件，第一审人民法院可以结合案件具体情况和发回重审的原因，酌情确定举证期限；

（四）当事人增加、变更诉讼请求或者提出反诉的，人民法院应当根据案件具体情况重新确定举证期限；

（五）公告送达的，举证期限自公告期届满之次日起计算。

第五十六条 人民法院依照民事诉讼法第一百三十三条第四项的规定，通过组织证据交换进行审理前准备的，证据交换之日举证期限届满。

证据交换的时间可以由当事人协商一致并经人民法院认可，也可以由人民法院指定。当事人申请延期举证经人民法院准许的，证据交换日相应顺延。

第五十七条 证据交换应当在审判人员的主持下进行。

在证据交换的过程中，审判人员对当事人无异议的事实、证据应当记录在卷；对有异议的证据，按照需要证明的事实分类记录在卷，并记载异议的理由。通过证据交换，确定双方当事人争议的主要问题。

第五十八条 当事人收到对方的证据后有反驳证据需要提交的，人民法院应当再次组织证据交换。

第五十九条 人民法院对逾期提供证据的当事人处以罚款的，可以结合当事人逾期提供证据的主观过错程度、导致诉讼迟延的情况、诉讼标的金额等因素，确定罚款数额。

四、质　　证

第六十条 当事人在审理前的准备阶段或者人民法院调查、询问过程中发表过质证意见的证据，视为质证过的证据。

当事人要求以书面方式发表质证意见，人民法院在听取对方当事人意见后认为有必要的，可以准许。人民法院应当及时将书面质证意见送交对方当事人。

第六十一条 对书证、物证、视听资料进行质证时，当事人应当出示证据的原件或者原物。但有下列情形之一的除外：

（一）出示原件或者原物确有困难并经人民法院准许出示复制件或者复制品的；

（二）原件或者原物已不存在，但有证据证明复制件、复制品与原件或者原物一致的。

第六十二条 质证一般按下列顺序进行：

（一）原告出示证据，被告、第三人与原告进行质证；

（二）被告出示证据，原告、第三人与被告进行质证；

（三）第三人出示证据，原告、被告与第三人进行质证。

人民法院根据当事人申请调查收集的证据，审判人员对调查收集证据的情况进行说明后，由提出申请的当事人与对方当事人、第三人进行质证。

人民法院依职权调查收集的证据，由审判人员对调查收集证据的情况进行说明后，听取当事人的意见。

第六十三条 当事人应当就案件事实作真实、完整的陈述。

当事人的陈述与此前陈述不一致的，人民法院应当责令其说明理由，并结合当事人的诉讼能力、证据和案件具体情况进行审查认定。

当事人故意作虚假陈述妨碍人民法院审理的，人民法院应当根据情节，依照民事诉讼法第一百一十一条的规定进行处罚。

第六十四条 人民法院认为有必要的，可以要求当事人本人到场，就案件的有关事实接受询问。

人民法院要求当事人到场接受询问的，应当通知当事人询问的时间、地点、拒不到场的后果等内容。

第六十五条 人民法院应当在询问前责令当事人签署保证书并宣读保证书的内容。

保证书应当载明保证据实陈述，绝无隐瞒、歪曲、增减，如有虚假陈述应当接受处罚等内容。当事人应当在保证书上签名、捺印。

当事人有正当理由不能宣读保证书的,由书记员宣读并进行说明。

第六十六条 当事人无正当理由拒不到场、拒不签署或宣读保证书或者拒不接受询问的,人民法院应当综合案件情况,判断待证事实的真伪。待证事实无其他证据证明的,人民法院应当作出不利于该当事人的认定。

第六十七条 不能正确表达意思的人,不能作为证人。

待证事实与其年龄、智力状况或者精神健康状况相适应的无民事行为能力人和限制民事行为能力人,可以作为证人。

第六十八条 人民法院应当要求证人出庭作证,接受审判人员和当事人的询问。证人在审理前的准备阶段或者人民法院调查、询问等双方当事人在场时陈述证言的,视为出庭作证。

双方当事人同意证人以其他方式作证并经人民法院准许的,证人可以不出庭作证。

无正当理由未出庭的证人以书面等方式提供的证言,不得作为认定案件事实的根据。

第六十九条 当事人申请证人出庭作证的,应当在举证期限届满前向人民法院提交申请书。

申请书应当载明证人的姓名、职业、住所、联系方式,作证的主要内容,作证内容与待证事实的关联性,以及证人出庭作证的必要性。

符合《最高人民法院关于适用〈中华人民共和国民事诉讼法〉的解释》第九十六条第一款规定情形的,人民法院应当依职权通知证人出庭作证。

第七十条 人民法院准许证人出庭作证申请的,应当向证人送达通知书并告知双方当事人。通知书中应当载明证人作证的时间、地点,作证的事项、要求以及作伪证的法律后果等内容。

当事人申请证人出庭作证的事项与待证事实无关,或者没有通知证人出庭作证必要的,人民法院不予准许当事人的申请。

第七十一条 人民法院应当要求证人在作证之前签署保证书,并在法庭上宣读保证书的内容。但无民事行为能力人和限制民事行为能力人作为证人的除外。

证人确有正当理由不能宣读保证书的,由书记员代为宣读并进行说明。

证人拒绝签署或者宣读保证书的,不得作证,并自行承担相关费用。

证人保证书的内容适用当事人保证书的规定。

第七十二条 证人应当客观陈述其亲身感知的事实,作证时不得使用猜测、推断或者评论性语言。

证人作证前不得旁听法庭审理,作证时不得以宣读事先准备的书面材料的方式陈述证言。

证人言辞表达有障碍的,可以通过其他表达方式作证。

第七十三条 证人应当就其作证的事项进行连续陈述。

当事人及其法定代理人、诉讼代理人或者旁听人员干扰证人陈述的,人民法院应当及时制止,必要时可以依照民事诉讼法第一百一十条的规定进行处罚。

第七十四条 审判人员可以对证人进行询问。当事人及其诉讼代理人经审判人员许可后可以询问证人。

询问证人时其他证人不得在场。

人民法院认为有必要的,可以要求证人之间进行对质。

第七十五条 证人出庭作证后,可以向人民法院申请支付证人出庭作证费用。证人有困难需要预先支取出庭作证费用的,人民法院可以根据证人的申请在出庭作证前支付。

第七十六条 证人确有困难不能出庭作证,申请以书面证言、视听传输技术或者视听资料等方式作证的,应当向人民法院提交申请书。申请书中应当载明不能出庭的具体原因。

符合民事诉讼法第七十三条规定情形的,人民法院应当准许。

第七十七条 证人经人民法院准许,以书面证言方式作证的,应当签署保证书;以视听传输技术或者视听资料方式作证的,应当签署保证书并宣读保证书的内容。

第七十八条 当事人及其诉讼代理人对证人的询问与待证事实无关,或者存在威胁、侮辱证人或不适当引导等情形的,审判人员应当及时制止。必要时可以依照民事诉讼法第一百一十条、第一百一十一条的规定进行处罚。

证人故意作虚假陈述,诉讼参与人或者其他人以暴力、威胁、贿买等方法妨碍证人作证,或者在证人作证后以侮辱、诽谤、诬陷、恐吓、殴打等方式对证人打击报复的,人民法院应当根据情节,依照民事诉讼法第一百一十一条的规定,对行为人进行处罚。

第七十九条 鉴定人依照民事诉讼法第七十八条的规定出庭作证的,人民法院应当在开庭审理三日前将出庭的时间、地点及要求通知鉴定人。

委托机构鉴定的,应当由从事鉴定的人员代表机构出庭。

第八十条 鉴定人应当就鉴定事项如实答复当事人的异议和审判人员的询问。当庭答复确有困难的,经人民法院准许,可以在庭审结束后书面答复。

人民法院应当及时将书面答复送交当事人,并听取当事人的意见。必要时,可以再次组织质证。

第八十一条 鉴定人拒不出庭作证的,鉴定意见不得作为认定案件事实的根据。人民法院应当建议有关主管部门或者组织对拒不出庭作证的鉴定人予以处罚。

当事人要求退还鉴定费用的,人民法院应当在三日内作出裁定,责令鉴定人退还;拒不退还的,由人民法院依法执行。

当事人因鉴定人拒不出庭作证申请重新鉴定的,人民法院应当准许。

第八十二条 经法庭许可,当事人可以询问鉴定人、勘验人。

询问鉴定人、勘验人不得使用威胁、侮辱等不适当的言语和方式。

第八十三条 当事人依照民事诉讼法第七十九条和《最高人民法院关于适用〈中华人民共和国民事诉讼法〉的解释》第一百二十二条的规定,申请有专门知识的人出庭的,申请书中应当载明有专门知识的人的基本情况和申请的目的。

人民法院准许当事人申请的,应当通知双方当事人。

第八十四条 审判人员可以对有专门知识的人进行询问。经法庭准许,当事人可以对有专门知识的人进行询问,当事人各自申请的有专门知识的人可以就案件中的有关问题进行对质。

有专门知识的人不得参与对鉴定意见质证或者就专业问题发表意见之外的法庭审理活动。

五、证据的审核认定

第八十五条 人民法院应当以证据能够证明的案件事实为根据依法作出裁判。

审判人员应当依照法定程序,全面、客观地审核证据,依据法律的规定,遵循法官职业道德,运用逻辑推理和日常生活经验,对证据有无证明力和证明力大小独立进行判断,并公开判断的理由和结果。

第八十六条 当事人对于欺诈、胁迫、恶意串通事实的证明,以及对于口头遗嘱或赠与事实的证明,人民法院确信该待证事实存在的可能性能够排除合理怀疑的,应当认定该事实存在。

与诉讼保全、回避等程序事项有关的事实,人民法院结合当事人的说明及相关证据,认为有关事实存在的可能性较大的,可以认定该事实存在。

第八十七条 审判人员对单一证据可以从下列方面进行审核认定:

(一)证据是否为原件、原物,复制件、复制品与原件、原物是否相符;

(二)证据与本案事实是否相关;

(三)证据的形式、来源是否符合法律规定;

(四)证据的内容是否真实;

(五)证人或者提供证据的人与当事人有无利害关系。

第八十八条 审判人员对案件的全部证据,应当从各证据与案件事实的关联程度、各证据之间的联系等方面进行综合审查判断。

第八十九条 当事人在诉讼过程中认可的证据,人民法院应当予以确认。但法律、司法解释另有规定的除外。

当事人对认可的证据反悔的,参照《最高人民法院关于适用〈中华人民共和国民事诉讼法〉的解释》第二百二十九条的规定处理。

第九十条 下列证据不能单独作为认定案件事实的根据:

(一)当事人的陈述;

(二)无民事行为能力人或者限制民事行为能力人所作的与其年龄、智力状况或者精神健康状况不相当的证言;

(三)与一方当事人或者其代理人有利害关系的证人陈述的证言;

(四)存有疑点的视听资料、电子数据;

(五)无法与原件、原物核对的复制件、复制品。

第九十一条 公文书证的制作者根据文书原件制作的载有部分或者全部内容的副本,与正本具有相同的证明力。

在国家机关存档的文件,其复制件、副本、节录本经档案部门或者制作原本的机关证明其内容与原本一致的,该复制件、副本、节录本具有与原本相同的证明力。

第九十二条 私文书证的真实性,由主张以私文书证证明案件事实的当事人承担举证责任。

私文书证由制作者或者其代理人签名、盖章或捺印的,推定为真实。

私文书证上有删除、涂改、增添或者其他形式瑕疵的,人民法院应当综合案件的具体情况判断其证明力。

第九十三条 人民法院对于电子数据的真实性,应当结合下列因素综合判断:

（一）电子数据的生成、存储、传输所依赖的计算机系统的硬件、软件环境是否完整、可靠；

（二）电子数据的生成、存储、传输所依赖的计算机系统的硬件、软件环境是否处于正常运行状态，或者不处于正常运行状态时对电子数据的生成、存储、传输是否有影响；

（三）电子数据的生成、存储、传输所依赖的计算机系统的硬件、软件环境是否具备有效的防止出错的监测、核查手段；

（四）电子数据是否被完整地保存、传输、提取，保存、传输、提取的方法是否可靠；

（五）电子数据是否在正常的往来活动中形成和存储；

（六）保存、传输、提取电子数据的主体是否适当；

（七）影响电子数据完整性和可靠性的其他因素。

人民法院认为有必要的，可以通过鉴定或者勘验等方法，审查判断电子数据的真实性。

第九十四条 电子数据存在下列情形的，人民法院可以确认其真实性，但有足以反驳的相反证据的除外：

（一）由当事人提交或者保管的于己不利的电子数据；

（二）由记录和保存电子数据的中立第三方平台提供或者确认的；

（三）在正常业务活动中形成的；

（四）以档案管理方式保管的；

（五）以当事人约定的方式保存、传输、提取的。

电子数据的内容经公证机关公证的，人民法院应当确认其真实性，但有相反证据足以推翻的除外。

第九十五条 一方当事人控制证据无正当理由拒不提交，对待证事实负有举证责任的当事人主张该证据的内容不利于控制人的，人民法院可以认定该主张成立。

第九十六条 人民法院认定证人证言，可以通过对证人的智力状况、品德、知识、经验、法律意识和专业技能等的综合分析作出判断。

第九十七条 人民法院应当在裁判文书中阐明证据是否采纳的理由。

对当事人无争议的证据，是否采纳的理由可以不在裁判文书中表述。

六、其　　他

第九十八条 对证人、鉴定人、勘验人的合法权益依法予以保护。

当事人或者其他诉讼参与人伪造、毁灭证据,提供虚假证据,阻止证人作证,指使、贿买、胁迫他人作伪证,或者对证人、鉴定人、勘验人打击报复的,依照民事诉讼法第一百一十条、第一百一十一条的规定进行处罚。

第九十九条 本规定对证据保全没有规定的,参照适用法律、司法解释关于财产保全的规定。

除法律、司法解释另有规定外,对当事人、鉴定人、有专门知识的人的询问参照适用本规定中关于询问证人的规定;关于书证的规定适用于视听资料、电子数据;存储在电子计算机等电子介质中的视听资料,适用电子数据的规定。

第一百条 本规定自2020年5月1日起施行。

本规定公布施行后,最高人民法院以前发布的司法解释与本规定不一致的,不再适用。

四、其他相关规定

1. 中华人民共和国妇女权益保障法

(1992年4月3日第七届全国人民代表大会第五次会议通过 根据2005年8月28日第十届全国人民代表大会常务委员会第十七次会议《关于修改〈中华人民共和国妇女权益保障法〉的决定》第一次修正 根据2018年10月26日第十三届全国人民代表大会常务委员会第六次会议《关于修改〈中华人民共和国野生动物保护法〉等十五部法律的决定》第二次修正)

第一章 总 则

第一条 为了保障妇女的合法权益,促进男女平等,充分发挥妇女在社会主义现代化建设中的作用,根据宪法和我国的实际情况,制定本法。

第二条 妇女在政治的、经济的、文化的、社会的和家庭的生活等各方面享有同男子平等的权利。

实行男女平等是国家的基本国策。国家采取必要措施,逐步完善保障妇女权益的各项制度,消除对妇女一切形式的歧视。

国家保护妇女依法享有的特殊权益。

禁止歧视、虐待、遗弃、残害妇女。

第三条 国务院制定中国妇女发展纲要，并将其纳入国民经济和社会发展规划。

县级以上地方各级人民政府根据中国妇女发展纲要，制定本行政区域的妇女发展规划，并将其纳入国民经济和社会发展计划。

第四条 保障妇女的合法权益是全社会的共同责任。国家机关、社会团体、企业事业单位、城乡基层群众性自治组织，应当依照本法和有关法律的规定，保障妇女的权益。

国家采取有效措施，为妇女依法行使权利提供必要的条件。

第五条 国家鼓励妇女自尊、自信、自立、自强，运用法律维护自身合法权益。

妇女应当遵守国家法律，尊重社会公德，履行法律所规定的义务。

第六条 各级人民政府应当重视和加强妇女权益的保障工作。

县级以上人民政府负责妇女儿童工作的机构，负责组织、协调、指导、督促有关部门做好妇女权益的保障工作。

县级以上人民政府有关部门在各自的职责范围内做好妇女权益的保障工作。

第七条 中华全国妇女联合会和地方各级妇女联合会依照法律和中华全国妇女联合会章程，代表和维护各族各界妇女的利益，做好维护妇女权益的工作。

工会、共产主义青年团，应当在各自的工作范围内，做好维护妇女权益的工作。

第八条 对保障妇女合法权益成绩显著的组织和个人，各级人民政府和有关部门给予表彰和奖励。

第二章 政治权利

第九条 国家保障妇女享有与男子平等的政治权利。

第十条 妇女有权通过各种途径和形式，管理国家事务，管理经济和文化事业，管理社会事务。

制定法律、法规、规章和公共政策，对涉及妇女权益的重大问题，应当听取妇女联合会的意见。

妇女和妇女组织有权向各级国家机关提出妇女权益保障方面的意见和建议。

第十一条 妇女享有与男子平等的选举权和被选举权。

全国人民代表大会和地方各级人民代表大会的代表中,应当有适当数量的妇女代表。国家采取措施,逐步提高全国人民代表大会和地方各级人民代表大会的妇女代表的比例。

居民委员会、村民委员会成员中,妇女应当有适当的名额。

第十二条 国家积极培养和选拔女干部。

国家机关、社会团体、企业事业单位培养、选拔和任用干部,必须坚持男女平等的原则,并有适当数量的妇女担任领导成员。

国家重视培养和选拔少数民族女干部。

第十三条 中华全国妇女联合会和地方各级妇女联合会代表妇女积极参与国家和社会事务的民主决策、民主管理和民主监督。

各级妇女联合会及其团体会员,可以向国家机关、社会团体、企业事业单位推荐女干部。

第十四条 对于有关保障妇女权益的批评或者合理建议,有关部门应当听取和采纳;对于有关侵害妇女权益的申诉、控告和检举,有关部门必须查清事实,负责处理,任何组织或者个人不得压制或者打击报复。

第三章 文化教育权益

第十五条 国家保障妇女享有与男子平等的文化教育权利。

第十六条 学校和有关部门应当执行国家有关规定,保障妇女在入学、升学、毕业分配、授予学位、派出留学等方面享有与男子平等的权利。

学校在录取学生时,除特殊专业外,不得以性别为由拒绝录取女性或者提高对女性的录取标准。

第十七条 学校应当根据女性青少年的特点,在教育、管理、设施等方面采取措施,保障女性青少年身心健康发展。

第十八条 父母或者其他监护人必须履行保障适龄女性儿童少年接受义务教育的义务。

除因疾病或者其他特殊情况经当地人民政府批准的以外,对不送适龄女性儿童少年入学的父母或者其他监护人,由当地人民政府予以批评教育,并采取有效措施,责令送适龄女性儿童少年入学。

政府、社会、学校应当采取有效措施,解决适龄女性儿童少年就学存在的实际困难,并创造条件,保证贫困、残疾和流动人口中的适龄女性儿童少年完成义务教育。

第十九条 各级人民政府应当依照规定把扫除妇女中的文盲、半文盲工作，纳入扫盲和扫盲后继续教育规划，采取符合妇女特点的组织形式和工作方法，组织、监督有关部门具体实施。

第二十条 各级人民政府和有关部门应当采取措施，根据城镇和农村妇女的需要，组织妇女接受职业教育和实用技术培训。

第二十一条 国家机关、社会团体和企业事业单位应当执行国家有关规定，保障妇女从事科学、技术、文学、艺术和其他文化活动，享有与男子平等的权利。

第四章 劳动和社会保障权益

第二十二条 国家保障妇女享有与男子平等的劳动权利和社会保障权利。

第二十三条 各单位在录用职工时，除不适合妇女的工种或者岗位外，不得以性别为由拒绝录用妇女或者提高对妇女的录用标准。

各单位在录用女职工时，应当依法与其签订劳动（聘用）合同或者服务协议，劳动（聘用）合同或者服务协议中不得规定限制女职工结婚、生育的内容。

禁止录用未满十六周岁的女性未成年人，国家另有规定的除外。

第二十四条 实行男女同工同酬。妇女在享受福利待遇方面享有与男子平等的权利。

第二十五条 在晋职、晋级、评定专业技术职务等方面，应当坚持男女平等的原则，不得歧视妇女。

第二十六条 任何单位均应根据妇女的特点，依法保护妇女在工作和劳动时的安全和健康，不得安排不适合妇女从事的工作和劳动。

妇女在经期、孕期、产期、哺乳期受特殊保护。

第二十七条 任何单位不得因结婚、怀孕、产假、哺乳等情形，降低女职工的工资，辞退女职工，单方解除劳动（聘用）合同或者服务协议。但是，女职工要求终止劳动（聘用）合同或者服务协议的除外。

各单位在执行国家退休制度时，不得以性别为由歧视妇女。

第二十八条 国家发展社会保险、社会救助、社会福利和医疗卫生事业，保障妇女享有社会保险、社会救助、社会福利和卫生保健等权益。

国家提倡和鼓励为帮助妇女开展的社会公益活动。

第二十九条 国家推行生育保险制度，建立健全与生育相关的其他保障制度。

地方各级人民政府和有关部门应当按照有关规定为贫困妇女提供必要的生育救助。

第五章 财产权益

第三十条 国家保障妇女享有与男子平等的财产权利。

第三十一条 在婚姻、家庭共有财产关系中，不得侵害妇女依法享有的权益。

第三十二条 妇女在农村土地承包经营、集体经济组织收益分配、土地征收或者征用补偿费使用以及宅基地使用等方面，享有与男子平等的权利。

第三十三条 任何组织和个人不得以妇女未婚、结婚、离婚、丧偶等为由，侵害妇女在农村集体经济组织中的各项权益。

因结婚男方到女方住所落户的，男方和子女享有与所在地农村集体经济组织成员平等的权益。

第三十四条 妇女享有的与男子平等的财产继承权受法律保护。在同一顺序法定继承人中，不得歧视妇女。

丧偶妇女有权处分继承的财产，任何人不得干涉。

第三十五条 丧偶妇女对公、婆尽了主要赡养义务的，作为公、婆的第一顺序法定继承人，其继承权不受子女代位继承的影响。

第六章 人身权利

第三十六条 国家保障妇女享有与男子平等的人身权利。

第三十七条 妇女的人身自由不受侵犯。禁止非法拘禁和以其他非法手段剥夺或者限制妇女的人身自由；禁止非法搜查妇女的身体。

第三十八条 妇女的生命健康权不受侵犯。禁止溺、弃、残害女婴；禁止歧视、虐待生育女婴的妇女和不育的妇女；禁止用迷信、暴力等手段残害妇女；禁止虐待、遗弃病、残妇女和老年妇女。

第三十九条 禁止拐卖、绑架妇女；禁止收买被拐卖、绑架的妇女；禁止阻碍解救被拐卖、绑架的妇女。

各级人民政府和公安、民政、劳动和社会保障、卫生等部门按照其职责及时采取措施解救被拐卖、绑架的妇女，做好善后工作，妇女联合会协助和配合做好有关工作。任何人不得歧视被拐卖、绑架的妇女。

第四十条 禁止对妇女实施性骚扰。受害妇女有权向单位和有关机关投诉。

第四十一条 禁止卖淫、嫖娼。

禁止组织、强迫、引诱、容留、介绍妇女卖淫或者对妇女进行猥亵活动。

禁止组织、强迫、引诱妇女进行淫秽表演活动。

第四十二条 妇女的名誉权、荣誉权、隐私权、肖像权等人格权受法律保护。

禁止用侮辱、诽谤等方式损害妇女的人格尊严。禁止通过大众传播媒介或者其他方式贬低损害妇女人格。未经本人同意,不得以营利为目的,通过广告、商标、展览橱窗、报纸、期刊、图书、音像制品、电子出版物、网络等形式使用妇女肖像。

第七章 婚姻家庭权益

第四十三条 国家保障妇女享有与男子平等的婚姻家庭权利。

第四十四条 国家保护妇女的婚姻自主权。禁止干涉妇女的结婚、离婚自由。

第四十五条 女方在怀孕期间、分娩后一年内或者终止妊娠后六个月内,男方不得提出离婚。女方提出离婚的,或者人民法院认为确有必要受理男方离婚请求的,不在此限。

第四十六条 禁止对妇女实施家庭暴力。

国家采取措施,预防和制止家庭暴力。

公安、民政、司法行政等部门以及城乡基层群众性自治组织、社会团体,应当在各自的职责范围内预防和制止家庭暴力,依法为受害妇女提供救助。

第四十七条 妇女对依照法律规定的夫妻共同财产享有与其配偶平等的占有、使用、收益和处分的权利,不受双方收入状况的影响。

夫妻书面约定婚姻关系存续期间所得的财产归各自所有,女方因抚育子女、照料老人、协助男方工作等承担较多义务的,有权在离婚时要求男方予以补偿。

第四十八条 夫妻共有的房屋,离婚时,分割住房由双方协议解决;协议不成的,由人民法院根据双方的具体情况,按照照顾子女和女方权益的原则判决。夫妻双方另有约定的除外。

夫妻共同租用的房屋,离婚时,女方的住房应当按照照顾子女和女方权益的原则解决。

第四十九条 父母双方对未成年子女享有平等的监护权。

父亲死亡、丧失行为能力或者有其他情形不能担任未成年子女的监护人的,母亲的监护权任何人不得干涉。

第五十条 离婚时,女方因实施绝育手术或者其他原因丧失生育能力的,处理子女抚养问题,应在有利子女权益的条件下,照顾女方的合理要求。

第五十一条 妇女有按照国家有关规定生育子女的权利,也有不生育的自由。

育龄夫妻双方按照国家有关规定计划生育,有关部门应当提供安全、有效的避孕药具和技术,保障实施节育手术的妇女的健康和安全。

国家实行婚前保健、孕产期保健制度,发展母婴保健事业。各级人民政府应当采取措施,保障妇女享有计划生育技术服务,提高妇女的生殖健康水平。

第八章 法律责任

第五十二条 妇女的合法权益受到侵害的,有权要求有关部门依法处理,或者依法向仲裁机构申请仲裁,或者向人民法院起诉。

对有经济困难需要法律援助或者司法救助的妇女,当地法律援助机构或者人民法院应当给予帮助,依法为其提供法律援助或者司法救助。

第五十三条 妇女的合法权益受到侵害的,可以向妇女组织投诉,妇女组织应当维护被侵害妇女的合法权益,有权要求并协助有关部门或者单位查处。有关部门或者单位应当依法查处,并予以答复。

第五十四条 妇女组织对于受害妇女进行诉讼需要帮助的,应当给予支持。

妇女联合会或者相关妇女组织对侵害特定妇女群体利益的行为,可以通过大众传播媒介揭露、批评,并有权要求有关部门依法查处。

第五十五条 违反本法规定,以妇女未婚、结婚、离婚、丧偶等为由,侵害妇女在农村集体经济组织中的各项权益的,或者因结婚男方到女方住所落户,侵害男方和子女享有与所在地农村集体经济组织成员平等权益的,由乡镇人民政府依法调解;受害人也可以依法向农村土地承包仲裁机构申请仲裁,或者向人民法院起诉,人民法院应当依法受理。

第五十六条 违反本法规定,侵害妇女的合法权益,其他法律、法规规定行政处罚的,从其规定;造成财产损失或者其他损害的,依法承担民事责任;构成犯罪的,依法追究刑事责任。

第五十七条 违反本法规定,对侵害妇女权益的申诉、控告、检举,推诿、拖延、压制不予查处,或者对提出申诉、控告、检举的人进行打击报复的,由其所在单位、主管部门或者上级机关责令改正,并依法对直接负责的主管人员和其他直接责任人员给予行政处分。

国家机关及其工作人员未依法履行职责，对侵害妇女权益的行为未及时制止或者未给予受害妇女必要帮助，造成严重后果的，由其所在单位或者上级机关依法对直接负责的主管人员和其他直接责任人员给予行政处分。

违反本法规定，侵害妇女文化教育权益、劳动和社会保障权益、人身和财产权益以及婚姻家庭权益的，由其所在单位、主管部门或者上级机关责令改正，直接负责的主管人员和其他直接责任人员属于国家工作人员的，由其所在单位或者上级机关依法给予行政处分。

第五十八条 违反本法规定，对妇女实施性骚扰或者家庭暴力，构成违反治安管理行为的，受害人可以提请公安机关对违法行为人依法给予行政处罚，也可以依法向人民法院提起民事诉讼。

第五十九条 违反本法规定，通过大众传播媒介或者其他方式贬低损害妇女人格的，由文化、广播电视、电影、新闻出版或者其他有关部门依据各自的职权责令改正，并依法给予行政处罚。

第九章 附 则

第六十条 省、自治区、直辖市人民代表大会常务委员会可以根据本法制定实施办法。

民族自治地方的人民代表大会，可以依据本法规定的原则，结合当地民族妇女的具体情况，制定变通的或者补充的规定。自治区的规定，报全国人民代表大会常务委员会批准后生效；自治州、自治县的规定，报省、自治区、直辖市人民代表大会常务委员会批准后生效，并报全国人民代表大会常务委员会备案。

第六十一条 本法自1992年10月1日起施行。

2. 中华人民共和国未成年人保护法

(1991年9月4日第七届全国人民代表大会常务委员会第二十一次会议通过 2006年12月29日第十届全国人民代表大会常务委员会第二十五次会议修订 根据2012年10月26日第十一届全国人民代表大会常务委员会第二十九次会议《关于修改〈中华人民共和国未成年人保护法〉的决定》修正)

第一章 总 则

第一条 为了保护未成年人的身心健康,保障未成年人的合法权益,促进未成年人在品德、智力、体质等方面全面发展,培养有理想、有道德、有文化、有纪律的社会主义建设者和接班人,根据宪法,制定本法。

第二条 本法所称未成年人是指未满十八周岁的公民。

第三条 未成年人享有生存权、发展权、受保护权、参与权等权利,国家根据未成年人身心发展特点给予特殊、优先保护,保障未成年人的合法权益不受侵犯。

未成年人享有受教育权,国家、社会、学校和家庭尊重和保障未成年人的受教育权。

未成年人不分性别、民族、种族、家庭财产状况、宗教信仰等,依法平等地享有权利。

第四条 国家、社会、学校和家庭对未成年人进行理想教育、道德教育、文化教育、纪律和法制教育,进行爱国主义、集体主义和社会主义的教育,提倡爱祖国、爱人民、爱劳动、爱科学、爱社会主义的公德,反对资本主义的、封建主义的和其他的腐朽思想的侵蚀。

第五条 保护未成年人的工作,应当遵循下列原则:

(一)尊重未成年人的人格尊严;

(二)适应未成年人身心发展的规律和特点;

(三)教育与保护相结合。

第六条 保护未成年人,是国家机关、武装力量、政党、社会团体、企业事业组织、城乡基层群众性自治组织、未成年人的监护人和其他成年公民的共同责任。

对侵犯未成年人合法权益的行为，任何组织和个人都有权予以劝阻、制止或者向有关部门提出检举或者控告。

国家、社会、学校和家庭应当教育和帮助未成年人维护自己的合法权益，增强自我保护的意识和能力，增强社会责任感。

第七条 中央和地方各级国家机关应当在各自的职责范围内做好未成年人保护工作。

国务院和地方各级人民政府领导有关部门做好未成年人保护工作；将未成年人保护工作纳入国民经济和社会发展规划以及年度计划，相关经费纳入本级政府预算。

国务院和省、自治区、直辖市人民政府采取组织措施，协调有关部门做好未成年人保护工作。具体机构由国务院和省、自治区、直辖市人民政府规定。

第八条 共产主义青年团、妇女联合会、工会、青年联合会、学生联合会、少年先锋队以及其他有关社会团体，协助各级人民政府做好未成年人保护工作，维护未成年人的合法权益。

第九条 各级人民政府和有关部门对保护未成年人有显著成绩的组织和个人，给予表彰和奖励。

第二章 家庭保护

第十条 父母或者其他监护人应当创造良好、和睦的家庭环境，依法履行对未成年人的监护职责和抚养义务。

禁止对未成年人实施家庭暴力，禁止虐待、遗弃未成年人，禁止溺婴和其他残害婴儿的行为，不得歧视女性未成年人或者有残疾的未成年人。

第十一条 父母或者其他监护人应当关注未成年人的生理、心理状况和行为习惯，以健康的思想、良好的品行和适当的方法教育和影响未成年人，引导未成年人进行有益身心健康的活动，预防和制止未成年人吸烟、酗酒、流浪、沉迷网络以及赌博、吸毒、卖淫等行为。

第十二条 父母或者其他监护人应当学习家庭教育知识，正确履行监护职责，抚养教育未成年人。

有关国家机关和社会组织应当为未成年人的父母或者其他监护人提供家庭教育指导。

第十三条 父母或者其他监护人应当尊重未成年人受教育的权利，必须使适龄未成年人依法入学接受并完成义务教育，不得使接受义务教育的未成年人辍学。

第十四条 父母或者其他监护人应当根据未成年人的年龄和智力发展状况,在作出与未成年人权益有关的决定时告知其本人,并听取他们的意见。

第十五条 父母或者其他监护人不得允许或者迫使未成年人结婚,不得为未成年人订立婚约。

第十六条 父母因外出务工或者其他原因不能履行对未成年人监护职责的,应当委托有监护能力的其他成年人代为监护。

第三章 学校保护

第十七条 学校应当全面贯彻国家的教育方针,实施素质教育,提高教育质量,注重培养未成年学生独立思考能力、创新能力和实践能力,促进未成年学生全面发展。

第十八条 学校应当尊重未成年学生受教育的权利,关心、爱护学生,对品行有缺点、学习有困难的学生,应当耐心教育、帮助,不得歧视,不得违反法律和国家规定开除未成年学生。

第十九条 学校应当根据未成年学生身心发展的特点,对他们进行社会生活指导、心理健康辅导和青春期教育。

第二十条 学校应当与未成年学生的父母或者其他监护人互相配合,保证未成年学生的睡眠、娱乐和体育锻炼时间,不得加重其学习负担。

第二十一条 学校、幼儿园、托儿所的教职员工应当尊重未成年人的人格尊严,不得对未成年人实施体罚、变相体罚或者其他侮辱人格尊严的行为。

第二十二条 学校、幼儿园、托儿所应当建立安全制度,加强对未成年人的安全教育,采取措施保障未成年人的人身安全。

学校、幼儿园、托儿所不得在危及未成年人人身安全、健康的校舍和其他设施、场所中进行教育教学活动。

学校、幼儿园安排未成年人参加集会、文化娱乐、社会实践等集体活动,应当有利于未成年人的健康成长,防止发生人身安全事故。

第二十三条 教育行政等部门和学校、幼儿园、托儿所应当根据需要,制定应对各种灾害、传染性疾病、食物中毒、意外伤害等突发事件的预案,配备相应设施并进行必要的演练,增强未成年人的自我保护意识和能力。

第二十四条 学校对未成年学生在校内或者本校组织的校外活动中发生人身伤害事故的,应当及时救护,妥善处理,并及时向有关主管部门报告。

第二十五条 对于在学校接受教育的有严重不良行为的未成年学生，学校和父母或者其他监护人应当互相配合加以管教；无力管教或者管教无效的，可以按照有关规定将其送专门学校继续接受教育。

依法设置专门学校的地方人民政府应当保障专门学校的办学条件，教育行政部门应当加强对专门学校的管理和指导，有关部门应当给予协助和配合。

专门学校应当对在校就读的未成年学生进行思想教育、文化教育、纪律和法制教育、劳动技术教育和职业教育。

专门学校的教职员工应当关心、爱护、尊重学生，不得歧视、厌弃。

第二十六条 幼儿园应当做好保育、教育工作，促进幼儿在体质、智力、品德等方面和谐发展。

第四章 社会保护

第二十七条 全社会应当树立尊重、保护、教育未成年人的良好风尚，关心、爱护未成年人。

国家鼓励社会团体、企业事业组织以及其他组织和个人，开展多种形式的有利于未成年人健康成长的社会活动。

第二十八条 各级人民政府应当保障未成年人受教育的权利，并采取措施保障家庭经济困难的、残疾的和流动人口中的未成年人等接受义务教育。

第二十九条 各级人民政府应当建立和改善适合未成年人文化生活需要的活动场所和设施，鼓励社会力量兴办适合未成年人的活动场所，并加强管理。

第三十条 爱国主义教育基地、图书馆、青少年宫、儿童活动中心应当对未成年人免费开放；博物馆、纪念馆、科技馆、展览馆、美术馆、文化馆以及影剧院、体育场馆、动物园、公园等场所，应当按照有关规定对未成年人免费或者优惠开放。

第三十一条 县级以上人民政府及其教育行政部门应当采取措施，鼓励和支持中小学校在节假日期间将文化体育设施对未成年人免费或者优惠开放。

社区中的公益性互联网上网服务设施，应当对未成年人免费或者优惠开放，为未成年人提供安全、健康的上网服务。

第三十二条 国家鼓励新闻、出版、信息产业、广播、电影、电视、文艺等单位和作家、艺术家、科学家以及其他公民，创作或者提供有利于未成年人健康成长的作品。出版、制作和传播专门以未成年人为对象的内容健康的图书、报刊、音像制品、电子出版物以及网络信息等，国家给予扶持。

国家鼓励科研机构和科技团体对未成年人开展科学知识普及活动。

第三十三条 国家采取措施，预防未成年人沉迷网络。

国家鼓励研究开发有利于未成年人健康成长的网络产品，推广用于阻止未成年人沉迷网络的新技术。

第三十四条 禁止任何组织、个人制作或者向未成年人出售、出租或者以其他方式传播淫秽、暴力、凶杀、恐怖、赌博等毒害未成年人的图书、报刊、音像制品、电子出版物以及网络信息等。

第三十五条 生产、销售用于未成年人的食品、药品、玩具、用具和游乐设施等，应当符合国家标准或者行业标准，不得有害于未成年人的安全和健康；需要标明注意事项的，应当在显著位置标明。

第三十六条 中小学校园周边不得设置营业性歌舞娱乐场所、互联网上网服务营业场所等不适宜未成年人活动的场所。

营业性歌舞娱乐场所、互联网上网服务营业场所等不适宜未成年人活动的场所，不得允许未成年人进入，经营者应当在显著位置设置未成年人禁入标志；对难以判明是否已成年的，应当要求其出示身份证件。

第三十七条 禁止向未成年人出售烟酒，经营者应当在显著位置设置不向未成年人出售烟酒的标志；对难以判明是否已成年的，应当要求其出示身份证件。

任何人不得在中小学校、幼儿园、托儿所的教室、寝室、活动室和其他未成年人集中活动的场所吸烟、饮酒。

第三十八条 任何组织或者个人不得招用未满十六周岁的未成年人，国家另有规定的除外。

任何组织或者个人按照国家有关规定招用已满十六周岁未满十八周岁的未成年人的，应当执行国家在工种、劳动时间、劳动强度和保护措施等方面的规定，不得安排其从事过重、有毒、有害等危害未成年人身心健康的劳动或者危险作业。

第三十九条 任何组织或者个人不得披露未成年人的个人隐私。

对未成年人的信件、日记、电子邮件，任何组织或者个人不得隐匿、毁弃；除因追查犯罪的需要，由公安机关或者人民检察院依法进行检查，或者对无行为能力的未成年人的信件、日记、电子邮件由其父母或者其他监护人代为开拆、查阅外，任何组织或者个人不得开拆、查阅。

第四十条 学校、幼儿园、托儿所和公共场所发生突发事件时，应当优先救护未成年人。

第四十一条 禁止拐卖、绑架、虐待未成年人,禁止对未成年人实施性侵害。

禁止胁迫、诱骗、利用未成年人乞讨或者组织未成年人进行有害其身心健康的表演等活动。

第四十二条 公安机关应当采取有力措施,依法维护校园周边的治安和交通秩序,预防和制止侵害未成年人合法权益的违法犯罪行为。

任何组织或者个人不得扰乱教学秩序,不得侵占、破坏学校、幼儿园、托儿所的场地、房屋和设施。

第四十三条 县级以上人民政府及其民政部门应当根据需要设立救助场所,对流浪乞讨等生活无着未成年人实施救助,承担临时监护责任;公安部门或者其他有关部门应当护送流浪乞讨或者离家出走的未成年人到救助场所,由救助场所予以救助和妥善照顾,并及时通知其父母或者其他监护人领回。

对孤儿、无法查明其父母或者其他监护人的以及其他生活无着的未成年人,由民政部门设立的儿童福利机构收留抚养。

未成年人救助机构、儿童福利机构及其工作人员应当依法履行职责,不得虐待、歧视未成年人;不得在办理收留抚养工作中牟取利益。

第四十四条 卫生部门和学校应当对未成年人进行卫生保健和营养指导,提供必要的卫生保健条件,做好疾病预防工作。

卫生部门应当做好对儿童的预防接种工作,国家免疫规划项目的预防接种实行免费;积极防治儿童常见病、多发病,加强对传染病防治工作的监督管理,加强对幼儿园、托儿所卫生保健的业务指导和监督检查。

第四十五条 地方各级人民政府应当积极发展托幼事业,办好托儿所、幼儿园,支持社会组织和个人依法兴办哺乳室、托儿所、幼儿园。

各级人民政府和有关部门应当采取多种形式,培养和训练幼儿园、托儿所的保教人员,提高其职业道德素质和业务能力。

第四十六条 国家依法保护未成年人的智力成果和荣誉权不受侵犯。

第四十七条 未成年人已经完成规定年限的义务教育不再升学的,政府有关部门和社会团体、企业事业组织应当根据实际情况,对他们进行职业教育,为他们创造劳动就业条件。

第四十八条 居民委员会、村民委员会应当协助有关部门教育和挽救违法犯罪的未成年人,预防和制止侵害未成年人合法权益的违法犯罪行为。

第四十九条 未成年人的合法权益受到侵害的,被侵害人及其监护人或者其他组织和个人有权向有关部门投诉,有关部门应当依法及时处理。

第五章 司法保护

第五十条 公安机关、人民检察院、人民法院以及司法行政部门,应当依法履行职责,在司法活动中保护未成年人的合法权益。

第五十一条 未成年人的合法权益受到侵害,依法向人民法院提起诉讼的,人民法院应当依法及时审理,并适应未成年人生理、心理特点和健康成长的需要,保障未成年人的合法权益。

在司法活动中对需要法律援助或者司法救助的未成年人,法律援助机构或者人民法院应当给予帮助,依法为其提供法律援助或者司法救助。

第五十二条 人民法院审理继承案件,应当依法保护未成年人的继承权和受遗赠权。

人民法院审理离婚案件,涉及未成年子女抚养问题的,应当听取有表达意愿能力的未成年子女的意见,根据保障子女权益的原则和双方具体情况依法处理。

第五十三条 父母或者其他监护人不履行监护职责或者侵害被监护的未成年人的合法权益,经教育不改的,人民法院可以根据有关人员或者有关单位的申请,撤销其监护人的资格,依法另行指定监护人。被撤销监护资格的父母应当依法继续负担抚养费用。

第五十四条 对违法犯罪的未成年人,实行教育、感化、挽救的方针,坚持教育为主、惩罚为辅的原则。

对违法犯罪的未成年人,应当依法从轻、减轻或者免除处罚。

第五十五条 公安机关、人民检察院、人民法院办理未成年人犯罪案件和涉及未成年人权益保护案件,应当照顾未成年人身心发展特点,尊重他们的人格尊严,保障他们的合法权益,并根据需要设立专门机构或者指定专人办理。

第五十六条 讯问、审判未成年犯罪嫌疑人、被告人,询问未成年证人、被害人,应当依照刑事诉讼法的规定通知其法定代理人或者其他人员到场。

公安机关、人民检察院、人民法院办理未成年人遭受性侵害的刑事案件,应当保护被害人的名誉。

第五十七条 对羁押、服刑的未成年人,应当与成年人分别关押。

羁押、服刑的未成年人没有完成义务教育的,应当对其进行义务教育。

解除羁押、服刑期满的未成年人的复学、升学、就业不受歧视。

第五十八条 对未成年人犯罪案件,新闻报道、影视节目、公开出版物、网络等不得披露该未成年人的姓名、住所、照片、图像以及可能推断出该未成年人的资料。

第五十九条 对未成年人严重不良行为的矫治与犯罪行为的预防,依照预防未成年人犯罪法的规定执行。

第六章 法律责任

第六十条 违反本法规定,侵害未成年人的合法权益,其他法律、法规已规定行政处罚的,从其规定;造成人身财产损失或者其他损害的,依法承担民事责任;构成犯罪的,依法追究刑事责任。

第六十一条 国家机关及其工作人员不依法履行保护未成年人合法权益的责任,或者侵害未成年人合法权益,或者对提出申诉、控告、检举的人进行打击报复的,由其所在单位或者上级机关责令改正,对直接负责的主管人员和其他直接责任人员依法给予行政处分。

第六十二条 父母或者其他监护人不依法履行监护职责,或者侵害未成年人合法权益的,由其所在单位或者居民委员会、村民委员会予以劝诫、制止;构成违反治安管理行为的,由公安机关依法给予行政处罚。

第六十三条 学校、幼儿园、托儿所侵害未成年人合法权益的,由教育行政部门或者其他有关部门责令改正;情节严重的,对直接负责的主管人员和其他直接责任人员依法给予处分。

学校、幼儿园、托儿所教职员工对未成年人实施体罚、变相体罚或者其他侮辱人格行为的,由其所在单位或者上级机关责令改正;情节严重的,依法给予处分。

第六十四条 制作或者向未成年人出售、出租或者以其他方式传播淫秽、暴力、凶杀、恐怖、赌博等图书、报刊、音像制品、电子出版物以及网络信息等的,由主管部门责令改正,依法给予行政处罚。

第六十五条 生产、销售用于未成年人的食品、药品、玩具、用具和游乐设施不符合国家标准或者行业标准,或者没有在显著位置标明注意事项的,由主管部门责令改正,依法给予行政处罚。

第六十六条 在中小学校园周边设置营业性歌舞娱乐场所、互联网上网服务营业场所等不适宜未成年人活动的场所的,由主管部门予以关闭,依法给予行政处罚。

营业性歌舞娱乐场所、互联网上网服务营业场所等不适宜未成年人活动的场所允许未成年人进入，或者没有在显著位置设置未成年人禁入标志的，由主管部门责令改正，依法给予行政处罚。

第六十七条 向未成年人出售烟酒，或者没有在显著位置设置不向未成年人出售烟酒标志的，由主管部门责令改正，依法给予行政处罚。

第六十八条 非法招用未满十六周岁的未成年人，或者招用已满十六周岁的未成年人从事过重、有毒、有害等危害未成年人身心健康的劳动或者危险作业的，由劳动保障部门责令改正，处以罚款；情节严重的，由工商行政管理部门吊销营业执照。

第六十九条 侵犯未成年人隐私，构成违反治安管理行为的，由公安机关依法给予行政处罚。

第七十条 未成年人救助机构、儿童福利机构及其工作人员不依法履行对未成年人的救助保护职责，或者虐待、歧视未成年人，或者在办理收留抚养工作中牟取利益的，由主管部门责令改正，依法给予行政处分。

第七十一条 胁迫、诱骗、利用未成年人乞讨或者组织未成年人进行有害其身心健康的表演等活动的，由公安机关依法给予行政处罚。

第七章 附 则

第七十二条 本法自 2007 年 6 月 1 日起施行。

图书在版编目(CIP)数据

离婚财产分割实战策略 / 王丽编著. -- 北京 : 法律出版社, 2020(2023.3 重印)

ISBN 978 -7 -5197 -4316 -1

Ⅰ. ①离… Ⅱ. ①王… Ⅲ. ①离婚-家庭财产-研究-中国 Ⅳ. ①D923.904

中国版本图书馆 CIP 数据核字(2020)第 045642 号

离婚财产分割实战策略

LIHUN CAICHAN FENGE SHIZHAN CELÜE

王 丽 编著

策划编辑 邢艳萍
责任编辑 邢艳萍
装帧设计 鲁 娟

出版发行 法律出版社
编辑统筹 法律应用出版分社
责任校对 李景美
责任印制 刘晓伟
经　　销 新华书店

开本 A5
印张 13.125　**字数** 360 千
版本 2020 年 8 月第 1 版
印次 2023 年 3 月第 4 次印刷
印刷 三河市兴达印务有限公司

地址:北京市丰台区莲花池西里 7 号(100073)
网址:www.lawpress.com.cn
投稿邮箱:info@lawpress.com.cn
举报盗版邮箱:jbwq@lawpress.com.cn

销售电话:010 - 83938349
客服电话:010 - 83938350
咨询电话:010 - 63939796

书号:ISBN 978 - 7 - 5197 - 4316 - 1　**定价**:48.00 元
凡购买本社图书,如有印装错误,我社负责退换。电话:010 - 83938349